THE FUTURE

OF

WESTERN CIVILIZATION

西方文明的未来

（上卷：法国与英国）

［加］梁鹤年 著

Hok-Lin Leung

生活·讀書·新知 三联书店

Simplified Chinese Copyright © 2021 by SDX Joint Publishing Company.
All Rights Reserved.

本作品简体中文版权由生活·读书·新知三联书店所有。
未经许可，不得翻印。

图书在版编目（CIP）数据

西方文明的未来.上卷，法国与英国／（加）梁鹤年著.—北京：生活·读书·新知三联书店，2022.1
ISBN 978-7-108-07022-7

Ⅰ.①西… Ⅱ.①梁… Ⅲ.①文化史－西方国家②法国大革命－历史③产业革命－工业史－英国 Ⅳ.①K103②K565.41③F456.19

中国版本图书馆CIP数据核字（2020）第260664号

责任编辑	赵庆丰
装帧设计	薛　宇
责任校对	曹秋月
责任印制	张雅丽
出版发行	生活·讀書·新知 三联书店
	（北京市东城区美术馆东街22号 100010）
网　址	www.sdxjpc.com
图　字	01-2021-5571
经　销	新华书店
制　作	北京金舵手世纪图文设计有限公司
印　刷	三河市天润建兴印务有限公司
版　次	2022年1月北京第1版
	2022年1月北京第1次印刷
开　本	720毫米×1020毫米 1/16 印张26.5
字　数	365千字
印　数	0,001-5,000册
定　价	59.00元

（印装查询：01064002715；邮购查询：01084010542）

目 录

前言 _____ 1

第一篇　说故事 _____ 5

- 8　第一章　胜了
- 25　第二章　干掉路易：从胜利到斗争
- 43　第三章　干掉敌人：从斗争到恐怖
- 63　第四章　干掉自己人：从恐怖到痉挛

第二篇　解故事 _____ 91

- 94　第五章　第一次革命：半革命
- 113　第六章　第二次革命：全革命
- 134　第七章　化友为敌：罗伯斯庇尔、丹东、埃贝尔干掉布里索
- 148　第八章　杀鸡儆猴：罗伯斯庇尔、丹东干掉埃贝尔
- 162　第九章　兔死狗烹：罗伯斯庇尔干掉丹东
- 170　第十章　众叛亲离：罗伯斯庇尔被狐群狗党干掉
- 186　第十一章　强人现身：收拾残局，拿破仑打散革命

第三篇　论方法 _____ 193

- 196　第十二章　关键人事与历史背景

204 第十三章 时代心态

225 第十四章 民族性格

247 第十五章 文化基因法的架构

266 第十六章 文化基因法的规律

第四篇 演方法 _____ 291

294 第十七章 已知的

328 第十八章 推断的

351 第十九章 真正发生的

373 第二十章 推得准吗？

附录 _____ 389

390 1. 历史背景与关键人事（历史背景在前，关键人事在后）

397 2. 文化基因形态与组合

403 3. 工业革命成因的辩论

409 4. 内战期间的宗教教派

416 5. 大英帝国（18世纪）

前 言

雷曼兄弟公司倒闭的那一天,我在北京。大家议论纷纷,都说这个金融危机非同小可,起码要好几年才能再见天日,有人甚至说大萧条重来。我说:"金融市场在12到18个月内会稳定下来。"大家都不相信。但事实是股票市场确在一年半左右收复失地。我是怎样看待这个问题的呢?

当时我刚开始写《西方文明的文化基因》,整理我生活在西方30多年的观察和反思,从文化基因入手去演绎西方文明。我看见的不是资本主义的危机,是资本主义,尤其是全球资本的生机。就好像一个两三岁的小孩,一年里总有一两次发高烧,高烧过后,就又长高了一两厘米。2008年的"危机"就是快速成长的全球资本发几天高烧。"危机"前道琼斯指数始终徘徊在12000点,"危机"最严重时跌破10000点,现今则升越20000点。上升的速度是史无前例的。

这是2008年的事。我从文化基因的角度,看见全球资本成长的逻辑,以此推断金融"危机"的本质和动向,略有心得。那时书还没有写成,我还在探索文化里有没有基因,是什么样子的基因。

《西方文明的文化基因》于2012年完稿,2014年出版,有幸得到读者们的共鸣和认可:文化基因确实可以解释文明现象。假若文化基因和文明现象的关系不是随意的,那么文化基因就应该可以用来推断文明现象的变化,也就是推断文明的未来。

问题来了。凡是基因必须是绝对的、普遍的,但所有现象都是相对的、独特的。那么,绝对和普遍的文化基因怎样带出相对和独特的文明现象呢？这就是本书上卷的主题：文化基因怎样定义文明现象的本质，怎样规范文明现象的变化——我称之为"文化基因法"。

我希望这个文化基因法是科学的，也就是它的变量是可以追踪的，结果是可以复制的。科学强调验证，而且要不断验证。我用"法国大革命走上极端"作为理论开发的参照，用"英国工业革命成功过渡"去演示理论的推断力，结果仍算满意。

下卷就是推测未来：西方的未来。

西方文明就是他们的宇宙观、伦理观和社会观的体现。西方人"为什么"有这些对天地、对自己、对别人的看法就是西方文明的"所以然",他们的"文化基因"支配着他们的思想和行为,进而支配他们的文明。因此,西方文化基因的组合模式与运动规律应可解释和推测西方文明现象的形成与轨迹。

我从研究法国大革命为什么走上恐怖和英国工业革命怎样成功过渡,来讲讲"文化基因法"。

第一篇 说故事

法国大革命的口号"自由、平等与博爱"是"恐怖统治"期间由罗伯斯庇尔叫响的。杀人如麻与高贵理想如何扯上关系？革命怎么会走上恐怖？

先说故事，再讲因由。

第一章 胜 了

攻巴士底，围凡尔赛，劫持路易，废贵族特权，分教会财产。一场以中产阶层意识形态指挥贫下阶层暴力的"革命"成功了。

最亲爱的父亲：

我现在终于可以给你写信了。今天，我到邮局寄出一封信，那［政府］用来开信［指审查信件］的密室不见了，这三天的变化真大！星期天，整个巴黎都因为财相内克[1]被免职而惊虑。我曾试图撩动群众武装起来，可是没有人响应。我混在人群中，他们看见我很激动；他们围着我；他们要我站上桌子；瞬息间有六千人围着我。

"巴黎公民，"我于是说，"你们知道全国要求内克留任，还要为他造个纪念碑；但他被免职了！他们［政府］还会做出什么比这更傲慢更蔑视你们的事情？今后，他们什么都会敢做！今晚，他们会商量，甚至准备好了对爱国志士的另一场大屠杀。"

涌入脑里的澎湃思潮令我窒息，我语无伦次地说话。

"准备战斗！"我喊叫，"准备战斗！所有人戴上绿色的帽章，希望的颜色！"

我记得我最后是这样说的："臭警察就在这里，哼，好吧，就让他们瞧着我，留心地瞧着我。是的，是我叫兄弟们走向自由！"接着，我举起一支手枪："是的，他们绝不可能活捉我，我知道怎样去光荣牺牲。只有一个不幸的事能够触动我，就是看见法兰西被奴役。"

然后，我下来，他们拥抱我，他们紧紧地拥抱我。

有几个人说："朋友，我们做你的卫队，我们不会离弃你，你想去哪儿我们会去哪儿。"

我说我不想做指挥，我只想做个祖国的战士。我拿一条丝带，带头扎在帽上。燎原之火何其快地烧起！

两天之后，巴士底狱被攻陷，法国大革命正式揭幕。点起这燎原之火的就是卡米尔·德穆兰（Camille Desmoulins，1760—1794），他的一生与大革命分不开。他的经历就是大革命的最佳写照。他是新闻评论家，留下很多对时事观察和评论的记录，再加上他与父亲和妻子亲密和充满细节的书信，二者是研究大革命人物和事件的上好素材。这里我把他关键的材料节译，让大家可以感受到在那大时代里一点人的气味。[2] 当然，德穆兰的个人观感，绝对不能概括时代，但他不仅是革命的见证人，更是革命的代言人，他的所见、所闻、所道绝对有切身处地的真实价值，能使人感应到革命的脉动。

现让我们从头说起。当然，历史哪有头？但一般史家都是从路易十六即位开始去谈大革命。

路易十五挥霍无度，七年战争（1756—1763）更是丧权辱国。在1774年去世时，法国濒临破产。路易十六拾到的是个烂摊子，连续两年的失收，粮价不断上升，路易换上新财相杜尔哥（Turgot，1727—1781）。杜尔哥开放农粮市场，但粮价不降反升，全国各地爆发"面包暴动"，更有人在凡尔赛宫前示威。政府一方面打压，一方面救济。杜尔哥建议废除贵族的各种免税特权，因触动了既得利益集团的利益，很快被免职。继任的内克（见上）取消开放政策，暂时稳定了局面。这是1776年的事。内克的管制经济控制了粮价。他有何妙计？靠借钱。对他而言这是一举两得。借钱就暂时不用加税，他又是财阀，国家要借钱他自然有油水。但他树立了爱民的形象,在日后被路易免职时引起民愤,从而引爆革命。

1776年,美国宣布独立,法国暗地里资助。到了1778年,法国更派军助美反英。美国独立成功,路易报了当年祖父在七年战争中败在英国手里的仇,但战争花费庞大,国家负债更重。内克意图改革法国税制,但上自王室中人和金融巨子,下至地方贵族与地方税吏都不满,内克被迫引咎辞职。国债、粮价都是烫手山芋,没人想"拿"。拖了两年多,路易才勉强委任了一个在自由市场和政府干预中间搞妥协的卡洛讷(Calonne,1734—1802)。这人想通过增加政府财政支出去"买回"债务,那就近乎荒谬了。

1786年8月,国债到期,国家无力偿还,唯一办法是开新税。这要先取得贵族和教会(主要是高级教士)的支持。路易叫卡洛讷去组织和召开"显贵会议"(Assembly of Notables),以备国王咨询,无意间埋下了革命的伏线。

贵族们哪会支持新税,会议遂胶着,路易想打破僵局,罢了卡洛讷,委任高级教士布里耶纳(Brienne,1727—1794)为首相。会议仍无法拿出结果,唯有草草了结。但转过头来,布里耶纳就以首相名义把国王的税改旨意发到各地方议事会(parlement)去备案和实施。可是,这些地方议事会正是贵族的地盘,怎会就范?巴黎议事会首先发难,抗拒王令。路易就来一个单方面备案,议事会指控这不合法。路易见招拆招,下令解散巴黎地方议事会,着令全体议员离开巴黎,移驻离巴黎178公里远的特鲁瓦(Troyes),以免闹事,稍后更下令关闭巴黎所有的政治社团,巴黎局势紧张。就在此刻,法国东北面的荷兰共和国发生内乱,普鲁士派兵介入,威胁巴黎。布里耶纳为求稳定,做出让步,同意延长现有税制,并容许议员们重返巴黎。但路易仍指令巴黎议事会,在不许表决的情况下通过新国债的备案(其实这意味着新税通过)。

就在国王与地方贵族僵持不下之际,王室内部来个窝里反——被路易放逐的王统次室的奥尔良亲王(Duc d'Orléans)站了出来。如果路易无后,此人就是王位的继承人,他同时也是法国最富有的贵族。他反对王室,对王后玛丽·安托瓦内特尤其反感；他反对贵族特权，虽然他本人是最具特权的贵族；他鼓吹平等思想，日后他更把自己的名字改为"平等"。更有传言他想染指王位。他所在的巴黎豪华住宫（Palaise Royale）更是激进革命分子的大本营。德穆兰就是在这里点起革命火头的。

巴黎议事会对王室的批评并未停止，政府决定拘捕批评得最尖锐的两名议员，议事会立即表态团结一致力挺二人。与此同时，中央强迫各地方议事会通过取消对中央立法的复核权，抗议之声蔓延全国，这是1788年年中的事。先是格勒诺布尔（Grenoble）地方议事会擅自召集议员开会，于是中央以武力驱散。整个6月，全国扰攘不绝，人们声讨由上而下的税改和政改，各地法庭拒绝开庭办案。

到了7月初，布里耶纳就考虑召开全国各阶层参与的议事大会（Estates-General，下称大议会）去争取税改与政改的合法性。这可理解为路易的"釜底抽薪"。税改与政改的最大阻力来自贵族（尤其是把持地方议事会的地方贵族）。显贵会议当然是以贵族为多，自然不会支持税改、政改。大议会就不同了。里头有很多非贵族、非教士的资产阶层，他们对贵族与教士的特权既反感又妒忌，自然会支持削减特权的改革。但以阶层利益为动力的改革会带来什么后果就很难预料，也更难控制了。这也许是路易当初没有想清楚的，但他也实在计穷。到了8月初，国库全空，国债又到期，法国实质破产。为安定债主（金融巨子们），布里耶纳就宣布大议会将于翌年（1789）5月1日召开。之后，他引咎辞职。路易再起用内克，并释放因批评政府而被判罪的"政治犯"。

为筹备大议会，内克召开显贵第二次会议去制定各阶层的代表名额和选举方式。按当时的政制，法国人口分为三个等级。第一等级是天主教会的教士（0.5%总人口，拥有全国10%土地，拥有者多是教士中少数兼属贵族身份的高级教士，如主教、神父等）；第二等级是贵族（1.5%总人口，拥有25%土地）；第三等级是平民（98%总人口，但在这里实质指的是占15%总人口的资产阶层）。[3]三个等级代表的比例成为筹备期间的争论焦点。

如果每个等级整体一票,第一与第二等级联手定然压倒第三等级;如果按人头来算,第三等级则会占上风。但显贵会议的 144 个代表里头,绝大部分是教士与贵族,当然拒不考虑增加第三等级势力的方案。会议僵持一个多月最终解散。在舆论压力下,内克单方面宣布第三等级代表人数增加一倍。这是内克收买人心,作为他摆布路易的政治本钱,但最终成为引爆大革命的引线。

1789 年 5 月 5 日,大议会开幕式在凡尔赛宫隆重举行。但是,在开会前的几天,巴黎就开始暴动,抗议工酬低、粮价高。路易派军队镇压,死了 20 多人。大议会就在这样的气氛下议事并很快出事。大会规章是每等级整体一票,并指定不按代表人头计票。[4] 也就是第三等级的代表人数虽然倍增但全无实质意义。于是第三等级的代表们愤然离场,单独开会,自称为代表"全民"(the people)的国民会议(National Assembly)[5],并将议会代表一视同仁,也就是教士、贵族与第三等级代表同是一人一票。若干教士也放弃第一等级的身份,加入国民会议的行列。6 月 20 日,国民会议场地被关闭,这虽然不是路易的意思,但众人仍归咎于他,大家移到附近的一个室内网球场开会,并立下誓言,团结一致,不到宪法制定不会解散(史称"网球场誓言",The Tennis Court Oath)。此时,大部分教士代表都加入了,各地、各市也纷纷表态支持。

局面迅速恶化。6 月 23 日,两个连队的警卫军叛变,被解除武装并收押入狱。翌日,那个窝里反的奥尔良亲王(在 1787 年被路易放逐,那时已返回巴黎)率领 47 名贵族转投第三等级。到 27 日,路易不得不承认国民会议的合法性,并下令第一与第二等级的其余代表都转过去。30 日,大批群众冲入监狱释放前几天被押狱的叛军。翌日,路易召集军队,包括外籍雇佣兵。7 月 11 日,5 万群众搜掠教会寺院、贵族豪宅所藏的粮食、武器。同日,路易开除同情第三等级的内克。

第二天,奥尔良亲王所住王宫的大院里(他把大院对外开放,走廊有很多咖啡座,都是对政府有异见的激进分子议论国是的场所)聚集了好几千人,对路易开除内克表示气愤,议论纷纷。群情汹涌之际,德穆兰就在那刻跳上桌子,呼唤群众去"准备战斗",引发 7 月 14 日的巴士底狱事件,揭开大革命的序幕。

几天后,德穆兰的第一篇政治小册子《自由法国》(*la France Libre*)面世,把他的声名从"革命启动者"提升到"革命代言人"。这部册子非常畅销(那个时代,几千本已算畅销),对革命的方向有很大影响,有力和精练的文笔把许多人不敢申诉的心声诉之笔端。的确,德穆兰是革命的先导者。

几天前,他还是一个来自外省的落魄小律师,期期艾艾,其貌不扬。没有人留意他文笔的华彩,更没有人给他渴求的名位,有的只是种略带轻蔑的同情。但一瞬间,全国都知道了他,连拖延多时的出版商也赶快把《自由法国》刊发去卖钱。

《自由法国》极力鼓吹共和,更意图把暴力合法化。《导言》引用古罗马哲学政治家、共和斗士西塞罗(Cicero,公元前 106—前 43)的一句"野兽跌落入陷阱,就让它去吧"(德穆兰常引用圣经或古哲的名言)。文章一开头就是,"恒久以来,法国的爱国志士就盼望自由。自由要保留到今天才来临……我多谢你,上天啊,让我出生在这末世"。接着是对教士和贵族的谩骂,称他们为"国家的吸血鬼"。然后,笔锋一转,以利诱去煽动革命。"对我来说,我有足够的勇气为国家的自由而死。对某些人来说,这个理由或者不足够。那么还有一个非常有力的动机可以驱动他们……胜利者会拿到前所未有的丰富战利品。勇气的奖赏将会是 4 万座宫室、豪宅、城堡,五分之二的法国财富去供他们分配"。他用很长的篇幅去介绍这些战利品,然后又来一个戏剧性的转调:"我只想用这些去吓吓贵族们,让他们知道继续抗拒理性、抗拒民意会带来的必然灭亡……这些绅士当然不会赶着去放弃他们的财富,而我们也绝没有意图去掠夺他们。"[6]

接下来是相当奇怪的一段:"生存的千头万绪使他们[无产阶级]退出政事……他们永远不会支配国事……他们生存的条件阻止他们参政。仆人能跟主人一同去发表意见吗？乞丐能跟施主一同去发表意见吗？"这反映当时以资产阶层（包括知识分子）的利益和观点为导向的典型革命意识——"民主"仍是中、上阶层的专利。

当时的革命分子是反教会和反贵族的。在宗教上，德穆兰介乎无神与泛神之间，这也是启蒙时期知识分子的典型思路——承认有神但反对宗教。"无神主义理应被视为一种神志失常的胡言乱语。神的确存在，只要我环视宇宙就能清楚看见。但我们就如一个被父母遗弃的不幸孩儿——他知道自己有个父亲，大自然的规律规定他一定有个父亲；但他呼唤父亲是枉然，因为他不会出现……我也不知道从哪个宗教去找他，他不给我任何的启示，他打的雷既轰清真寺庙，也轰我们的教堂……神不需要宗教；人类想要宗教。神不需要乳香、游行、祷告；但我们需要希望、安慰和一个赏善惩恶的主宰。神给我们的启示好像他是漠不关心，那么我们为什么不可以给我们自己打造一个'国家宗教'？"这是典型的卢梭（1712—1778，见后）主义。日后，罗伯斯庇尔在恐怖统治期就以实现这个理想为己任。

德穆兰对贵族制度最为不满的是它阻挡了有志者的晋升之途。他把法国历代君王（从13世纪开始）逐个批判得体无完肤，在当时国王享有绝对君权的法国这的确显得大胆和激进，难怪在巴士底狱事件之前出版商迟迟不敢出版这本小册子。这里也反映了德穆兰的求名和攀附。在这一章中，除了他所加的夸饰，其论点大都是来自当时在国民会议上的红人米拉波（Mirabeau，1749—1791）[7]。结尾一段，德穆兰呼唤，"斯巴达战士们，在战场上就是剩下欧退德斯（Otriades）[8]一个人，即使伤重濒死，也要以颤抖的手，高举战旗，用自己的血写下'斯巴达胜利了'，我觉得我也能够喜悦地、为同样的光荣原则去死。即使身受重创，我也会用我的血写下'法国自由了'"。德穆兰的无畏使他扬名，但也招来日后的毁灭。

巴士底狱事件后的两天，内克复职。路易的军队撤出巴黎，"大恐慌"（Great Fear）随即开始。到处都是农民反封建暴动，城市也开始叛乱。贵族们逃出巴黎（被称为emigres，即"出走者"，此后，他们资助国内的反革命，又请诸国出兵救助法国王室）。8月4日晚，国民会议通过决议废除封建制度，整个法国的政治与社会制度一夜解体。随后是一连串的法令，统称为"八月法令"（August Decrees）：人人交同等的税，受同样的法，可以被委任任何官职；取消教会税收，实行宗教自由；取消由地方贵族把持的地方议事会。8月24日，颁布由美国独立战争英雄人物拉法耶特[9]起草、以美国独立宣言为蓝本的《人权与公民权利宣言》（Declaration of the Rights of Man and Citizen）[10]。

国民会议不仅是立法机构，也是制定宪法的所在。国王对立法有否决权（但国王的否决权又可以被议会最终否决），对高级官员的任命有决定权。宪法规定全国按大略相等的人口和面积划分为83个省（departments），巴黎则划分成48个行政区。首都与外省的划分以及巴黎市内各区的划分将来会拥有关键的政治意义，严重影响革命的轨迹。

国民会议从一开始就壁垒分明。"保王民主派"（Royalist Democrats，包括内克）想要的是英式君主立宪，他们坐在会场右边。从此，凡有保守倾向的政党就叫"右派"。"国民派"（National Party）代表中间及中间偏左。真正"左派"的差不多就只有罗伯斯庇尔[11]一人。

此时，德穆兰匿名出版《巴黎街灯》（Discours de la Lanterne aux Parisiens），歌颂政治暴力。他再没有顾忌了，自比是一根在市政厅广场（现今的巴黎市府广场）街角作为刑架的路灯柱子，四个多月来群众在此柱子下吊死逾千政治犯。一开头就是"英勇的巴黎公民，我不知要怎样感谢你们，你们使我在街灯中名垂千古……真的，我是街灯中的王后。巴黎公民，希望我的服务配得起你们的选择和带给我的荣誉"。德穆兰的特点是他的"孩子气"：任性、好胜，但又坦率、真诚。其实，这也反映了当时革命群众的心态。[12]

在这段日子，他和米拉波的友谊[13]突飞猛进。早在1789年春，德穆兰曾想在米拉波的报社谋职，两人开始认识。米拉波是出了名的知人善用，早就认准了德穆兰的才华对他、对法国有用。巴士底狱事件之后，德穆兰声名大噪，米拉波开始请他到家做客。上流社会生活的豪华气派使德穆兰瞠目结舌、头晕目眩。他给父亲的信中是这样描述的:"过去8天我住在米拉波于凡尔赛的家,他老是拉着我的手、拍我的肩……我总觉得我们吃得太丰富、太精美,会腐化我。他的勃艮第酒和黑樱桃酒的诱惑我无法抵挡;我只觉世界上没有比恢复共和的朴素并谴责贵族们的佳肴美酒更难的事了。我为米拉波撰写法案动议书,他说这是参与国家大事的入门。"

整个9月阴霾满布。路易拒绝承认八月法令,又拒绝批准《人权与公民权利宣言》。终于巴黎又暴动了,史称"凡尔赛大游行"(March on Versailles)——其实就是"逼宫"。事件发生在10月5—6日,主角是巴黎的中、下层妇女。

自从攻陷巴士底狱,揭开大革命的序幕,亢奋情绪弥漫整个巴黎。巴黎市民首次发挥民众的力量,尝到政治胜利的甜头。那时,国民会议正在讨论新宪法,王室和会议代表们都聚在离巴黎20多公里以外的凡尔赛宫。革命派就想发动巴黎的群众去清除国民会议中的保王分子。

奥尔良亲王的王宫大院里天天有人发表演说,鼓吹去凡尔赛示威。9月底,一队在外地的正规军被调回凡尔赛,以保卫王室和国民会议。在奢华的洗尘宴上有人批评革命,更有喝醉的军士把代表革命的三色帽章来回践踏。老百姓,尤其是穷苦人家,最关心的是面包,革命就是为了面包,他们哪能受得了王室对民苦的漠视,对革命的蔑视?10月5日清晨,巴黎东区一个市集旁边聚集了一群妇女。她们抱怨物价,越讲越恼火。那时不知哪里来了一位青年女鼓手,打起步操的鼓声(事后,阴谋论者都说是奥尔良亲王雇来的煽动分子)。妇女们同仇敌忾地闹起来。她们强逼附近一所教堂敲响召集的钟声,于是其他市集的妇女也跑来了,很多还带了厨刀和其他临时武器。好几个区都接连响应,人们开始向市府进发,沿途不断有人加入,人员越聚越多,有男有女,但仍以妇女居多。到了市府门前,差不多有5万人。那时,他们不单要求派面包,还要拿军械,并开始组织向凡尔赛进发。无可否认,争取面包是他们的眼前目的,但铲除国王左右的反革命分子是个较深层次的目的;而最终目的则是把王室和国民会议迁驻巴黎，好使革命得以贯彻落实。

几千国民警卫军[14]闻风而至，并不是镇压民众，而是加入他们。国家英雄拉法耶特是他们的指挥官，要他们退回军营。他们非但不听，反而威胁叛变。为控制局面，拉法耶特就带着一万多名警卫军跟着群众前往凡尔赛。当时天下大雨，拉法耶特先派快马去凡尔赛报信。

示威队伍6个钟头后到达凡尔赛。他们有自制武器，更从市府拖来几尊大炮。这场游行更像旅行而非示威，更像狂欢而非战斗。饥肠辘辘、浑身湿透的人群涌入国民会议的会场，疲倦地坐在席位上。大部分的会议代表都不知所措。少数的几个，包括青年人和仍未崭露头角的罗伯斯庇尔，从容亲切地鼓励并支持这些妇女（罗伯斯庇尔"为贫请命"的声名从这开始），大大缓和了紧张的气氛。当然，示威者来凡尔赛宫的目的是见国王，路易接见了6个代表，他展开魅力攻势（他天生面目呆滞，实在没有魅力可言），表示非常同情他们，其中一个妇女代表竟然在他脚下晕倒（可能是饿晕？）了。他安排分发食物，并答应开放粮仓。部分人认为目的已达到，开始回城。

但大部分人仍未满意，更传出代表们被路易骗了，因为他们认为王后安托瓦内特会迫使路易食言（法国人视来自奥地利的安托瓦内特为外人，代表外国势力）。那时，正规的卫队都因过于劳累和缺乏斗志而被撤回军营，整个凡尔赛宫只有61名夜卫。路易知道身处险境，就向群众宣布无条件接受国民会议的全部政令。此刻，拉法耶特和部队才刚刚开到。群众中有很多人指控他有意迟到。整个晚上，士兵们与群众互通声气，大清早时军民已是一心了。

大约6点钟，有人发现有道小门无人守卫，就闯入了王宫，到处寻找王后的寝室。警卫赶到，混乱中开枪，射杀了一名示威者。愤怒的群众涌入，杀了两个警卫，把人头挑在长矛上。王后赤脚逃跑，躲在国王寝室。王宫的卫队与国民警卫军对峙，拉法耶特赶来，好言相劝。有赖于军队纪律和军人之间的互相尊重，使得宫内局面暂时稳定下来。宫外仍然满是民众。拉法耶特劝路易与群众对话。两人站上阳台。意外地，群众高呼"国王万岁"。路易松了一口气，宣布愿意返回巴黎，"返回爱我的忠诚子民处"。欢呼声中拉法耶特戏剧性地把一枚革命帽章插在一个王宫卫士的帽子上。

路易与家眷，和500多名国民会议代表，在6万多群众簇拥之下，由国民警卫军带领，浩浩荡荡地走向巴黎。从下午1时左右出发，走了9个小时。沿途兴奋、热闹，像胜利游行。这趟以妇女为主力的行动成为革命传奇。路易当然知道败局已定。到了巴黎的行宫杜伊勒里宫（Tuileries Palace）安顿好以后，从人问他还有什么吩咐，他心酸地叫人从图书室给他拿一本有关英国查理一世被废的史书。

以后的一年多，革命左派的势力开始增强，以巴黎为中心，向全国扩散。国民会议中的保王代表们很多都不敢跟路易回巴黎，从此保王势力消退。德穆兰宣称法国进入"黄金时代"。就在此时，他开始筹备出版刊物，这也是当时流行的舆论渠道。德穆兰的《法国革命》[15]周刊在1789年11月28日首次发行，非常成功，订购者超出预期。他的敢言得罪很多人，他的讥讽同样刺激很多人：才几个月，德穆兰因内克而挺身号召革命，现今德穆兰把他贬为"日内瓦的伪君子"；他曾经力图攀附的米拉波在11月刚组成"巴黎革命之友社团"（Societes des amis de la Revolution de Paris），德穆兰就说他已为米拉波准备了号角，但也准备了鞭子。他声称他不属于任何派别，只属于法国。

此时的德穆兰可谓"名成"，虽然未必"利就"，但生活无忧。1789年底1790年初的冬天，他搬到了巴黎最激进的革命区，也是科德利尔会[16]（Cordeliers）的所在地。这个比雅各宾派还要激进的科德利尔会是由丹东领导的。[17]德穆兰的公寓住所刚好与丹东同一层，他俩本是同学关系，可能早就认识，现今又是邻居，自然交往频繁。德穆兰的政治旅程好像总是有个"导师"，先有米拉波，后有丹东，最后还有罗伯斯庇尔，而这些导师都对德穆兰有一种特别的吸引力：像慈父的米拉波、如雄狮般的丹东、凛然不可犯的罗伯斯庇尔。

德穆兰于1790年2月加入科德利尔会。就在此时，他与米拉波开始疏远。米拉波当然不满德穆兰在《法国革命》中对他的批评，责备了德穆兰。脸皮薄的德穆兰反应强烈（脸皮薄日后成为他的致命伤）。老练的米拉波安抚他，在5月20日的信中写道："怎么，可怜的卡米尔……你的脑袋恢复正常了吧？我们责备过你，但我们原谅你。"直到米拉波在一年后去世，两人的关系再没有好转，因为没有比"可怜的卡米尔""好孩子"这类话更令德穆兰受不了了。他讨厌不被人尊重，但他的攀附性格和任性行为总是给人"不成熟"的感觉。他到处得罪人，多次被人在法庭起诉、在议会指控，甚至要罗伯斯庇尔出头为他辩护，才得解脱。法国大革命的主角人物，除了他之外，没有一个被人以名称呼的——没有人叫米拉波为加布里埃尔（Gabriel），或叫丹东为雅各（Jacques）。虽然有人称呼罗伯斯庇尔为马克西米利安（Maximilian），但都会在前面加上"圣"，或在后面加上"陛下"。科德利尔会中最激进的马拉[18]被革命群众视为圣人，他对德穆兰的评语是："我亲爱的卡米尔，尽管你聪明，但对政治完全是个新手。可能你本身的快乐性格使你对最严重的问题也不作认真的反思。你的判断反复游移：你好像没有计划也没有目标。"在某种程度上，德穆兰的性格反映了大革命的"性格"。

在名义上，法国是君主立宪，但王权在不断削弱，政治派别林立，鼓吹共和、最具影响力的雅各宾派[19]聚焦于肃整教会（天主教）和贵族。在他们的革命意识形态中，封建是罪恶，而封建中的教会（天主教）更是罪魁祸首。从1789年年底到1790年年中，国民会议下达一连串的反天主教法令：教会财产充公并转卖，以弥补国库；以教会财产为储备金发行新货币，叫"指券"（Assignats）[20]，去应付政府开支；公布教士还俗法来镇压修道院；颁布《教士民事法》（Civil Constitution of the Clergy），强迫教士向国家宣誓效忠，稍后更升级为"没有宣誓的教士格杀勿论"[21]。法国当时只有少数的新教徒（胡格诺派，Huguenots），但极其仇恨天主教（见《西方文明的文化基因》有关法国在16世纪的宗教战争）；革命前启蒙运动的要人，如伏尔泰（1694—

1778），也是非常贬低宗教的。但奇妙的是，天主教会中却有很多人同情，甚至积极参与革命，有骑墙的西哀士[22]，也有"愤激派"的 J. 鲁[23]。

巴士底的周年纪念日，巴黎举行了大庆典，由拉法耶特率领众军，宣誓"向国家、向法律、向国王永远效忠；服从由国民会议决定，经国王认同的命令"。全国各地也有类似的庆典。就在此刻，首次出现大规模的反革命活动。南部的迦莱斯（Jalès）地区，25000 名国民警卫军（主要是周围地区的民兵）参与革命纪念庆典。过程中有人要求立即释放被革命政府收禁的教士，气氛一度紧张。革命政府官员同意地方成立委员会，总算平息了众怒。但事件明显反映了地方贵族的保王势力和地方百姓的保教会情绪。这是首次的反革命聚会。在整个革命期间，很多法国人民，尤其是农民，依然保留强烈的宗教热忱。为此，作为革命基地的巴黎与各地保守农村之间的张力有增无减。就算有革命倾向的农村地区也反感巴黎垄断了革命果实。

1790 年中到 1791 年中比较安定。以有产阶层为主的国民会议颁布了一连串的法案：废除地方议事会，铲除把持政事的地方贵族，把权力集中到巴黎；修改公民资格，分"积极公民"与"非积极公民"[24]，只容许有产阶层持械；禁止工会组织，巩固资产阶级利益。这也是革命后政局比较安定的"蜜月"期。国民会议立法思路仍是君主立宪，主持大局的是米拉波，鼓吹共和的仍属少数。

德穆兰就在这时娶妻。露西尔是个富家女，带来了丰厚的嫁妆，从此德穆兰生活无忧（但妻子的钱却成为他日后被人定罪的"罪证"）。露西尔是出名的美女，比德穆兰小 10 岁，夫妇的感情也是令人艳羡的。当初父母不同意她"下嫁"一个落魄的穷律师，但当德穆兰成名之后，也改变了主意。极度反宗教的德穆兰也不能免俗地在教堂结婚。其间有几个小插曲。婚礼定在 1790 年 12 月 29 日，但由于接近圣诞节，按教会规矩要申请宽免才能举行，最后还是由德穆兰当年就读的修会学校的大神父出面，他才拿到了宽免令。老师要为爱徒主持婚礼，就得征求当地教堂的主理神父同意。

这位神父当然知道德穆兰的反宗教立场，要他公开承认是教徒，才准许在教堂结婚，德穆兰自然为难，但在神父坚持下，他的回答是："好吧，那么，好，如果一定要这样子，我就是个天主教徒。"神父还要考他教义，他勉强及格；要他做忏悔（办告解），他也做了；最后，还要他在下一期周刊中收回他有违教义的意见，他答应了，但不了了之。这种理论和行为上的不一致也是革命期间的典型特征。

婚礼那天，教堂内外挤满了人，观礼的都是巴黎的进步分子。教堂的主理神父看见证婚人名单，吓得魂不附体：特别瞩目的当然是罗伯斯庇尔和布里索。[25] 婚后，两口子在巴黎郊外妻家的小别墅过神仙般的生活。1791年初，德穆兰公开说他认为革命应该算是成功结束了，他也准备封笔，重返律师生涯，"做个好丈夫"。但事与愿违。

1791年4月2日，炙手可热的政坛红人米拉波突然去世。他身体肥胖，生活又不检点，而且是个工作狂，但谁也没想到他42岁就死掉了。他支持路易，但提倡君主立宪，而且有野心做首相，这些大家都知道。虽然当时已经有人批评他革命热忱不够，甚至称他为王室走狗，但大家仍不知道他早在1790年5月就开始经王后安托瓦内特与路易暗通款曲，并为路易出谋献计，与外国势力合谋复辟；而路易则发给他津贴并替他还债，数额甚巨。这些要到日后路易受审时才被揭露出来。史家对他的评价分歧很大：有认为他如果不是早死，法国革命或会平安过渡；也有认为他是机会主义者、卖国贼。当然他的骗诈和好色更是街知巷闻。但去世之日，老百姓，尤其是巴黎的老百姓，好像全然忘记了他的丑闻和腐败，只道他爱民，甚至视他为一位革命之父。他虽然保王，但同时是雅各宾派会员，并于1790年12月当上主席。罗伯斯庇尔是他的对头，但当时的雅各宾派人对他尊重有加，近乎崇拜，对他的死亡甚为哀悼。出殡那天，万人空巷，30万人参加丧礼游行。巴黎市政府为他把圣·热纳维耶芙（St. Genevieve）教堂改为法国伟人的陵墓，也就是现在巴黎有名的先贤祠（Pentheon）——他是下葬的第一人。[26]

注：

1. 内克（Jacques Necker, 1732—1804），法国财务总监，曾多次被委任和免任，任期包括1776年11月到1781年5月；1788年8月到1789年7月11日；1789年7月16日到1790年9月。此人与法国国运关系极大，甚至可以说，路易失掉江山一半是他的责任。他是瑞士人、新教徒。凭贷款给法国（天主教）政府和粮食投机致富。他夫人鼓励他从政。日内瓦政府委派他为驻巴黎代表。他攻击杜尔哥的自由经济政策，终被路易委任为财务总监（因为他是新教徒，不能拜相）。他建议法国政府以借贷去偿还国债。当然，无论是向金融界借贷或是发行国债，内克个人都有油水可捞。他又鼓励法国参加美国独立战争，法国由此负债更重。1781年，他出版法国政府收支报告书，使法国人民首次知道国家财政详情，引发参政的冲动。在报告书中，他"做假账"，隐瞒借贷的利息，因此收支非但平衡，还有盈余，使人觉得他理财有方。他以此收买人心，增加他的政治本钱。1787年，他公开攻击继任的卡洛讷（Calonne），被逐出巴黎。那时，他夫人的沙龙是有名的，吸引大批文人雅士对他吹捧。稍后，内克被召回，路易委以召开大议会的重任。内克因增加第三等级代表的席位而大受欢迎。但他因未出席路易要安辞的大议会而被免职，由此点燃了攻占巴士底狱的导火线。大革命后两天复职，返回巴黎。路过的地方，人民夹道欢迎，视他为法国救星。他（尤其是他夫人）有政治野心，但没有政治才干，自以为单凭个人力量就足够，拒绝与米拉波（见后）和拉法耶特（见后）合作，终未能改善国家财政。1790年9月辞职时已经完全失却民望，退居日内瓦，郁郁而终。

2. 材料主要来自《卡米尔·德穆兰：一个传记》（*Camille Desmoulins: A Biography*, Violet Methley），1914。

3. 当时，高级教士西哀士（Emmanuel Joseph Sieyes, 1748—1836）同情第三等级，写了一篇日后成为革命"圣经"的小册子，叫《什么是第三等级？》：第三等级是什么？是所有（everything）；第三等级在政治上拥有什么？一无所有（nothing）；第三等级想要什么？稍有（something）。西哀士自转身份为第三等级，率先颠覆大议会的理论基础（等级之别从此变得没有政治意义）和现实基础（其他第一、二等级的代表也学着他的榜样转投入第三等级，以致等级之别形同虚设）。

4. 当时的代表是第一等级303人，其中51人是主教，其他是普通教士；第二等级291人，其中约一半是高级贵族；第三等级610人，其中半数是律师和地方绅士，三分之一是工商界，51人是富有地主。

5. 国民会议（1789年6月17日—1791年9月30日），于1789年7月9日之后改称"国民组成会议"（National Constituent Assembly），本书内通称国民会议。

6. 有人把这段话跟莎士比亚《恺撒大帝》中安东尼对恺撒的悼词对比：伪装安抚群众的愤怒，实则去撩动他们最卑劣的欲望。

7. 米拉波是革命初期的关键人物，属保王民主派，在下面"解故事"的"第二次革命"中有详细介绍。

8. 公元前540年—前535年，斯巴达与阿尔戈斯开战，双方同意互派300人，战至最后一人定胜负。混战之后，斯巴达剩下一人，阿尔戈斯人则仍有两人。两位阿尔戈斯人认为胜负已定，就跑回大军中去报喜。但斯巴达人欧退德斯遵军令留守战场，终为胜方。当然，阿尔戈斯怎会服输？最后还是两大军对战，结果还是斯巴达打赢。

9. 拉法耶特（Gilbert du Motier, Marquis de Lafayette, 1757—1834），高级贵族，年轻时参与美国独立战争（美国人视他为大英雄）。他持启蒙思想，但走中间路线，结果保王分子视他为革命派，革命分子视他为保王派。在革命初期仍很受尊重，但后期就被打成保王派。这些都会在后面交代。

10. 宣言的草案是在1789年7月11日即巴士底狱事件前几天拟就，由拉法耶特呈交国民会议。起草过程中曾咨询美国的杰斐逊。那时他尚未成为美国总统，是美国驻法专员。

11. 他被视为法国大革命中极左派一员，"恐怖统治"的代表。下面在第十章中有详细介绍。

12. 德穆兰在9月底，也就是《巴黎街灯》卖得火热之时，给父亲的信中是这样写的："《街灯》的价值绝不能跟另一本相比［他指《自由法国》］。如果当时我把我的名字放上去，大众对我的评价一定会降低［写这封信的时候，德穆兰已公开他是作者］。但是，我又听到很多好的评语。除非我的出版商瞒骗我，他没有听到任何人说我的坏话。"两天后，他再写道："我的《巴黎街灯》卖得很好，这一版差不多卖光了。在这段日子，它是唯一能够卖得出的册子。但人们好像对政治册子这些东西厌倦了，我不知应不应该叫出版商重印。"可见，德穆兰对血腥的《巴黎街灯》是有点矛盾的。

德穆兰像个孩子一样，很看重父亲对他的看法。他父亲对他在巴黎出的风头好像有点不以为然。德穆兰有些着急，他在9月20日写给父亲一封长信：

"对你的责备，最好的回答是寄给你我的三本著作。我打了一个大包裹，你在里面会找到四册《自由法国》和《巴黎街灯》，以及多本受到数不清的人赞美、到处有人捧场的小册子。另外，随信附上几期《巴黎纪事报》，好使你可以把那些我绝对收买不起的作家对我的著作的评价跟家乡的乡绅们的谩骂和你说的公众义愤比对一下。

"……我这样做只是为使你不以我为羞，不是想你在人前宣传，使他们妒忌；我知道没有人可以在他的家乡做先知［这句话来自《圣经》，指耶稣不被乡人尊重］，对光明感到刺眼的人来说，打开他们的眼睛是枉然。

"如果有人说我坏话，你只要记着米拉波、罗伯斯庇尔和两百多个国民会议代表对我的好评就好……记着首都里大部分人把我看作革命的发起人之一，很多人甚至说我是唯一的发起人……但是，最奉承我的是我自己的良知，它使我内心知道我做的是对的。我为国家的自由做了贡献，我为自己打出了名堂……再没有比7月12日那天更让我快乐的时刻了，不是10万人的鼓掌，是他们的拥抱和眼泪带给我的窒息感。在那一刻，我大概把巴黎从灾难中拯救出来，把国家从最可怕的奴役中拯救出来……不，说我坏话的人欺骗了你，他们也在自欺欺人，在他们的心底都希望有个像我这样的儿子。"

13. 德穆兰或许会认为是友情，但世故和有城府的米拉波肯定不是这样想，这也是两人日后误会和吵架的原因。

14. 国民警卫军是在1789年7月13日，也就是巴士底狱事件之前的一天，由巴黎中产阶层组成，共5万人，委派拉法耶特为司令。

15. 法语为"Les Révolutions de France et de Brabant"，实应叫《法国与布拉班特的革命》。布拉班特（Brabant）现属比利时，当年属奥地利哈布斯堡家族统治下的尼德兰南部辖地。当时也像法国发生了一场革命，1789年10月成功独立。这部周刊的第一期在11月28日发行，到1791年7月共出了86期，每星期六出版，内容分三部分：法国、布拉班特和其他革命国家及副刊。

16. 德穆兰称之为"自由不被损害的唯一的安全区"。科德利尔会因位于巴黎的科德利尔区，故以此为名。这是路易筹备开大议会把巴黎分成的60个代表选举区中的一个。革命之后，马上宣布抗拒巴黎市政府任何有损区内居民利益的行动。因预知国民会议会改组巴黎行政区，并取消科德利尔区（1790年5月把60个区改为48个区），就先改名为"人权与公民权利之友"会（1970年4月）。它的特点是会费极低，比雅各宾会还要低，因此差不多谁都可以加入，他们也以此标榜为基层民众组织。"自由、平等、友爱"是他们的口号。有人这样形容："男男女女约300人充塞会场,衣衫褴褛像叫花子。墙上贴了《人权与公民权利宣言》,上面是两把交叉着的匕首。两旁放置布鲁图斯(刺杀恺撒)和威廉·退尔(William Tell,瑞士立国初期暗杀酷吏的英雄)的半身像,好像在发表保卫宣言。在讲坛后面放了米拉波和爱尔维修(Helvétius,1715—1771,无神论哲学家、教育家)的半身像,卢梭的半身像放在中间。"说是平民社团,但会员绝大多数是小资产阶层,领导层则是中产阶层知识分子。

17. 丹东是革命的主角之一。当初力主暴力,后转宽仁。在下面的第九章有详细介绍。

18. 马拉(Jean-Paul Marat,1743—1793),见后第八章。

19. 雅各宾派有个相当复杂的演变过程。它最初是来自法国西部布列塔尼(Brittany)地区参加大议会的代表们的会所(讽刺的是,这一地区日后反对雅各宾派的恐怖统治最激烈)。当初的会员包括米拉波、西哀士、罗伯斯庇尔。凡尔赛逼宫之后,路易与国民会议代表们移往巴黎,该会就选国民会议会场旁边的雅各宾修道院为会所,因此得名。同时,会员资格从议会代表扩大到任何公民,由此会员人数激增,成为鼓吹共和、反王、反教会的聚集地。最兴旺时,全国有7000多个分会,超过50万会员。权力集中的组织使它能够动员发挥极大的政治影响力。但会员绝大部分是专业人士和富有资产阶层。1791年6月,路易逃亡失败之后,会中残存的保王分子集体退出;左派也开始分为温和与激进,但都以共和为共识。1792年8月第二次革命,法国成立共和国。之后,温和共和与激进共和分裂,最后弄出恐怖统治。

20. 当初是种"债券"(bonds)的形式,但1790年4月流资短缺就当货币使用。由于原先是债券,面额很大,使用很不方便,要换小面额就要打高达20%的折扣。外国政府也大量印制假券,使其不断贬值。

21. 但最终宣誓的只有四分之一,其他都被百姓"包庇"了。

22. 西哀士以第三等级代表身份参加大议会,稍后,参与起草《人权与公民权利宣言》和1791年的宪法(君主立宪),但后来又投路易死刑票。恐怖统治期间韬光养晦,平安度过。恐怖统治之后再起,担任督政府的5人统治团之一。再后与拿破仑组3人执政团。拿破仑之后,王朝复辟,他进入元老院。1816—1830年流放国外(布鲁塞尔)。

23. J.鲁(Jacques Roux,1752—1794)是个天主教神父,"愤激派"(Enrages)的领导人。其实,"愤激派"是个非常松散的组织。他们认为革命的果实已被富人和奸商从穷人手中掠夺,他们鼓吹以暴力去对付这些反革命分子,使他们"认识到推翻巴士底狱的长矛"。为此,低阶层的民众,特别是"长裤汉"(见后第八章有关"长裤汉"部分)对他们是非常拥护的。1793年,他在国民公会宣读"愤激派宣言",威胁革命政府。罗伯斯庇尔决定清除他们,就控告J.鲁是外国间谍。他的朋友马拉(见后第八章)也反过来攻击他,说他是假神父,以宗教敛财。讽刺的是,J.鲁是以经济平等、救贫救苦为号召,但他的敌人找了一个寡妇,说他侵吞了她的救济金。他坚决否认。到1793年秋,他被逮下狱,两度自杀,最终死于1794年2月10日。之后埃贝尔(见后第八章)继续以他的政见去争取"长裤汉"的支持。到埃贝尔派被罗伯斯庇尔们消灭之后,这套思想则由巴贝夫的"平等派"(Conspiracy of the Equals)接棒。

24. 有产阶层属"积极公民"(active citizen),无产阶层属"非积极公民"(passive citizen),论据是有产者更有能力、经验和理由参政。

25. 布里索(Jacques Pierre Brissot,1754—1793)在日后就死于德穆兰的笔下,而德穆兰也因此事悔恨终生,后面第七章有详细讲述。

26. 1794年米拉波的罪行被揭发,遗体被迁出,改葬新的革命伟人马拉;而马拉的遗体又因政局改变于1795年2月被迁出。

第二章　干掉路易：从胜利到斗争

> 路易复辟不遂，欧洲诸王干预，保守力量抬头，革命面临危机。革命分子同仇敌忾，攻杜伊勒里官，俘虏路易，血洗巴黎。以贫下阶层为骨干的长裤汉暴力开始支配革命方向。

米拉波一死，政治出现真空。路易也知保王势力主要在巴黎以外的地方。要恢复王权，就得逃出巴黎，到保王势力的据点，并组织分布在各地方的保王力量，争取人民的支持（尤其是保教会的农民），然后夺回巴黎。他在1791年5月就开始筹划潜逃，由王后出计，背后还有瑞典国王资助，准备6月20日起行。原计划是国王、王后与众人扮成平民，夜里从没人守卫的小门出走，坐小车，绕小路，用伪造的通行证出城；城外面会准备一队骑兵等着，经过一整天的急行军，沿途换马20次，护送到250公里外法国东北部一座由保王军控制的城堡。但人算不如天算，那天晚上，拉法耶特觐见国王，且迟迟不退。王后先出宫，又迷了路，找了多时才找到预先安排的小车。到了城门又碰上一场婚礼的游行，共延误了一个半小时。途中，路易的马车翻倒了，并损坏了车套，又拖延了一个多小时。那时虽已天亮，但也走了一半路，看来是逃出来了。就在这刻，巴黎那边发现路易跑了，马上派出一队国民警卫军去追。巴黎民情汹涌，有人认为是反革命反扑和外敌入侵的证据，也有人认为是拉法耶特帮路易出走。离目的地还剩80公里左右的时刻，路易被人认出（据说是根据钱币上的肖像认出他）。

当地的革命政府得知，就快马通报，在下一站将其截住。此时已是21日晚上11点，距离目的地只有50公里。第二天早上7点，正要押解路易返回巴黎时，大队保王军开到，并准备营救，但又恐怕伤了路易，遂退。

路易被带回巴黎，其实就是被捕。如何处置这个阳奉阴违的路易，引发国民会议中激进派和温和派的大分裂。国外来的消息更是火上加油。7月5日，神圣罗马帝国的利奥波德二世（Leopold Ⅱ，在位期1790—1792），也就是王后安托瓦内特的哥哥，号召全欧王族援助路易。革命政府做出反应，就在7月14日国庆日的第二天，国民会议宣布国王不容侵犯，名是效忠，实是示意外国不容干涉法国内政。当时国民会议的代表们大多数都是倾向英式的君主立宪。

国民会议中反对君主立宪的革命分子（也可称为左派）也开始分裂为三派。吉伦特派（Girondins）属温和派：反对王权，但也不大信任民主，并主张自由经济，支持者是上流社会的富人、绅士、专业人士（尤其是律师），势力分布在巴黎和外地。雅各宾派属激进派[1]：主张共和政制，集中政权，管制经济，支持者是中上有产阶层，主力在巴黎。科德利尔派属尖锐派：鼓吹直接民主和政治暴力，支持者包括有资产阶层和劳动阶层，包括长裤汉。[2] 主力在巴黎若干贫困区。

有关路易的处置，德穆兰又是走在前面——整整早了18个月。在1791年6月出版的《法国革命》中他的论点是："这个叫'国王动物'（King-animal）的东西，是人类中可有可无的，但天真的人类既然已经把他当作政治体制中一个不可或缺的部分，那么就一定要他遵守社会的法律：这法律宣布，任何人拿起武器攻击国家就得处死。他也要遵守人类的法律：这法律宣布，我有天赋的权利去杀死攻击我的敌人。我们这个国王把枪对准了国家，是的，他打不中，但现在是轮到国家去打他了。"德穆兰非但攻击路易的政治，更攻击他的人身：肥胖、贪吃、呆滞。[3] 他的攻击也包括国民会议中的"不忠"分子，甚至拉法耶特统领的国民警卫军。"现有编制下的国民警卫军是人民胸口的累赘——我们可以从他们'国王蓝'（Bleu-de-Roi）

的制服颜色看出他们的心向哪方——在他们用人民的毛小帽去取代他们的军帽前,情况不会得到改善。"

路易刚被解回巴黎后不到两天,3万群众就聚集在市中心示威,要求国民会议在未征询各省意见之前对路易命运不做出决定。7月9日,科德利尔会先采取主动,向国民会议呈上请愿书,到12日,更呼吁民众起义。由于革命两周年纪念日马上来临,群众情绪高涨。17日,也就是国民会议决定向国王效忠之后的两天,吉伦特派首领布里索想在处理路易一事上夺得头筹,起草废王请愿书,并发动5万多人结集战神广场(Champ de Mars)签署请愿书。群众结集之际,发现两个鬼鬼祟祟的人躲在广场,愤怒的人群把他们抓住,当场吊死。巴黎市长(他虽然反对王权,但又恐怕局面失控)命令拉法耶特带领国民警卫军清场,群众散去。到了下午,科德利尔会首领丹东和德穆兰开始展示他们的实力,他们发动更大规模的人群重返战神广场,人们比早上更激动,请愿书比早上的更激进。原先,雅各宾派是支持这场请愿活动的,但在罗伯斯庇尔的力阻下,撤销与科德利尔派联盟。拉法耶特想驱散人群,群众掷石头袭击军队,军队开枪示警无效,就向群众开火,死伤的实数不清楚,估计十数人到数十人,大部分来自巴黎贫困区。这次事件叫"战神广场大屠杀"(法国大革命就有多次类似的"大屠杀")。共和运动被镇压,200多人被捕,政治社团被逼停止活动,激进刊物被迫停刊,包括德穆兰的《法国革命》。[4]但拉法耶特的民望就此一落千丈,对政局的影响也边缘化了。奇怪的是,在以后的好几个月,温和势力却抬头,不少还有保王倾向。

战神广场大屠杀几天之后,奥、普两王联合发表皮尔尼茨宣言(Declaration of Pillnitz),恐吓如果路易出事,定会攻法。路易一方面与奥、普暗通消息,去拉拢支持,一方面又承认国民会议的宪法,以收买民心。宪法刚好是在巴士底日开始起草,虽经多次修改,但仍是君主立宪的路线,而对君主权力的规范随着政局的改变则时宽时紧。到了路易承认时,宪法仍容许国王保留若干实权,包括否决议会通过的法案和任命军政官员。

虽然激进派很不满意，但国民会议总算达成"网球场誓言"的承诺（见上）。目的既达，国民会议随即解散，并按宪法成立立法大会（Legislative Assembly）。

新成立的立法大会在1791年10月1日正式开会。其中的派别是这样的：右派的保王分子斐扬会有165人，左派有330名吉伦特派（是自由共和分子）和雅各宾派（是激进革命分子，里头有更激进的科德利尔派）；中间有约250名无党派人士。

此刻，外敌当前，助长了左派势力的增长。他们在立法大会的代表很多是年轻的、缺乏经验[5]的激进分子。首先通过的法令是要所有贵族"出走者"回国，不然判处死刑；所有未宣誓效忠国家的教士格杀勿论。宗教虔诚的路易断然否决。

从1792年年初开始，国内缺粮，暴动频频，国外敌人陈兵境上。当时立法大会有主战派和主和派（起码暂时不战），各有各的打算。主战的多属吉伦特派，也是立法大会的多数。他们要把革命思想发扬，视欧洲封建国家的人民为兄弟（这也是革命口号"博爱"的词义）；但当然也想借对外战事去缓和国内的不满。路易也想通过对外战争去提高他在人民眼中的声望。他的计算是即使战败，对他个人也有好处，因为革命的力量会被削弱。保王分子则认为对外战争胜算不高，但会促使革命更为极端，从而使人民对革命反感。主和（主张不战）的多属雅各宾派。他们有两个顾虑：担心对外战争会增加王室和军队的势力，又同时削弱革命的势头；担心战争会使其他国家的人民对法国革命反感。扰攘几个月后，到了4月20日，以吉伦特派及其支持者占多数的立法大会最终向奥地利宣战，于4月28日进入奥属尼德兰。但军队士气一点也不高，动员也很慢。大部分军官仍属贵族阶层，出走了不少，更有军官带领军队整批向敌人投降。军中的保王情绪普遍，包括督军的拉法耶特。

吉伦特派的首领布里索与德穆兰是好友，还是德穆兰的证婚人之一，但他与德穆兰的笔战是他（也是吉伦特派）日后失败的主要因素。事情是这样的。布里索也是个有名的时事评论家和作家，有自己的刊物《法国爱国者》(*Le Patriote Francais*)，他曾好几次在刊物中责备德穆兰过于鼓吹暴力，他错误地称德穆兰为"年轻人"，这大大伤害了德穆兰的自尊。当初，战神广场大屠杀之后，德穆兰期刊被禁，他重操律师故业。早在1791年初，他曾为一个赌场女老板辩护而败诉，被告被判6个月监禁。他认为量刑过重，立即印制抗议海报，到处张贴。词锋是典型的德穆兰式的半讽刺、半认真。布里索为人严肃，几近迂腐，对德穆兰的语调很不满，就在刊物中批评德穆兰对聚赌的态度，结尾把话说重了："这个人自称为爱国者，因为他以为这样子就可以肆无忌惮地去侮辱爱国。"

德穆兰感觉受辱，便不假思索就发表了一本极富攻击性的小册子《揭开布里索的面具》(1792年3月)，去攻击布里索的人格和政策，日后布里索的敌人利用这本小册子来置他于死地。小册子把以朴素和严谨出名的布里索描写为伪君子、革命败类，潜伏在革命中去误导革命方向，甚至还批评了他的发型。更要命的是，德穆兰利用谣言去彻底破坏布里索的声誉。布里索的敌人曾经传他以新书预购去骗钱，右派分子索性把布里索的姓丑化为诈骗的代名词"brissoter"[6]。德穆兰写道："我警告你，你休想brissoter（诽谤）我的声誉；把你的面具撕下来的将会是我。"在小册子的版头上，他还假风趣、真狠辣地用上一句《圣经》的话去影射布里索："我成了笑柄。"（圣咏69）有史家认为《揭开布里索的面具》是大革命中最具影响力的政治小册子，更为日后恐怖统治期间的政治斗争立下样板：攻击对方的政治与人身，质疑对方的人格与道德，并把对方形容为革命的卧底敌人。

这本册子发表几个月后，德穆兰出版了新的刊物《爱国者论坛》(*La Tribune des Patriotes*)。只有四期，但很反映1792年头几个月的政局：表面安定，内藏杀机。4月30日的第一期是这样写的：

> 如果我去雅各宾开会，如果我把那些口边经常挂着"共和"的共和人士拉到一旁，例如布里索……又如果我问他有关拉法耶特，他会

在我身边说,"我向你保证,拉法耶特比悉尼[7]更'共和',比华盛顿更'共和';他会一百遍地向我保证"。然后,他会拉着我的手:"兄弟,卡米尔·德穆兰,你在《自由法国》不就是头一个倡议共和的吗?为什么今天到拉法耶特坚持共和、完全共和、非共和不可,你又一定要抹黑他、诋毁他?"……真正的雅各宾人不要共和之名,要共和之实,因为他们没有忘记英国在1649年的革命之后,名义上是共和,实际上是君主,或者应该说是一个由克伦威尔[8]统治下的军事专制;而法国在1789年革命之后,虽然叫作共和国,也有一个共和政府……天可怜,我们有一个拉法耶特共和!克伦威尔口中不断挂着共和两个字,但骗不了我。

对"假共和"的看法,德穆兰与罗伯斯庇尔是一致的,有人甚至说德穆兰是罗伯斯庇尔的舆论代言人。

在这段时期,德穆兰曾有意拉拢极端激烈的马拉。马拉的《人民之友》(*L'Ami du Peuple*)有很浓的血腥味,而德穆兰的敢言则只是理性上而非本能的。德穆兰曾嘲笑马拉是"爱国刊物中失落的孩子",因为马拉曾说革命成功后,要500—600个人头落地。德穆兰这样写道:"你知道我早已经从'街灯检察官'的职位退下来了(指的是他在革命初期写的《巴黎街灯》,见上)。我认为这个伟大的职位,就像独裁者的职位,只应干一天,甚至只应干一个小时……听着,马拉,你喜欢怎么骂我就随便骂吧。我理解你,因为你是在地牢里写东西[9],那里的空气令你有怪思想。但我向你声明,只要我认为你的狂言是为了保护革命,我会赞扬你,因为我认为我应该保护革命……不管你是人还是狗。"两人在政见和性格上都有冲突,当然很难合作,但马拉给德穆兰的回应也确实令人难堪,"鹰永远独飞,只有火鸡才会一窝窝!"这些也就是法国革命中经常见到的:人人讲革命,但讲的是不同的革命;就算是同样的革命,性格的冲突也会导致不可解(不可解释和不可解决)的仇怨。

对外战事进行得很不理想。很多人开始埋怨主战的吉伦特派。路易趁势开除军中吉伦特派分子，并委任支持君主立宪的官员。吉伦特派知道危险，就想利用巴黎各区的革命情绪向路易"逼宫"。1792年6月20日是网球场誓言的两周年纪念日，8万群众在同情他们的军警伴同下，到立法大会会场请愿，措辞很有威胁性。接着他们游行到路易的行宫，路易好言接见，群众要求他撤回前些时他在立法大会通过的法案的否决令（有关严峻处分"出走者"和"未有宣誓教士"的法令，见上）。路易的回应是"现在不是时候，你们的做法也不合适"。但是为了讨好群众，他把一顶群众送给他的小红帽戴上，以示谦虚，也尝了一口一位半醉的女示威者递给他的酒，大家鼓掌，气氛缓和下来。那时，立法大会的代表和卫队也赶到，力劝各人散去。这场游行请愿也就无功而返。路易的受辱严重地刺激了欧洲各国统治者，他们决议要替路易解困；国内若干地区的保王情绪也因而高涨起来。

德穆兰当然没有直接参与吉伦特派的"逼宫"。他对事件的看法反映了极左派接受了当时的政治现实，选择暂时按兵不动。他在7月出版的《对1792年6月20日的反思》中是这样说的：

> 可以肯定的是每一个派系都想起义，但在雅各宾派中那些在人与事上面还未曾完全被骗到的人会担心起义的后果。我们已经清楚看见暴力只会令那些科布伦茨[10]或拉法耶特[11]或其他野心分子拿到好处，而绝不会有助于推进自由。我在雅各宾派中已尽我所能去约束我们的起义，把它弄成只是一种威吓性的示威。我特别建议这个起义要平静，并表现出对宪法的高度尊重。我又指出王权已是日益衰败。对我们雅各宾派来说，路易十六的性命很有价值，正如米拉波所说，就算路易死了也要把他做成标本；最好是他开除所有属雅各宾派的部长，然后从科布伦茨召来他自己的人。

6月28日，拉法耶特从前线返回巴黎，在立法大会上激昂陈词，谴责雅各宾派和其他激进分子意图组织武装暴动（这是针对6月20日的"逼宫"所言，其实是由吉伦特派促成的）。罗伯斯庇尔反告他擅离职守，街上群众也在烧他的画像。至此，主战与主和两派、激进与温和两派决裂。而此时，国内外局势也急转直下。

1792年7月5日，立法大会宣布"祖国危难"，调拉法耶特督军抗敌。各地"义勇军"（Federes）涌往前线（《马赛曲》就是马赛义勇军的战歌）。25日，普鲁士的布伦瑞克公爵（Charles W. Ferclinaud of Brunswick，1735—1806）发表宣言，声言如若对法国王室有损分毫，必严惩法国人。8月1日，宣言传到巴黎，被解读为路易通敌的证据，全城哗然。

1792年8月10日，巴黎群众进攻路易的行宫——杜伊勒里宫。这是大革命的转折点，为王权敲响了丧钟。事件是完全有预谋的，但结局则有点出人意表。

早在7月3日，也就是立法大会宣布"祖国危难"的前两天。吉伦特派代表在立法大会上指责路易是一切乱事和战事的因由，他实质上已放弃了履行国王的职务，理应被废。立法大会邀请各省的义勇军在开往前线途中进入巴黎庆祝国庆，用意是再来一次"逼宫"。果如所料，这些义勇军纷纷请愿，要废掉国王。国庆之后，还有很多军队不愿开走。7月15日，他们秘密成立中央委员会，与巴黎市内各区的革命分子互通消息，天天开会，协调"起义"。最早准备在26日起事，后又改到30日。到27日，巴黎市长让他们在市府设"通讯处"。其实巴黎48个区不全是主张废路易的，但在各区的会议中，雅各宾派与同路的长裤汉跟温和派不断冲突，渐占上风。8月1日，布伦瑞克宣言传来，巴黎革命情绪极度高涨，突破沸点。巴黎市长仍力劝押后起事。8月3日，他向立法大会报告，说巴黎各区已决定要行使"独立主权"，有些区更威胁说，除非立法大会在8月9日前满足他们的诉求，否则就会发难。立法大会却迟迟未有行动。

8月9日晚上，革命者终于起事。巴黎48个区有28个响应（虽然有47个区"支持"废国王），成立"革命公社"（Insurrectional Commune）。这里要说一说巴黎的政制。"巴黎公社"（Paris Commune）是巴士底革命之后的巴黎市政府，议事会有144个代表，来自巴黎的48个行政区。这跟革命前的大议会很有关系。当年为举行大议会，要选举代表，路易政府就把34平方公里的巴黎划分为60个选区。革命之后，国民会议于1790年5月21日重新改划为48个行政区，每区设一个民政委员会。当初，各区委员会的16个委员是由当地有选举资格的市民（有产阶层）选出来的，主要功能是作为与巴黎公社沟通的渠道。但从1792年春开始，也就是对奥属尼德兰战事失利期间，区委员会越来越政治化。到了7月时，巴黎大部分市民要共赴国难，就取消市民选举资格的财产限制，也就是真正的全民（成年男性）参政。马上，中、下阶层就拿到政权，委员会变成长裤汉（sans-culottes，有译"无套裤汉"，见本书第六章）的政治机关，被改称为革命委员会。8月9日，由最激进的科德利尔派的丹东、德穆兰和埃贝尔[12]带动各区组成"革命公社"，以别于由雅各宾派支配的"巴黎公社"。可以说，那时的政治局面如下：全国性的立法大会由吉伦特派支配，但未能垄断；左右政局的巴黎公社则由雅各宾派垄断；巴黎激进地区和战斗力强的长裤汉队伍就由科德利尔派带领。8月头一周，德穆兰给妻子的信写道：

> 我的好露西尔，不要因为你见不到你那口吃的老公而哭泣。我完全投身革命。你如果能够看见我在市政府的车队里你一定会高兴。这是我第一次在公众前露面。我像堂吉诃德般的骄傲……我在罗伯斯庇尔家吃饭……我快要写好我的演讲词了，他们要我下星期二在市议会宣读。我昨天在议会说了几句就把那些应声虫似的议员吓坏了，很多人都鼓掌……

信中提到的那篇演讲词很长，结尾的几句是"警钟一响起，就让全国人民集齐；让每一个人，如同当年罗马人，都有权去处决阴谋者；一天的无政府比四年的国民会议更能保障自由和拯救国家"。

8月9日晚上，巴黎公社代表们正在市府开会，革命公社的代表也同时来到市府。"合法"的巴黎公社与"非法"的革命公社分别在两个厅里开会。8月10日早上6、7点钟，革命公社正式通知在隔壁的巴黎公社，决定取消巴黎公社，但会保留市长和部分官员的行政功能。一小时后，革命公社的队伍就开始向杜伊勒里宫进发，包括长裤汉、国民警卫军和来自各省的义勇军约2万人。

路易方面也有准备。前些时候，他已经用钱收买了一些政客，包括巴黎市长。但这些政客看见事态严重，都借故溜开，更有人建议路易退位，但路易决定保卫杜伊勒里宫。早在6月25日（也就是6月20日吉伦特派第一次逼宫之后几天），路易就在宫内部署950名瑞士卫队、200—300名武装贵族，2000名亲王的警卫军和部分志愿军，理应足够应付。但是，国民警卫军的指挥被骗说市政府召唤他，他对革命公社的成立一无所知，于是轻身前往，很快被扣留，稍后被杀。10日早上7点，杜伊勒里宫的防军就看见革命队伍远远地开来。路易巡视防线时，保王的国民警卫军中就有人高叫不会对兄弟开炮，但路易有没有听到就没有史证了。

路易本人憎厌暴力和流血，不听王后劝阻，就在此刻放弃督战，带着家眷和几个随从跑到杜伊勒里宫旁边的立法大会会场。场内正在开会，路易进来说："先生们，我到这里来是为要避开一场罪行，我相信没有比和你们在一起更安全的。"大会主席说："陛下，您可以信赖立法大会。代表们都曾宣誓维护人民的权益和合法的政权。"路易就坐在主席旁边，但有人指出，国王在场，大会不能议事，就请他移驾到主席台后面的记者席。坐在那儿，路易脸上仍保持一贯的呆滞，了无神采。

路易一跑，防军士气瓦解。武装贵族率先离场，部署在外围的亲王国民警卫军也开始加入革命国民警卫军的行列。革命队伍如同操演般，兵不血刃直抵宫门。上午8时开始发动攻势。首先，来自马赛的义勇军涌进外廷。驻守花园的警卫军炮队立即倒戈，剩下来就只有在宫内的900多名瑞士卫队。革命派向他们招降，得到的回应是："我们是瑞士军。瑞士军至死也不会放下武器,我们不能忍受投降的耻辱。我们可以被依法解散,但不会擅离职守,或交出武器。"双方在宫内大楼梯上下两端,对峙了差不多一个小时。不知谁先动手,瑞士军从上至下,先把宫内的革命派赶到外面,然后就夺回了花园里的大炮,外面的革命派见状四散,不知情的还以为"中伏"。从此,长裤汉对瑞士军极为痛恨。

瑞士军收复宫外阵地,革命派援军也开到,把瑞士军推回宫内。那时,路易也听到枪声,就写了一张字条叫人立即送过去。字条上写着:"国王命令瑞士军立即放下武器,回返军营。"瑞士军进退两难,进则弹尽,退则必死。最后,还是撤退到宫后的军营。革命派当然不放过,一路赶杀,900多人只有300人保住了性命。[13]

露西尔从一个旁观者的角度,但又作为当事人的身份,在日记中动人地描述了这次惊人的行动:

> 1792年8月9日,我们将会怎样?我再也受不了了。卡米尔,啊,我可怜的卡米尔。你会怎么样?我无力呼吸。今天晚上,这生死之夜!主,如果你真的存在,救救那些值得你救的人。我们想自由,啊,主啊,代价何其之高!在我最痛苦的时刻,勇气离我而去。
>
> 8月9日到现在,真是天翻地覆!巨变发生了!如果我不停地写下来,不知会写满多少册!我怎样会记得这么多!算了,让我记下一些来。
>
> 8月8日我从乡下回来。群众情绪已酝酿多时,有人企图暗杀罗伯斯庇尔。9日,我们请了一些马赛义勇军的人吃晚饭,席间很是高兴。饭后大家去丹东家。孩子的妈妈在哭,脸上一片愁容;孩子则一脸惊讶。丹东很是坚决。我如狂人般放声大笑,他们却担心大事不举。虽然我自己也不敢肯定,但装作胸有成竹地告诉他们,大事必成。
>
> 丹东太太说:"你怎能笑成这样子?"
>
> 我说:"啊,这是因为今晚我会流很多眼泪。"

过了不久，我看见他们拿起武器。卡米尔，我亲爱的卡米尔，拿着一支枪进来。啊，主！我躲进壁龛；我用两只手掩着脸，开始哭泣；但我不想人家看见我的软弱，不想大声告诉卡米尔我不愿他掺和此事，我观察了一会儿，找到一个无人的机会告诉他我的恐惧。他说他一定不会离开丹东，我马上明白他将深入险境。

每队人经过，我都想象是见他们的最后一面。我走进小客厅躲起来，因为那里没有开灯，我不想看见他们在做准备工作。街上一个人都没有，整个世界都睡了。我们的志士出发了。我坐在床边，像被水淹没般不知所措，有时打个小盹，总是欲言又止。丹东已经躺下，他好像不太担忧；他一直在家里。临近午夜，他们很多次来找他，他最后去了公社［即巴黎市府］。

科德利尔区的警钟长长地响起。我一个人跪在窗台旁，手帕掩着脸，以泪洗面。我听着那丧钟般的钟声，他们徒劳地安慰着我。这个死亡之夜的前一天好像是我的最后一天。

他们来来去去很多趟，有时带来好消息，有时是坏消息。我想我知道他们的目的地是杜伊勒里宫。我觉得我要哭昏过去了。

就这样我度过了一个无比激动的晚上。卡米尔在1点钟回来，挨着我的肩膀睡着了。丹东太太坐在我旁边，准备好随时听到她丈夫的死讯。"不，"她说，"我不能留在这里。"天要亮了，我建议她应该在我身边睡一会儿。卡米尔到床上躺下。我在小客厅放了一张沙发，铺上床垫和被子，她便倒下去睡了。我也躺下来打盹，虽然周围依然能听到警钟声。

起床后，卡米尔离开，我希望他不会遇上危险。我们吃了点早餐。10点钟、11点钟过去了……什么消息都没有。我们拿着昨晚的报纸，坐在小客厅的沙发上试着去读。我们听到街上的哭号声，我们相信巴黎已经被血洗。

我们互相打气，出门去找丹东。路上的人们叫喊着"拿上武器"，四散奔走。我们到了商业大楼，但大门紧闭。我们又打门又叫门，但没有人来开门。我们想从一个面包店走进去，不料它却在我们的面前嘭的一声关上了门。我怒火中烧，最后还是得以通过。很长一段时间我们一无所获。很快有人来告诉我们胜利的消息。1点钟，好几个人来给我们送信。有些马赛义勇军牺牲了，消息是残酷的。

第二天，11日，我们看见马赛义勇军的队伍。啊，主啊！这是什么光景！我们的心好像被撕开了。那晚，卡米尔和我在一起。我不知道我为什么这样害怕，家里好像是不安全的。次日，12日，回家时知道丹东被任命为部长。

丹东被任命为司法部长。他任命德穆兰为司法部秘书长（但只做了一个月）。德穆兰在给父亲的信中说：

> 您已经从报上看到有关8月10日的新闻了吧，我只是告诉您有关我个人的事情。我的朋友丹东，做上司法部长，从这个血腥之日开始，我就和他成败与共。他在议会上说，"若是这次我败了，我就是罪犯"。
>
> 自由胜利了。我已入住司法官。虽然您从来都说我不会有什么成就，但我发现自己已经升到我这一行的最高一级。这并没有增加我的虚荣心，我的虚荣心已经比10年前少很多了，因为我虽然重视智慧、热情、才干和爱国心，但我同样重视感情、人性和对同类的爱心。这些都没有冷却我的孝心；而您这个做司法部秘书长、被称为掌玺大臣的儿子，会在不久的未来向您尽孝道。我相信8月10日的革命确保了自由。接下来的工作是要法国既自由又幸福兴盛。为此，我会夙夜匪懈。
>
> 今天，家乡的绅士们心里会充满妒意、憎恨、小气和入骨的仇恨！我怀着从未有过的愁意和焦虑，更强烈地感受到同胞们的罪恶和人生的悲哀。[14]

路易成了阶下囚，立法大会超半数代表逃跑，有史家称之为第二次革命。但这次革命并未如第一次革命（进攻巴士底狱）获得广大人民支持。除了保王和保教会分子外，革命分子中也有人对这次革命的残暴和极端心怀不满。原本，起事的激进分子（科德利尔派和雅各宾派）想趁机解散立法大会，夺取政权，但由于革命公社是为起事而成立的，而且都是巴黎的激进分子，如果马上夺权会惊动各省，所以他们决定暂时保留立法大会（主要仍是吉伦特派的地盘），但立法大会要承认革命公社的合法性（取代旧巴黎公社），并宣布通过全民投票（而不是依据宪法上规定，必须是资产阶层才有资格投票或参选）去选拔代表，召开国民公会（National Convention），定立新宪法（以共和取代君主立宪）。

这次革命有几个严重的后遗症：

（i）革命分子中，温和和激进两派的鸿沟加深，更不能互相容忍。

（ii）巴黎革命公社支配巴黎，从而支配立法大会，成为法国的实质政府。公社的代表也有很大改变，之前大多是中产阶层和律师，如今大部分是工人（artisans，指技术工人）。公社关注的利益从中产阶层转移到中、下阶层。

（iii）巴黎革命公社对巴黎各区的控制力有限，实质是48个区组成的一个松散联合政体。每区各自为政，有自己的武装和军需（从市府和国民警卫军军械库抢来的）。

（iv）以贫下阶层为骨干的长裤汉队伍势力和实力激增，支配了大革命的方向。

路易虽被囚，但外敌仍未退。1792年8月16日，也就是进攻杜伊勒里宫不满一个星期之后，普鲁士军开入法境，势如破竹；19日，拉法耶特投奥；22日，保王派在全国各地暴动，法军处处失利；9月1日，立法大会宣布全国总动员。征兵标语上写着，"人民，起来武装！敌人已到城门口！"很多人信以为真。市内一片混乱，有警炮声，有战鼓声，此起彼落。

动员之际，又发生了吓人的大屠杀。自从进攻杜伊勒里宫成功后，巴黎革命公社取得实权，马上镇压所有反革命活动。从第二天开始，巴黎各区成立"警备委员会"（Vigilance Committee），10天之内，500多人被扣押，大部分是教士，有的被收监，也有的囚禁在教堂和修道院内（因为监狱都挤满了）。8月底，强敌压境之际，谣言在巴黎传开，说这些教士密谋和敌军里应外合，推翻革命。9月2日，普鲁士联军攻陷可视为巴黎屏障的凡尔登（Verdun）。以巴黎长裤汉和外地义勇军组成的新军在战神广场集合，准备开往前线。当中有人扬言，如内奸不清除就不上前线，因为如果军队一离开，狱中的内奸就会发动反革命，释放路易。丹东在立法大会上发表他最有名的演说，最后一句是："要敢作敢为，要不断敢作敢为，要永远敢作敢为，法国才有救。"长裤汉激动得不得了。就在此刻，24个教士从教堂被押解到监狱，在监狱外遇到喊杀的群众，教士们想逃入监狱避难，但都通通被屠杀，尸体被肢解，狱中的200多人也差不多全被杀害。下午，长裤汉冲入修道院，又杀了150多名教士。从9月2日到7日，很多城市都发生类似的屠杀，好几千人被处决。事后，没有人被追究，但政治余波绵延不绝。先是名义上仍是当权的吉伦特派被认为太无能，未能控制局面；同时，雅各宾派被指责太凶残。有史家指出，这是法国大革命中人民与精英关系的分水岭，由革命理想引发的暴力成为争夺政治权力的工具；日后的恐怖统治和白色恐怖不是启蒙思想的产品，而是革命与反革命极端化的现象。这场"9月大屠杀"是西方人对法国大革命由正面评价转为负面评价的关键性事件。

立法大会在1792年9月19日解散；翌日，国民公会成立。刚好在这一天，节节得胜的普鲁士大军就在瓦尔密（Valmy）被法军成功阻挡后撤退。大革命进入新阶段：之前是资产阶层与贵族阶层对峙，之后是资产阶层与无产阶层对峙。

党派之争反映在国民公会开会的会场席位上，大致是这样。以罗伯斯庇尔为首的雅各宾派激进分子，但也包括科德利尔派中人丹东和德穆兰等（他们也同属雅各宾派），组成激进的"山岳派"（Montagnards），坐在会场上端；坐在他们下面的是以布里索为首的国民公会当权派——吉伦特派和他们的同路人，相对比较温和；在最低席的是以西哀士（也就是从教士身份转到平民身份，写出革命宝典《什么是第三等级？》的那位，见上）为首的中间骑墙分子，又叫"平原派"（Plains，或法文 Marais）。

对外，法军挡住入侵的奥、普联军，从此节节得胜，但外侮消除却加剧内争。国内局势迅速进入极端恐怖。国民公会的第一件事就是废除王室，宣布共和。[15] 这是天翻地覆的彻底革命，连历法也改了，定1792年9月22日，即共和的第一天，为元年1日。宗教按照神以6天创天地，第7天休息而制定的7天一周的星期制也被改为10天一周。[16]

吉伦特派和山岳派都想共和，但山岳派更关注平民利益，鄙视吃政治饭，而且不怕使用暴力。他们最大的分歧是在对路易的审判（山岳派主张国民公会全权决定，吉伦特派主张全民公投）和巴黎与革命的关系（山岳派主张在对外战争期以巴黎为国家中心，吉伦特派不想巴黎在任何时间超越各省）。其中，巴黎与各省的矛盾是吉伦特派的最大苦恼。当时，各省都反感权力过度集中于巴黎，但吉伦特派的政治现实是，它的权力基础包括巴黎和外地，必须兼顾两者。一方面，他们想约束这个"煽动分子和媚民分子充斥的首都"，但又不想各省拥有过大的权力而走向"联邦"制度。他们当然明白，经过近200年路易王朝的经营，巴黎已成为不可取代的权力中心，但他们又想把这权力只集中在中、上资产阶层的手里。

国民公会成立还没几天，当权的吉伦特派就接二连三指控罗伯斯庇尔有独裁之心，又控诉山岳派没有制止9月大屠杀（其实也是当权吉伦特派的无能）。罗伯斯庇尔为自己辩护，并为雅各宾派和他在巴黎以及外围地区的支持者辩护。此时，吉伦特派跟以雅各宾派为主力的山岳派已势同水火，但他们之间仍有一个共同目的，就是彻底消灭路易王朝。

吉伦特派从未想提审路易，但又知道若是路易无罪，第二次革命（进攻杜伊勒里宫）就属违法，共和的法理基础就会动摇。（罗伯斯庇尔也说过："假若国王没有罪，废国王的就有罪。"）但如果路易有罪，就难免一死。属温和革命的吉伦特派中人不想见此，但山岳派中人认为路易招外敌复位罪无可恕，而长裤汉更认为在杜伊勒里宫"中伏"（见上）是路易诡计。

11月20日，人们在路易宫中发现有一口铁箱，内藏与奥、普的来往书函，路易大限难逃。12月3日提堂，11日与23日被押解到国民公会。山岳派把事件定性为通敌，因此路易就是叛国。吉伦特派希望以全民公投去决定路易命运，不遂。罗伯斯庇尔看穿了吉伦特派的困境：如果他们支持处决路易就会失去"温和分子"，如果他们反对处决路易就会失去"爱国分子"（特别是长裤汉）。因此，他以"路易必须死，法国才可生"去逼迫吉伦特派做出选择，以作为日后山岳派与吉伦特派龙虎斗的政治本钱。

1793年1月14日，全体国民公会代表表决路易命运。每个人都要走上主席台前投票，并说出理由，最后一致通过，路易罪名成立。[17]16日表决处分办法。吉伦特派内部产生严重分裂，赞成与反对处死的各半，致使山岳派得胜。[18]一周后，路易被推上断头台。而国民公会中投赞成票与投反对票的成为死敌；国内保王分子化悲愤为力量，积极谋划复仇；国外势力决心铲除弑君的革命派。这就是山岳派与吉伦特派生死斗的背景。

注：

1. 雅各宾派是到此刻才变得激进，因为君主立宪分子在7月（路易出逃失败之后）集体退会，另组保王派斐扬会（Feuillants，以开会场址的修道院命名），留下来的就是共和分子。要注意，在此之前，雅各宾派从未正式表态共和。事实上，吉伦特派也是从雅各宾派分出来的，代表温和共和。

2. 他们是巴黎中、下阶层的激进分子，代表群众暴力。在下面"解故事"之"第二次革命"有详细介绍。

3. 这是典型的德穆兰笔法。革命笔法往往包括人身攻击，甚至涉及对面貌、衣着、发型的批判。日后德穆兰攻击布里索也是如此（见第七章）。

4. 丹东逃往英国，德穆兰躲起来。个把月后，事件开始平息。8月21日，德穆兰的身份从"追捕"改为"传讯"，9月11日被大赦。

5. 这是罗伯斯庇尔做成的。他在1791年5月18日国民会议通过"引退法"（self-denying ordinance）：国民会议现任代表不能在下届再任代表。另外，早在1789年11月7日国民会议通过了代表不能担任官职（担任立法的不许担任行政）的议案。

6. 不能翻译，指的是行骗、诽谤。

7. 悉尼（Algernon Sidney，1623—1683），英国内战期间的政治哲学家，反君权，主共和。

8. 克伦威尔（Oliver Cromwell，1599—1658），英国共和政府的护国公，被法国革命分子视为反革命的独裁者。

9. 马拉有病，不能见光。

10. 科布伦茨（Koblenz），当时法国东面边境上的一个城邦，是出逃贵族聚集的地方，德穆兰用它代表境外的保王势力。

11. 德穆兰用他代表国内的保王势力。

12. 他是革命中激进分子中最激进的。在下面第八章有详细介绍。

13. 瑞士人后来为这批雇佣兵立碑纪念。

14. 这里，我们可以看到德穆兰的革命心态开始改变。这时距离恐怖统治还有一整年，中间还有很多政治血腥，他也从鼓吹暴力到反对暴力，最后被打成反革命的姑息派（Indulgents）。

15. 史称"法国第一共和"，到1795年10月26日国民公会解散时结束。

16. 这一更改招来劳动阶层的抗议，因为每年52个星期天的休息日就缩减到只有37个休息日。

17. 罪名是阴谋摧毁公众自由和整体安全。路易是以公民而非国王身份受审的。

18. 投票结果是，赞成处死361票，免死或缓刑360票。奥尔良亲王（改名"平等"）投下致命的一票。

第三章 干掉敌人：从斗争到恐怖

杀掉路易，挡住外敌，团结的革命也随之解体。

化友为敌：罗伯斯庇尔、丹东、埃贝尔干掉布里索。

杀鸡儆猴：罗伯斯庇尔、丹东干掉埃贝尔。

路易一死，山岳派与吉伦特派的共识不再。吉伦特派多属中、上有产阶层，当初在国民公会拥有的和可仰赖的（特别是平原派中对9月大屠杀反感的）席位比山岳派的要多，但派里只求发国难财、吃政治饭的也比较多。同时，他们对山岳派的不断攻击和对官职的垄断使很多代表认为他们是在结党营私。相对地，山岳派的骨干分子虽也是中、上阶层，但对中、下阶层的苦况比较同情，为此能成功拉拢巴黎底层的长裤汉，作为政治斗争的武装力量。在国民公会中占多数的平原派则采取"超然"姿态，实质是骑墙者，主要按着长裤汉的激烈程度去决定行动取向。

从1792年9月20日在瓦尔密得胜到1793年春，法军处处得利，更占领了奥属尼德兰的属地。[1]可是人民的生活却没有什么改善，于是自然感觉没有享受到革命果实，以致埋怨甚至迁怒于当权的吉伦特派。因为面包价格居高不下，巴黎暴动频频。各地保王、保教会的反革命风潮也在蔓延。这是1793年开始时的局面。

所谓此消彼长，在吉伦特掌权派为平民愤、平动乱，心力交瘁之际，山岳派的道德光环和政治实力却迅速增长。为了政争，吉伦特派甚至拉拢保王分子，而山岳派就更加依靠长裤汉。长裤汉到处殴打反对路易死刑的国民公会代表，更想把他们逐出国民公会，好使革命力量更加巩固。

1793年春，路易被杀后，英国、荷兰、西班牙等联手对付法国。虽然有丹东的壮语——"欧洲的国王们胆敢挑战我们？我们要应战；就在他们的脚下扔下一个国王的脑袋"。——但战局开始对法军不利。1793年3月18日，内尔温登（Neerwinden）一役，法军被奥、荷联军大败，将领叛国。保王派又在西面起事，吉伦特派被指治国无能。在山岳派的压力下，政府成立革命法庭（Revolutionary Tribunal），加速处理反革命罪行；稍后更成立公安委员会（Committee of Public Safety），去肃清反革命行为。当然，吉伦特派也实在是害怕山岳派的威胁，决定先发制人，于4月12日，拿下比山岳派更激进的马拉，指控他发表言论鼓吹谋杀（特别指他鼓动1792年的9月大屠杀，其实指桑骂槐地针对山岳派首领丹东和德穆兰）和意图废除国民公会。但当时的革命法庭已被山岳派把持，再加上上上下下的民意都认定马拉是当时政坛上众多浑水摸鱼、表里不一的政客群中一个真正为民请命、为贫请命的爱国志士。结果，马拉全部罪名不成立，4月24日当庭获释。他在群众欢呼和簇拥中胜利游行。吉伦特派这一招非但弄巧成拙，更暴露了自己的弱点。

此时（1973年5月中），德穆兰再度攻击吉伦特派首领布里索（上一次是1792年3月的小册子《揭开布里索的面具》，见上），出版了《布里索派的历史》（*L' Histoire des Brissotins*，有说是罗伯斯庇尔主使他写的），也是日后布里索和吉伦特党人的"罪证"。他再用他擅长的刁嘴讽刺"证明"吉伦特派其实是保王派和反革命派的伪装。例如他说1792年9月成立的国民公会大部分代表都有保王倾向，去影射当时在国民公会占多数的吉伦特派就是保王派。当然，这是没有根据的，唯一的"推理"是当时国民公会与巴黎革命公社处于对立状态，所以它"一定"是反革命和保王派。他又说反话，"自古以来，除非引用上古政治哲人的德行，否则无法建立共和；但我们这个永垂千古的伟大社会却成功以恶行建立了共和"。他力主要把布里索派从国民公会"揪出来",从革命法庭"斩下来"。

但吉伦特派仍想挣扎,于 5 月 24 日下令拘捕埃贝尔和其他派系的极端分子。埃贝尔派是个极端激进的左派,以保护贫苦人民为己任,是山岳派最炽热的支持者。[2] 第二天,巴黎革命公社就号召要释放"爱国志士"。吉伦特派也趁机把矛头指向巴黎革命公社:"如果国民公会代表遭受攻击,我们以全国的名义对你们声明,巴黎将会被摧毁。"这措辞跟一年多以前的布伦瑞克宣言太相似了,由此招来大祸。翌日,罗伯斯庇尔呼吁起义;再一日,吉伦特派不得不释放埃贝尔。但箭在弦上,不得不发。革命公社动员的 8 万长裤汉起义队伍就在 5 月 30 日攻入国民公会会场,市内展开武斗;6 月 2 日,山岳派逮捕国民公会中的吉伦特派分子[3],巴黎革命公社成为权力中心。几天后,山岳派更夺得公安委员会的控制权。此刻,政权实质开始转移到山岳派手中,不过大局还不稳定。

两股力量同时冲击国民公会:反革命武装力量因各省不愿听从巴黎号令而得以壮大;民众暴力因物价不断上涨而逐渐升级,难于收拾。山岳派知道局势严峻,决定先安内,尤其是安抚农民,个把月之内下达一连串的政令:从"出走者"那里没收的土地以小块的、多年期付款的方式卖给农民;按人头分配公有土地;全部取消残余的封建特权。但为使中产阶层安稳,山岳派政府同时下令保护私产和约束群众暴力事件。

当然,面面俱全是很难做到的。其实,1793 年 7 月时,法国经济已面临崩溃,山岳派政府想尽办法去尽快通过新宪法[4],好使山岳派政府的政策有合法的宪法基础,也为稳定巴黎以外各地的民心。7 月 24 日,山岳派终于通过新宪法(史称"雅各宾宪法",但只是通过而没有公布),扩大自由与平等的范围,包括保障公共援助、工作岗位和公共教育,甚至"起义"的权利。

但局面仍然紧张、混乱:分离分子(federalists)在将近 60 个省份公开叛乱;[5] 保教会分子在旺代(Vendee)形同割据。这些都反映保王与共和、教会与革命、农村与城市之间的矛盾。看来,内战在所难免。幸好这些叛区都不在边境上,不然外敌会乘虚而入。但外敌的压力也在不断增加。上面说过,1793年年初,路易被推上断头台,欧洲诸国马上组成大联盟攻法,法军全线崩溃。到7、8月份,几个星期内,普鲁士、奥地利、西班牙、皮埃蒙特、科西嘉等军队都杀入法境,英国则包围法国北部港口敦刻尔克,支援作乱的保教会势力。前线局势十分紧急,国内经济状况也急转直下。政府在8月份出台一连串的措施去控制粮食的生产和分配,严厉处分囤积和诈骗。就在此时,"恐怖统治"的引线被点着了。

3个多月前,吉伦特政府在群众压力下,释放了被视为人民英雄的马拉(见上)。但在7月13日他就被刚失势的吉伦特派同情者暗杀。群情汹涌,人们认为吉伦特派为夺回政权变得疯狂和没有人性。山岳派把持的国民公会发动大规模的镇压。在7月27日,罗伯斯庇尔进入公安委员会。第二天,21名吉伦特派的国民公会代表,包括布里索,被指名为"国家公敌"。整个夏天,长裤汉的骚动无日无之。

就在马拉被暗杀的同时,德穆兰也身蹈险境,被指犯了革命中的大讳忌——缺乏爱国心(incivism)。由于他好几次公开缺席国民公会,有人便借题发挥,说他与保王势力有联系。这与他为好友亚瑟·狄龙将军[6]的辩护有关。狄龙将军的保王倾向在当时是公开的秘密。德穆兰为他成功说项,但花了很高的政治本钱。最后,德穆兰非但自己付出了代价,连妻子也因此事被拖累。那时,有流言说狄龙与露西尔有特殊关系。事后,德穆兰出版《致狄龙将军信》,以自白方式公开他的看法:

我的一个朋友问他,"你认识狄龙吗?""我当然认识他。我不就是因为他而与人发生摩擦吗。"

"你的太太跟狄龙是不是经常见面?"

"我想她一生见他不超过四次。"

"你这样达观,那你一定知道狄龙出卖了你,好像他出卖共和一样。你不是个俏男子。"

"绝对不是。"

"你的妻子有魅力,狄龙依然英俊,女人是如此的善变。"

"起码有些女人是这样。"

"我为你可惜。"

"请你放心,我看出你完全不认识我的妻子,如果狄龙出卖共和,就像他出卖我的话,那他一定是无辜的,而我也一定会为他辩护。"

德穆兰为狄龙辩护是对妻子表示信任,但他还要向雅各宾派交代。这一次,罗伯斯庇尔助他过关。在《致狄龙将军信》中,他还不留余地地批评当时的政治红人,包括公安委员会的委员。其实,他对自己言多必失已开始有所警觉。[7]这也反映革命开始出现人人自危的先兆。

大变终于来临。9月4日,巴黎各区的革命委员会召集兵马(长裤汉)意图彻底清除吉伦特派。各区兵马包围国民公会,要求成立革命军,逮捕所有有反革命嫌疑的人,清理各委员会内的不忠分子。国民公会代表们在"刺刀"面前屈服。但为了不陷入无政府状态,国民公会把"恐怖"(terror)一词列入当天正式议程,并表决通过:"恐怖是当今的秩序。"(terror is the order of the day,也可译作"恐怖是今天的命令")法国大革命的"恐怖统治"(Reign of Terror)就是在1793年9月5日"正式"开始。

恐怖统治不是个普通名词,是个法国大革命的专有名词,是当时法国政府的官方名称,也就是将恐怖"合法化",为期差不多有一年(1793年9月5日到1794年7月28日)时间。9月6日,恐怖政治正式开始的第二天,山岳派委任更多同路人进入公安委员会,加以完全控制。12个委员有不同的背景、倾向和风格,但共识是"指挥、战斗、征服"。他们面临的共同危险和对行使权力的优越感使他们团结一致、有商有量。所以"恐怖"并不全是罗伯斯庇尔的责任,公安委员之间也有不同政见:有与国民公会紧密联系,甚至与平原派互通声气;有对恐怖绝对支持,也有对恐怖带有保留;有为了顾全大局而暂时支持恐怖。但在1793年的夏天,他们共同的目标是铲除共和的敌人和粉碎封建的复辟。委员会以国民公会的名义去行使权力,但又同时支配着国民公会;利用群众热情但又同时约束群众破坏力。这场赌博是胜负难料的。

接下来的两周是一连串的革命性行动,差不多完全按9月5日革命群众的要求:正式组建"革命军",其实就是长裤汉武装部队;规定粮食最高价(跟着马上更扩大到包括所有物价和工资);改组革命法庭;颁布《嫌疑法》(Law of Suspects),即无须证据即可捉人;指令各地方革命委员会提供嫌疑犯名单。

与恐怖统治差不多是同义词的罗伯斯庇尔是这样说的(《德行的共和》["Republic of Virtue"],1794年2月5日):

> 我们想达到的目的是什么?和平地享受自由与平等……我们想达到的境界是,所有可恶和凶残的情绪不再存在……在我们的国家里,我们希望道德取代自我……一言以蔽之,我们想满足大自然的理想、达成人类的宿命、守护哲人的承诺,把神灵从长久的罪恶和暴政中解救出来。怎么样的政府能实现这些美事?只有民主和共和的政府。但是,民主和平民政府的基本原则是什么,也就是说,维持它和推动它的真正力量是什么?是德行。为古希腊和罗马带来那么多美事的公众德行(Public Virtue)一定会为共和的法国带来更多使人惊讶的美事;这些德行中没有哪个比得上对祖国的爱和对它的法制的爱。如果在和平时期,平民政府的力量是德行,在革命时期,平民政府的力量是德行和恐怖;没有德行的恐怖是灾难,没有恐怖的德行是无能。恐怖只不过是立时的、严峻的、不让步的公义;因此它是从德行中散发出来的;它不是一个特殊的原则,而是在祖国有急需时普遍民主原则的一个后果。有人说,恐怖是专制政府的力量,那么,我们的恐怖是否就像暴政的武器?专制政权以恐怖去统治那些被摧残的子民,这是真的专制;以恐怖去压服自由的敌人,这才是真正的共和建设者。革命政府是反专制的自由专制。

恐怖统治虽然在1793年9月5日正式颁布，但真正的行动要等到10月份部署充分以后才展开：首先宣布暂停行宪，以"革命政府"为最高权力机关，"直到和平到来"；王后安托瓦内特以叛国罪被定刑，随即送上断头台；通过反宗教法，凡没有宣誓效忠革命的教士和支持者，见一个杀一个（death on sight）；革命法庭宣判被指名的21名吉伦特派国民公会代表（见上）为人民公敌，几天以后全部送上断头台，为首的是布里索。

布里索判刑是德穆兰革命历程的转折点。他开始明白文字的威力，他看到他的文字的毁灭力量，这使他转向温和，甚至宽仁。革命法庭成员之一约阿希姆·威拉特（Joachim Vilate，1767—1795）的回忆录中有一段史家常用的记载，是如此写的："我和卡米尔·德穆兰同坐在陪审团席前的凳上。陪审员们（按规定是12名）商讨完毕后回到席上。卡米尔站起来上前想跟最后进来的一位说话，但见此人脸色一变，卡米尔大声跟他说：'我可怜你，你从事的是可怕的工作。'当他听到陪审团的宣判，整个人便倒在我臂膀里，表情痛苦而悲伤。'啊，我的主，我的主！我杀了他们！我的《揭开布里索的面具》啊！我的主，这毁了他们！'。被告们进来听判决，所有人的目光都集中到他们身上，深沉的寂静笼罩整个大厅；主控官最后宣判他们死刑。可怜的卡米尔昏了过去，失去了知觉，随后他颤抖地说：'我要走，我要走，我一定要出去！'但他没法移动。"一个不可思议的改变即将发生，鼓吹暴力的德穆兰开始发出宽仁的呼声。

恐怖统治的特征之一是公安委员会派出全权专员到各区、各地，尤其是反革命活动较多的地方去动员当地的革命委员会去揪出反革命分子，审讯、判刑。这些专员按当地实情和他们的个人风格去处置反革命，有的一个人都没有杀，也有的嫌断头台杀得慢，选择集体枪决。[8]

这段时间是埃贝尔派的权力高峰。他们出自丹东（加上德穆兰的大力支持）一手建成的科德利尔派。但自从在6月推倒了吉伦特派之后，丹东以为大局既定，又加上续弦恋家，就开始享受其半退隐生活，遂大权旁落在比他更激进的埃贝尔和同党的手里。埃贝尔支配科德利尔派，科德利尔派支配长裤汉，长裤汉支配国民公会；埃贝尔意气风发。这个彻底的无神论者决定把法国改造成一个无神论社会。1793年11月10日，他率领巴黎群众在巴黎圣母院举行盛大的"理性崇拜"（Cult of Reason）仪式，表示理性打倒了宗教。这触犯了属于有神论者但又不是基督教徒的罗伯斯庇尔的大忌，他认为极端的反宗教加剧了地方上保教会的叛乱，影响革命的顺利进行。

1793年12月4日，国民公会通过"革命政府法"。在名义上，国民公会是权力中心，但实质权力则集中在公安委员会。它的职能是演绎国民公会的法令及制定执行方法、管理所有政府机关和人员、指挥军事与外交行动、委任将领和其他各委员会的成员——不过最后仍须国民公会来认可。为此，它拥有军权、公安权和民生保障权，这不但将几个月来的各种高压恐怖政令和制度固定下来，甚至把巴黎革命公社和长裤汉队伍都收入公安委员会的控制之下。

一连串的经济管理措施的确使得生产提高、物价稳定。但失利的是农民（因为国家强买粮食）、商人和技工（因为国家管制物价）；得利最多的是城市，特别是巴黎的工人（工资提高、物价稳定）。为此，巴黎确实安定了些，尤其是长裤汉都当了正规军或受雇于兵工厂，或加入了不断扩充的政府部门，再没有时间和动机去暴动了。

军队的质和量也在提升。全民动员固然增加了兵源（但征兵制度也成为外围各省反政府的原因），更大的改变是将领人才。将领委任不再由贵族垄断，而是各凭才干。军事学院大量培训来自基层的子弟，产出全欧洲第一支真正的、庞大的、训练有素的国家部队（这也是拿破仑日后称霸欧洲的军事本钱）。这支部队在1793年底平定了内乱。在旺代地区击败以保王室、护教会和反征兵为号召的最有实力反共和政府武装，6000人被处决。随后几个月，政府军实施焦土政策和恐怖镇压。到1794年2月底，肃清了地方的反抗。与此同时，对外的战事也稳定下来，进入相持状态。看来，恐怖统治确实有效。

不到一年前，面对国内外的保王势力，山岳派（雅各宾派的激进分子和同路人）和吉伦特派的共同目的是共和。共和是得到了，但共识却失掉了。两派相争之下，山岳派以激进、平等来号召中下阶层，取得了成功，也拿到了政权，但面临反革命的威胁。山岳派以恐怖为手段成功镇压了后者，但自身又分出"温和"和"极端"两派。在人心厌暴和激进过激的情况下，"更激进"分子先被消灭，"激进"分子也余日无多。革命由兴奋，到疯狂，到痉挛，到虚脱，到强人出现，终达百川归海。革命打倒君权，却换来帝制。请听慢慢道来。

其实，早在1793年9月（也就是恐怖统治刚开始时），激进革命分子已开始分裂为两派。两派都来自科德利尔会。首先是埃贝尔派（虽然埃贝尔本人从未做正式领导人），主张彻底战斗，又采用仇富、扶贫的政策，在长裤汉的支持下实质上支配了巴黎革命公社。他们跟山岳派合作，是想通过山岳派去支配国民公会。另一派是丹东派，以丹东为首，德穆兰为辅。他俩原本是科德利尔会的领导，但领导地位已被埃贝尔派篡夺了。他们开始不满山岳派政府的权力过度集中，尤其是委员会（特别是公安委员会）的独裁。他们的支持者是国民公会中较温和的分子，包括平原派。公安委员会不想迁就任何一方，因为它知道如果迁就埃贝尔派就会破坏革命的团结，迁就丹东派就会破坏抵抗外敌所依赖的经济管制以及种种恐怖措施的效力。因此，它必须在两者中找平衡。

有一则近乎传奇的史料。1793年夏天，吉伦特派被消灭后，恐怖统治还未开始，丹东退隐于奥布河畔的阿尔西（Arcis-sur-Aube）前的一个黄昏，他和德穆兰两人在国民公会开完会，回家路上经过河边的一个码头，夕阳的天空反映在河水上，一片紫红。丹东停下来，凝视着这片诡异的光芒，转过身来，颤抖地跟德穆兰说："瞧，多少血！塞纳河流的是血呀，流的血太多了！来，拿起你的笔去写，力求宽仁——我会支持你。"德穆兰重新动笔，创《旧科德利尔》（*Le Vieux Cordelier*）期刊。第一期在1793年12月5日出版（也就是恐怖统治进行得如火如荼之际）。说是期刊，头四期是5天一次，接着就差不多隔一个月才出一次，直到德穆兰被捕、被杀，它反映了当时的政局变化和德穆兰的个人遭遇，可以说是恐怖政治的见证。这要从头说起。

丹东隐退后，罗伯斯庇尔对德穆兰的影响比之前更大，头几期的《旧科德利尔》肯定反映罗伯斯庇尔的想法。德穆兰的笔锋正好匹配罗伯斯庇尔的辩才。德穆兰绝对有理由相信罗伯斯庇尔对他的支持，对宽仁的支持。但是罗伯斯庇尔也有"苦衷"：他要维持民望，这是他的权力基础，而当时极端激进派势头正盛；他在公安委员会中虽是万能，但不是全能，这让他多有顾虑。

丹东东山复出，重返巴黎，12月3日在雅各宾会上发言[9]，要求会员们抗拒那些把民众带离革命原旨的、煽动"超革命"（ultra-revolutionary）行动的分子。对于丹东摆出的这个"不冷不热的革命态度"，会场上一片哗然。罗伯斯庇尔为他辩护，众怒才稍为平息。从此，丹东派就被扣上姑息派的帽子。德穆兰的《旧科德利尔》的"旧"就是针对"超革命"的"超"。当年，科德利尔派是丹东和德穆兰创立的，如今，新的科德利尔派已被极激进的埃贝尔分子把持了。

在《旧科德利尔》第一期（1793年12月5日，也即丹东在雅各宾会上出事后的两天）德穆兰用上反讽笔法，如同当年的《巴黎街灯》。在《巴黎街灯》中，他说反革命分子用"激将法"来刺激革命者采取过激行动，以致触发人民对革命的反感；在《旧科德利尔》第一期，他"祝贺"革命大敌英国成功以"激将法"推动革命极端化，以颠覆革命。"我必须动笔，我必须放下慢工出细活来写革命历史的铅笔，重新拿起那支使人呼吸窒息的钢笔来书写革命狂潮，追踪革命敌人的新诡计。罗伯斯庇尔只给你们说了个大概：他在公安委员会的繁重工作让他无法像我一样更为深入⋯⋯没有任何报刊说出真相，起码不会说出全部真相。我以全部的真诚和勇气重返政治舞台。"德穆兰哪知道这些真诚和勇气日后会给他带来什么！

"胜利属于我们,因为在众多的德高望重之辈都纷纷倒下来之际,罗伯斯庇尔仍屹立不倒,因为在我们的爱国斗士、'旧科德利尔'的永久主席[指丹东],在桥上独抗拉法耶特和他的四千军队时,他曾伸出援手[指战神广场大屠杀]。"德穆兰肯定认为罗伯斯庇尔是站在他的一边。但公安委员会诸公则认为德穆兰的革命意识明显地"倒退";在他们的压力下,罗伯斯庇尔要求德穆兰把以后的《旧科德利尔》在出版前交审。

第二期在 12 月 10 日出版,罗伯斯庇尔的影子清楚可见,尤其反映在对罗伯斯庇尔的政敌(11 月 10 日"理性崇拜"的推动者埃贝尔)的批评上。"肖梅特[10]好像以为他们推动了理性巨轮,但实在是反革命。天主教在法国其实快要老死和闷死,教会的财富跑不掉,总要流入国库。但是,我可以保证,你排斥和迫害参与弥撒的人只不过加强了保教会的政治势力。"在这一期,德穆兰主要攻击的对象是愤激派(极激进分子,见"第六章),因为埃贝尔派利用愤激派中的长裤汉武装实力,而愤激派则利用埃贝尔派在公安委员会和国民公会的影响力。

我们的敌人已经计穷了,只得用上当年罗马元老院的故技。元老院无法推翻爱国的格拉古[11],就设下毒计。他们指使一个护民官去故意夸张格拉古的政策。当格拉古提出一个受民众欢迎的政策,这个护民官就会提出一个更受民众欢迎的政策。最后,爱国与原则被夸张的爱国和夸张的原则谋害了。如果一个雅各宾派的格拉古建议把面包的最高价定位一块八毛,保王派的德鲁苏斯[12]就建议定为六毛。这条诡计很成功,起码在一个短的时间里,民众不会以为格拉古是最先进的,而是转向德鲁苏斯,继而对这个真正的人民保护者冷淡下来。一旦如此,代表贵族利益的西皮奥·纳西卡[13]就会发难,把他拉倒。

德穆兰很会谈古论今,给人的印象是深度和理性,很受知识分子欢迎。但对下层百姓,尤其是长裤汉们的感召力和影响力就不如埃贝尔的俚俗和充满野性的《杜谢恩老头》。德穆兰的重武器是他的影射、暗示、诽谤和半真半假的证据,最成功的是把疑惑、顾虑植入人心。

第三期在12月15日出版,在词锋和道德意义上是最有名的一期。他的箭头指向恐怖统治中最恐怖的《嫌疑法》(1793年9月17日颁布,见上文)。表面上是规劝极端激进分子不要误用、滥用,但对他们来说这是致命的指责,尤其是德穆兰用上了借古讽今。他自知会惹祸,但他要挑战他的敌人,去看看他们敢不敢压迫言论自由。现在把精要部分翻译过来。

> 现今,共和政制与君主政制正做生死斗,最后胜利只能属于一方;如果我们从历史中知道君主制度的胜利是怎样子的,我们怎会不希望共和制度胜利?罗马史家塔西佗[14]留给了我们一个朴实和不加修饰的描述。我现在向尊敬的读者们介绍。
>
> 奥古斯都大帝是头一个把反革命定为王法的。一旦文字可以用来定罪,那么眼神、愁容、怜悯、叹息,甚至沉默都能轻易用来定罪。很快,努西亚(Nursia)城[15]的老百姓为纪念参加征伐莫德纳(Modena)而捐躯的士兵立碑也是罪,因为那时派兵的奥古斯都是站在布鲁图斯[16]的阵营。
>
> 格米努斯[17]的妈妈为她被害的孩子哭诉也是反革命。如果你不想得罪统治者,你就要对朋友之死、亲人之死表现得欢欣鼓舞。任何事情都可能开罪暴君。
>
> 你受人爱戴吗?那你就是君皇的竞争对手,肯定是想挑起内战。可疑。
>
> 相反地,如果你躲避追捧,藏在角落,你这个退隐的姿态更使你惹人关注。可疑。
>
> 你有钱?你对人的馈赠可能就是收买人心。可疑。
>
> 你穷!等一等!无敌的君皇,你要紧紧盯着这个人。没有人比一个一无所有的人更有野心。可疑。

你性格忧郁、不修边幅？那你肯定是对国家的繁荣有所不满。可疑。

但，相反地，你吃喝玩乐，你明知皇帝患有痛风，虽然未出大事，但你肯定想蒙骗皇帝，使他不注意身体。可疑。

他德行高、行为检点；好家伙！这是个新的布鲁图斯，他用他那苍白的面色和短发去质疑和蔼可亲和盛行卷发的法院。可疑。

若他是个哲学家、演说家、诗人又当如何？那他就有可能比统治者更有声望。一个住在屋顶阁楼的作家会比住在皇宫的皇帝更有声望，岂有此理！可疑。

最后，如果有一个人以军功显名，他的才干只会更加危险，最好是除掉他。主上，您可否立即解除他军职，要他解甲归田？可疑。

做奥古斯都大帝的孙子或亲戚也不是好事，因为有一天他会觊觎帝位。可疑。

接着，德穆兰用了很大的篇幅去论证反革命（他以英国首相皮特为代表）在利用极端激进分子。到结尾处，他更直言不讳地以古譬今。

毫无疑问，在第三期以及我对塔西佗的翻译中，心怀恶意的人会在那个可悲的时代和我们当下的时代之间，找到某种相似性。我对此甚为了解，所以我要用我的笔武装自己，只为一个目的：保证我们不再重复历史，不让自由变成暴政。……在这期里我不会指名谴责……让那些在读过本文之后，发觉自己的行为与暴政有些相似的人，赶快修改他们的作为，因为古代最伟大的画家、历史哲学家［指塔西佗］所绘制的暴君肖像，没人能神不知鬼不觉地换成加图[18]或布鲁图斯的肖像；并且，塔西佗在 16 个世纪之前称为暴政和最劣的政制的制度，在今天也无法令人信服地改称为自由和最优的政制。

要感受德穆兰在第三期"一针见血"的笔锋就必须明白极端激进分

子是如何演绎《嫌疑法》,而德穆兰又如何抨击这些演绎。德穆兰在第二期指名攻击的肖梅特就是极端激进分子的代表人物。肖梅特在巴黎革命公社上(1973年10月12日)对《嫌疑法》做了怎样的解读,而让德穆兰在《旧科德利尔》第三期(见上)中将之比作奥古斯都的暴政?下面是肖梅特的说法。

以下是可疑分子:
在群众聚会中以精练辩词疾呼、厉色去激动群众的;
那些小心谨慎、神神秘秘议论共和的危机,叹息民生的困难和装着愁眉苦脸去传播坏消息的;
那些说话和行为像变色龙,对保王派和分离派的罪行默不发声,对爱国志士的小瑕疵多有指摘,却说不是批评的;
装模作样的共和分子,装模作样的朴素生活,装模作样的严肃态度;
那些对革命没有做出积极贡献,以为可以用爱国捐献去抵赎的;
那些对共和宪法冷漠的和那些对宪法的制定与延续假惺惺表达担心的;
那些没有对自由做出破坏,但又没有做出贡献的;
那些疏于参与区内的政治集会,推说他们不懂发言,或因私事不便的。

极端分子看到德穆兰在第三期对他们的描绘怎能忍受?第三期的出版轰动了巴黎,据称全国共卖出五万份,这在当时是天文数字。当然,保王分子也利用它作为攻击革命的宣传武器。因此,共和分子对德穆兰的"敢言"大有亲痛仇快之感。

第三期出版后的几天,一个妇女请愿团来到国民公会哭诉,要求代表们释放被囚禁的亲属。代表们大受触动,议决公安委员会成立"公义委员会"（Committee of Justice）去复核无辜人员，可以说实现了德穆兰在那时倡议的"宽仁委员会"（Committee of Clemency）（见下文）。但罗伯斯庇尔可能害怕德穆兰所属丹东派的势力会由此扩大，就以他的辩才诱导国民公会收回成命。

第四期在1793年12月21日出版，一清早就卖光，二手转卖的越卖越贵，价钱高出好几倍。同情、怜悯的呼声，响遍整个法国。首先，德穆兰那时仍然绝对相信罗伯斯庇尔是支持他的。在这期间他这样写道："啊，我亲爱的罗伯斯庇尔啊，我的老校友同志，你还记得在历史和哲学课里我们学到的爱比恐惧更为强大、更为持久？你已经走近这理想。"在这期的页首他引用卢梭的《民约论》："最强者也不可能永远做主人，除非他把强转化为理。"在这一期，他特别为不够爱国的指控做自辩：

很多人不满我的第三期，他们说我恶意引用比拟去贬低共和和爱国志士。其实他们应该说贬低共和和爱国志士的是那些失度的革命和爱国冒险家。

不，这个从天堂降下来的自由不是一项红小帽、一件脏衬衣，或一身破外套［德穆兰是指长裤汉］。自由是幸福、理性、平等；她是公义，她植根于《人权宣言》，植根于你那高贵的宪法。你想不想让我认识她，进而俯伏在她脚下，为她流血？打开你的监狱，放出你称之为嫌疑犯的20万公民吧，因为在《人权宣言》中只有收押罪犯的监狱，没有收押嫌疑者的监狱，那里只应有被法律定罪的犯人，没有被怀疑的人。不要以为这项措施会危害共和，这其实是最具革命意义的举措。你想用断头台去消灭你所有的敌人！还有比这更愚蠢的做法吗？你能否做到，在吊架上杀掉一个敌人而不会让他的十几位亲人和朋友成为你的新敌人？

在此，德穆兰更强调挤在狱中的并不是共和的死敌，只不过是妇孺老弱和懦夫——没有大志大勇,也不会是大奸大恶。

第五期在1794年1月5日发售(但在1793年12月25日已完稿),他逐个指名批判他的政敌。最犀利的词锋指向埃贝尔,特别是他出版的《杜谢恩老头》(德穆兰撰写这一期的时间正是埃贝尔影响力最大的一刻,他刚在11月10日才主持了"理性崇拜"盛典,见上文)。

> 埃贝尔,你不知道吗?当欧洲各国的暴君要诽谤共和,当他们想使人相信法国是被黑暗和野蛮笼罩,相信巴黎的光彩与品位背后住的都是野蛮人;你不知道吗,混蛋,他们只需抄录你写的东西放在他们的报章上?你以为皮特先生[19]会像你一样,相信法国人都是这么无知和愚蠢的吗?你的脏话就能代表法国吗?塞尚河就是巴黎的一条污水沟吗?

埃贝尔屡次攻击德穆兰娶了个富女,这次德穆兰做出回应和反击:

> 有关我的老婆,我只说一句话,我一直都相信灵魂不灭。为了自由和人民的幸福我做出大大小小的牺牲和奉献,在被迫害得最厉害的时候,我曾经说过"好事总应有好报的"。我的美满婚姻和幸福家庭生活使我害怕,害怕我在今生已得到了好报,会使我失去对灵魂不灭的信心。但你对我的迫害、你的愤怒、你的诽谤又使我完全恢复信心。至于我老婆的财富,她带来的4000里弗就是我的全部财产。我可以说,在这场革命中,我曾经担任过分量不轻的角色,我做过政治作家,不同的党派一次又一次地游说我。在8月10日[进攻杜伊勒里宫,第二次革命]事件之前的一段日子,他们想花钱让我闭嘴,并且出很高的价格,终于他们还是发现这样对我无效呀。还有,在这革命中我先后做司法部的秘书长和国民公会代表,我的财产并没有增加一毛。埃贝尔,你能这样说你自己吗?

这非但反驳了埃贝尔，更暗示埃贝尔通过政治关系去销售《杜谢恩老头》的不光明收入，非但刺激了埃贝尔，更直指他的死门，日后更成为他的"罪证"。

在这段时间，尤其是在1793年11月的"理性崇拜"后，罗伯斯庇尔就不断攻击埃贝尔派，德穆兰的《旧科德利尔》是他的犀利武器之一。

1794年2月，一个属埃贝尔派的督军[20]因镇压保教会派时滥杀无辜，被召回巴黎。埃贝尔派恐事件牵连扩大，就想重演像几个月前（1793年6月2日）推翻吉伦特派的把戏，3月4日，在科德利尔会开会时以布幔覆盖自由神像，象征"起义"。他们想逼国民公会驱逐罗伯斯庇尔和他的山岳派同党。但"起义"未能得到巴黎革命公社的武装支持，彻底失败了。公安委员决定趁机铲除埃贝尔派，就在13日逮捕了他及其支持者，并同时逮捕若干"出走者"（出走的贵族），把他们也算作埃贝尔派，遂构成了埃贝尔"与外国构谋"之罪，24日上断头台。这是典型的杀鸡儆猴。当年埃贝尔帮罗伯斯庇尔打败吉伦特派，现今罗伯斯庇尔却拿埃贝尔开刀，以平息众怒。但是，"极端"的埃贝尔派既被铲除，"温和"的丹东派的平衡作用也就消失了。

注：

1. 法军是打到哪里，吃到哪里，所以战事得利的同时也能养活很多长裤汉，被收编为正规军的长裤汉在日后倒变相地削弱了山岳派的武装力量。

2. 埃贝尔个人强烈反宗教（娶了一个还俗的修女），是无神主义者（这是他日后与罗伯斯庇尔的最大矛盾），出版了一份极受底层社会革命分子欢迎的刊物，叫《杜谢恩老头》，以一个修炉老头的口吻去批判时政，并通过属他派系的"战争部部长"，免费把刊物分给部队观阅（他本人当然收到钱，也因此在日后成为被控腐败的罪证）。

3. 布里索逃跑，但在 6 月 10 日被捉回。

4. 1792 年 8 月 10 日的第二次革命后成立国民公会就是为制定共和宪法，以取代君主立宪，只是因为发生了山岳派和吉伦特派的党争才推迟了。现今山岳派当权，当然就想立下山岳派意识形态的宪法，以求千秋万世。

5. 这些分离分子的势力主要集中在吉伦特派的根据地（法国南部，尤其是马赛和里昂，号召进兵巴黎去恢复吉伦特政权。闹分离的原因主要是地方绅士们对巴黎"独裁"的反感，但他们得不到民众的支持。山岳派政府（虽内里仍有残余吉伦特派分子）成功镇压了叛乱，有些地方兵不血刃，但有些地方却血腥异常，其中以里昂的镇压最严重。里昂城经两个月包围才最终被攻陷，有近 2000 人被处决，这是日后恐怖统治的样板。

6. 亚瑟·狄龙（Arthur Dillon, 1750—1794）是英国贵族，但投身法军，参加美国独立战争和大革命战争。在大议会上代表法国殖民地马提尼克（Martinique），为保王民主派。身为贵族，在革命军中很不爽意。瓦尔密一役后不久就被召回巴黎问话，随即被捕。此后，狄龙被诬告在狱中阴谋造反，而德穆兰妻子被牵涉其中，这成为丹东与德穆兰的"罪证"。1794 年 4 月 13 日，狄龙与德穆兰妻子、埃贝尔妻子同时被处决。

7. 穆德兰在 8 月 10 日给父亲的信中就说："附上我刚出版的《致狄龙将军信》。两天来它的惊人畅销使我有些恐惧，因为我并没有因此而自责。我需要深入心底去问自己，我以前的爱国心未有改变，这样，我才可以在'仇者快之际原谅自己'。"

8. 镇压反革命的确是风声鹤唳，连当年力捧雅各宾派的奥尔良亲王也难以幸免（1793 年 11 月 6 日被杀），其中一个罪名是他囤粮大发国难财。

9. 虽然科德利尔和雅各宾是两个不同社团，但无论新、旧的科德利尔人都往往同属雅各宾会，经常在雅各宾会的会场上骂战。

10. 肖梅特（Pierre Gaspard Chaumette, 1763—1794）是激进分子中的极端。年轻时的兴趣是生物与科学，并修习外科手术，革命开启后就放弃行医，先加入雅各宾会，继而加入科德利尔会。口才很好，长裤汉很受他煽动。由于他私生活无瑕，所以公认是个典范革命家。1792 年 8 月第二次革命后被委任为巴黎革命公社检察长（日后他是以此身份主持由埃贝尔倡导的"理性崇拜"），继后被选为公社主席。他成功发动长裤汉组建革命军，并力主路易判死。他是吉伦特派的死敌，在国民公会中担任审判布里索和同党的主控官。1793 年 9 月他带领群众逼国民公会宣布恐怖统治成立。当时，他跳到会场的桌上，叫道"现在是贫与富的正式开战"，呼吁立即动员革命部队去各农村打开粮仓，惩罚囤粮的富农富商。他极度憎恨基督宗教，认为它迷信、荒谬，把教会（天主教）与反革命视为一体；他改名换姓，以希腊古哲取代他受洗的名字（有史家说他憎恨天主教与他"爱男童"有关)。他和埃贝尔的狂烈反宗教立场触犯了罗伯斯庇尔的大忌(德穆兰在1793年12月10日的《旧科德利尔》第二期点名指摘他之后两天,罗伯斯庇尔就在雅各宾会上谴责他,随后开除其会籍)。1794年初,多次有人指他为反革命。刚好碰上埃贝尔在3月发动"起义"失败,他就同时被捕,但并没有跟埃贝尔同上断头台。稍后,他被牵涉"狄龙将军支持德穆兰妻子狱中谋反案"(见下有关丹东、德穆兰受审的内容),在1794年4月13日被推上断头台。

11. 提比略·格拉古(Tiberius Gracchus,前168—前133)虽然是高级贵族,但以为贫请命称著。他在公元前133年被选为护民官,团结城市贫民和有产平民(有点像法国大革命的第三等级),倡议把罗马新近征占的土地平均分配,并控制个人占地量。元老院反对,双方坚持,渐成拉锯。德鲁苏斯属元老院派,与格拉古斗法,每次格拉古提出改革方案他就提出更"利民"的改革,以让格拉古难堪。格拉古的护民官任期届满,面临被起诉和被暗杀的危险(罗马宪法是国家绝对保证护民官的人身安全),就想再次竞选连任,但宪法不许马上连任(需要中断才可继任)。格拉古要竞选,元老院无法阻止,于是煽动西皮奥·纳西卡(格拉古的表亲),率众冲入会场,将格拉古乱棍打死。几年后,西皮奥·纳西卡在睡梦中被杀,应该是格拉古支持者的报复。

12. 见上注。

13. 见上注。

14. 塔西佗(Publius Cornelius Tacitus,55—120),被称为罗马最伟大的历史学家,特别以客观态度写史。

15. 又称诺尔恰(Norcia),地居意大利中部翁布里亚(Umbria)大区,为罗马提供军队。

16. 布鲁图斯(Marcus Junius Brutus,前85—23)是刺杀恺撒的主要人物。有史家怀疑他是恺撒的私生子。在政治上,他站在恺撒的敌人庞贝一方。恺撒很得民望,但有独裁野心。恺撒与庞贝启动内战,下令手下不得伤害布鲁图斯。庞贝战败,布鲁图斯投降,恺撒马上赦免了他,并授他高官厚禄。恺撒被委为终身独裁者,元老院害怕罗马共和会因此完蛋,说服布鲁图斯加入他们铲除恺撒的阴谋中。公元前44年3月15日,恺撒在元老院被刺杀,相传最后一刀是布鲁图斯所刺。随即与恺撒分掌军权的安东尼建议元老院大赦元凶者(其实就是自己人)。但看民情汹涌,安东尼就后悔了,布鲁图斯与其他共谋者被迫离开罗马。恺撒的侄儿屋大维(日后的奥古斯都大帝,罗马帝国的创始人,法国大革命中人视之为暴君)要报仇,与安东尼合兵,在公元前42年10月大败布鲁图斯及其党人。布鲁图斯见大势已去,解下剑鞘,令两军士紧握,然后把自己身体挺入剑尖,死前诅咒安东尼"宙斯神,不要忘记罪恶的始作俑者",法国大革命中人把布鲁图斯视为牺牲自己、保卫共和的殉道者。

17. 可能是指格米努斯(Gaius Fufius Geminus),被奥古斯都大帝的继位者提比略皇帝所杀。提比略的生母改嫁奥古斯都,所以他是奥古斯都的继子,后又娶了奥古斯都的唯一骨肉、女儿朱莉亚(Julia)为妻。但朱莉亚因奸淫被奥古斯都放逐,格米努斯的父亲牵涉其中。这可能是格米努斯被杀的原因。

18. 加图(Marcus Porcius Cato Uticensis,前95—前46)是罗马共和后期的雄辩家、政治家,"斯多葛派"(Stoicism)哲学家——"清廉、操守、正派",2000年来受人崇敬。他反对以恺撒与庞贝为首的三人统治团。日后恺撒与庞贝反目,引发内战,加图站在庞贝一方。庞贝战败,加图不愿生活在恺撒统治之下,甚至不愿接受恺撒赦免(因为他认为接受赦免就是承认恺撒权力的合法性)在公元前46年4月自杀。根据目击者的记录,他是用剑划开腹部,肠脏破裂,流血不止,但没有死去,惊动了家人。大夫想把肠脏放回腹腔,加图醒来,推开大夫,再次撕开自己的腹部，立毙。老普林尼（Pliny the Elder，23—79，罗马政治家、科学家、军事将领）追赠他"乌地森西斯（Uticensis）"称号。（罗马共和时期颂扬特殊军功的做法是，以军事胜利的地点去颂扬胜利者。加图在乌地森西斯这个地方自杀，叫他乌地森西斯就是指他在乌地森西斯大胜暴君恺撒。）从中古到启蒙，加图都有崇高地位。法国大革命中人更以他代表共和的殉道者。

19. 皮特（William Pitt the Younger，1759—1806），也称小皮特，英国首相，任期为1783—1801年与1804—1806年，被视为共和大敌。

20. 卡里耶（Jean Baptist Carrier，1756—1794）于1793年10月初派往南特（Nantes）地区镇压反革命和教会。他在当地组织"马拉部队"（Legion of Marat，取名于鼓励极端暴力的马拉，见后第八章），为人凶狠，特别以残杀囚犯著名：他把囚犯押到船上，开到河中，打开船底活门，淹死船上所有人。更有传他在溺人之前把年轻的男女，赤身露体地一双双绑在一起，称之为"共和成亲"。1794年初被召回，9月开审，他拒不认罪，直到"马拉部队"成员指证。12月16日上断头台。

第四章　干掉自己人：从恐怖到痉挛

> 兔死狗烹：罗伯斯庇尔干掉丹东。
> 众叛亲离：罗伯斯庇尔被狐群狗党干掉。
> 法国进入大痉挛。

"温和"（其实已经是相当激进）与"极端"（其实是激进中的更激进）之争，可以从德穆兰（革命初期是激进，现今被指不够激进，太过"温和"）与其政敌（比德穆兰等更激进的极端分子）相周旋中看出端倪。

德穆兰攻击敌人，但他的敌人也算计他。他们对德穆兰在布里索与吉伦特派人被判刑时表现出的歉意很不满意（见第三章）。那时，雅各宾会和科德利尔会在罗伯斯庇尔的主张下发明了一套政治仪式，叫"净化"：允许被指摘"爱国心不足"的会员在大会上自辩，借此净化，如果众人认为他无罪，就可以保存会籍，不然，就被开除会籍。被开除者绝无例外地会被提交革命法庭审讯，不逃亡就死亡。

被德穆兰在第二期《旧科德利尔》点名的肖梅特，在刊物出版后两天就被罗伯斯庇尔在雅各宾会上提出严厉指控，用的差不多一字不易是德穆兰所写的东西，随后被开除会籍。现在轮到德穆兰需要"净化"了。他在布里索等吉伦特派人受审时的态度就是罪证。他被质询为什么在国家敌人被判刑的时候表现出怜悯和后悔；为什么要为保王倾向的狄龙将军辩护，并写《致狄龙将军信》（见上文）。德穆兰的自辩记录是这样的：

我相信狄龙的英勇和对国家有贡献,所以我替他辩护。至于受审的吉伦特派人,我与他们的关系特殊。我从来都爱共和,效忠共和;但我很多时候被骗;我承认,我崇拜过米拉波。[那时,米拉波与路易暗通的罪证已经曝光,遗体被迁出先贤祠]我敬仰……但当我一知道他们不再是雅各宾派,我就马上舍弃与他们的友谊和对他们的敬仰。真是造化弄人,曾在我结婚证书上签名的60个革命者,现在只剩下两个朋友,丹东和罗伯斯庇尔。其他的不是出走就是上断头台。在21个受审的人[指布里索案]之中就有7个。在这种情景下,伤感是完全可以谅解的。虽然如此,我发誓,我并没有说,"他们是死得像布鲁图斯一样的共和人"。

我说:"他们死为共和人,却是搞分裂的共和人[1],我不相信他们之中有保王分子。"

这番话总算被众人接受了。有人叫:"卡米尔不幸选错了朋友,让我们热情欢迎他,去给他做出示范,我们懂得怎样去选我们的朋友。"罗伯斯庇尔也起来为他说话:"他过度自信并容易被人误导,但他从来都是个共和人。他爱米拉波、狄龙,但当他发现被骗时,他就自动地打破他的偶像。我建议让他满怀信心地继续发展,但他将来要比较收敛,不要因为某些人在政坛上有些头面就被他们所骗。"言下之意再清楚不过了:德穆兰就像个被宠坏的、不知进退的孩子。罗伯斯庇尔虽然是帮他,但也刺激了他,埋下两人日后关系紧张的伏笔。但是在此刻,罗伯斯庇尔说的话就是法律,德穆兰被保住了。

在《旧科德利尔》的第四期,德穆兰表态坚持"宽恕"(这一期在12月21日出版,刚好是妇女请愿团向国民公会请求释放被囚家属而国民公会答应委任"公义委员会"去复核无辜者的第二天,见上文),他的立场间接为他敲响丧钟。他写道:

> 我不同意放弃恐怖统治。但是，我肯定如果我们有一个"宽仁委员会"，自由将会更为巩固。这个委员会将标志着革命的完满结束，因为智慧地发放宽仁是个最有效的革命手段。笨人与恶棍可以说我是温和派，我不会以我的愤怒比不上布鲁图斯的愤怒为耻。

他非但把"宽仁委员会"比作革命的完成，更把自己比作革命的完人。这令他的敌人和朋友同样吃不消。结尾的一段也颇为大胆。

> 作为一个新闻评论者，我依赖的是国民公会代表们所拥有的言论自由。由于我的声音不响亮兼有口吃，我没有其他办法去表达我的意见，只能用我的笔去写出我所认为的革命最佳策略……我要说，如果我的同志们有人认为我的"宽仁委员会"不中听和偏于温和，我只好用马拉被人指责他的言论过于暴力时他所做出的回应："你真的对我一无所知，噢，天啊！我要对你们说，我是不会后退的。"

在恐怖统治里头，谈国是不是文人的笔战，而是生死决战，败者是要上断头台的。埃贝尔派也在找机会出毒招。此时德穆兰的靠山丹东虽然重返巴黎，但在世事瞬息万变的时刻，几个月的退隐使他在国民公会、雅各宾会和科德利尔会的影响力大降。罗伯斯庇尔虽然想约束极端的埃贝尔派，但他对丹东又憎又惧，不想见他重得威望。

就在第四期《旧科德利尔》出版的那天，雅各宾会场里，有一个人[2]起来指控德穆兰有犯罪和反革命倾向，还窝藏卖国贼，建议开除他会籍。和议者包括德穆兰的死敌埃贝尔，以及刚被公安委员会召回巴黎，曾血腥镇压里昂暴乱的科洛·德布瓦[3]，此君是日后革命笼里反的主角之一。此时德穆兰可谓四面楚歌，唯一没有表态的就只有罗伯斯庇尔。

德穆兰没有在会上自辩，他说要在《旧科德利尔》上公开地为自己辩护。这也就是《旧科德利尔》第五期的主题（他在12月25日就已经写好，但要到 1794 年 1 月 5 日才发售）。对于人们议论要开除他的会籍，他以哂笑置之。首先，他反控他的敌人贪污、腐化。这是典型的德穆兰式的反客为主。但他知道真正要整他的是极端的埃贝尔派，甚至埃贝尔本人。为此，他先树立他在人民眼中的形象，复述当年他如何发动革命，又提及他的《巴黎街灯》，去证明他对革命的热忱和奉献。最后他晦气地说句反话："真的，法国公民，5 年来我一直用阴谋去谋求法兰西的共和、幸福和丰盛。"然后他把箭头指向埃贝尔；他绝没有怀疑罗伯斯庇尔对他的支持已有所动摇。这里，德穆兰从激烈、冲动走向理想。

噢，同志们，我借用布鲁图斯对西塞罗[4]说的话："我们太害怕死亡、流徙和贫穷了。"……牺牲荣耀去延长生命，值得吗？呀，怎了！当每日有 12 万法国士兵面向布满大炮的阵地，从胜利走向胜利；而我们这些国民公会的代表，就不能像士兵们一样无人见证地在黑夜里倒下、在阴影中被射杀？我们若是为自由而死，我们的死亡会是光荣而庄严，被全国、全欧和后世所见证——我们怎可以比我们的士兵们懦弱？……我们不敢挑战《杜谢恩老头》的愤怒吗？——并借此去赚得法国人民所期待的伟大胜利——击败极端革命和反革命的胜利，击败所有阴谋家、坏蛋、野心家和人民公敌的胜利？……同志们，不要像生病的人一样呵护生命，而要像个共和主义者一样保卫我们的自由和原则！就算万一诽谤和罪恶暂时战胜德行，就算我在吊架上临刑那一刻，我会被曾经热爱祖国和共和的情操支撑着；我会被将受万世见证的期待支撑着；我会被所有忠诚共和者的景仰和痛惜围绕着；我要问，谁可以说我会把我的命运去跟那卑鄙的埃贝尔交换？他，以他的文字驱迫二十种等级的法国人进入绝望；把三百多万他憎厌的法国人一举送上死亡；为了抑止他自己的自责，他追求一种比酗酒还厉害的迷醉，他不断舔吃断头台下的血！在这战乱的时刻，当我眼见我的兄弟因自由而被乱劈、肢解，断头台算不了什么，只不过是一把马刀。身为一个议会代表，要是死，哪有比作为勇毅与共和的牺牲品更光荣？

在几天后写好的《旧科德利尔》第六期（1793年12月30日完稿，但要到1794年2月才面世），他再度尖锐攻击埃贝尔。

"神迹！"他说道，杜谢恩老头改变了他的信仰！他在最近一期这样写，"我已经说了上百趟，我要永远说我们要效仿长裤汉耶稣！我们要完全按《圣经》的一字一句去和平地与所有人生活在一起"[5]。当埃贝尔这样说的时候我将会带头叫，"国库花再多的钱也要买你这本期刊"。[6]继续吧，埃贝尔，你说的那个神圣的长裤汉［指耶稣］也曾说过，一个悔罪的杜谢恩老头比99个无罪的"旧科德利尔人"会为天堂带来更大的欢乐。[7]但你也要记着，这本书（指《圣经》）也写着"你不要说谎"。

埃贝尔的反击也刚握住德穆兰的死门，把德穆兰当年的"热诚"去对比他如今的"冷漠"。他的《杜谢恩老头》煽动着巴黎的中、下阶层读者，其中这样写道：

这里，我英勇的长裤汉们，这里有一个你们已经忘了的伟人。你们真的是忘恩，因为他宣称如果没有他，革命将永不发生。从前他自称是"巴黎街灯总检察长"。你以为我说的是那个单凭他的胡须就使保王分子闻风丧胆的杀手吗？不，我说的是以和平分子自居的那一位。他要你相信，他的胆子比鸽子的还小；他敏感到连听到"断头台"这个词都会骨头发抖；他是个伟大的导师，身上包藏了所有爱国志士智慧的总和，超越了整个国民公会的判断能力；可惜他的口齿不灵，不然他定会证明《监察报》[8]和公安委员会都是无知之辈。但是，他虽然不能讲，卡米尔公子却能写，他写的东西使温和派、保王派和贵族们开心得很。

大难终要临头。德穆兰虽然仍以为罗伯斯庇尔会支持他，但后者犹疑了。刚从里昂回来述职的科洛·德布瓦是公安委员会委员，以凶残闻名。他首先发难，在1794年1月5日《旧科德利尔》第五期公开发售的当天，在雅各宾会开特别会议时，他起身发言，指控德穆兰与温和派中人交往，措辞倒相当客气，主要说德穆兰真心爱国，只是误交匪人，劝他日后要小心选友。这种"教孩子"的态度，无论有意无意，都是德穆兰最不能忍受的。于是小事变大事，他坚持要立即公开宣读他的《旧科德利尔》第五期作为自辩。但埃贝尔强烈反对（他肯定看过，并知道内容对他不利），高叫："卡米尔想转移视线，节外生枝……他指控我偷国家的钱——一派胡言！"德穆兰回应："我手里有的是证据！"会场一片哗然。罗伯斯庇尔的弟弟奥古斯丁（也是雅各宾会员）站起来安定气氛："不可以人身攻击……我们开会不是为了保护个人的名誉；如果埃贝尔是个贼，这跟我们有什么关系？我们不能容许以指摘别人来扰乱会议的讨论。"埃贝尔说："我没有值得被指摘。"奥古斯丁回质："你挑起了各区的斗争。"这个直接的指摘使埃贝尔无言以对。此刻，罗伯斯庇尔站起来，他对埃贝尔绝没有好感，但仍想息事宁人，指出国难当前，大家要放下己见，但言下也好像暗示德穆兰对埃贝尔的指控是人所共知的事实。接着继续开会，但事情并没有了结。

两天后，德穆兰又被召答辩。他承认他的文字可能对温和派太温和。罗伯斯庇尔又站起来为他辩护，但说的话却大出德穆兰意表。"我好几次为卡米尔辩护了。这阵子我反思了他的性格：今天，我的辩护与前不同。卡米尔答应过在他的《旧科德利尔》里删除满纸的政治邪说、错误和不对头的建议。但是，这刊物的惊人销量和贵族们对它的高度赞扬使卡米尔趾高气扬，并没有放弃这条错误的路线。他写的东西有危险，它们滋养敌人的希望、纵容公敌的歹毒。……卡米尔写的东西需要被谴责；但也得小心分开他个人和他的写作。卡米尔是个有好性格但被宠坏的孩子，交了损友而被误导。我们需要对他写的东西，连布里索也不敢表达的东西，表示抗议，但要保存德穆兰在我们之中。因此，我要求把卡米尔的期刊在会上烧掉。"

德穆兰呆住了。他以为罗伯斯庇尔会支持他写的东西，他甚至以为他是做罗伯斯庇尔的喉舌，他更不能忍受罗伯斯庇尔对他像恩赐般的"宠爱"。于是，他脱口而出，甚至没有口吃："这很好，罗伯斯庇尔！但我的答复，就像卢梭说的一样：'烧不是个答案。'"这句大胆的话也挑起了罗伯斯庇尔的怒火。丹东见状，想平息双方怒气，说："不要害怕，卡米尔。罗伯斯庇尔刚才给你这个严厉的教育是出于他对你的友谊。"但罗伯斯庇尔也怒火难消："既然卡米尔仍要为他写的东西辩护，那么，不烧也罢！我们就决定让他污辱盖身；既然他固执他无理的抨击和危险的意见，我们的雅各宾会就不再压抑它的义愤。很明显，我错误地认为他仅是被误导；如果他真是凭良心的，如果他只是因为心地单纯而写出这些东西的，他就会不敢坚持这些被爱国志士排斥、被反革命分子欢迎的东西。他的勇气是假的，后面显然有人主使，而德穆兰是某些卑鄙派系的工具，利用他的笔去无耻和无惧地散播毒素。就让卡米尔用自己的嘴去审判他自己，让他马上在会上宣读他的刊物。"接着，他转身面向德穆兰，怨恨和挑衅地说："你要知道，假如你不是卡米尔，我不会对你这样纵容。你仍为自己辩护就是证明你用心不良。"

德穆兰势成骑虎。会上马上由一名记录员宣读《旧科德利尔》第五期，跟着是其他的期次（那时第六期虽是完稿，但仍未出版），一直读到第二天。最后由罗伯斯庇尔做总结。他指摘德穆兰既讲真话又讲假话，既聪明又自欺；雅各宾会开除他的会籍与否无关紧要，他只是一个人；国家利益现在受到两个党派威胁——反革命和极端革命。"在我眼中，卡米尔和埃贝尔同样有错。"这也许就是罗伯斯庇尔稍后铲除德穆兰和埃贝尔两人所代表的意识形态的伏线。

德穆兰当然知道处境危殆，知道走下去会有什么结局。罗伯斯庇尔的态度使他睁开了眼，但他并不后悔他的立场。当时，他并没有被开除雅各宾会的会籍，但从此很少去开会。但比雅各宾会更极端的科德利尔会（当初由丹东和他当家，现今由埃贝尔派把持，由长裤汉支撑）没放过他，他们通过一个预示不祥的决议："卡米尔虽然曾为革命做了很大的功绩，但他已被开除会籍，并失却我们的信任。"

摧毁埃贝尔和支持者，德穆兰功不可没。他可能希望以功保过，逃出大难，也可能他以为丹东可保住他。丹东鄙视公安委员会和它的所作所为，当他知道它阴谋害他的时候仍坚信"他们不敢"。但是，他在革命关键时刻退隐使他与群众意识脱了节，大大削弱了他的影响力。恐怖统治使这个发动第二次革命的元老显得"温和"，甚至"软弱"。从另一个角度来看，事事严谨的罗伯斯庇尔也许认为天马行空的丹东对革命是阻力多于助力。德穆兰知道他的革命战友们有些与他反目，有些与他疏远，他位孤势危，但他也许相信"人民"不会牺牲他。可是他仍未察觉到革命的领导人已经一一被"人民"遗弃——米拉波、拉法耶特、布里索——现在要轮到他了。

《旧科德利尔》第七期写于1794年3月，但要到他死后才出版。它的内容比前几期更勇，尤其是有关罗伯斯庇尔的部分（"这些暴君永不缺借口利用诽谤去消灭令他们不悦的人"）。这一期的形式是他与一个想象中的"旧科德利尔人"对话。他把罗伯斯庇尔比为屋大维[9]，丹东是安东尼[10]。当印刷商看到手稿，吓得马上说不能印行。我们可以想象，若是出版，德穆兰更难逃一死。

3月底，埃贝尔和同党们都被罗伯斯庇尔策动的公安委员会送上了断头台（3月24日），罗伯斯庇尔快要向丹东的姑息派开刀的消息传得很盛。德穆兰腋下夹着一叠纸，在街上碰上一位旧日老师。这位老师说："卡米尔，你夹着的是什么东西？"他回答："是我的《旧科德利尔》，想拿一份？""不，真的不！太危险；要烧的！""懦夫。"德穆兰笑道，跟着引述他经常爱用的一句拉丁名言，"吃吧、喝吧，明天我们都会死！"

对姑息派的直接行动在3月中旬开始，也就是埃贝尔派被整肃之后（处死之前）。首先是公安委员会驱逐亲丹东的委员。丹东的亲信劝他逃走，他无动于衷，"有什么用？抗拒？不，血流够了；我宁愿自己死。我宁愿自己上断头台而不是送人上断头台。"其他人再三劝说，他的回应是："一个人是用他的鞋跟去爱国的吗？"他仍相信公安委员会不敢动他。

谣言纷纷，传说公安委员会要马上动手了，但委员诸公一言不发。有关罗伯斯庇尔的立场，那时的一个说法是他表态不会因与丹东的个人关系深厚而去营救他，他会为共和的存亡遗憾地牺牲朋友。

3月29日，也就是埃贝尔上断头台后的第6天，巴黎突然爆发反革命情绪。极端派被整肃使某些人认为恐怖统治要结束，甚至会有平反。那天晚上，有人在雅各宾会上抗议，并把这些反革命活动归咎于温和派。公安委员会之一的科洛·德布瓦（也就是两个多月前在雅各宾会上带头指摘德穆兰的那个）马上做出回应："静下来！这些计划注定失败。我们迅雷般打击了欺骗人民的坏分子［他指埃贝尔派］，撕下了他们的面具，但他们不是唯一的！……我们会撕下所有的假面具。姑息派不要以为我们是为他们而作战！……不用等多久，我们会知道怎样去揭发他们。"这可以说是公安委员会要对丹东派发难的先兆。

第二天，公安委员会召集相关委员会集体议事（这是公安委员会为加强重大决定的政治合法性的一贯做法）。会上，由罗伯斯庇尔的亲信与伙伴圣茹斯特[11]为主要发言人，力陈丹东派的温和主义和反动。建议逮捕所有姑息派人。各有关委员会共签拘捕令，只有几个人拒签。会后，拒签的委员就派人去通知丹东逃命，丹东拒绝。

祸不单行。当天早上德穆兰接到父亲来信，通知他母亲去世。德穆兰多次对父亲说会回乡探望，总未能成行，如今竟成永别。晚上，德穆兰无法入睡，整晚枯坐，愁思澎湃。露西尔陪着他，但最后坚持不住，到了隔壁房间休息。为了分散愁思，德穆兰修改刚由印刷商送回来的《旧科德利尔》第七期稿件。他一定知道这将是他的遗言。

早晨6时左右,寂静的街上传来一阵喧闹,皮靴踏步声,剑套着地声越来越近。德穆兰推开窗,伸出头望,一队士兵已站立在他家门前。他早有心理准备,毫不犹豫走到隔壁,妻子还睡着,幼子在她旁边的小摇床上。看见妻儿那么的安宁,他犹豫了,怎样跟他们说?"他们来捉我了,"他静静地说。妻子醒来,不知所措。德穆兰匆匆地拿了几本书,放在小匣里,包括《墓畔沉思》(Meditating Among the Tombs, James Hervey, 1714—1758)和《夜思》(Night Thoughts, Edward Young, 1683—1765)。他跪在小摇床边,亲吻幼子,然后转过身来,与妻子做最后的拥抱。他接着下楼,开门,士兵围上来,用大绳狠狠地把他绑起来。邻居们有醒来的,在窗后看着德穆兰被带走。

丹东和其他人也同时被捕,两天后开审。48小时内,德穆兰写了两封长信给妻子,是情书、史书,也是绝命书。

头一封如下:

我的露西尔、我的维斯塔(Vesta)[12]、我的天使,命运带引着我的视线从监狱到公园[13],在那里,我花了8年的时间去追求你。看见卢森堡公园令我想起一大堆关于你的回忆。我虽然孤零零,但思维和想象力并没有离弃我,我几乎可以真切地感觉到你、你的母亲、我的小奥拉斯[14]。

我写这封信只是想拿些必需的东西。但我要用在狱中的所有时间给你写信,因为我再也无须执笔为自己辩护。我的辩护全在我写的8卷文章里。它们是很好的枕头,我的良心在其上安眠,期待后世的公评。

噢,我的好露娣[15],谈别的吧!我要倒在你的膝盖上,我要伸手拥抱你,我抱不到我可怜的露露[16]……

送一个水壶过来,那个写着"C"和"D"的——我俩的名字。送一张床单给我，顺带捎上我几天前买的那本 12 开的书，它有些空页，可以用来写笔记。这本书讨论的是灵魂不灭，我有必要说服自己神是存在的，它比人更公平，而我与你一定有机会相会。亲爱的，不要太受我的想法影响。我对人和对自由并未绝望；是的，我的至爱，只要你送书过来，我俩一定可以在卢森堡公园再见一面。再见，露西尔！再见，奥拉斯！我不能拥抱你，但通过我流下来的眼泪，好像我仍抱你在我的胸膛上。

第二封，也是最后一封：

　　仁慈的睡眠短暂地消除了我的苦恼。睡着的时候最自由，没有被囚禁的感觉，上天可怜了我。在梦中我片刻与你相见，我轮流地拥抱你和奥拉斯，但我的小宝贝因意外受感染失了一双眼睛，我很悲伤，就醒来了。我发觉自己在小监房里，天也刚亮了。不能再见到你和听到你了……我起来，至少我还可以给你写信。但一打开窗口，孤独的感觉，那可怕的、把我俩分隔的门锁，打破了我灵魂的安稳。眼泪涌出来，毋宁说是我在啜泣，在坟墓里喊叫道："露西尔、露西尔，你在哪里？"

　　昨天晚上，我也曾有过相似的一刻。我感觉我妈似乎在公园里，我的心一阵刺痛，身不由己的我跪在门锁前面；我合起双手恳请她怜悯……

　　我在墙上发现一个小隙，便把耳朵靠着去听，我听到一声叹息；我细声地说了几句，回应的声音听上去像是个受苦的病人。他问我的名字；我说了。"噢，我的天！"接着我听见他跌回床上。我清楚听出是法布尔·埃格朗蒂纳[17]的声音。我问他；"是，我是法布尔，"他应道，"但，你被关在这里！难道反革命成功了？"我们不敢再多说，若被人听到，恐怕连这小小的慰藉也会被仇恨所剥夺……

但最亲爱的，你不能想象单独监禁是什么样子的，没有任何原因，没有受到盘问，没有一张报纸。它既是生存，又是死亡；让人感觉就像是在坟墓里存在。常言道清白使人平静、勇敢。呀，我亲爱的露西尔，我的至爱！我的清白使我软弱，我无力去做一个父亲、一个儿子、一个丈夫！

如果是皮特或科堡如此苛待我[18]也就算了，但却是我的同志！——是罗伯斯庇尔签署我的拘捕令——是我奉献多时的共和政权！这就是我为她做这么多牺牲的回报！……

是我，为了共和政权在过去5年来多次身蹈险境、招致骂名；是我，在革命中坚守廉洁，甘于贫穷；也正是这个我，只求你的原谅，我亲爱的露娣。只有你必会原谅我，因为你知道我的心，虽然我有所有的瑕疵，你不认为我配不上你；而那些自称是我朋友的、自称是共和主义者的人把我扔到监狱里，单独囚禁，好像我是个阴谋者。苏格拉底被判服毒，但至少他在狱中可以见到他的朋友和妻子。要与你分开是最难受的。最重的刑罚不是死，而是与他的露西尔分开，死的感觉只是一刹那的痛苦，与你分开才是长久的折磨；一个有罪的人不可能做你的丈夫，而你爱我只是因为你知我的生存完全是为了谋求我同胞的幸福。

他们要召我了……

刚才，政府的委员来盘问我，只问一条：我有没有阴谋对抗共和。这么的嘲弄，他们怎能这样侮辱我这个最纯洁的共和主义者，我看见在等待我的命运。永别了。

从我身上看到人的无礼和忘恩。我的最后一刻一定不会让你蒙羞，你现在知道我的恐惧并非空穴来风，我的预感总是对的。我娶了一个德行如此之美的妻子，我做了个好丈夫、好儿子，我本来也会是个好父亲，我怀着所有真诚的共和者、所有爱护德行和自由的人的骄傲和遗憾。我将死于34岁，但在过去5年里我奇迹般地有惊无险越过革命的许多悬崖峭壁，毫发无损，我仍是活着；我安详地把我的头放在我的文章堆起的枕头上——数之不尽——但它们呼吸着同样的对人类的爱、同样的为同胞谋求幸福和自由的愿望，即使暴君的斧头也无法触及。我清楚见到权力使所有人陶醉，他们会像叙拉古的狄奥尼修斯一世[19]所说的："暴政是个很好的墓志铭。"

凄惨的寡妇，安慰你自己，你的卡米尔的墓志铭会更光辉：它会是和弑暴君者布鲁图斯和加图一类的墓志铭。

噢，我亲爱的露西尔，我生来就是写作的，去保护那些不快乐的人，让他们快乐……我曾梦见全世界都景仰的共和国。我不相信人可以这样残忍和不公。我怎会想到讽刺那些挑衅我的人会使他们抹杀我的贡献？

我不能自己欺骗自己，说我的死是因为那些讽刺和我与丹东的友情。我感激我的凶手让我与他同死；我早知事态严重，但既然我的同志们懦弱地舍弃了我们并接受了连我也不知道的诽谤，我只能说我的死是由于我们有勇气去指控卖国贼和我们热爱真理。我们可以死而瞑目，因为我们才是最后的共和者。

原谅我，我最爱的，我的真生命，我在分离后仍然念念不忘我们两人的记忆。我的露西尔，我的好露露！为奥拉斯活下去，对他讲述我。你要对他说他现时不能明白的；我会好好爱他。我做出了牺牲，我相信有神。我的血或会洗尽我的过失，这些都是人类共通的弱点，但神会赏报我努力去做的好事，我的德行和我对自由的爱。有一天我会与你相见，噢，露西尔。如果死亡能够把我从这个罪恶的世界解救出来，它还算不算一件大不幸？

再见了，我的生命、我的灵魂、我在世的神明。我把你交托给我的好朋友——人类中有德行和有正确信念的人。我看见生命的海岸在眼前后退。我仍看见露西尔，我看见你，我的至爱，我的露西尔！我用我被绑着的手拥抱你，我的断头上垂死的眼睛依然望着你。

有史家说德穆兰在狱中写信给罗伯斯庇尔,但未能证实。罗伯斯庇尔当时的态度可以在他妹妹的回忆录上看到一点。

> 我哥哥很爱卡米尔·德穆兰……他们是同学;当他听说他被捕并收监在卢森堡,他就去狱中探望他,去恳请他重新拾起他因为亲近保王分子而离弃了的革命原则。卡米尔拒绝见他。其实,如果我的哥哥能够说服他弃绝政治异端,他可能会为他辩护,或者拯救他,而不至于把他交给革命法庭的可怕审判。丹东和德穆兰紧密相关,他不可能救一个而不救另一个;所以,如果卡米尔不拒绝他的援手,卡米尔和丹东都不至于死……卡米尔出版的《旧科德利尔》责难革命分子,即是责难革命。这不但是不智——更是罪。我的哥哥曾对我悲痛地说:"卡米尔在毁灭自己。"他好几次为他辩护,也好几次把他挽救,像兄弟般跟他说话,但都枉然……虽然他很受人爱戴和有非凡的影响力,他的话[指对卡米尔的辩护]只得到微弱的反应。他最后发现,如果他尝试挽救卡米尔,只会为自己带来毁灭。

在恐怖统治的政治现实面前,罗伯斯庇尔要在友情与自保之间做出取舍。

丹东派被捕震惊整个国民公会,只有一个人起来发言辩护,但马上被罗伯斯庇尔叫停,因为他不想丹东在国民公会上有发言的机会,以致影响大局,要尽早把他们移交到革命法庭审讯。4月1日,犯人被解往法庭,在法庭的前堂,丹东说出了最后的名言:"是我建立了革命法庭,请神和人原谅我!我的目的是防止新的九月大屠杀,而不是让它成为一个人类的灾难。我留下了一个烂摊子……这些该隐[20]一点也不知统治为何物。罗伯斯庇尔会步我的后尘,我会拖倒他的。做一个穷渔夫比做一个统治者好得多。"[21]

4月2日提审,法庭有意安排不同类的人同时备审:有丹东派的6个人,也有被控受贿、伪造和其他反政府的人,目的是把丹东等人打成普通罪犯。一位留在法庭但未被选为陪审团成员的艺术家写下了他的见闻。

……犯人继续报名，丹东说，"我名字是丹东，以前是律师，之后是革命分子和人民代表。我居住的地方马上就没有了，之后会住在史书中和众贤祠里。"德穆兰的回答更为有名："我三十三岁，长裤汉耶稣去世的年纪[22]——也是每一个爱国志士的关键年龄。"丹东派的其他几人的回答都很精彩："我叫玛丽·让，就算在圣人中也不是个很突出的名字。我坐在这里是因为国民公会诸公讨厌我。""我来自斯特拉斯堡（Strasbourge，法国北部城市），是步兵团的军士，我要求在人民面前赤裸，好使他们看见我身上的7处伤口，都在前面：在后面只有一道伤口——对我的诬控。"

头一天提审的都是些经济罪疑犯，法官尽量把丹东派的提审押到最后，因为他害怕法庭上密集的人群会被丹东煽动。但丹东在最后还是有机会站起来，他要求一个由国民公会代表组成的委员会去审判他和其他丹东派分子，因为他抗议公安委员会的独行独断。法庭当然不能答应，但又没有足够的理由去断然拒绝，法官匆忙宣布退庭。跟着立即赶去公安委员会求请示。当时只有两名委员，决定拖延时间，因为革命法庭有规则，如果经过3天的听审，陪审团就"可以"宣布已有足够的证供去裁决，无须再听下去。

第二天，很晚才开庭。但法庭不能不让丹东发言了。法庭内外都挤满了人。丹东站起来，以浑厚的声音去吓唬证人，有人指控他被王室收买。"我卖自己？像我这样的人是无价的！指我受贿的人拿出证据来，半个证据、一点儿证据！……我太累了，活着对于我来说是个负担，我受够了。"接着丹东一一回应别人对他的指责，又一一点评革命中人："马拉，火爆；罗伯斯庇尔，固执；……我，有我的用处……"一次又一次，法官制止他如奔流的雄辩："丹东，你的无畏不是你无罪的证明，你要答得有条有理。"

丹东仍是滔滔不绝。人群有微点头、有暗鼓掌。法官开始焦虑和烦躁："你听不听得到我的铃声？"丹东吼道："一个为生命而辩的人鄙视你的铃铛；他必要大声呼啸……只要我们被容许说话，自由地说话，我肯定驳倒这些指控我们的人；如果法国人民真的是法国人民，我或者还要帮这班无赖求饶。"德穆兰也插进来："呀！我们一定要被容许说话，这是我们唯一的要求。"整个法庭的气氛紧绷绷的，被告们坚持要传有关的国民公会代表作证，法官坚拒。丹东说："你不传证人，好，我就不再作辩。我要为我冲动的表现道歉，这是我的个性。"法官乘机抓住这一刻，说丹东好像累了，让他延迟到明天再作辩，就宣布退庭。其实公安委员会有委员在法庭旁边一个暗室听审，他们也知道如果不制止丹东，定会出事。

第三天，也是很迟才开庭。虽然丹东要求立即发言，但法官仍叫其他人先答辩。但各人仍坚持要传证人。法官最后说："好了，不要吵了，这对法庭和来听的人都是丢脸的。我会写张纸条去国民公会问他们的意见，然后我就照办。"跟着他马上写，但不是给国民公会，而是给公安委员会：

> 开审以来就是一场大混乱……疯了的被告们要传证人……法官和陪审团都很坚定。但他们煽动公众，他们的抗议扰乱了法庭，他们大声宣布说除非证人作供，否则不会闭嘴……我们恳请你们给我们肯定的指示，因为司法规条不容许我们拒绝他们……我认为唯一可以制止他们的办法是由你们下政令。

当然，下政令并不合法，只是权宜。公安委员会诸公也知一旦让丹东对质证人，情况就不好收拾，但怎样找借口去拒绝？只能等拖到第三天结束好让陪审团有合法程序做出裁决了吗？他们发觉手里原来还拿着下面这张王牌。

狄龙将军与德穆兰夫妇的友情，众人皆知（见上文）。那时，他也被囚在卢森堡监狱。他酒后失言，被另外一个囚犯听到了，此人想借出卖他而获释，就转告公安委员会布置在监狱内的一个线人（这是恐怖统治期内的典型统治手法）。两人于4月2日把事情向公安委员会告发，绘声绘色形容为狱中造反的阴谋。这个出卖狄龙的人说，狄龙告诉他真正的共和分子应该在此刻起来反抗暴政，说如果丹东在革命法庭上自辩成功而获释，可利用他已经汇给德穆兰妻子的一大笔钱去煽动群众暴乱。公安委员会也没有追究事情是否属实，就向国民公会递报告，要求马上召开紧急会议，商讨如何处理。报告上是这样写的："革命法庭的主控官通知我们，由于被告们扰乱，法庭程序被逼停止，要等待国民公会的处理……如若无罪，为何会抗拒法律？被告们的胆大妄为就是足够的罪证……狄龙下令他的部队向巴黎进发，并宣称德穆兰的妻子收了他的钱去鼓吹暴动、谋杀爱国分子和推翻革命法庭……"最后，报告书还建议国民公会颁布以下的政令：

> 国民公会命令革命法庭依以下训示去处理有关丹东……的阴谋。法官要采取任何法律容许的手段去使法庭的权威备受尊重，压制被告们所有骚扰公共安宁和妨碍公义的行为……政令是，所有被控犯阴谋罪的如果抗拒或侮辱国家司法就被剥夺公民权并立即被判刑。

这虽然是公安委员会的"报告"，但一提到"狄龙将军的监狱阴谋"，国民公会诸公早就吓坏了，一致通过公安委员会建议的"政令"。

在法庭那边，丹东已恢复发言，群众也开始有反应。就在这关键的一刻，公安委员会的使者带来政令，并立即宣布。丹东跳起来叫道："我要所有听到我说话的人做我的证人，我们并没有侮辱法庭。"人群中开始有人喃喃应声。法官裁定丹东的叫嚷就构成了"抗拒和侮辱国家司法"，马上下令要把所有被告带走，也就是审讯结束。丹东各人愤怒异常，但最伤心的是德穆兰，他悲痛地呻吟："这些无耻之徒，这些臭名昭著的无耻之徒！杀了我还不够，还要害我的妻子！"他撕碎他写好的辩词，扔向法官，不肯离开，几个人上来才把他拖走。

审讯结束后就到了陪审团审议。据说陪审团内部意见不一，甚至大部分陪审团想判无罪开释。第二天大清早，公安委员会委员们就与法官和主控官开会；之后，法官和主控官就到陪审团审议的房间，说服他们在没有更多的证据和证人之下就做出判决。事情就这样决定了。死刑是逃不掉了，而且陪审团仍在审议之际，判词已经在排版。

被告们被带到法庭的前堂听判词，他们都拒绝。丹东严肃地说："有什么用，你干脆带我们去断头台好了。我不会听你的判词。我们是被暗杀的；那就够了。"德穆兰缩在一角，双手掩脸，全身颤抖地饮泣，断断续续地说："露西尔……我的小奥拉斯……噢，我的爱人！他们会怎样？"

当日下午，要做行刑前准备：剃头、剪开衬衣领子、双臂后捌，德穆兰完全崩溃。行刑官要把他缚在椅上，等到丹东把露西尔的一束头发放在他手里，他才稍微安静下来。5点钟，两驾双轮马车来了，囚犯们一个一个上车，坐在木板凳上，发抖的德穆兰坐在如磐石般的丹东旁边，大群人在围观。车走得很慢，沿途聚满了人，有谩骂的，有讥讽的。其他同车的人都像在梦游，只有德穆兰又激动又凄凉。

断头台下，逐个推上受刑，轮到德穆兰，他手中仍拿着露西尔的头发。他交给行刑官，说道："请把这送交她的母亲……"行刑官把他的头推到刀下，他说出了最后的半句话："噢，我可怜的妻子……"这是4月5日。

露西尔在4月4日被捕，也就是德穆兰上断头台的前一个晚上。有证人说露西尔自愿地，甚至欣然地被带走。好像有上天的安排，德穆兰的妻子和埃贝尔的妻子共囚一处，同日上断头台。三天的审讯期间，露西尔保持安详，被宣判死刑的前一刻，她双目发出喜悦的光芒："多么的快乐！过几个钟头我会再见到我的卡米尔！"跟着，她对法官说："离开这个没有爱情的世界，我比你更不需要怜悯。你将死得声名狼藉；临死前你会被你的所作所为所自责折磨。"埃贝尔的妻子跟她说："你真幸运，没有人说你坏话；你的性格无瑕，你会沿着华丽的大阶梯离开这生命。"她安慰被她连累的狄龙，但当狄龙反过来安慰她时，她说："你看看我的脸孔，这是一个需要安慰的女人吗？"她是在 4 月 13 日上的断头台。

埃贝尔、丹东、德穆兰都被杀了，科德利尔会也跟着被禁了。同时，巴黎革命公社内部最激进分子也被肃清、革命军被解散、粮食囤积检举督察队被解职。公安委员会在不自觉间自掘坟墓，道理如下。名义上，公安委员会是国民公会设置的，国民公会是主人，有任免之权。但国民公会代表们害怕的是公安委员会能够号召和调动巴黎革命公社和长裤汉武装（也就是"最激进"分子）。相对地，巴黎革命公社和长裤汉队伍则需要公安委员会替他们出头去争取对他们有利的政策和资源。"最激进"分子被清除了，国民公会代表们的胆子就大了。公安委员会诸公凭借民间武装，握住了生杀大权，但这股力量又好像是任性的、失控的，谁能不害怕？如今，公安委员会的爪牙被拔了，国民公会代表们能不想乘机翻身？就算不是为公，也求自保。

科德利尔派（包括最激进的埃贝尔派和次激进的丹东派）被打压了，罗伯斯庇尔达到权力顶峰。但做了皇帝还想升仙，做了独裁者还想做神。埃贝尔是绝对无神论者而且极端反宗教，因此他在最得意时建立"理性崇拜"。罗伯斯庇尔是卢梭的忠实信徒，有泛神意识，相信大自然本身就是神。同时，他清楚法国人民仍具有强烈的基督宗教情结，绝对的无神主义会制造人民对政府不必要的反感。1794 年 5 月 7 日，也就是在清除了所有敌人之后（那时他仍未知敌人背后仍有敌人），他在国民公会上带头通过成立"最高存在者"宗教（Cult of the Supreme Being，"法国人民承认最高存在者的存在和灵魂的不灭"），并在 6 月 8 日带领大众举行盛大庆典。当时，已经有人指指点点，说他有神化自己的意思。刚好两天之后，他又成功策动国民公会通过新法案《牧月 22 日法令》（即 The Law of 22 Prairial，以革命历法命名，即 6 月 10 日），其实可称为《新嫌疑法》（相对于 1793 年 9 月 17 日恐怖统治刚开始时通过的《嫌疑法》）；容许革命法庭在没有证人的情况下定罪，并且把判决简化为不是无罪释放就是上断头台（也就是取消监禁，部分原因是监狱都挤满了人）。从此，断头台不再是一个个人地处决，而是五六十个人、一批批地夺命。在人人自危之下，罗伯斯庇尔的敌人开始部署。

假如公安委员会团结一致，凭它的实力和号召力，敌人是无法得逞的，但他们之间却出现了内讧。要知道，委员们有共同的利益，但没有共同的理想。工作的压力使他们疲于奔命，这样，小分歧会变成大冲突，小争端变成生死斗。罗伯斯庇尔的身体每况愈下，易发怒、不饶人，使人觉得他冷酷（1794年6月底到7月23日都未有参加会议）。委员会内，他的对头是代表长裤汉利益的俾约·瓦伦[23]和科洛·德布瓦（见上）。这两人当然也是山岳派中人，但他们与罗伯斯庇尔的矛盾是他们极端反宗教，而罗伯斯庇尔则鼓励宗教——一种国家的宗教。委员会中也有人想调解，但罗伯斯庇尔疑心重，想要先发制人，结果弄巧成拙。

谋算罗伯斯庇尔的人，有的是为了意识形态，有的是为了自身安危，也有吉伦特派的残余、埃贝尔派的漏网者和欲给丹东报仇的人。他们与右派合谋，但推翻罗伯斯庇尔的还是他自己。1794年7月26日，也就是罗伯斯庇尔刚恢复工作几天，他在国民公会上指"敌人在破坏政府团结"。但当代表们要他说出谁是破坏团结的卖国贼时，他又不说出来。于是，人们就做出最坏打算——谁都有可能被他整，于是人人自危。当天晚上，山岳派中他的敌人就和骑墙的平原派密谋"政变"。翌日，德布瓦刚当上国民公会主席。圣茹斯特就上台为罗伯斯庇尔辩护，坚称《新嫌疑法》（见上）是绝对必要的。愤怒的代表们窃窃私语。有几个冲上台要拉走圣茹斯特，有人高叫："打倒暴君！逮捕他们！"关键时刻，罗伯斯庇尔好像突然失却他的辩才，钳口窒舌地向右派代表恳请给他发言机会，右派代表们不为所动。国民公会下令马上逮捕罗伯斯庇尔及其同党。混乱中，他和党人避入市府大楼。巴黎革命公社知讯，马上号召各区"起义"营救，并集结了两三千人马。国民公会也召集人马，并宣布凡支援罗伯斯庇尔的人都会被剥夺法律的保护，也就是无须审判即可处死。市府前一片混乱。革命公社的人马缺乏统一指挥，到了次日凌晨就星散逃离。国民公会的一队人冲入市府，逮捕了罗伯斯庇尔（他面部受到枪伤，但不清楚是被人射伤的还是自杀未遂）。当天，未经审讯的罗伯斯庇尔就被送上了断头台。第二天，另外71名同党（包括巴黎市长）被处决。这是整个大革命中被处死人数最多的一天，史称"热月政变"[24]。

权力马上转移回丹东派（丹东虽已死，但丹东派势力仍在，主要代表资产阶层利益）。恐怖统治期间的所有法案措施差不多全面被推翻，包括恢复宗教自由；《新嫌疑法》被取消（被囚者获释）；革命法庭被削权；巴黎革命公社被国民公会委任的行政官取代；公安委员会行政权被削；政府的行政职能分于16个委员会。至于发动政变的德布瓦和瓦伦，到年底时也被逮捕。

由丹东派支配的国民公会恢复自由经济，取消物价管制，故而经济大灾难重现，物价飞涨、货币崩溃（实质价值只有票面价值的3%），商人疯狂投机，经济差不多停顿。1795年开始更闹起饥荒，最苦的是农村的佃工。到处都有起事，连巴黎也开始缺粮。有地区向国民公会哭诉："我们开始后悔我们为革命所做的牺牲。"国民公会宣布，凡发表煽动政变的言论者处死，并开始分发武器给"好市民"（中产阶层）去保卫政府。

其实，在热月政变之后，雅各宾会虽被关闭，但雅各宾派仍有一定势力和实力，只是在等待机会卷土重来。1795年3月30日，巴黎各区开会，商讨如何处置公安委员会中比较激进的委员的命运，应否重新开放政治社团，如何处理在1793年7月24日通过的宪法（也就是所谓的雅各宾宪法）。那时，巴黎各区也分裂为市中心与西面的亲丹东派区（虽然丹东已死）和东面的亲山岳派区（虽山岳派已败）。两天后，亲山岳派长裤汉冲入国民公会会场请愿。国民警卫军开到，群众既没有人领导，也没有武器，被逼退出。他们认为雅各宾宪法才是解决经济与政治危机的唯一办法。有人甚至后悔恐怖（罗伯斯庇尔）统治不再。

那时，国外法军节节得胜。恐怖统治期中胶着的军事状态到1795年夏天，也就是恐怖统治结束后，有了转机。荷兰建立共和，成为法国的卫星国,各国也放弃攻法。到1795年4月,除英与奥,其他各国均与法媾和。这使政府信心十足。

但是到了5月,长裤汉再次暴动,冲入国民公会会场,支援山岳派的残余分子(叫"山顶",Crest),慑服了其他代表,通过若干山岳派的提案。但在混乱中,长裤汉们并没有正式解散国民公会就散去(也就是说国民公会仍可行使权力)。两天后,国民公会召派2万军队,包围作乱的各区,群众犹豫之际,就被解除了武装。从此之后,"人民"就只能做政治的旁观者或牺牲品了。

1795年6月23日,新宪法起草完毕,8月22日通过,9月23日公布公投结果。[25] 为避免立法代表们独裁,新政制模仿美国式的权力制衡,立法权归500人的下院,核法权归250人的上院,并设立5人的"督政府"(Directory)行使行政权。为保证宪法不会被下一个议会改动,规定新议会的代表必须有不少于2/3来自现有的议会,叫"三分之二法"。宪法获得绝大部分人支持,但对"三分之二法"就有不少人抗议,因为它维持"现状",而"现状"是丹东派把持大权,跟当时的政治气候很不吻合。热月政变成功消灭激进左派的势力,却变相恢复蛰伏多时的保守势力的合法性。新选的议会代表有不少是倾向保王、保教会的右派,与丹东派的共和意识有所冲突。右派进入国民公会之途被"三分之二法"挡住,于是右派的激进分子也要"起义"了。

其实,这个保王、保教会分子对革命的反扑早在1793年3月就已播下种子。在保教(天主教)根据地的法国西部旺代地区,保王分子(尤其是"出走者")与保教会分子联手武装叛变,并有英国在后面支持,初时屡败革命军。公安委员会派了埃贝尔派的督军强力残暴镇压,甚至集体溺毙妇孺,当地称这支革命军为"地狱部队"。双方都有暴行,估计总死亡人数达25万。有史家甚至称之为"灭种"(genocide)之战。乱事虽暂时平息,但热月政变之后,保王和保教会势力重获生机,英国更以金钱和武装支持(包括印制大批法国货币伪钞去颠覆法国经济),但动乱仍是不成气候,被政府军（那时革命军已被改编）屡次打败。到了1795年10月，英国索性直接派军加入，联合保王派向巴黎进攻。巴黎市内的保王势力也开始到处示威，更有谣传巴黎的国民警卫军准备全体叛变。国民公会[26]意识到敌人将正面威胁首都，遂重新召集在热月政变后被解散的长裤汉武装，但只得5000人，而保王方面则有3万人。委派的三个指挥官有两个见势头不对，一个托病，一个按兵不动，只有一个开出来与保王派对阵，劝服对方暂时放下武器。这是1795年10月4日的事。但保王分子看穿政府军的弱势，号召全巴黎各区政变。暴动分子和支持他们的叛变军队已差不多占领全市。国民公会另派指挥官去负责国民公会安全。此时，年轻的拿破仑将军赶到现场，被命令加入防卫。他提出条件，一切要由他做主。拿破仑要对付的保王派暴乱分子究竟是些什么人马？

这里要说一说恐怖统治之后的另一种"恐怖"。罗伯斯庇尔上断头台（1794年7月28日）的第二天，巴黎街上就出现连群结党的年轻人。他们身穿华服，拿着重重的手杖（称之为"宪法"），到处追打和搜捕雅各宾分子和同情者。他们多是落难贵族和绅士的子弟，包括吉伦特派的残余和在革命期遭杀害或被清算者的后人。他们要复仇，在政府的纵容下打击激进左派。反革命的"白色恐怖"（White Terror）开始。

在巴黎，男的叫"香男"（Muscadins，以他们身上的麝香香水气味为名，是百姓讽刺他们的贬词），核心人数其实只有几千人，政府利用他们去填补恐怖统治过后的治安真空，以防雅各宾派反扑。女的叫"劲女"（Merveilleuses），她们以薄若蝉纱的暴露衣着和败坏道德的荒诞行为为标榜。这些都是针对恐怖统治期间长裤汉的简朴，但行为同样极端。巴黎到处都是舞会、狂欢会；戏剧和乐曲都是讽刺雅各宾的"暴政"，同时歌颂"复仇"。在恐怖统治结束后的一年多里，他们在国民公会中有点势力，甚至成功地铲除雅各宾派在国民公会中的残余。政府高层领导也有这帮人的党羽。

整个法国（特别是南部）由保王分子和富家子弟组成的"耶户团队"[27]，采用当年雅各宾派和长裤汉的伎俩，到处追捕和屠杀雅各宾分子和长裤汉，重复恐怖统治期的手段。他们的口号是"血债血偿"（blood that cries out for vengeance）。

近一年的恐怖统治已使法国老百姓对恐怖麻木，因此，对反革命暴力好像视而不见。那时，雅各宾分子被形容为天生残酷、凶暴、贪婪，是人民公敌。恐怖统治期间以革命事件命名的街道现今被改名，纪念碑被打碎，被怀疑者可以不经审讯立即监禁。正如恐怖统治，白色恐怖牵连很多无辜。

今时不同往日，在巴黎闹暴动的不是长裤汉，是"香男"，当然也有残余的保王分子和军中的同情分子，但全是乌合之众。10月5日午夜1点，拿破仑命令他一个手下快马去市郊军营拖来40门大炮，部署交叉火力网。5点钟，暴动分子试攻，被挡下。10点钟，大举进攻。他们与保卫军的兵力是6比1。但暴动分子没有重武器，几炮就被打散了，拿破仑下令反攻，保王派溃不成军。日后，卡莱尔[28]有诗云："一口葡萄弹……我们称之为法国大革命的东西就被打散在空气中了。"

事后，政府也没有太大的镇压，白色恐怖也停止了，但拿破仑则被捧为"救国英雄"。几天后，国民公会解散，督政府上场，大革命告终。督政府为德穆兰翻案，下赦令：

> 作为人民代表，国民公会议员的卡米尔·德穆兰，被判卖国处死。他对人类的贡献早被遗忘，国家现应表彰。

此后，督政府越做越腐败、越无能。法国大革命带来的痉挛持续近30年，也就是整一代人。大革命的左、右派之争爆发了恐怖统治，恐怖统治引发出白色恐怖，拿破仑因成功镇压白色恐怖而成为国家英雄。他利用法国人对革命理想的浪漫追求、对革命暴力的厌恶，再加上对昔日大国雄风的怀恋，把自己塑造成一个众望所归的强人，使法国的大痉挛变成了西方的大痉挛。

注:

1. 德穆兰用 federalist（"联邦主义者"）一词，当时是指赞同各省与巴黎权力对等的吉伦特派，而雅各宾的山岳派则是坚持权力应该集中在巴黎。
2. 尼古拉斯·吕奥（Nicolas Ruault），革命法庭陪审员、罗伯斯庇尔追随者、印刷商，为战争部和革命法庭制作印刷品发了财。
3. 科洛·德布瓦（Jean-Marie Collot d'Herbois，1749—1796），出身是演员、剧作家，有点声名。革命一开始他就积极加入。他的演戏能力、写作能力和组织大规模群众庆典的能力使他成为革命宠儿。当初他有君主立宪倾向，但越来越认同共和。第二次革命后他力主处死路易，他也是山岳派中带头攻击吉伦特派的主力。他与俾约·瓦伦（Billaud-Varenne，见后注）形影不离，同属极端派，主张完全平等，打击投机者。1793 年 9 月，他加入公安委员会；10 月被派往里昂镇压保王和保教会动乱，手段极为残酷，集体处决教士、修女，并开始拆毁城墙。公安委员会把他当"嫌疑犯"召返巴黎。1794 年 5 月，他与罗伯斯庇尔都被人企图暗杀。他知时日无多，就串通其他反罗伯斯庇尔的人发动"热月政变"。7 月 27 日那天，刚好是由他主持国民公会的议程。在会上他就让反罗伯斯庇尔的代表们展开行动，但他也同时被指控与罗伯斯庇尔通过公安委员会实施暴政，好在自辩得脱。但到了 1795 年 3 月，他终与好友瓦伦同被流放到法属圭亚那（Guiana）岛，死于 1796 年。
4. 西塞罗（Marcus Tullius Cicero，公元前 106—前 43），政治家、哲学家、克制派，终生致力于建设和保卫罗马共和。他反对公元前 60 年恺撒和庞贝等组合的三人执政团，认为有违共和。公元前 49 年，三人执政团崩溃，恺撒带兵进入罗马城，开启与庞贝的内战，西塞罗意庞贝但也没有跟恺撒决裂，公元前 44 年，恺撒被刺杀，他认为是恢复共和的好机会。在随后的动乱中，他反对安东尼，支持布鲁图斯，推崇屋大维。后来，屋大维与安东尼再建三人统治团。安东尼追杀在此之前反对他的敌人，包括西塞罗，终在公元前 43 年把他杀害，并暴尸于市集。在西方，西塞罗的评价很高，从中古教会到美国独立，他都被视为"圣人、智者"。
5. 埃贝尔是著名的反基督者，德穆兰讥讽他引用了《圣经》神迹。
6. 讽刺埃贝尔利用政治关系向国家，特别是军部，推销《杜谢恩老头》。
7. 德穆兰化用了《圣经》里耶稣的话："一个罪人的悔改比 99 个无须悔罪的好人更能使神高兴。"
8. 《监察报》于 1789 年 11 月 24 日开始出版，到 1868 年 12 月 31 日停刊，是革命期间的主要报章、政府的喉舌。
9. 屋大维（Octavius），日后的奥古斯都大帝、罗马从共和转为帝国的第一个君主，被革命分子视为摧毁罗马共和的暴君。
10. 安东尼（Marc Antony），屋大维的对手，屋大维先依附他，但当他羽翼长成，就消灭安东尼称帝。
11. 圣茹斯特（Louis Antoine Saint-Just，1767—1794），是国民公会的最年轻代表。少年时代狂妄、放任，加入革命后变得严峻、无情。先有孟德斯鸠式的君主立宪倾向，但路易逃亡之后，就力主要把他当作卖国贼，立刻处死，由此他深得罗伯斯庇尔赏识，两人形影不离。圣茹斯特先进入宪法修改小组（雅各宾宪法），再进入公安委员会。在消灭吉伦特派方面不遗余力。他镇压反革命但不屠杀，并召回若干酷督军。在肃整埃贝尔派和消灭丹东派的大事上，他是罗伯斯庇尔派往国民公会的"打手"。罗伯斯庇尔是恐怖统治的代名词，圣茹斯特也被人称为"死亡天使"。

他的名言是："革命之舟要通过鲜血染红的海才能抵达彼岸。"

12. 维斯塔是罗马处女神，主管家庭。

13. 政治犯被囚禁在卢森堡公园（Luxemburg Gardens）旁的监狱。

14. 奥拉斯（Horace），德穆兰孩子的名字。

15. 露娣（Lolotte），德穆兰对妻子的昵称。

16. 露露（Louloo）也是德穆兰对妻子的昵称。

17. 法布尔·埃格朗蒂纳（Fabre d'Eglantine，1750—1794）是名演员、剧作家和诗人。他认为戏剧有领导革命的使命。他曾任科德利尔会秘书和主席，是丹东的私人秘书。他极端反宗教，是革命历法修改的主要人物，"以理性的事实取代无知的幻觉，以自然的真理取代宗教的权威"。他个人私德好像有点问题。在1793年9月，罗伯斯庇尔已有意干掉埃贝尔派，就在雅各宾会上谴责该派主要人物肖梅特反宗教。埃格朗蒂纳觉得这对他也是危机，因为他也极端反宗教。为讨好罗伯斯庇尔，他就做了一份报告交给公安委员会，说肖梅特有参与反政府阴谋。肖梅特当然逃不了。这是1793年9月的事（见上文有关肖梅特的注）。到11月，轮到埃格朗蒂纳了。罗伯斯庇尔得到密报说保王分子收买了埃格朗蒂纳去投票支持国民公会在关闭东印度公司之前做些动作，好使股东们卖空赚钱。罗伯斯庇尔对埃格朗蒂纳的犯罪行为很不满，但他同时也明白这会对丹东极为不利，因为埃格朗蒂纳与丹东有密切关系。于是，他在1794年1月12日先拿下了埃格朗蒂纳。之后，到3月30日在向丹东开刀时，这就成为丹东入罪的"证据"。因为这样，德穆兰才在狱中遇上埃格朗蒂纳。最后，他们都在同一天上断头台。

18. 皮特是英国首相，科堡（Cobourg）是普、奥联军指挥，都是革命共和的大敌。

19. 叙拉古的狄奥尼修斯一世（Dionysius Ⅰ of Syracuse，公元前432—前367）在西西里岛和意大利南部建立希腊当时最强大的殖民地。此人被公认为古代最为残暴的君主——残忍、多疑、记仇。但同时他又有军功和文采。

20. 该隐是亚当与夏娃的长子，杀其弟亚伯，这里代表谋杀亲兄弟者。

21. 丹东临终前重归天主教，有人指出，他这句话大概来自《圣经》，指圣彼得。圣彼得做耶稣门徒之前是渔夫，而耶稣招他为徒时要他放弃"渔鱼"，转去"渔人"。

22. 耶稣死时也是33岁。

23. 俾约·瓦伦（Jacques Nicolas Billaud-Varenne，1756—1819），父亲是巴黎议事会的律师，虽然学法律但没能执业，改做教师，但与校方发生意见分歧，遂在巴黎议事会买了个律师名额。革命开始就加入雅各宾会，极力反王室，主张共和，积极参与第二次革命，并参与九月大屠杀。路易死后，他把矛头指向吉伦特派，主张向富人征收特别税、剥夺反革命分子公民资格、成立革命部队、监视军中贵族分子、战败指挥官要处死等政策。因督军有功（但特别残忍），于1793年8月进入公安委员会。之后，他同时攻击埃贝尔与丹东。埃贝尔与丹东被整后因感到自身情况危险，遂攻击罗伯斯庇尔，把他形容为"温和丹东分子"。对他来说，热月政变来得有点意外，就在雅各宾会上表示不满，有人在国民公会上指控他为人凶狠，国民公会成立专组追查（也包括追查其他公安委员会委员）。稍后，因雅各宾派反热月政变起义失败被牵连，与德布瓦等人一同被流放。拿破仑当政后辗转纽约、海地，死于痢疾。

24. 热月（Thermidor）是法国共和历的11月，相当于公历7月19日到8月17日；这次"政变"也有称"反革命"，以"热月第9日"，即公历7月27日定名。

25. 新宪法摒弃1793年的雅各宾宪法，并且恢复有资产才有投票权和公职权。这部宪法是以1791年路易承认的宪法（吉伦特派思路）为基础。

26. 新宪法虽然在1795年8月22日通过，但国民公会仍未解散，督政府仍未上场，要等这场乱事结束，到10月26日才正式行新宪。

27. 耶户（Jehu）是基督教古经时代的人物，他篡夺古以色列一个暴君亚哈（Ahab）的王位，杀掉万恶的王后耶洗别（Jezebel），而这王后是用来代表雅各宾派。

28. 托马斯·卡莱尔（Thomas Carlyle, 1795—1881）是苏格兰散文作家和历史学家，著有《法国革命》《论历史上的英雄、英雄崇拜和英雄业迹》（*On Heroes, Hero-Worship and the Heroic in History*, 1840）。

第二篇 解故事

从路易十六登位到攻占巴士底狱是第一次革命，为绝对君权敲响了丧钟；接着是差不多两年的"蜜月"，由中、上资产阶层把持朝政，行君主立宪；但激进的革命分子向往共和，于是再发动第二次革命，彻底消灭路易王朝。马上，对共和的不同理解，加上性格分歧和个人恩怨，分裂了革命；兄弟阋墙引发出一连串的"革命吃人"，使人心厌倦、麻木、恐惧；最后，强人现身，收拾残局，以共和之名，行独裁之实。

第五章　第一次革命：半革命

　　国库空虚，路易的税改触犯了贵族与教会特权，权贵与王权之争驱使路易拉拢第三等级（平民，主要是中产阶层）支持，撩动起他们对权力的欲念，做成四角互抗：国王、贵族、教士、第三等级。但是贵族与教士、贵族与第三等级之间也有矛盾，甚至贵族与贵族，教士与教士，第三等级内部的士、农、商、财之间都是矛盾多多。夺权团结了革命，分权会肢解革命。

　　民生困难，外战不休，路易王朝开始动摇；国库空虚，被逼税改，王权与贵族利益对峙。路易想利用资产阶层力量抵消贵族与教会力量，遂召开大议会，并增加第三等级（名义是平民，主要是资产阶层）的名额，意图平衡贵族（第二等级）与教会（第一等级）的势力。

　　开会前几天，巴黎暴动，军队镇压，气氛紧张。大会章程规定以等级表决而不是按代表人数计票，也就是说第三等级人数虽多但未能左右大局。第三等级自然有被欺侮和被欺骗的感觉，代表们集体离场，单独开会，反映以中、高资产阶层为主的第三等级开始争权。稍后，更宣布自成国民会议，这是夺权的先兆。大批群众袭击监狱、营救因支持第三等级而被囚禁的警卫军，这是大革命群众暴力的先声。此时，路易招兵买马，群众开始四处抢掠和搜集军械、粮食，路易兵围巴黎。德穆兰呼吁群众武装，继而袭击巴士底狱，揭开大革命序幕。

路易王朝是被启蒙运动颠覆的，但路易十六却是以启蒙思维去改革时政。不管他是无知地追求时尚，还是有知地逼不得已，但确实在自掘坟墓，起码是自废武功。

他是路易十五的孙子，因为父亲和哥哥在路易十五死前就去世，所以王位才由他继承。小的时候因为父母都偏宠哥哥，他并不好过。路易体健但内向，也算好学，更精通英、意语，有点书呆子的味道。他喜欢打猎，尤好装锁（在当时，权贵之家的孩子都被鼓励培养"有用"的嗜好）。他先天的内向，加上后天的教育，使他终生犹疑不决（除了几次致命的例外）。有老师教他退缩是强势君王的优点；也有老师教他要不露形色，不要让百姓知道他内心的想法。这养成了路易腼腆、独夫的性格（他最爱读的小说之一是《鲁滨孙漂流记》）。

路易娶妻，是奥地利的玛丽·安托瓦内特。这桩婚姻在个人层面上有困难（起码在前段）[1]，在政治层面上更是灾难。路易十五当年与奥地利结盟，跟英、普打了场七年战争，丧权辱国，差不多所有海外殖民地，尤其是北美洲，全被英国拿走，所以法国人一般对奥地利都没有好感。[2] 当时还有不少色情刊物（很多是日后的革命分子写的）挖苦路易，"王上干得吗？王上干不得吗？"这些"游戏文章"实在对路易政权的尊严有很大颠覆性。

路易20岁登位。那时代，开明思潮澎湃，他也想象自己是个开明爱民的君主。但他的优柔寡断和渴求民望是个可怕的组合。他下的旨意往往都表达爱民之意，但总因财力有限和贵族阻挠做不成爱民之事。他恢复地方的议事会，但结果是议事变成对时政的批评。在财政上他更把持不定：先用杜尔哥去搞自由经济，人民不满；改用内克去搞管制经济，贵族不满；起用卡洛讷去搞妥协，两面不讨好；罢了卡洛讷，引入代表贵族和教士利益的布里耶纳去推动税改，但贵族们仍不买账；于是再用有民望的内克，以图利用资产阶级去平衡贵族阶层，但又发觉内克太亲近中、上资产阶级（内克本人就是金融家），遂罢免了他。两天之后就爆发了巴士底狱事件，揭开大革命序幕。木讷、呆滞的路易在那天的日记中只写了一个词:"没事。"[3]

革命形势很不平均,巴黎是中心,但外围省份仍有很多保王的,而且所有外国政府对革命不是敌视就是观望。在巴黎,暴力事件不断。革命骨干是中、上阶层的开明人士。他们观察形势,考虑已身利益,就有人想与路易合作,建立一套模仿英式自由,但又包容法式君权的宪制。其中,以在国民会议中最具影响力的米拉波为主要人物。他在1791年初就开始培植势力,以图为路易争取权力,特别在政府开支里暗中拨款去支持此事;又成立秘密咨询团,为路易出谋划策。1791年4月2日,米拉波之死改变了局面。在这关头,路易的摇摆却误了大事;一方面,他示意国外保王势力不要发动反革命,以免触动革命分子的神经;另一方面他又表态不满革命分子把他"软禁"在杜伊勒里宫,且不许他履行他天主教徒的本分,惹革命分子恼怒,两面不讨好。到了6月,他终于决心出走,他以为逃亡在外的贵族和外国政府会助他"复辟"。此事的安排又显露路易的不决。一方面他是准备充足,连"勤王宣言"也写好了(16页长,但却放在床上,被发现后登在报上,成为日后的"罪证");另一方面,出走日期改了又改,出走安排更是挂一漏万。他心存幻想,以为只有巴黎一小撮人才是真正的革命分子,广大农民和百姓都是他的忠诚子民。潜逃失败震撼全国,当初对他仍有些好感的人都觉得被他出卖了,革命暴力也加速走上极端。更要命的是路易被捉回之后差不多马上就发生了由保王的拉法耶特出手的战神广场大屠杀,和由外国政府发出的皮尔尼茨宣言,把法国人刺激得同仇敌忾,路易翻身无望。

出逃失败,路易被迫接受宪法(名义上是君主立宪,但因路易出走,他的宪法权力也是大大削弱了)。宪法既定,国民会议解散,重新选出立法大会去行宪。但由于罗伯斯庇尔在早些时候引导国民会议通过国民会议代表不能竞选立法大会代表的决议,遂弄出很多年轻、激进的革命分子进入立法大会。左派势力大增,但左派又产生分裂:较温和的吉伦特派掌权,跟较激进的山岳派对垒。两派在有关对外宣战一事上争得你死我活。这次，路易又找错了伙伴。他跟风当权的吉伦特派主战，希望借此表示他爱国，以挽回民心。

但一开战法军就处于失利状态，路易异想天开乘机使用宪法给他任免高级官员的权力，解除吉伦特派人士的各种军政职务，遂失掉了吉伦特派对他的信心。此时，奥地利大军向巴黎推进，立法大会宣布"祖国危难"。奥军发表布伦瑞克宣言，扬言如果路易有损分毫，将血洗巴黎。法国人哪听得进耳。保护路易反害了路易。巴黎长裤汉发动大规模暴动，血洗杜伊勒里宫，路易下狱。

接下来就要决定路易的命运。如何处置路易变成吉伦特派和山岳派的政治斗争战场。结果其实是已知之数。路易判死是 361 票对 360 票，致命一票是那位曾觊觎王位，但又鼓励革命、自命开明，连名字也改为"平等"的奥尔良亲王（日后仍不免上断头台）。

断头台下，路易短短地说了两句："我死，但不承认每一个加在我身上的罪名。我原谅置我于死地的人；我向神祷告，不要让我将要流的血为法国带来灾祸。"行刑官不想让他多讲，下令打响军鼓号，马上处决。这天是 1793 年 1 月 21 日。

如果没有路易十六，法国大革命会不会发生？这是无法回答的。但肯定的是，大革命的触发和轨迹与路易是分不开的。

从路易王朝的"福祉"来衡量，灭亡种子早在路易十三、十四建立绝对君权的时候就埋下来了。绝对君权隔膜了君与民，造成君对民冷漠，民对君也冷漠。在大致静态的时代里，这还可以持续。但在亢奋、活泼的启蒙气氛里，就会生变。在《西方文明的文化基因》里，我引用了托克维尔在《旧制度与大革命》中谈到的绝对君权与大革命的关系：路易十六的"开明"和"爱民"毁了祖宗的基业，因为他颠覆了冷漠的绝对君权：一方面引入了启蒙的活力，另一方面又不能提供宣泄的渠道。结果活力、动力无从发挥，变成怨气、怒气，导致社会失衡、政府失措。革命走上极端其实就是反映社会极端失衡、政权极端失措。失衡与失措是相连的。

绝对君权埋下了种子，路易开明颠覆了君权。但革命走上极端，路易十六的摇摆不定难辞其咎。若是他果断，革命或许不会发生，因为他会全力镇压或会拱手相让；即使发生了，也不会走上恐怖，因为他会速战速决，胜败一早了断。

他自 1774 年登基到 1789 年革命的 15 年间，不止四度换相（杜尔哥、内克、卡洛讷、布里耶纳），政策更是朝令夕改（自由经济、管制经济、混合经济都解决不了问题就搞税改、政改）。这跟祖宗路易十三用黎塞留 18 年（至死）、路易十四用马萨林也是 18 年（也是至死）不可同日而语。他想爱民反而失信于民；他想开明反而像是反动。非但革命之前如此，革命之后更是处处失措。1790 年到 1791 年间，他迟迟不接受君主立宪（这里，他表现了罕见的强硬，坚决拒绝认可反教会的政令），使仍想保住王权的温和革命分子尴尬不已，使想彻底消灭王权的共和分子振振有词。立宪与共和之争拖长了革命的动荡，分裂了革命的团结，是日后党争走上恐怖的先兆。他迟疑不决、欲语还休的出走使他的出走计划成为半公开的秘密。逃不了，一半是天意，一半是人为。长裤汉进袭杜伊勒里宫是路易的生死局，他的摇摆更是致命之失。逼宫是必然之事，路易也知道，早就部署了强大的防卫。但事发之日，他却溜走，躲在隔壁的立法大会，有点像寻求政治庇护。长裤汉虽攻进内宫，但被防卫军击退，双方对峙。路易远处听到枪声，不明就里就下了一条莫名其妙的手令，要防军回营，反而弄出一场大屠杀。路易上断头台在所难免，但在台前的镇定和庄严总算给后世留下一个感人的句号。

路易的摇摆不定，一方面是性格使然，一方面是他面对的现实确实错综复杂。事后看得清楚，但当时的情景的确会使人迷离。关键是一个摇摆不定的人处于一个错综复杂的历史背景下，必然会失措。可惜路易乃是一国之君，可怜的法国人民因他的失措沦为刍狗。

路易召开大议会是想推动税改。他登位后多次的税改意图都因为贵族和教士的反对（以贵族势力为主）而无法开展。大议会的用意是利用平民，主要是积极支持税改的资产阶层，去克制贵族和教士。1789年的革命主轴其实就是平民斗贵族与教士。错综复杂之处就在于贵族与教士之间、贵族与贵族之间、教士与教士之间也有矛盾，导致大议会中少部分贵族与大部分教士投向平民，完全颠覆了等级之间的"平衡"，而平民之间的资产阶层和非资产阶层的矛盾更是日后革命走向极端的主因。在绝对君权的政制下，所有这些矛盾产生的张力都指向路易。假如路易是雄才大略，假如法国是国泰民安，也许启蒙思潮会引导这个国家从一个冷漠的绝对君权社会慢慢地走上一个在政治权力上比较开放、经济分配上比较悯人、社会等级上比较平等的社会。但经过一百多年的人事沧桑，路易十六的绝对君权不再像路易十三、路易十四那样"绝对"。国家既没有财力，国王更没有威力去解决因积习与因循而僵化的旧矛盾，和因新思想与新经济而触发的新矛盾。路易虽是摇摆不定，但基本上他仍是有政治开放、经济悯人、社会平等的倾向，只要不触动路易王朝的根基。但当时的经济与社会背景使法国人有一种急不可耐的改革冲动，催生了一群逞强犯难的精英。且看路易当时面对的是个怎样的法国。

  18世纪的法国人口是2300万—2400万，是欧洲人口密度最高的国家，特大的巴黎约60万人，其他的城市大多不超过2万人。[4] 大议会是因为国库空虚，路易要加税而召开的，所以先说说法国的税制。

  革命前的税多和税苛是极恼人的。路易十六也尝试改革，但一方面是积习难除，另一方面是开支过度，税改总是力不从心。最主要的税种是"平民税"（taille），占国库收入一半。它是土地税[5]，谁都要缴，所以是路易王朝最令人反感的税种。[6] 税额每年不同，由各省承担征收。全体教士、有直接封地的贵族、王室（国家）的高职官员和将领、教授和学生与特别地区，如巴黎，都被豁免。但不同地区有不同待遇。[7] 17世纪后期，有"包税人"（farmers general）[8] 的官职，人人可以买来，代王（国家）收税，6年一任，成为路易王朝的最大污垢。很多税收都采用承包制度，也就是定额上缴，余则归己。

除了平民税，当时的税种还包括军需税（taillon），全国性的盐税、酒税和其他产品税，地方性的特产税、入城税、市集税、"什一税"（tithe，政府代教会收，是农产收成的 1/10，可用钱代替）。从 1695 年开始征收人头税（capitation，教士和贵族都不能豁免，但可以一次缴一大笔去取代年年缴税，漏洞、弊端很多）[9]。从 1710 年又开征财产入息税（dixième，按来自资产的收入征收，去支持军费）。1749 年再在财产入息税之上加"二十分之一税"（vingtième，按来自土地、财产、商业、工业、官职的收入的 5% 征收，用来弥补王宫赤字；谁都要承担，但教士等级最后争得豁免，而某些省份也成功取得减收）。名堂多多的税种使人怨声载道，但对教士和贵族的种种豁免更令第三等级不满。上层的富农、富商们眼红教士和贵族特权；下层的贫农、贱工们气愤贵族寄生。他们更恨透税收代理人（尤其是"包税人"）中饱私囊、盆满钵满。可是，税种虽然多，但真正流入国库的远不能满足国家的真正需要和王室的无度挥霍。

教士与贵族同是特权阶级，但特权各有不同，互相觊觎。由于绝大部分的高级教士来自贵族等级，为此，教士的特权也就是贵族的特权，虽然贵族的特权不一定是教士的特权。第三等级的成分最复杂：有高级资产阶层，有一般的商人和店主，有技师、技工和劳工，还有农民。

三个等级之间的关系错综复杂。（1）他们都反对绝对君权，但贵族和资产阶层想要的是开明独裁（权力大但又让他们自由发展的"明君"）。（2）第三等级连同贵族跟教士对立，因为他们对教士特权的反感。（3）第三等级中的开明人士特别鄙视教士的愚昧并憎恨教会限制他们的言论（书刊）自由。（4）在庄园制度下，农民感觉他们在饲养一批傲慢的寄生虫，特别是贵族。他们对教士，特别是与他们共同被压迫的低级教士产生同情和共鸣。下面逐个等级来谈。

第一等级是教士。这个政治等级是 16 世纪开始的，作用是"表决教会对国王应提供的奉献"。这个等级的责任是：（1）保卫信仰；（2）对抗异端

（尤其是新教[10]）；（3）谴责禁书[11]；（4）治理教会；（5）教育大众；（6）谴责罪行；（7）救助贫苦；（8）宣布国家法令；（9）注册出生、死亡和婚姻。他们的特权比贵族要多（这也是贵族眼红的原因），不用缴平民税和很多王室都会征收的附加税。而且他们收的"什一税"远超过他们要向国王缴的"奉献"。

但教士内部也有很多"等级"、很多矛盾。

（1）高级教士（high clergy，主教、方丈之类）差不多都是贵族出身（尤其是来自高级贵族，如王室贵族和传统世族），特别是非长子。[12] 修道院的主持有2/3是贵族子弟，掌管大部分的修道院收入。

（2）正规教士（regular clergy）是指隶属修会的教士，有别于在俗教士（见下）。在17世纪前半期，法国出现很多新的修会，反映天主教反宗教改革运动引发出的宗教热忱（见《西方文明的文化基因》）。到了18世纪开始腐化和僵化，政府设立委员会去清理，但颓弊情况持续。同时，修会里也很多开明之士，谋改革之道，容易被启蒙思想吸引。[13]

（3）高级在俗教士（high secular clergy，主要是教区主教、执事之类）大部分也是来自贵族阶层。他们的职责是照顾教区内百姓的宗教生活。特权使他们富有，大部分都不住在自己的教区，而是住在巴黎，过着奢侈生活，对职责懈怠，尤其忽略济贫和教育。[14]

（4）低级在俗教士（low secular clergy）是教会主力。他们是教堂的本堂神父、副神父之类。如果他们的教区是在城市，生活会比较好些，因为有主持婚礼和丧礼的收入。但如果要靠"什一税"的话就要仰赖负责收税和分配的上级教士或"包税人"的鼻息，有些是挺苦的。如果是没有自己的堂区的助理神父（curate），他就是教士中的"无产阶级"，要靠"挂单"。更有行脚僧教士，他们要靠救济。低级教士对国王的"奉献"占比最高。他们思想保守，教育不足。他们的迷信、迂腐，往往是启蒙之士的取笑对象。

低级教士没有份儿参与自己等级的治理，甚至不容组织起来。他们没资格选举第三等级的代表。在高级教士眼中，他们粗鄙、褴褛、无知："与这群人交谈天堂、世间的事，你要特别爱好大蒜的味道才行。"相对地，低级教士对高级教士的奢豪也特别反感。[15]他们很同情第三等级，尤其是城市与农村的下层百姓，并支持他们的诉求。在国民会议中他们大规模投入第三等级的行列。直到《教士民事法》出台，威胁到他们的信仰，他们才放弃支持革命。

在这个第一等级中，低级教士与高级教士往往站在对立面。低级教士想改善生活环境，要求更合理的教会财产分配方式，以满足宗教和济贫的需要，所以他们支持"财产同有"的理念；恢复"什一税"原来的意义，也就是维持教会和救济贫苦；恢复教会内部的选举制度和议会制度，也就是走向"内部民主"。[16]在俗教士与正规教士也有对立：在俗教士鄙视正规教士腐化僵化；正规教士自命献身侍主，比在俗教士高明。

第二等级是贵族。最高级是军功贵族（nobility of the sword，以剑换来的，都是从15世纪就开始的望族），其次是为国王服务的（nobility of the robe，穿司法袍拿来的），再次是在地方任职的（nobility of the bell，地方行政官员）。当然，用钱买来的更次，这些"新贵"对贵族名衔特别向往，但却特别令人反感。有的人是买了贵族的土地（包括贵族的庄园）因而被接纳为贵族；有的是被国王或王室赏识的[17]（多数是有钱人），也被承认为贵族。地方上的名士、豪族近乎疯狂地追求这些身份象征。有通过替子、侄、亲人买封号而成为贵族的，有把女儿嫁给贵族而晋身为贵族的。只要有钱、有关系，平民可以擢升为贵族。到18世纪中，贵族人数庞大（估计约有40万人，8万个家族），地方议事会的代表差不多全是贵族。

贵族特权很多。（1）大部分都有封地（fief）特权，包括税收、免役、品级等。卖掉了封地的贵族都坚持保留这些特权。（2）豁免若干对国王的责任，例如义务劳动、修理公路、提供军队食宿等。更有贵族之间联合不向朝廷上缴他们代收的"二十分之一税"。(3)在司法上，只有议事会才能审讯他们。但议事会中人都是贵族。因此，在实质上，贵族犯事只能由贵族处理。在贵族与平民的诉讼中自然占上风。(4)只有贵族才可任高级教职和军职（校级之上）。还有，很多非长子的贵族子弟在青年时期就"剃度出家"(tonsured)去接收世袭式的教职（包括产业），就算成年后放弃教士生活仍可保留教职的特权。

贵族集中在巴黎。在百姓的眼中，他们住的是豪宅、别墅，吃的、用的都是奢华至极，仆婢如云，情妇无数，挥霍无度，整天都是宴会、舞会，看戏、听歌，但往往负债累累。百姓都视之为寄生虫。[18] 吃、喝、玩、乐，人人都爱，包括高贵和古老的贵族。因此，高贵望族遂与新贵财阀混在一起（高贵望族想从新贵财阀处捞些油水，新贵财阀想借着高贵望族去抬高身价）。为助谈兴，又邀得名士、雅士（名士之中既有攀附之心，也有舒才之意），慢慢成了一种"沙龙"风气，启蒙思想就在贵族圈子散播，由此出现一种怪异现象——阶级观念越重的圈子里自由思想越浓。

地方上的贵族，除了少数有大庄园之外，绝大多数拥地不超过20公顷，农舍三两间。比较富裕的都以巴黎马首是瞻：在城里住豪宅、在庄园里修别墅，游手好闲（除了军职）。但穷贵族的生活甚至比不上一般农民，尤其是荒年（有的甚至要当轿夫糊口）。他们儿女的教育全赖王室的施舍。在名义上，他们拥有贵族的庄园特权（尤其是免税、免役），穷生活令他们更坚持这些特权，更敌视得势的望族。

当然，不是所有贵族都无所事事。这个等级的作用是为国王做事（公职），可以分为在地方的贵族和在中央的贵族。从17世纪开始，地方上的议事会的代表、官员、法官都是贵族担任。地方贵族们为保持和争取利益就凝聚为一个特殊阶层，与朝上的高级贵族（军功望族）联成一线，对抗以巴黎为中心的、凭资财和攀附而得势的新贵族。这些地方贵族大部分教育水平都较低（文凭和资格都是用钱买来的，虽然其中也有知识分子）、缺乏政治经验，思想保守，行径传统。他们反对中央侵犯他们的司法特权；[19]不赞同报刊自由，并多次焚书；坚持保留庄园特权，尤其反对中央取消农民对庄园主的义务劳动。他们最不满的是"国王独裁"，尤其是不满路易委任有自由倾向的改革者为高官，特别是派驻各省的"治理官"（intendent）。这些中央大员其实就是省长，他们虽然也是贵族，但属朝里的贵族，特别敌视"地方自治"（local autonomy）。

贵族中不少接受了自由、平等的新思想，但总的来说，他们很想保有特权。他们反对王权的独裁（特别有关税改），因为路易的税改就是要他们也缴税。他们强调自由，因为这会削弱王权的专制；他们害怕平等，因为这会损害他们的特权。

在平民眼中，贵族的嫖、赌、骗、暴确实为人侧目，但最令人反感的是他们的特权和寄生。[20] 从农民的角度去批判，贵族的庄园特权最可憎；从资产阶层的角度去批判，贵族的免税特权最难接受；从资产阶层兼知识分子的角度去批判，贵族的垄断公职最不合理（这也是大革命高举"平等"的真正意义，在人权宣言中的"平等"就是指公职委任的平等）。

作为一个等级，贵族之间也存在很多矛盾，他们没有阶级利益，只有个人和家族利益，所以，他们没有统一的阵线——地方小贵族比平民们更仇视巴黎的在朝贵族，尤其是新贵。第三等级与贵族等级的最大分别是，第三等级无论贫农、富商，以至于知识分子，都有反特权、反所有特权（无论是贵族特权或教士特权）的共识。但贵族等级里面就复杂多了。(1) 地方贵族反在朝贵族的专横；在朝贵族反地方贵族的自主；(2) 新贵族（尤其是靠财力上来的）反旧贵族的特权（尤其是垄断公职和军衔），旧贵族反新贵族的奢浮；(3) 高级贵族反低级贵族的愚昧，低级贵族反高级贵族的倨傲。贵族之间的唯一"共识"是反国王专权，但国王行使权力时所依赖的都是贵族，尤其是在朝贵族。

第三等级是平民，是顶复杂的一群。最大比例的人口从事农业，但贫农、富农之间有极大分歧。从事工业的只占很少数，但因为聚集在城市，尤其是巴黎，所以对革命的影响极大。资产阶层（以商人为主）是革命的中坚。知识分子为数不多，但是革命的催化剂，他们的革命理论引导革命方向。农、工、商、知识分子各有不同的利益取向和政治意识。

首先看农民。法国农民的人身自由和产权自有度是全欧洲最高的。17世纪以来的农业革命（见《西方文明的文化基因》）开发出大量新耕地，制造了不少富农。[21] 小农民拥有小幅土地，生计难保，往往要靠向富农借贷，或加入富农或富商把持的连锁农庄或合作农庄。这些农庄其实是富农、富商威逼利诱地从小农民手里把农地"抢""骗"过来的。他们通过连锁去操纵农价，包括农地的价格[22]，很惹人反感。最穷的农民当然连小幅土地都没有，就只有当"按日算酬"的劳工或仆人。此外，农村里还有其他行业，如小商户、磨坊、驿店、技工（木匠、裁缝等）等，他们一般比贫农过得好一些。

佃农也不少，尤其在法国北部。他们以合约方式使用贵族土地，由地主提供种苗和牲口，收成与地主对分。佃农拥有自己的农舍。合约一般是9年期，可续约。庄园制度当然是建立在贵族的利益上。佃农要缴加入庄园的"合约费"（admission fee）、庄园税（但在革命前已大减）、平民税、继承费（父传子）、转让费（佃农之间的转让）、路费、市集费、猎费、"什一税"等，并要承担义务劳动和接受庄园法庭的司法、执法。

到了18世纪后期，庄园制度已不合时宜，再加上庄园主滥用权力，出现很多令人反感的不合理现象。比较显著的包括：（1）以记录有误为借口去多收或重收各种税费；（2）以"地租连坐"（solidarity of rents）为理由去强逼佃农付超额税费以弥补付不起的佃农造成的亏空；（3）迟缴税费的罚款；（4）随意估值去提高税费；（5）在度量衡上骗诈。此外，由于人口增加、工业化开启、资源需求量上升，地主（主要是贵族）大量"开发"从前没有"投产"的土地，其实是变相压缩佃农在过去曾免费享用的"公地"。从前，佃农可以伐木、做肥料和放牛的林地、荒地、旷地现今被"依法"收回，再用合约方式租给富农和富商使用。贵族地主赚钱，富农、富商也赚钱，贫农的生计则更苦，加剧了社会矛盾。

国家税收主要来源的平民税实际上都是由农民承担。就算新开的人头税和"二十分之一税"虽是针对贵族，但通过种种豁免和减收，实质税荷仍是落在农民身上。但是，税是经由贵族去收（虽然后来改由直接向中央负责的"包税人"去收），然后上缴，不足之数就要贵族填补。这使贵族在"代王收税"时变得凶狠和邪恶，尤其是遇上荒年更会闹得天怒人怨。[23]

农村的贫穷现象比城市严重，部分原因是土地短缺。没有资产的农民只能受雇于富农或商人，工资低微，生计不保，更有沦为乞丐和流浪者。估计 1/6 人口因为太穷不用缴人头税，还有很多人也好不了多少。生活所迫，贫农只能做些农村的手工业。这些工作都是由城市商人下乡分发原材料并收集制成品，按件计酬。这使农村工人与城市工人处于敌对状态。

工业都是以小本经营的制造业为主，包括纱织、皮革、玻璃、纸张、燃料、洗衣，只有很少数企业雇用超过 100 名工人。工业中人口最多是普通技工（journeyman，可以是受雇，也可以是独立）。他们一定要由学徒做起，然后升技工（技工身份要缴费才可以拿得），由技师（master）雇用。他们一般待遇很差，工作环境也差。技师垄断技工的劳动，技工很难晋升为技师。[24] 整个制造业是按同业公会来组织的，它们的职能是维持纪律、控制产量、保证质量、验证度量、检查工具和管理财政。同时同业工会也是一种"集体垄断"，以控制原材料的供应；抗拒外人加入生产行列，特别是无定址的技工或技师；制止任何一个技师拥有多个工厂或垄断市场。[25] 同业公会是既得利益者，有保守倾向，抗拒创新（材料、技术的创新）。[26] 路易政府想通过改革一方面打破垄断，一方面控制竞争，但最着意的仍是增加国家税收，因此聚焦于改革公会的财政监管[27]，致令公会大大不满。同时 18 世纪以来，政府也搞工业改革，开设挂毯、肥皂、瓷器等工厂，甚至国王作为工厂赞助人。一般来说这些改革是走"自由"经济方向，让同业公会感受到威胁。

一个新兴的工业模式是"商人工业",商人资本家借此支配农村制造业。在农业比较发达的地区往往有农民无地可耕(土地被富农、富商买了),因此有大量的剩余劳动力。如果碰上就近的城市工业比较发达、工资比较高,商人资本家就会通过提供原材料和小量资金去吸收农村的剩余劳动力(很多农民,尤其妇女,都有一定的缝衣、织布等基本技能),也就再无须依赖城里工资比较高的工人。这也造成城市工人和农村工人(农民转工人)的对立。[28] 在城市里,商业资本家是工业资本家的前身,通过提供原材料、资金和市场支配了技师(包括由技师支配的技工),并出现了工业分工的雏形,产生了现代工厂。

商人工业也有其组织特色。最底层是普通工人。在传统工业组织里,技工受雇于技师,他们之间的关系像儿子与父亲,有家庭式的约束和纪律。但受雇于工厂的工人的约束较少(以劳动力换取工资的合同式约束,而非无事不管的家庭式约束),而纪律要求则较高(大规模、标准化生产的严谨要求,而非小工场的松散纪律)。如果有违背合同(特别是"潜逃"),处分就非常严厉,包括刑事处分。技师虽然不再受同业公会的支配,但也失却同业公会的保护。他们工资低,工时长。一旦被商人资本家支配(尤其是接受了商人的贷款)就很难摆脱。制成品价格是商人定的,生产增加、市场扩大带来的利润也归商人。商人也有等级。最高级包括批发商[29](日后大工业资本家的前身)、航运商人(兼做代客买卖和保险生意)、大工厂(雇用过百工人的)的董事、矿场持牌人。他们对旧制度特权的攻击引发革命;革命后他们为自己创造新特权,引发不断革命。

工资在上升,但生活费上升得更快,相较之下,工人越来越穷(城市比农村的好些),不少沦为乞丐,尤其是革命前的一两年(1787—1789)。最初一次的工人罢工是在1776年(也是亚当·斯密《国富论》在英国出版的那一年),巴黎的装书工人因工资问题罢工。此后,罢工不停出现,但没有引发大变,因为每次罢工都是一个行业在一个地区的抗议。不同行业的公会联起手来很容易就把事情压下去。

地方和中央政府对工人（技工）的诉求总是抱着敌视态度。奇怪的是政府虽然对工业不断放松（自由经济，当然也是为了增加税收），但对工人则不断收紧（尤其是雇主、雇工之间的合同，特别有关"潜逃"一项），非但不容许工人组织协会、兄弟会，甚至连互助社也不可以。商人资本家是第一次革命的带头人，但工人和技师们积极地加入革命行列并不是因为"劳工问题"，甚至不是"特权问题"，更多是"生活问题""饥饿问题"。

可见，工业体系里有很多内在矛盾：（1）同业公会成员（能带学徒的技师，一般是小工场的老板）与普通技工对立。普通技工与小老板都同样反对工业机械化，但普通技工更不满的是低工资和恶劣的工作环境。他们想争取建立同济会和兄弟会的权利。（2）不同的同业公会互相对立，往往诉于法庭，例如造鞋对抗补鞋、裁缝对抗旧衣。（3）商办工厂（及其背后的大资本家、专业人士和富商）与同业公会对立。商人想自由竞争，处处与公会为敌（特别是杜尔哥在1774—1776年任财相，鼓励自由经济的时代）。同业工会想保留垄断，害怕商办工厂压低公会会员收入。这也是革命派内小资产阶层（技师、技工）与大资产阶层的对立。（4）商人与投机者对立。刚抬起头的资本经济带来投机机会，传统商人厌恶投机者，尤其是拥有大量资金的金融巨子扰乱市场。（5）大商人、工厂老板跟小工场老板（技师）和技工对立。（6）商业资本开发农村制造业，带来的城市工人和农村工人对立。（7）商业资本家与工人对立。

路易迟疑地走上自由经济之路。自由经济与保护经济的选择既是革命前的难题（路易十六好几次更换财相，最后还是取舍两难），也是革命后斗争的主题。带动革命的资产阶层主张采取对他们有利的自由经济，但支持革命的工人、农民，包括同情他们的长裤汉，则视自由经济为剥削贫苦的工具。1786年，英法结束商战，双方签约保证国内外自由贸易。法国粮食自由出口大利商人和富农，但对城市工人和乡下贫农来说就是粮价高（高出口价带高国内价）、供应缺（都出口去了）。整个法国的工业也陷入困境。除了少数的资产阶层得益，大量工人失业，特别是在传统工业如棉布、陶器、五金、皮革之中。这也是革命分子中的资产阶层和贫下阶层的分歧所在。

工、商业背后还有银行家。[30] 他们对民生的直接影响看来不大,但间接影响巨大,尤其是税荷(政府向他们借钱,还债就要加税)和物价。他们也助长投机,加剧物价动荡,银行家在路易后期的兴风作浪使法国经济无法安稳。在商言商,这无可厚非,但国不泰、民不安,他们也实要负责任。还有,日内瓦的银行界在法国有很大影响力,财相内克就是典型。他们是新教徒,与法国的胡格诺派关系密切,而胡格诺派是天主教会的死敌。这也影响了革命的方向和重心。

资产阶层也有等次,最高的是城里的豪族。他们形同贵族,"自成一国",排斥其他资产阶层。中、小资产阶层主要是商人、小工场老板和专业人士(律师、医生、教授、艺术界人士等)。在革命酝酿期间,资产阶层与其他第三等级人士的矛盾也多。(1) 贫农与富农对立。贫农反对富农的连锁农庄制度(富农之间互相勾结)。地方资产阶层(尤其是富农)以农民的名义向朝廷诉苦,尤其是反对教士与贵族的特权,但一般农民拒绝认同地方资产阶层就是他们的合法代言人。(2) 城市豪族与中、小资产阶层虽然互相歧视,但又共同反对贵族的特权和对高职位的垄断。为壮大声势,他们把农村反封建议题也拉进革命的范围。(3) 革命期最活跃的是律师。[31] 商人、工业家等是从资本利益的立场去反对政府约束和贵族特权,但律师们是针对整个政制。启蒙运动的意识形态都是由他们来演绎,他们支配了革命的方向。

反特权、反专制的革命的爆发可能避免不了,但革命之后的失控跟路易的摇摆很有关系。如果他不摇摆,君主立宪或会成功过渡。可以说,路易的摇摆是革命的成因,也是革命失控的主因。

利益交错的张力、人心思变的压力,路易不可能不知道、感觉不到,但萎缩的王权和空虚的国库也着实使他无能为力。他的挣扎、他的犹疑把原本困难的形势弄得更加困难,把原本难解的形势弄得更为难解,法国人被他弄昏了。

注：

1. 成婚之日，路易才16岁，安托瓦内特只有14岁，加上路易包皮过长，要到7年之后才过上真正的夫妻生活。由于路易顾虑奥地利会通过王后去影响法国政策，所以在公众场合对她很冷漠。心理学家弗洛伊德认为性苦恼可能是安托瓦内特变得那么浮夸和浪费（她有"赤字夫人"之称）的原因。还有两件不相干的事，被人说是路易与她不能终老的不祥之兆：1770年5月16日大婚那天，巴黎大风暴；晚上放烟花，20万人观看，发生踩踏，几百人死亡。

2. 1778年，在巴伐利亚（Bavaria）继位之战中，奥地利想得到法国支持，那时路易把法国精力集中在美国独立战争上，不想多燃火头，但在安托瓦内特力促之下，还是插手支持奥地利，花了一大笔钱，却拿不到好处。法国人对她干扰国事很不满，叫她"奥地利的母狗"。到革命之时，安托瓦内特更不遗余力去发动欧洲诸国的干预，革命分子对她恨极了。

3. 也有一种解释说，他的日记是记录打猎的。那天没有打猎，他就记上"没事"。

4. 当时没有完整的人口统计。1781年，财相内克的估计是2400万，稍后，财相卡洛讷的估计是2300万。一般的意见是城市总人口约200万。除巴黎外，里昂（13万）是唯一超过10万人的城市。

   绝对君权把权力与财力集中在巴黎，造成它对全国有决定性的支配力，也造成巴黎人、巴黎政府跟各地人、各地政府在革命目的和革命取向上的分歧，甚至是革命与反革命的抉择。

5. 以农为主的经济自然以土地分配作为经济与社会地位的衡量标准。革命前，贵族占地20%—30%；教会占5%—6%，也有估计为略低于10%（很多是小幅的城市土地，但价值比较高）；资产阶级占大约15%（主要在城市周边和法国北部）。农民占过半的土地，但分布很不平均，最低的比例在北部，约1/5，最高的比例在南部，约1/3到1/2。他们的土地绝大多数都小于1公顷。少数的富农在革命期间通过政府没收教会和贵族的土地重新转卖给他们而得以扩大规模，再经供给革命战争的军需而获得厚利。

6. 这种税原先是为了提高来自皇室直接拥有的土地上（domain royal）的收入，去支持王室的常备军，在1439年英法百年战争末期才开始征收。

7. 不同地区有不同待遇。(1) 古老疆土：由选出的官员估值和征收（后来这些职位可以买卖）。(2) 新近归顺的领土：由当地议事会估值和征收。(3) 战争攻占的领土：按当地的传统制度征收，但由国王派专员监管。稍后，国王直接派出税吏（这是绝对君权的现实，税吏一职逐渐演变成为国王代表，处理司法、税收和公安事务）。

8. "包税人"当初是代收农村的税，但演变成为中央政府的全权代理，包括赈灾、登记、征役、住宅税、城居税、盐税、水税、林税、蜡税、财产注册税、战税、粮税、造币税、烟草税、债税，林林总总。名义上是一个地区交一人包办，但可以"分包"（多达40人）。

9. "人头税"，这其实是平民税上再附加的税，全民分22个阶层，每个阶层不同税额，由王室税吏核计和收取。

10. 法国的新教徒很少，属胡格诺派。他们对16世纪的教难，例如1572年8月22—24日的圣巴泰勒米日大屠杀不能忘怀，与天主教会是死敌（见《西方文明的文化基因》）。但他们在工商业上特别成功，这也解释了在大革命期间的反教运动（反天主教会）中他们的积极性和影响力。

11. 这是启蒙诸公对天主教会的最大指责，因为他们认为教会是言论自由的最大敌人。在革命未曾爆发之前被教会列入"禁书"，无论是政治刊物或淫秽作品的作者往往都是日后的革命人士，如米拉波写色情文字是人所共知，萨德（Marquis de Sade）更是臭名昭著，他的名字今天代表"性虐狂"（sadism）。但他们备受当权的王室、贵族欣赏，因此教会谴责归谴责，他们的书照样出版。教会的无能暴露无遗，谴责禁书变成笑柄，大大损害教会的道德权威（见《西方文明的文化基因》），使革命期间的极端反宗教看起来合情合理。

12. 封建的规则是传长不传幼。非长子的出路是出家，为教会服务，但同时也是为家族利益服务。这样的出家人往往是清规难守。

13. 大议会的第一等级代表中以修会派出的教士最多。他们带头放弃自己的等级，投向第三等级，为大革命奠基（在"说故事"中提到的西哀士就是典型）。

14. 革命前几年颓风稍有收敛，但仍不足。少数住在自己教区的主教比较关心民瘼，他们修驰道、建运河、改良耕地并参与地方政事。这些高级俗世教士在思想上相当开明。

15. 且看这些低级教士怎样形容自己："我们这些不幸的，要仰赖小部分'什一税'生活的小神父总是要打理最大的堂区，我们生活的苦况只可以向我们陋居的砖头和木橡申诉；我们一定要忍受那些主教大人，他们会通过他们的手下，检控我们，说我们在他们的树林中砍了一根木头，用来做走路的手杖……当他们经过的时候，小神父必须马上避在路旁、挨着山边，躲掉主教马车的马蹄和车轮溅起的泥泞，或那傲慢的马夫的鞭子，然后，全身肮脏，一手拿着那根恼人的手杖，另一手拿着他的破帽子，跟在这镀了金的豪华马车车帘后面，恭敬地低头向那位高贵的主教致敬礼，而这位趾高气扬的贵人却在暖暖的羊毛毯上打鼾；羊毛是来自这小神父负责放牧的羊群身上；当然，小神父享受不了毛毯，他分得的是羊粪和羊油。"

1789年大议会召开之前，各地呈交"政见书"。以下是与教士有关的典型申诉，既可见高、低教士之间的矛盾，也可见百姓与教会的矛盾："主教是教会的领导层，但在民事与政事上他们跟其他人同是公民……请他们不要管我们的良心……人民的利益与堂区小教士的利益是分不开的，小教士也常受高级教士的侮辱。""教士等级，除了职守的分别之外再不应有其他的分目……这样，很多令人触目和反感的滥用特权会消失。""从穷人和小教士抽来的'什一税'迟早要还给他们，因为只有他们才是合法的拥有者。""教会收入应该重新分配，穷教士应获基本的供给；教会的财富要更平均地分配。""高品级教职的分配不应厚此薄彼，大教堂的职位应该由勤谨献身侍主的人来担任……教士们应弃绝财势。"

16. 这一等级是10年一会，全国每省委派四名代表（两名代表高级教士，两名代表低级教士）。

17. 最典型的是被"引见"（presented to）：男的与国王、太子、王子打猎、驰马、共车；女子被王后吻颊。

18. 但好像总有人愿借钱给他们，或者是为了攀附，也或者相信有战事或国难时他们可以凭借与贵族交往而拿到发财机会，然后本利归还。

19. 尤其是反对国王和王室中人可以随意发出"密封令"（lettre de cachet）。这是可以用来监禁或放逐某人的封印密信，一般是权贵通过贿赂王室而拿得的。伏尔泰多年不能踏入法境就是这个原因，这也是他痛恨法国政治体制的主要原因。

20. 路易财相杜尔哥这样说："全国的富人就是全国不用缴税的贵族［也就是有钱的都是贵族，虽然贵族却不一定有钱］，他们的特权造成富人对穷人的压迫。"

21. 他们在革命后更买来大笔从教会没收过来的土地，发了大财。在革命初期的反特权斗争中，他们是反教士、反贵族的中坚，并借此增加了他们的财富和经济自由。但当革命走向"社会主义"形式的财富分配时，他们就感到威胁，开始走上反革命。

第五章　第一次革命：半革命

22. 革命前夕，农地价格急升，两倍于粮食价格的升幅。其中的暴利当然归富农、富商。

23. 农民最憎厌的是修路的工役（虽然可以用钱代替）。这些工程对他们影响最大，但他们使用得最少。其他还有军队驻扎的供膳供宿、行军征用的车辆牲口和服兵役，都让他们不胜其扰。特别不公的是，以上这些贵族都可获豁免。

24. 晋升技师需要考试，主要是要拿出制成品供同业工会（guild，见下）评审。但制成品的要求越来越复杂，评审越来越难过关（但技师的儿子和女婿就可以豁免）。由技工升为技师首先要交拜师费；成为技师后要向同业工会交授权费（royalty）和向地方政府、当地贵族和王室交费。

25. 这套生于庄园经济的制度马上受到资本经济的冲击，毫无还手之力。工业革命的标准化生产以及标准化生产引出的规模经济使"手工艺"式的生产模式和因之而生的同业公会制度失效并很快落伍。

26. 公会之中也有等级，等级越高，势力越大，各地不同。例如第戎地区（Dijon，东部城市）就分为四级：（1）印刷、药剂、服装、金匠、匙扣；（2）烘师、造酒、厨师、骑具、造鞋、家具装饰；（3）金属、家具；（4）造房、补鞋等。巴黎有"六高"（Six Bodies，代表最高职业）：女装、男装、杂货、皮革、制帽、金匠。

27. 很多同业公会的财政都是乱糟糟的，有些濒临破产。原因包括政府的苛捐（如牌照费）、政府增加公会的技师名额（借此增加来自牌照费的收入）、旧债日增（因为要应付不断增加的政府税费）、与别的公会的诉讼开支。结果公会破产，然后重组，正合政府的意图。

28. 在比较落后的地区，也就是工业不发达的城市和农业不兴旺的农村倒没有这个现象。

29. 同业公会是封建的组织，不能适应大量生产、大量消费所引发的批发行业，因此没有"批发同业公会"之类的组织去约束批发商人。

30. 这些大资本家都是住在巴黎，做的是兑换（尤其是西班牙在美洲属地的货币和法国货币之间的兑换）和国家债券（特别是贷款给路易政府）生意。

31. 根据1790年9月巴黎市选国民会议代表的记录，选举人（electors，是由积极公民直接选出来，有权选议会代表并有资格被选为代表）的总人数为781名，有45.1%来自商界，30.6%来自法律界。1792年9月20日成立的国民公会的代表总人数是749名，差不多一半来自法律界，55名是教士，9名是贵族。

第六章　第二次革命：全革命

原先，革命走向君主立宪，制造出中产阶层的新贵、新特权。把持大局的米拉波猝死，保王民主派群龙无首。路易想逃被捉回，外国势力要支援他、保王派屠杀反王派，至此，保王与共和势不两立，但都拉拢中下层群众（长裤汉），以后者的暴力作支撑，埋下暴力争权的伏线。路易死了，但革命中的左、右之争反趋激烈。

从第一次革命到第二次革命，法国经历的风风雨雨真的不少。革命大纛一揭，内克马上官复原职，路易兵马退出巴黎，但立即就发生全国农民暴动事件，史称"大恐慌"（The Great Fear，1789年7月17日到8月30日），影响了革命的方向，尤其是加速了封建制的废除，也同时加深了城乡的分歧。史家对它的成因仍有争议，但它的破坏力是人所共见、史无前例的。早在1783年，冰岛火山爆发改变了天气，暴风和豪雨严重影响收成，农民收入急降，无力交田租和其他税费，部分农民自动组织起来与贵族地主对抗，流浪人口激增。1788年春天又逢旱灾，收成无望，粮价高涨（一年之间升了88%），民心不安。

早在1789年春（也就是革命之前），财相内克已警告路易农民暴乱随时爆发。到了4月，各地请愿要求减租、减税，并恢复农民在公地放羊的权利。要知道，农村人口流动原是常见之事，尤其是在年中，因为那时天气好、路好走，无产的农民工、无业的城里人，到处找工作，乞丐、游民到处找人救济（主要是由当地教堂发放）。乡下人思想比较狭隘，对陌生人容易生疑，而这些外地人实在也是与他们争工作、粮食、救济。那年的粮荒特别严重，农民自己的存粮已经不足所需，而流动人口却大增。这些无产者或无业者行乞或流浪，在农村之间流窜，成为当时的大问题。他们甚至封锁公路，要挟商户供应他们，否则就抢掠。饥寒交迫的就在林中伐木柴（树木还很幼嫩），在田间摘麦穗（离成熟还很远）。

1789年初的政局令人兴奋，也令人忧虑。大议会在5月5日召开前各方为呈上政见书，到处开会起草。农民们难得聚在一起发议论、吐苦水，特别是针对王室税收和封建捐役的改革，一片乐观和期望。暴乱的消息传来，第三等级成立了国民会议，取代大议会；不到几天又做出网球场誓言，不建新政誓不休。在巴黎，谣言漫天。传得最厉害的是保王分子和反革命分子串通外国军队（特别是英国）并收买土匪，要以暴力镇压革命，并纵容他们洗劫地方、大肆破坏。到7月下旬，全国沸腾，各地方的农民都以为土匪会马上杀到。极度的神经紧张使无事变成有事，小事变成大事。远见尘头起、近见陌生人都会引发极大的恐慌，马上全村动员，于是到处成立团练去保卫家园。更有全村出动，四处搜索坏人、土匪。当然，贵族的别墅、教会的庄园是首当其冲，拿的拿、拆的拆、烧的烧。保卫家园变成抢掠暴乱。最乱是7月底的法国东南部，流窜的农民在5天内疯狂地毁掉数不清的房舍、财产，直到政府召集的民兵开到才控制了局面（但余波要到1790年才平息）。这次"大恐慌"破坏力惊人，但死人不多，估计全国只有20多人被杀害。要注意的是，虽然叫"农民"起事，但里面包括了技工和资产阶层，因为打倒封建特权对他们也有很大好处。

在欧洲历史的农民大暴乱之中，这次的特色是自发、分散和特大规模（全国性而非区域性）。[1] 史家至今仍争论激发暴乱的原因。当然，政治局势紧张肯定是个先决条件，但火头是怎样点起的？有一个比较奇妙，但又被很多学者接受的"理论"：最初暴动的农民在贵族的粮仓里抢得面粉，但由于储藏过久（当时的传言是贵族阴谋囤粮，以饥饿去压制农民的革命情绪），产生了麦角菌（ergot fungus），这些菌分泌的麦角酸（lysergic acid）有致幻剂成分，吃了使人产生幻觉，变得疯狂，这次大乱是狂人集体做狂事。

大恐慌的后遗症有三：（1）显示农民能够被动员，武装起来保卫家园；（2）破坏和消灭已被削弱的封建系统；（3）向国民会议表明农民对封建特权的深恨。恐慌过后，国民会议的贵族代表们特别狼狈。他们之中的开明分子发觉自己的开明反而促成了自己的毁灭。到国民会议正式废除封建制度以定民心时，贵族阶层离心离德，开始大量外逃。

在某种程度上，大恐慌开启了不断革命，最后走向恐怖统治，因为它使夺权者看出发动民众暴动的重要性，但又使当权者感觉到民众暴力的威胁性。当权者以"合法"暴力去抑制夺权者的"非法"暴力。为此，合法暴力与非法暴力之别是当权与夺权之别，如果当权就是合法——权就是法的基础。既然有权就是合法，人们怎么不会拼命夺权，社会怎么不会不断革命？

从1789年7月14日攻占巴士底狱到1791年4月2日米拉波之死可称为革命"蜜月"期。首先，为控制大恐慌，国民会议开始通过一连串的"八月法令"，废除封建制。在政坛红人米拉波引导下，革命走上君主立宪方向。此时，立宪和共和相互制衡。米拉波成立"巴黎革命之友社团"，巩固保王民主派地位。而德穆兰则出版《法国革命》周刊，激烈攻击保王分子和贵族。

把持大局的米拉波是孟德斯鸠（1689—1755，见下文）的信徒，与他同声同气的还有拉法耶特、孔多塞[2]、塔列朗[3]。孟德斯鸠属贵族阶层，把贵族利益视为国家利益。在《论法的精神》（1748）里，他主张保护个人自由的君主立宪：国王与王室、教会、地方权贵与城市政府三权的制衡。

史学家对米拉波的评价有分歧：有的捧为革命英雄，甚至是革命的救星；有的贬为下流的煽动家、卖国贼。他的个人生活糜烂，但死时几十万群众夹道送丧，革命中人特意把巴黎一所大教堂改为伟人之墓（现今的先贤祠），为他下葬。但是，仅两年多光景，他的"罪行"被揭发，只落得遗体搬家。

他出身于贵族富人家，五岁出麻疹，父亲厌弃，成年后一脸麻子。奇怪的是，女士们，特别是有夫之妇，对他趋之若鹜，丑闻不可星数，因为辱及家声，父亲把他送官下狱，出狱后仍然不改，更兼赌债累累。稍后随军出征科西嘉（日后拿破仑即出生于此）却立下战功。他有传奇性的个人经历，又好学不倦，特别是有关社会和历史的知识丰富，一生恃才傲物。

回国后，以诡计娶得富家女[4]，为的是讨好父亲。但女方家长决定不给女儿嫁妆，米拉波富贵梦成空。但富家女习惯了奢华生活，米拉波无力支持，不久就闹分居，直至对簿公堂，他又打败官司。而后，因妹妹被辱与人发生争执，被判入狱。他坐牢很是宽松，可以自由出入监狱，因而结识了一位贵妇，两人逃到瑞士，后又辗转到了荷兰，靠写黄色小说为生。贵妇人的丈夫告发他拐带和叛逆，他被判死，从荷兰再次被解回法国，二度入狱。在牢里，他还是写色情的东西[5]，但他发现了他的真正所长——雄辩。他能够把丰富的历史知识、敏锐的哲学洞察、动人的文字风采注入实际的问题，使人感觉他同时是思想家和政治家。当然，他那如狮吼、如洪钟的声音也不使他吃亏。他的雄辩既散发出魄力和魅力，也表现出逻辑和条理，更能切中时弊。

1782年他出狱时已是举国知名。他非但摆脱了贵妇丈夫对他的死罪控诉，还要这丈夫付诉讼费。在法国人眼中，他与父失和、触犯法律、男女丑闻缠身代表他不畏权势、不落俗套、锲而不舍、永不言死。出狱后，他仍是到处惹官司，被迫再逃荷兰，后转英国。他写的政治小册子，特别是批评法国时政的，非常受人欢迎，尤其是英国自由党的高层。但他发觉写小册子不赚钱，想回法国外交部找点事做，但因树敌太多，自然不成。可是他确有才华，法国外相就派他到普鲁士任宫廷观察。他的负面报告大大触怒普鲁士政府，也使法国政府很狼狈，马上禁止发行。但米拉波的敢言使他成为有政治改革倾向的开明人士的宠儿。当时美国驻法国专员杰斐逊（日后当总统）对米拉波也是赏识有加，并提供资料给他作为写作材料。[6]

1788年，朝廷召开显贵会议，商讨税改。米拉波毛遂自荐，想当大会秘书。但他对政府财政多次批评，自然选不上，加上他又私下出版了他的普鲁士秘密报告，也是官职无望。但那时正值革命前夕，米拉波的"闲角"生涯结束，马上要当"主角"了。

米拉波一听大议会要召开就马上回老家，也是自荐式地要帮助做筹措工作。他是贵族身份，属第二等级，但贵族们对他的作为和作风都不满意，拒绝了他。他就改投到第三等级（平民），成为该地第三等级派往巴黎的代表，从此青云直上。大议会的代表们，尤其是第三等级的，都缺乏经验，唯独米拉波是经验足、见识广，而且精力充沛、敢作敢为。代表们对他又敬又畏。他的好色、负债、坐监，人所共知，但巴黎各阶层爱他抗拒权势，也就不拘"小节"了。但这些"小节"其实是他人格的象征——做大事和做小事都离不开己身的利益。

大议会期间，第三等级达成团结，并吸纳了第一、第二等级。米拉波的奔走实有大功。但他认为巴士底狱事件之后的疯狂，尤其是国民会议的八月法令，只给了百姓们理论上的自由而非实质的帮助。他的理想是建立强有力、为民生的中央政府，最好是由他主理。早在1789年5月初，也就是大议会刚召开之际（距离巴士底狱事件还有两个多月），路易的王后就想收买他。他提出条件想做首相，王后严拒。他转去靠拢觊觎王位的奥尔良亲王。此君标榜开明，甚至把他的王宫开放，作为革命分子聚集之所（见"说故事"），但做大事就昏庸不中用。之后，米拉波想攀附拉法耶特，两人的脾性又合不来。到1789年10月6日，群众发动凡尔赛宫游行，路易被迫迁到巴黎的杜伊勒里行宫，米拉波的机会来了。王后派亲信来征询他，下一步棋如何走？米拉波把握这个晋身契机，分析利害，说路易一定要离开巴黎，然后召开全民大会，不能依靠贵族，要依靠人民（这点他和王后相反），要表示接受革命，也就是放弃封建制和绝对君权，代之以国王与人民直接相连。他建议内克掌财政、拉法耶特掌军事，他任"不管部大臣"（其实是什么都可以管）。这些充满权谋的计策路易不明白，王后不接受。

第六章 第二次革命：全革命

国民会议也听到消息，1789 年 11 月 7 日一纸令下——国民会议代表不能担任官职——毁了米拉波的美梦。但他不是一个容易放弃的人，仍与王后保持互通声气（差不多每天都有联络），路易还给他还债（因为他负债累累），又给他发薪酬（因为他生活奢华）。路易的钱哪里来的？来自王后娘家奥地利。这些，要到米拉波死后，路易受审时从宫中搜到藏秘铁箱后才曝光。

米拉波建议路易尽量避开政事，让他在国民会议中斡旋，把军政大权交给有保王倾向的拉法耶特，以维持一定程度的社会秩序，然后让革命各方的矛盾利益互相斗争，直到革命活力消耗殆尽，再图重建立宪王权。当时，国民会议上有人指控米拉波和奥尔良亲王是 1789 年 10 月 5—6 日的凡尔赛宫游行时逼路易移驻巴黎的幕后煽动人，这话传到路易耳中，让他更对米拉波放心不下了。

米拉波极力想避免内战。路易给他一封密信，说身为基督徒国王，绝不会向自己的子民宣战，但如果子民向他宣战，他就会有所反应。1790 年，国民会议反宗教情绪高涨，首先是镇压修道院，强迫教士、修女还俗，继而是颁布《教士民事法》，规定教士向政府宣誓效忠。虔诚的天主教徒路易反对，并表示不惜动武（这也是一生举棋不定的路易的唯一果断决定）。米拉波预料内战难免，但仍想保王，力劝路易避开与国民会议的正面冲突。

米拉波是雅各宾会员，而且在 1790—1791 年时更是主席。但从他的一贯作派来看，会籍只是他的政治工具。1790 年 12 月 6 日，国民会议表决只有"积极公民"（每年缴税超过 24 里弗尔，也就是中、上阶层）才可以在军队和警队中服役，也就是只容许中、上阶层武装，间接否决下层民众武装的合法性。当晚，雅各宾会上爆发激烈争论。米拉波想制止罗伯斯庇尔的发言，不遂。两人从此交恶。米拉波也同时意识到雅各宾派开始走上激进道路，尤其是武装起中、下阶层，这将会是恢复王权的最大障碍。

此人日理万机——外交、内政、财政，甚至国民会议的议事守则他都要管。他最担心的是欧洲诸国以武力干预法国，所以他每天都与外相议事，指点他如何去消除外国对法动武的借口，同时要在国民会议上为这些避战的外交政策辩护。在财政上，他赞成以教会财产发行新货币，以解国库危机，但他坚持谨慎控制发行量（不超过产值的一半），以免通货膨胀（日后果然发生，币值贬值到低于3%）。他又编写国民会议上辩论的守则，约制长篇大论，甚至蛊惑言论，意图提升议事和立法的效率。他知人善用，很多有才干的人都愿意替他做事（包括德穆兰），并以此为傲，即使风头尽归米拉波也不多做计较。

但人的精力是有限的。私生活的消耗、公家事的繁重，米拉波终于倒了下来。第一次革命（进攻巴士底狱）之后的相对稳定是不是米拉波在各方利益中间积极斡旋的功劳？第二次革命（进攻杜伊勒里宫）的促成和随后的极端是不是米拉波在各方诉求之中玩弄权术的后遗症？史家对此辩论不休，但可以肯定的是，米拉波没有得到自己所追求的结果，也没有达成他对法国的理想。

他领导的君主立宪派在第一次革命后是当权派，但拿不出各方都能接受的分权办法（路易更是固执行使否决权和任命权）。米拉波身为贵族，从"开明"贵族的角度去带引革命。但权贵阶层的内部矛盾很多，愿意追求自由和立宪的只数少数。米拉波真正所属的阶层不支持革命，他的理想也不是革命群众的追求。革命初期缺乏有政治经验的领导人，米拉波适逢其时，把握机会，但始终是势孤力弱，如果他不死也会被取代。但他的早死和猝死也确实留下权力真空，带来暴力的后遗症。

革命非但是变，更是急变。急变往往产生或带来暴力，不断革命就是不断暴力。它有没有内在的规律和逻辑？

第二次革命之前的"蜜月期"，由中、上资产阶层领导的政府以相对平稳的步伐走向君主立宪，起码是革命者之间的平稳。通过打击贵族与教会特权，特别是充公教会的土地、财产，很多革命者也发了财。这段共富的日子（起码对中、上阶层来说是如此）制造了新贵、新特权，但也暴露了第三等级的内部分歧。出走贵族与外国势力合谋想推翻革命，保教会分子与地方权贵反抗革命对教会的迫害和中央对地方的敌视。这些是第二次革命的背景。革命过程如下。

米拉波突然去世,保王民主派群龙无首,革命方向发生变化。路易失掉了保护伞,决定出走,但被捉回。神圣罗马帝国(大本营是路易王后的娘家奥地利)皇帝利奥波德二世马上呼吁全欧王族支援他的妹夫。反保王群众齐集战神广场示威,拉法耶特率国民警卫军镇压,酿成战神广场大屠杀。从此,中、上阶层的保王和中、下阶层的共和变得势不两立。但中、下层群众才是革命的实质力量。

路易为讨好民意,正式接受宪法(君主立宪);国民会议解散,立法大会成立。这是1791年10月1日的事。但是新宪法没有针对性地处理王权与"民权"之间的张力。此刻的民权理念非常混乱,既有吉伦特派代表的中、上阶层,雅各宾派代表的中、下阶层,更有科德利尔派代表的底层和长裤汉。

1792年开始,国内外形势极度紧张。先是巴黎粮荒暴动;继是奥、普结盟对付法国。立法大会向奥宣战(吉伦特派的主张),却因军心不振、军纪不严,战事失利。立法大会宣布"祖国危难";而奥、普联军则发表布伦瑞克宣言恐吓法国,声称会让法国受"永不能忘"的报复。就在奥、普联军攻入法境之际,左派夺权。最尖锐的科德利尔派在丹东领导下成立巴黎革命公社,发动长裤汉进攻杜伊勒里宫,逮捕路易,是为第二次革命。

激进左派得势不饶人,丹东等人马上再发动长裤汉向立法大会(吉伦特派仍掌权,但岌岌可危)请愿召开国民公会。就在此时,奥、普联军长驱直入。在激进左派力促之下,立法大会在1792年9月19日自动解散,次日成立国民公会,同一天,法军在瓦尔密挡住了入侵的联军。就在疯狂和兴奋的气氛中,国民公会废王,立共和。

只要路易还在,左派(吉伦特派和以雅各宾派和科德利尔派组成的山岳派)就能保持团结,以抗保王势力,包括蛰伏在国民公会和散在外地的保王分子。但路易一被送上断头台（1793年1月21日），左派共识就瓦解。

路易一死，国内外烽烟四起，革命好像全面崩溃。首先，英国与荷兰对法宣战；国民公会做出反应，下令全国征兵30万（各省分配指标，这加深了巴黎与各省的分歧，同时也刺激地方上的保教会分子作乱）；马上，旺代地区保王、保教会战事爆发；差不多同时，法军在内尔温登被奥军大败，统帅变节，后者与奥军合作，意图回师巴黎，推翻革命政府，恢复路易王朝，但未成功；为了协调力量抗敌，国民公会在激进分子推动下成立公安委员会，把持军、政、民生大权，这就是恐怖统治的先声。

在这段时期，法国革命的方向不断被外敌和内乱影响。外敌是欧洲诸国保路易势力，虽有法国贵族"出走者"参与，但主要还是这些国家的利益驱动，是"利益"导向，战与不战取决于利益的得与失。内乱是百姓保教会，虽有留在法国的地方贵族参与，但主要还是被宗教信仰所驱动，是"价值"导向，乱与不乱取决于价值的包容或排斥。这非但影响革命的方向和进程，更影响革命之后的社会复原和企稳。

先谈外敌。路易十六知道国民对他（路易王朝和王室）有憎厌、贬视，但也有爱戴、拥护。他知道要恢复王权就得收买人心。早在1791年，欧洲各国君主对1789年爆发的法国大革命怒多于惧。他们有三种心态：支持路易翻身；防止革命扩散；乘机浑水摸鱼。最出力者是王后安托瓦内特的哥哥，神圣罗马帝国的利奥波德二世。他当初对革命抱宽容态度，但眼见革命日趋激进，渐生戒意，但仍想避免战争。到路易出走不成被变相软禁后，形势逆转。在与普鲁士（在1756年到1763年七年的战争结束后被视为欧洲军事最强国）国王腓特烈·威廉二世（Frederick William II, 1744—1797）和出走的法国贵族组织协商后，利奥波德二世发出皮尔尼茨宣言，声称欧洲诸王关注路易与王室的安危，如出事定有严重后果，但又没有说明什么后果。他的原意是安慰法国保王分子，摆些姿态，不是想有真正的行动。可是在法国革命领袖们的眼中，这是极大的威胁和挑衅，于是发出最后通牒，要求奥地利马上从法境撤兵。这其实也为难奥地利，因为它镇压自己属地尼德兰（包括现今的比利时）的驻兵就驻在法国的边境旁，撤兵就是把尼德兰送给法国。因此，他并没有对法国的通牒做正面回应。法国当时的外交部长迪穆里埃[7]有保王心态，对革命暧昧，是个法国大革命初期崭露头角的典型机会主义者。占领尼德兰是他的大野心。1792年4月20日，他在立法大会上力陈利害，说服众代表向奥宣战。[8]他相信当地尼德兰人会响应反奥[9]，所以主张马上出兵。路易势成骑虎，赞成出兵就是跟支持者作对，反对出兵就是跟革命派作对。但他权衡远在国外的支持者和近在身边的革命派，又考虑到巴黎群众的激进情绪，决定摆出爱国姿态，同意开仗。4月28日，法军开入奥属尼德兰。

法国军部是受大革命冲击最甚的政府部门，大部分军官（都是来自贵族）不是出走就是被捕或被杀，军心涣散，一听要动员开战，士兵们大规模逃役，甚至连司令官也被谋杀了。正当政府头痛之际，普军在莱茵河畔的科布伦茨（此地名成为革命派对保王者的代名词）集结，由布伦瑞克公爵指挥，1792年7月侵入法境，势如破竹，威胁巴黎。此时，他发出布伦瑞克宣言（由保王的"出走者"执笔），声称要恢复路易所有权力，对所有反抗者军法处置。宣言一公布，效果适得其反，法国人非但没有被吓倒，反而军心大振。

长驱直入的普军终在9月20日被挡住了。这场改变革命方向的瓦尔密战役是这样子的。要知道，迪穆里埃主张出兵主要是为了攻占尼德兰，但由于军事部署困难重重，大规模的逃役使兵源短缺，于是政府决定召集志愿军。来自社会底层，甚至底层长裤汉中的热血革命派，从各地涌进巴黎。结果迪穆里埃的军队有一半是来自各地的义勇军，另一半是从前的正规军（差不多全部的骑兵和炮兵都是从前留下来的）。当迪穆里埃往北面的奥属尼德兰挺进之际，普军从东面迫来，直指巴黎。他决定回师，保护首都。其实，当时普军兵锋足以直捣毫无保护的巴黎，但回师的法军正好对准普军东面的供应线，也就是普军的后方，加上天气转恶，大雨滂沱，普军中痢疾有扩散之势，布伦瑞克不想被截断后路，遂决定反身向东，先歼灭法军主力，然后再进军巴黎，造成战术错误。

普军转身之际，法军已开到，占了高地，布好炮阵。法军炮兵是老兵，训练有素，普军难以越过火线。双方步兵接触，各有伤亡。普军士气开始动摇，此刻，迪穆里埃副手凯勒曼[10]将军挥动军帽，高呼"祖国万岁"。法军欢呼之声此起彼伏，更有高唱《马赛曲》。出乎所有人的意料，布伦瑞克在此时宣布撤兵，绕过法军往东急退。其实双方兵力相若（35,000左右），死伤也不多（法军300人，普军200人）。但这场近乎打成平手的战役（虽然普军在撤退中因饥饿、疾病而死的占全军1/3）对法国革命有极大的意义。首先是解除了欧洲最强陆军的威胁。[11]法军稍后还攻入德国（当时的神圣罗马帝国）的西面（普鲁士在东北）。更重要的是，这场战役是现代战争中"人民兵"（citizen army，主要是长裤汉）首次为革命意识所激励而打的胜仗。虽然在战役中发挥最大威力的是路易时代训练下来的炮兵（在当时是全欧最优兵种）和格里博瓦尔（Gribeauval）火炮系统[12]，但法国人对士气十足的志愿军在高唱《马赛曲》中杀退强敌印象最深。就在这天，在巴黎的立法大会就把权力正式移交国民公会。随后的两天里，在捷报频传中，国民公会代表们表决废除王制，宣报成立共和。

内乱又是怎样的光景呢？这与地方上的保教会情绪有绝大关系。18世纪的启蒙运动集中于城市与精英；他们从理性的角度去批判宗教，特别是天主教。一方面，他们认可宗教对维持道德秩序与社会安宁的贡献，但大为抨击教会的权力和财富。启蒙哲学家们特别反感天主教会对其他宗教（特别是很多中产精英所属的胡格诺教派）的歧视、压迫以及教士们的愚昧、无用。他们的矛头特别指向修道院：里头的修士、修女整天祈祷，不事生产；许愿守贞有违个人自由（很多小说、文章都写守贞的不人道）。虽然他们谈的是改革，但对被教会迫害的少数宗教和对教会财富、特权早就不满的人来说，却是火上浇油。在大议会的筹措期间，早有连篇累牍的政见书，谈改革教会税收（取消教会收取农产1/10）和限制教会财产累积的方案。小部分高级教士和大部分低级教士都赞同改革。

革命成功还不到一个月,国民会议就宣布国家接管教会财政。当时颁布的《人权与公民权利宣言》并没有给予天主教会任何特殊地位,也就是没有"宪法"保障。稍后,国民会议通过议案,教会所有财产须"由国家处置"。当初支持革命的教士们(占大多数)开始怀疑革命的动机。[13]

国家既然接管教会财政,自然要改组教会。革命一年后,国民会议通过《教士民事法》。由国家管理教会,包括对教区重新划界以配合行政区界线;教士工资由国家发;神父、主教由人民选。教皇拒绝接纳,国民会议内的保守分子也抗议,这更使革命派怀疑教会对革命的支持度。于是国民会议宣布全体教士要公开宣誓对宪法效忠,否则解雇。在某种程度上,这个宣誓是要教士在"效忠教会还是效忠革命"之间做出抉择。全国约50%的教士宣誓,但各地分歧很大,抗拒最力的是西部和西南部地区,也是日后最乱的旺代地区。

旺代的叛乱与平乱,有史家称之为"灭族"之战(genocide),虽然有点言过其实,但也反映它的残酷与对后世影响之大。与其他省份相比,旺代的贵族与平民的阶层分歧比较小,因为地方权贵大多住在当地,而其他地区的权贵多住在巴黎。因此,百姓对特权(包括教会)的憎恨比较轻,加上离巴黎较远,比较偏僻,宗教传统也比较浓,所以革命激情比较低。

1790年的《教士民事法》在当地反应强烈,尤其是农村地区。1791年国民会议接到报告,说地方上对革命支持度不稳,接着当地保王派的阴谋又曝了光,于是被巴黎密切注视。到了1793年初,差不多所有的教会土地都被充公变卖,买主都是富农、富商,一般百姓没有好处,于是对远在巴黎由资产阶层把持的革命政府更加不满。1793年2月,中央下令全国征兵30万,以抗外敌,规定旺代地区的名额,所有未婚男丁经抽签决定谁要入伍。征兵官员由巴黎派来,当地革命政府官员的子弟很多免役,这使人联想起革命前路易时代的中央集权(现在是革命政府集权)和对权贵的偏袒(现在是偏袒革命新贵),不满情绪达到沸点。征兵令一下,马上就爆发叛乱。革命政府派遣长裤汉部队去镇压。

到这里，要说说长裤汉是谁。

长裤汉（Sans-culottes 的词义，是"没有马裤""没有把裤脚束紧的、长及膝部的裤子"，而马裤是当时稍有点钱的男人都会穿的）属社会的下层。[14] 他们之间也有高低之分。高层的包括小店主、工匠、技工（有估计占 40% 左右）。他们收入较高（有缴税的资格），而且识字，是长裤汉的"领导层"。但他们处于资产阶层与无产阶层的夹缝中，因此，他们最后还是败于属资产阶层的雅各宾派。低层的包括劳工、流浪汉、贫农。他们的人数最多，但都是"被领导者"。虽说是长裤"汉"，但也包括很多妇女。长裤汉运动主要是城市现象（因为城市中聚集比较容易），从 1789 年革命开始就活跃起来，直到 1794 年"热月政变"（见上）。最活跃的是巴黎比较穷的区（中心区和东区），被视为革命的真儿女，备受革命政府表彰。[15]

他们并没有鲜明的阶级意识，对他们来说，"爱国"就是"好儿子、好丈夫、好父亲，也就是公德和私德的总称"。"平等"与"民生"是他们最大的诉求。在政治上，他们要求人人平等（男女平等、社会平等、经济平等、政治平等）[16]，废除王室、贵族、教会（天主教）的权力和特权，特别是坚持有钱人要缴税。稍后，他们反对绑架了革命的资产阶层。他们不反对私产（农庄、商店），但反对大企业、大地主，他们主张把大地主、大农商的囤粮发放。有关民生，他们的诉求是救济穷人和控制物价（尤其是面包）。他们对反革命的警觉性特别强（口号是"对付出卖革命的和革命叛徒永远要先发制人"）。

长裤汉与暴力好像分不开，但是社会下层不是从一开始就把他们的政治和民生诉求诉诸暴力。其实，他们的艰苦生活与他们的政治意识是分不开的，甚至可以说，他们的政治意识反映在面包的价钱上。大议会开会前几天的暴动就是抗议工酬低、粮价高。那时还没有长裤汉这个概念。进攻巴士底狱、全国大恐慌和凡尔赛游行使他们开始认识到"暴力的功效"，也使革命领导层认识到"群众的力量"。

整个革命的方向实际上是被巴黎各阶层市民和巴黎长裤汉所支配的。[17]

第六章　第二次革命：全革命

长裤汉是巴黎国民警卫军的骨干。1792年8月进攻杜伊勒里宫之后，巴黎革命公社和革命各区都拥有武装力量。为什么巴黎这么重要？（1）大革命前，路易的政权重心在凡尔赛，大议会就在那里召开。第三等级分裂出来，成立国民会议，也是驻在凡尔赛。直到凡尔赛游行逼宫，路易才迁往巴黎。巴黎跟凡尔赛距离不到20公里，凡尔赛发生什么事情，巴黎自然最早知道。当消息传到外省时，巴黎已做出有决定性影响力的反应。（2）巴黎是当时的特大城市，人口稠密，识字率比各地方都高。大议会掀起政治热潮，写政治小报、小册子的人特别多，更有很多街头革命演说家。有什么"消息"，马上街知巷闻，就算不识字的也知晓。（3）巴黎是个城市，不生产粮食，对粮食的供应和价格特别敏感。[18]有任何风吹草动，贫民在窄窄的街上奔走相告，小巷里挤满了情绪激动的人群，随时都会发生暴乱。（4）有钱人大多住在巴黎近郊，市中心成为中、下层聚居地，密密麻麻的，特别有助于激进和活跃的政治活动。

  18世纪中叶以来，巴黎经常发生暴动，但会很快平息。暴动主要是抗议粮价问题，但也混有政治诉求。[19]1789年春，经济危机与政治危机同时出现。当时的情况是这样的：（1）1788年歉收，粮价飙升（20年来最高）；（2）到处不景气，外地人流入巴黎去找生活的特别多，粮食需求量更大；（3）饥饿的巴黎下层要发泄怨气，到处袭击粮商、面包店、粮仓；（4）筹措大议会的各区委员会按政府要求撰写政见书，更扰动起不满情绪；（5）4月26—29日发生墙纸工厂暴动[20]，虽然最后经武力镇压而平息，但也成为革命暴力行动的先声。不满政府的群众在奥尔良亲王王宫聚集论国事、听演讲。

  揭开革命序幕的巴士底狱坐落在贫民区中心，进攻的群众大多数是工匠（补鞋的、造锁的、开小店的），其中一半是外地人，但都住在附近。这就是最早的长裤汉（虽然在役军警中的革命分子也有参与进攻）。严格来说，进攻巴士底狱不是革命。大议会中第三等级离场，成立国民会议，才是真正的革命。进攻巴士底狱只是代表巴黎群众对国民会议革命方向的认同，但也同时显示出群众暴力的威力。从此开始，以巴黎下层为骨干的长裤汉就成为影响革命方向的关键。[21]

长裤汉一开始就有"革命保卫者"的意识（"对付出卖革命的人和革命叛徒永远要先发制人"）。（1）1789年10月5—6日，他们的"凡尔赛大游行"[22]逼迫路易和国民会议从凡尔赛迁往巴黎，好使革命群众好好"监视"他们。（2）1791年7月17日他们集结战神广场请愿，被有保王倾向的拉法耶特"大屠杀"。从此，他们就组织起来去"保卫革命"。（3）1792年，他们两度进袭杜伊勒里宫。首先是6月28日由吉伦特派发动，没有成功；随后是8月10日由科德利尔派组织，成功达成第二次革命。至此，巴黎各区都有"警备委员会"，监视可疑反革命分子。这些委员会就是长裤汉的组织核心，拥有武装力量。[23]

长裤汉向左倾是有历史渊源的。由资产阶层支配的革命把法国人民分为有产的"积极公民"和无产的"非积极公民"，只容许资产阶层拥有选举权，原因是他们拥有资产，这证明他们有政治（治事）能力，而且政治的决定对有资产的人来说会有较大的影响。长裤汉阶层没有资产，所以也没有正式参政渠道，唯有参加政治社团或走上街头。罗伯斯庇尔极力反对"积极公民"与"非积极公民"的划分，成为长裤汉心目中为民请命的英雄。

第二次革命之后，长裤汉与极端、爱国、共和差不多是同义词。"非积极公民"，也就是大部分的长裤汉，开始对立法大会和稍后的国民公会施加压力，要求参政。与此同时，很多长裤汉被国民警卫军及巴黎各区的职位和武装队伍所吸纳。

对于长裤汉与恐怖统治的关系，史家有两种看法：（1）未能达到目的的嗜血暴民醉心于权力与暴力；（2）精忠革命分子致力于铲除特权、腐败和反革命。这段时间是长裤汉对革命影响力的高峰。史家估计巴黎长裤汉的核心人数只有6000人，但他们随时可发动数十万人。他们在军队里占大多数，战意和士气都很强，特别是镇压地方上的反革命（保王和保教会），手段往往很残酷（锤毙、淹死、烧光）。他们有一套言语、生活方式，被视为革命的榜样。[24]

对他们来说，雅各宾派仍不够左，因为它仍是代表资产利益、维持社会不公和容忍经济剥削。愤激派最能代表他们心声；埃贝尔最懂利用他们的心态。且听愤激派代言人 J. 鲁神父 1793 年 6 月 25 日（也就是长裤汉刚打倒吉伦特派的势力高峰时刻）在国民公会宣读的《愤激派宣言》。

> 这个大厅里曾经满是恶人和奸人，你们不断地应承会打击这些吸血鬼。你们有没有谴责投机者？没有。你们有没有处决垄断者？没有。你们有没有厘清商业自由边界？没有。你们有没有禁止随意发行货币？没有。我们告诉你们，你们没有尽力为人民求幸福。
>
> 当一个阶层的人可以肆无忌惮地饿死另一个阶层的人，自由就是个虚像；当有钱人通过垄断，可以有权置人于死地，平等就是个虚像；当反革命任何时候都可以通过操纵物价，使 3/4 的人含着泪水过活，共和就是个虚像。毫无疑问，必须制止商场的匪类，必须使长裤汉生活有着落，你们才能使他们依附革命，才能使他们支持宪法。
>
> 过去四年中，只是有钱人能从革命中拿到好处。商人中的权贵比贵族和教士们更可怕。他们以侵占别人和国家的财产为乐事；到现今，我们仍不知道他们要勒索多少，因为物价日夜不息疯狂高涨。人民的代表们，马上制止这些要把社会中最勤奋的劳动人民置于死地的恶棍，你们要向投机者和垄断者发声：他们要么服从，要么不从。若是前者，你们拯救了祖国；若是后者，你们也拯救了祖国，因为我们会认出并整治这些吸血鬼。
>
> 这些恶棍的财产比人的生命更神圣吗？政府有的是武力，为什么不能强征这些使人活命的资产？立法者有权宣战，去集体杀人，那为什么没有权去防止这些家园的保卫者免受折磨和饥饿？
>
> 商业自由是自由地使用和利用财货，而不是去霸占它们。人人所

需要的东西应该定下人人可付得起的价钱。向他们发声吧……长裤汉会用他们的长矛去执行你们的命令……

山岳派的代表们，在这个革命城市里，如果你从一座房子的三楼爬到九楼，你会被震天的哭泣声感动。他们没有面包吃，没有衣服穿，被投机和垄断不断折磨，因为我们的法律从来对穷人特别残酷，它们是由富人制定，并为富人制定的。

啊！愤怒！啊，18世纪的羞耻！谁会相信法国人民的代表有胆向外宣战却没有胆粉碎内奸？……

我们绝对知道伟大的革命会带来不可避免的邪恶，自由的胜利是需要牺牲的，共和的幸福是有代价的。但我们也知道人民被他们的议会出卖了两次；1791年邪恶的宪法是国难的因由，而此刻，粉碎王权的长裤汉又要来消灭动乱和专制了。

山岳派的代表们：不！不！你们不会离弃你们未完成的工作。你们会为国泰民安奠基立政，你们不会为那些迫害百姓的投机垄断添砖加瓦，你们不会留给你们的后继者们一个强可以凌弱、富可以欺贫的坏榜样，你们不会让你们的事业毁于恶名。

我们对你们有绝对的信心，请接受我们的新誓言，我们宣誓至死保护自由、平等、团结，以及不可分割的共和和各处被迫害的长裤汉。

让他们来吧，让他们快来巴黎，也好使我们借此巩固我们之间的兄弟情。我们会给他们看看那些推翻巴士底狱的不朽长矛，那些斗臭十二人委员会[25]和政客的长矛！那些伸张正义、打倒来自任何国家、戴上任何面具的阴谋家和叛徒的长矛。

那时，我们带他们去那棵马赛义勇军和各地长裤汉在它面前宣誓推翻王权的橡树。最后，我们会带他们去那神圣的法律殿堂。在那里，我们会高举共和之手，给他们看看保王的坐在哪里，杀王的山岳派又坐在哪里。真理万岁，国民公会万岁，法国共和万岁！

进攻杜伊勒里宫是长裤汉组织的转折点。之前，他们是一哄而起，一哄而散；之后，是有组织、有策划，包括每晚在巴黎各区开会（多数在教堂和修道院）。直到武力冲击国民公会，逮捕吉伦特派，巴黎革命公社成为权力中心后，由它指挥的长裤汉开始支配巴黎各区。长裤汉随即又逼国民公会宣布恐怖统治。但从1794年开始，公安委员会成功通过恐怖统治把权力集中，把中产阶层权力稳固，长裤汉势力下滑，开始被边缘化。他们主要的政治支持者——被整肃：埃贝尔、丹东、罗伯斯庇尔。热月政变后，长裤汉想反扑，但马上被镇压，继而被追捕、被解除武装。政府关闭巴黎革命公社和雅各宾会。长裤汉的政治影响力告终，但长裤汉兴衰的过程与革命走向极端的轨迹是完全平行的。

注：

1. 与17世纪的农民暴乱也有相似性：(1)农村团结；(2)反对新税；(3)抗拒外人（特别是操纵粮价的城里商人、到处流窜的土匪、城里派来的官吏）；(4)相信动乱会成功迫使政府（中央）减税，特别希望恢复过去的"黄金时代"（但不是改朝换代的革命）。

2. 孔多塞（Marquis de Condorcet, 1743—1794）是数学家。当杜尔哥为财相时（见"说故事"）请他做造币厂总监，一直做到1791年，在经济上，他紧跟杜尔哥的自由经济；在哲学上，他跟伏尔泰一样反宗教。革命初期他被选为立法大会代表，并任秘书长。他主张共和但又主张路易免死。当吉伦特派从雅各宾派分裂出来后，他极力反对雅各宾宪法。山岳派通缉他，他躲起来，随后想逃离巴黎，最后被捉回，两天后死于狱中，不知是自杀、被谋杀或自然死。

3. 塔列朗（Charles Maurice de Talleyrand-Périgord, 1754—1838）在法国历史中是多朝元老，在路易王朝、大革命时期、拿破仑时期、波旁王朝恢复期均有任职。此君多谋略、识时务，好财、好名、好色。他的名字代表权谋、犬儒外交。他出身于贵族世家，曾受神职（主教，但被解职），但是反宗教（反天主教，虽然临终重归），崇尚启蒙。他帮助米拉波没收教会财产，并倡议《教士民事法》，把教会纳入国家管理。1792年9月大屠杀刚开始，他就去了英国，辗转到美国，直到拿破仑上台才返法，随即当了拿破仑的外交部长。有人说他是历史上最灵活的外交家，有人说他出卖所有人。

4. 女方已有未婚夫。米拉波追求几个月，没有成功。他买通女方侍婢，潜入女家，宣称与女方发生关系。女方家长怕丑闻传开，两天后就把女儿许配给他。

5. 同牢的有淫秽作品"大师"的萨德，也是以革命先导自居，日后还是米拉波大殓时挽词的撰写人。

6. 美国积极支持法国革命（那时还没有谈革命）是有目共睹的，包括日后杰斐逊助拉法耶特写《人权与公民权利宣言》。

7. 迪穆里埃（Charles Francois Dumouriez, 1739—1823），出身贵族，曾参加七年战争，但籍籍无名。稍后，他参与路易十五的秘密外交，周旋各国，这成为他日后的政治本钱。革命开始，他投靠米拉波，又加入雅各宾派。但米拉波一死，他的晋升之路断了。直到路易逃亡，他领兵保护立法大会立了功，才开始在吉伦特派掌权的政府扶摇直上，1792年3月15日被委任为外交部长。力主攻打奥属尼德兰。他和吉伦特派是相互利用：他需要立法大会支撑他的政策，特别是对外战争；吉伦特派需要一个将领去提升他们在部队中的合法性。虽然初期战情不利，但日后在瓦尔密扭转局势，保住了迪穆里埃，也保住了吉伦特派。但稍后，在路易判死一事上，他站在吉伦特派一方，激怒了山岳派中人，到1793年3月中旬至4月初，他在内尔温登战败后降奥，更拖垮了吉伦特派。后来他本人辗转去了英国，为英国人出谋攻打拿破仑。

8. 其实，当时掌权的吉伦特派在布里索领导下已经是想战了（见后），只是与迪穆里埃的想法不谋而合而已。

9. 奥属尼德兰在1789年10月首先响应法国革命，建立"比利时联合州"（United Belgian State）。但到12月就被奥地利镇压下去（这就是德穆兰期刊《自由法国》所包括的布拉班特地区）。

10. 凯勒曼（Francois Christophe de Kellermann, 1735—1820）是德裔的法国贵族，曾参加七年战争，到了革命年代他已是老兵。从一开始他就积极支持革命，瓦尔密一役留名千古，拿破仑日后封他为瓦尔密公爵,并曾经说:"我以为我是历史上最英勇的将领,但我也不敢在那个瓦尔密山脊风车磨坊之旁与敌人对锋。"凯勒曼数次被停职,但都光荣复职。他是唯一被拿破仑提升为元帅的革命者。

11. 布伦瑞克为什么未败而退,至今仍有争议。有说他认为法军防守坚固,不能速战速决,而且后方供应线有截断之危;有说他顾虑普军是在法境内作战,法国援军会不断增加;有说他想保留军力以对付东面俄罗斯入侵波兰对普鲁士构成的威胁。此外,更有说路易怕普军攻进巴黎会引发革命派对他下手,他甚至以王室珠宝贿赂布伦瑞克退兵。是真是假,难有定论,但事实是当时欧洲最强的普鲁士军被挡住了(虽然是普鲁士主动撤退)。此后,普军士气低沉。当时在场的歌德(他是神圣罗马帝国子民)眼见一切,感叹地写道:"在这地方,从今天开始,世界历史进入新时代,你们诸位可以说是目睹这时代的诞生。"

12. 在格里博瓦尔系统出现之前,火炮是整件铸出来的,包括炮管。它的创新之处是炮管不是铸出来的,是利用强力钻头从炮身中钻出来的。因此非但炮身轻,而且炮管与炮弹之间的虚位少了,火药在炮管内爆炸时就不会泄气,炮弹射程就更远。被誉为欧洲当时最犀利的火炮。

13. 在通过教会财产"由国家处置"议案之前的几天,国民会议中有人诉某女修道院强迫两个女人出家。代表们马上提出禁止任何人发表宗教请愿的议案。反宗教情绪高涨,代表们甚至威胁要关闭所有修道院和遣散全部出家人。关闭令在 1790 年 2 月 13 日颁布,国民会议很快就计划尽快卖掉修道院及其财产去平衡国家财政。

14. 革命小册子《谁是长裤汉?》这样写道:"他是用腿走路的人,不像你们这些有钱人……他和他的妻儿住在四五层上的阁楼,过着宁静的生活。"雨果的《悲惨世界》是这样描写的:"野蛮人。这些在翻转了的巴黎街上乱跑的、穿着破衣的、狂野呼啸的、高举斧头长矛的怒汉们想要的是什么?他们想要的是结束压迫、废除极权、终止战争,男人有工做、孩子有书读、女人有教养,自由、平等、友爱,人人有面包、个个有思想。"

15. 1793 年 10 月 24 日公布的历法是每年 12 个月,每个月 30 日,余下的几天就叫"长裤汉日",但热月政变之后就废弃不用了。

16. 也就是不分有产的"积极公民"和无产的"非积极公民"。

17. 在外地,长裤汉主要是通过"革命部队"(revolutionary armies)施加影响力。

18. 为了增加税收,政府于 1785 年(革命前 4 年)在巴黎四周筑起 3 米多高的围墙,管制物资(主要是粮食)进城,意图杜绝逃税,引得百姓大为不满。大革命后差不多拆除了所有的"关卡"。

19. 例如 1787 年 8 月 5 日路易解散巴黎地方议事会引发的乱事,但闹得不大,而路易更在 8 月 19 日下令关闭巴黎的所有政治社团。

20. 该工厂雇用 300 人,老板在该区的政见书撰写委员会上发表意见,认为应该削减工资去降低物价(虽然他同时建议面包价也要按工资递减),激起工人示威,几天内暴动就散播到别的工厂。他的工厂和住所被毁,军警镇压,造成约 25 人死亡。

21. 有史家推测,假若没有长裤汉的诉求和干预,以中、上资产阶层利益导向的革命在 1791 年就已经达到目标了(建立向资产利益倾斜的君主立宪)。

22. "游行"队伍中有大批妇女,并有 2 万国民卫军随行,这支警卫军是在攻占巴士底狱前一天(1789 年 7 月 13 日)由国民会议下令成立的,并参加了进攻巴士底狱事件。初时,警卫军大部分是由路易军队中的革命分子组成,稍后,长裤汉开始加入,到 1793 年大征兵的时候,更是长裤汉的天下。

23. 在1793年3月，也就是外敌与内乱最严重的一刻，巴黎共6个军团（legions），每个军团有总指挥，兵源来自8个区（巴黎共48区，所以组成6个军团）；每区有自己的指挥和副手，最基础的单元是连（company）；每连有120—130人，由军曹和副手指挥，每区都有炮兵连（60人，两尊炮）。

24. 在恐怖统治期，政府官员和中、上阶层都穿长裤汉的长裤，戴革命的小红帽，以示爱国。他们还会披上有大翻领和金属扣的短夹克衫（carmagnole），脚上穿木屐。他们最爱用的武器是长矛，因为简单有效。

25. 十二人委员会是吉伦特派以国民公会名义在1793年5月18日（也就是这篇《愤激派宣言》发表前一个多月）成立的，意图夺回公安委员会的权力。

第七章　化友为敌：罗伯斯庇尔、丹东、
　　　　　埃贝尔干掉布里索

　　以布里索为首的吉伦特派是革命后的新贵，在革命中属右派，支配着国民公会。对外宣战连遭败绩，成为属左的山岳派夺权借口，在国民公会之下建立公安委员会，要夺军、政、民生大权。布里索等人想先发制人，以国民公会名义去抢回公安委员会大权，要拿下极左分子。山岳派发动长裤汉包围国民公会，逮捕布里索与吉伦特派领导层，以反革命和通外敌之名将其送上断头台。

　　左、右派之争是敌我之争，是击败敌人的事情；左派内部之争是正统与异端之争，是消灭叛徒的事情，革命不断，直至筋疲力尽。

　　第二次革命到路易断头的一段时间，左派分裂大曝光。国民公会在1792年9月20日成立，代表人数共749名，分三大派。山岳派（以罗伯斯庇尔为首的雅各宾派和丹东、埃贝尔等人的科德利尔派，占人数最少）、吉伦特派（由布里索领导，属温和左派，占1/4左右人数）、平原派（独立、骑墙，占人数一半多点）。没几天，掌权的吉伦特派人就指罗伯斯庇尔有独裁野心。很快，吉伦特派与山岳派就变得势同水火。就如何处置路易一事，双方公开翻脸。山岳派主杀，吉伦特派主免，互不相让。一票之差、路易断头。山岳派开始支配国民公会。

　　路易一死，国内外烽烟四起。先是英国与荷兰对法宣战；继而全国征兵30万，各省分配名额，加深了巴黎与各省的分歧，也刺激了地方上保教

分子的作乱。反征兵暴乱全国都有，但旺代与周围地区的暴动规模和强度都较大。当地驻军无力控制局面，暴动很快就变成"起义"（insurrection），带头的是教士与地方贵族，虽然弹药、训练都不足，但人数却不少。加上该地区到处都是林地、沼泽和荒野，地方百姓又积极支持，于是打造了一支以农民为主、战斗力强大的游击队伍。

1793年3月初，当地一个国民警卫军指挥官被杀，农民军攻占几个城镇，屠杀革命派人。3月中，中央派45000人的军马镇压，但所到之处皆被歼灭或击退。5月5日，双方军马正面接触，政府军被围投降，在发誓不再来犯后才被释（个个被剃头，以便将来识别是否违誓）。6月9日，旺代军再捷，获得大量军火和重炮。这是旺代军威最盛的一刻。

对外战事也不顺利。3月中到4月初，法军在内尔温登被奥军大败，统帅变节，这一役对革命有很大的影响，大大动摇了革命政府对军队的信心。他们一方面加强监管，弄得人心惶惶；另一方面插进大批长裤汉，他们的狂热瞬间变成残酷。上面说了，法军早在1792年9月20日于瓦尔密挡住了普鲁士军，法国是在胜利声中宣布共和的，为什么在半年之后会兵败如山倒？

其实，当时瓦尔密一役更多的是普军退兵而非法军打赢。但法军得势不饶人，往东面和北面挺进。11月6日，热马普（Jemappes）一役又击败奥地利军。当时，法方有4万步兵，3000骑兵，100门大炮，而奥方只有1.2万步兵，2200骑兵，56门大炮。寡不敌众，败下阵来。接着不到一个月，法军差不多占尽奥属尼德兰（现今比利时）。此刻，迪穆里埃有机会把奥军赶出莱茵河西岸，但他总是想攻占荷兰共和国（理由见上），于是放弃追赶奥军，集结了一支12万人的部队，全力攻打荷兰共和国。几个月的胜利使他过分自信，认为攻无不克，可是后方的政治斗争开始白热化。当权的吉伦特派（自认有向奥、普宣战，瓦尔密"大捷"的功绩）和要夺权的山岳派互相僵持，军需供应近于瘫痪。

1793年2月16日，法军突入荷兰边境，马上拿下好几个据点，并包围重镇马斯特里赫特（Maastricht）。但在严冬作战，装备差而训练不足的志愿军吃不消，很多逃役回家，相对地，奥军却得到时间和空间去喘息结集，于3月1日卷土重来，先击败法军的东翼。迪穆里埃在3月3日被迫放弃包围马斯特里赫特。此时，巴黎传令他放弃荷兰共和国，回守比利时（刚拿回来的奥属尼德兰），作为保护首都的屏藩。但他认为军心不振，一旦撤兵就会溃乱，决定反客为主，要与奥军正面一战。匆忙之际忘了召集左、右翼作为支援。

在双方的小接触中，法方略胜，迪穆里埃更加自信。其实，双方的兵力不相上下，法方4万步兵，4000多骑兵；奥、荷联军3万步兵，9000骑兵。主要战斗在1793年3月18日早上7时开始，一直打到傍晚6时。法先胜，奥军反扑，法军顽拒。这一次，奥军骑兵在平原战中发挥了最大作用（上一年的瓦尔密战役中，法军炮兵的高地火力网发挥了最大作用），在最后一击中把法步兵冲散。迪穆里埃被迫下令撤退。有些将领跑回巴黎去"告状"，说迪穆里埃督军无方，而且立场不稳。

此役，奥、荷联军损失约2700人，而法军则死伤达4000人。更要命的是在撤退中，有6000志愿军逃跑。3月23日，近4万的奥、荷联军与2万多的法军再战；联军死伤900人，法军又损失了2000人。至此，迪穆里埃开始与奥方议和，愿意退还比利时（奥属尼德兰）去换取法军安全撤退，奥方同意。迪穆里埃对路易之死（仅过去了两个月）很是颓丧，对巴黎的政治斗争也很失望。当然，他也意会到战场失利动摇了政府对他的信任。3月25日，他派副手去奥军中，建议奥军暂停向巴黎推进，让他领兵返回巴黎推翻国民公会，消灭雅各宾派，恢复君主立宪。但他的动作巴黎已有警觉，派要员到前线去，欲带他回巴黎作辩。他扣留了巴黎的来人，解往奥方。并派亲信去接管边境上的军堡，但被守军识破，没有得逞。迪穆里埃认为仍可以控制正规军和骑兵，但忠于国民公会的志愿军和炮兵不容他造反。在军中，有人看见他的随从中有奥军，就更加不服从他的命令。见此情况，他就在4月5日叛逃投奥。至此，奥军也准备入侵法国。

迪穆里埃的变节投奥，使雅各宾派名正言顺地去夺取大权。内尔温登一役之前，军队服从将领；之后，随军的政治委员掌握大权，战败的将领每每被视为不忠于革命。巴黎也会秘密派人监视将领，随时向巴黎告密，将领们会因此被罢免或被杀害。为了协调力量攘外平内，国民公会在激烈分子（特别是科德利尔派的丹东）推动下，于4月6日成立公安委员会，把持军、政、民生大权。政局变得诡秘极了。

名义上仍掌权的吉伦特派感觉到公安委员会和它背后长裤汉的威胁，先发制人，以国民公会的名义，在4月12日逮捕了鼓励极端暴力的马拉，在24日开审，又在群情汹涌之下马上放人。但他们仍不放弃，在5月18日成立一个十二人委员会，意图夺回公安委员会的权力，为示威势，还在20日下令逮捕埃贝尔和其他极端分子。巴黎革命公社马上呼吁释放"爱国者"，同时罗伯斯庇尔又呼吁"起义"。结果埃贝尔等人在30日被释。丹东发动起来的长裤汉得势不饶人，于6月2日包围国民公会，逮捕吉伦特派领导层布里索诸人。这个山岳派不遗余力要铲除的布里索是何许人？

书生论政的布里索是革命时代的典型悲剧人物，他博学多才、严肃认真，但抉择之际常常犹疑不决。他从小好学、博闻强记，在革命人物中算是学问最好的一个。家里原本想让他当律师，他读了法律，并且在巴黎律师事务所工作。但他自己最终选择的是时事评论员。结婚后移居伦敦，住了几年，很受英式经济、政治制度影响，尤其是边沁（Jeremy Bentham）的功利主义和自由经济。30岁前已经是个多产、多元的作家，涉及刑法理论、立法哲学、文学批评和哲学专论等领域，并同时做两份大报章的评论员。他与当时的名人书信来往频密，辩论时政。虽然多产，但未有创意，也缺乏文采和感染力。为了组织起全欧的知识分子，他在伦敦办报，推广人文思想，但没有成功。1784年返回巴黎，但因为写了一篇被指侮辱路易王后的淫秽文章，被关在巴士底狱四个月（他日后出事也与此有关）。此后的几年里他成为巴黎上流社会文人沙龙的宠儿、启蒙人文主义"文人共和"（Republic of Letters）的要角。

他对美国社会和制度很认同。在他的想象里，美国是个纯洁、简朴和活力充沛的国家。他对美国的农耕生活特别欣赏，认为是培养国民道德的最佳条件，他希望法国也如是。[1] 这跟他对卢梭的崇拜很有关系。在革命之前，布里索就被卢梭的政治思想吸引，特别是民约理论、人民主权和共同意愿。他接触卢梭早于其他革命者，对卢梭是全盘接受，致使他对社会和政治改革的意见差不多全来自卢梭。卢梭认为文明导致人类堕落，并向往一个不再的原始社会，他也意图全面地、系统地改变社会。[2] 他在《在自然状态下产权的哲学研究》(*Philosophical research on the right of property considered in nature*, 1780)中是这样说的："在自然状态下，人的需求是很简单的，人以这些需求去定义他的'财产'，而丰富的大自然给他很多选择。需求满足了，他的'产权'也就结束。"为此，自然状态下的生存是很简单的。布里索区分了"自然状态下的财产"(property in nature)和"社会性的财产"(property in society)。"社会性的财产"的理念是从"自然状态下的财产"借用过来的："在一个庄严的面具底下，'财产'得到了不应得的景仰，而'财产'的保护者就被拥有欲弄瞎了，欧洲人被文明的装饰物冲倒了。他破坏大自然，并被他那不断膨胀的欲望折磨和吞噬。"[3]

布里索的政治方向是"解放贫苦"，通过改变政制去实现共同意愿，他相信"进步"。他虽然赞赏古希腊、罗马的哲人，但他否定古代的制度（奴隶、等级、直接民主），认为代议制是最理想的。他自视"为民"，特别是为穷人，但他不是个"社会主义者"。他反对政府管制经济，抗拒任何对私有产权的干预。他要扩大"自由"的范围：在经济上是自由贸易；在社会上是自由言论，特别反对书刊、报纸的审查。他主张扩大"人民主权"(sovereignty of the people)，赞成全民投票权，甚至支持"人民行动"(people movement)，亦即"起义权"。

革命爆发，他办《法国爱国者》(1789年5月6日开始出版)期刊[4]，声名大噪。1791年，他被选为立法大会代表，接着是国民公会代表。他同时也是雅各宾会员。他在雅各宾会、立法大会和国民公会上的演讲都很有名。但是在革命进程中，他慢慢成为一批政见相似但组织松散的吉伦特派领导人（史家甚至称他们为布里索派，Brissotins），慢慢地一起走向了"保守"。他的领导地位是因为其他的"志同者"都有不足之处，或缺激情，或太懒散，或太冲动，或太高傲，或太现实。他自认没有领导才能，又不善协调人际关系。但奇怪的是他重朋党、派系，有时甚至会牺牲原则，视党的团结重于公义。有人说他以党性来定原则和对错，甚至会为此殉道。[5]

革命初期，布里索肯定属左派（反封建、反王权）。但慢慢地他被打成"右派"。在法国大革命中，左与右是动态相对的：相对于保王与复辟，主张君主立宪（国王与国会分权）的是左派；相对于强势国王、弱势国会的君主立宪，主张弱势国王、强势国会的是左派；相对于弱势国王、强势国会的君主立宪，主张共和的是左派；相对于以资产阶层为主导的共和，主张全民平等的是左派；相对于全民平等，主张马上全民平等的是左派。布里索和他领导的吉伦特派就在弱势国王、强势国会的君主立宪和以资产阶层为主导的共和之间徘徊，但总是站在历史时刻的右边。以左派（起码是开明）自居的布里索总发觉有人比他更左。败事的是左面容不了他，而左面的力量总是随着革命的进程越来越强，由布里索领导的吉伦特派追得越来越吃力。布里索也曾说"富人的财富既属于富人，也同时属于贫苦和饥饿的人"，但比他左的埃贝尔和愤激派却要马上平分财富；布里索是向资产阶层利益倾斜的共和者，但比他左的罗伯斯庇尔则主张不分资产与无产的共和。

我们可以从布里索的《法国爱国者》去追踪他思想的反复。在表面革命、暗中保王的米拉波掌权时代，他说："我憎恨王朝……我一懂得思考就憎恨它。没有比它更腐化人性的了。我崇拜共和政治，但我仍不相信法国人配得上这个神圣的政制。"[6]到米拉波死后，路易还未出走前，君主立宪是政治主流的时代。当时有人指责他提倡共和，他就辩说他虽然不否认王朝是个灾难但他讲的只是政治理论，"与实际反对宪法认可的国王是完全两回事"。[7]到了路易出走被截回之后,保王和共和对峙的时期,他改口说保王派与共和派其实分别不大,双方都想和平与秩序而已。[8]可以看出,他在君主和共和之间总是犹疑、多虑,像是书生论政。到法国对奥地利宣战,战事失利,路易被怀疑通敌(实情确实如此),有人指责布里索等人(吉伦特派)利用路易通敌为借口去推翻王朝,实现共和。由于那时的政制仍是君主立宪,布里索就否认有秘密的共和派,更否认他是主脑,而且坚持他才是真正的爱国。[9]布里索多虑,但多虑不代表不失。在影响1792年革命进程的两件关键政治决定上,即对外宣战与处置路易,他所领导的吉伦特派都走了败招。

从革命开始,欧洲诸国(都是王国)就关注路易命运,一方面警告革命分子不要乱动,一方面陈兵境上进行威吓。革命分子有的想把革命理想尽快向外传播,也有的认为先要巩固国内的革命基础。布里索主战,在他个人的革命生涯中,这是错招,因为这是他与雅各宾派中反战分子(起码反对在当时开战)分歧的开端,以致他在日后的斗争中最后败下阵来;但在法国历史,甚至欧洲历史上,法国向外宣战是个关键转折点,带来差不多延绵1/4个世纪的战事。

在1791年12月的《法国爱国者》中,他转述另一个主战分子(安那卡西斯·克洛斯[10],Anacharsis Cloots)在立法大会上的演讲词:"战争!战争!这是全法国爱国者的希望,也是全欧洲自由之友的希望。他们正等待这个推翻暴君的契机……这个净洁的战争会更新地球,把自由的旗帜竖立在君王的王宫上,苏丹王的圣城上,贵族们的城堡上,教皇、教主的庙堂上……这个神圣的战争……"

这个羡慕美国清教移民(特别是"贵格会"教徒,Quakers)的和平主义,主张解放黑奴,甚至提出共和国家应该弃绝战争的布里索,为什么会如此坚持开战,甚至与保王的拉法耶特同一阵线?有史家认为他们是个"战术"性联盟:布里索希望以此去颠覆宪法,起码能削弱王权;拉法耶特想借此巩固宪法,甚至加强王权。

布里索认为战事会逼路易表态。他估计路易的表现一定不会积极，那么就可以指出他对祖国不忠，甚至出卖祖国。当罗伯斯庇尔说战争会给反革命分子制造机会出卖革命时，布里索的回应是法国人民知道怎样处置卖国者，"唯一的害怕是害怕我们不被出卖。我们要的是被大大地出卖；这才能使我们获救"[11]。当然，战争胜利也会大大加强他对路易的控制和削弱激进山岳派（罗伯斯庇尔、丹东等人）在立法大会中的势力。

布里索肯定知道在革命后，属于贵族阶层的军官大批逃亡，会大大削弱法军的军纪、组织，甚至军队也会减员。但他有一套浪漫的想法，他以为美国独立战争的胜利是未经训练的义勇军战胜英国正规军的胜利，[12]这就说明士气比任何可以量化的东西（军需、武器、训练）更重要，他甚至不信任职业军人。

为了开战，布里索要争取保王派的支持（这也是日后他们被控反革命的"证据"），又把吉伦特派人安置到政府部门去（他是利用吉伦特派在立法大会的支配力去达成的），还破坏对外和解的种种尝试（他是利用他的外交经验和人际关系去干扰的），更重要的还是要刺激路易宣战（因为宪法规定只有国王才可向外宣战）。[13]他用的手法是"法国荣誉"，也就是把战争和爱国放在一起。他甚至用上封建的语调，把对外战争形容为贵族文化中的"决斗"："你们要刺激对方，要拿一个'满意'（satisfaction，是决斗时所用的挑衅词语），不要再作无谓的焦虑。"他成功了。

一开战，法军马上溃不成军，败的败、逃的逃、叛的叛。奥地利也不饶人，长驱直进。路易趁机开除政府部门中的吉伦特派主战分子。要扭转残局，吉伦特派人发动群众"和平示威"，进逼杜伊勒里宫，展示他们的政治实力，意图以此影响路易和立法大会，但群众被路易好言说退。此招非但无功，更刺激各地的保王情绪。进退两难之际，布里索态度暧昧。在《法国爱国者》上他指出人民想自由，但又想有法治；深知他们的权利，但又知责任。他辩称他们逼宫是被煽动者所惑；但他又同时指路易虽然承认宪法，却不是真心皈依革命。[14]几天里，保王情绪好像越来越高涨，布里索就改了语调,在国会演说上不再说路易的不德,改强调立宪的重要和共和的不智。[15] 他刚讲完,就有人叫"打倒双面恶棍",在公众席上有一个人朝他掷出两颗葡萄,打中了他。更有人说他已被人收买了。两周后长裤汉就进袭杜伊勒里宫,逮捕路易,奏响了布里索和吉伦特派覆灭的先声。

布里索的第二次败招是在杜伊勒里宫被攻下后对路易的处理方法上。这里需要达成两个决定:路易的罪,路易的罚。国民公会代表们以 707 票对 0 票表决路易叛国有罪。但怎样处分他?布里索主张保存路易性命,一方面作为与外敌谈判的筹码,一方面避免刺激保王势力作乱。罗伯斯庇尔等人则认为若路易叛国不被处死,第二次革命的合法性就有疑问了。在这件事情上,布里索要考虑他代表的吉伦特派的权力基础。吉伦特派的势力分散在全国,不如激进的罗伯斯庇尔、丹东、埃贝尔的势力集中在巴黎,甚至只是巴黎里的几个区。布里索主张全民公投,或起码让各省的革命委员会有权参与表决路易的命运,因为他知道巴黎以外的法国比较保守,对路易生死的看法跟巴黎不一样。罗伯斯庇尔坚决反对,因为他害怕如果各地意见不一,就会引发内战。在一定程度上,布里索代表美国式的联邦制度,而罗伯斯庇尔代表路易王朝的中央集权(唯一分别是革命后的中央不再是一个人,而是一个寡头政权)。这个分歧也反映出革命其实仍走不出绝对君权(专政)的意识。

结果,国民公会否决全民公投和各省分别表决,交由国民公会的代表们直接表决。表决中(每个代表要到主席台前投票,并说出理由),激进左派保持团结,吉伦特派则分裂。判死的 361 票,判免死的 360 票(包括先判死,后赦免的 26 票)。从此,处死和免死两派互视为反革命,成为死敌。而吉伦特派内部的分歧使他们势力大减。

在处决路易这件事上,山岳派与吉伦特派的共识尽失,势成水火。在雅各宾会上,布里索被指责诽谤了攻袭杜伊勒里宫的巴黎革命公社、与反革命分子拉法耶特为友、与国王勾结、发动损害国家的外战、做个不冷不热的共和分子。布里索也知道回天乏术,但仍在雅各宾会上自辩,反责巴黎革命公社是破坏分子，又说他曾经谴责过他们，也会继续谴责他们。他宣称拯救法国要三种革命：打倒独裁、消灭王朝、压制无政府主义。他认为逼宫的第二次革命就是无政府主义，他会尽力谴责。他指出煽动者和破坏者一方面高唱各省平等，一方面把巴黎放在各省之上。他们抬高巴黎就是抬高自己，让他们去团结共和是要把整个共和放在他们的阴谋小圈子之内，从这个小圈子内去支配各省。[16] 至于发动外战，他指出对外宣战带来王朝的崩溃，实在是个功劳。他更拒绝承认有"布里索派"（也就是吉伦特派）这回事，并说"布里索派"是他的敌人凭想象发明出来吓人的东西。当然，雅各宾会中人不为所动，开除了他的会籍，也就是置他于死地。

布里索被控反革命和通外敌（特别是英国，因为他住过英国，跟英国上层保持联系，而且英国与诺曼底地区的保王派有紧密联系）。对他的人格攻击最甚的是德穆兰（马拉、罗伯斯庇尔也不遑多让），指责他出版和贩卖淫猥刊物、做路易政府的线人[17]、侮骗生意合伙人等等。对反革命罪名，布里索或可以忍受，认为只不过是不同观点与角度对革命的不同演绎而已，但对他人格的指责是这个以卢梭为榜样、自视清白、事事严谨的布里索绝不能忍受的。他遂据理力争，但改变不了结果。在去往断头台的路上，他仍高唱《马赛曲》。吉伦特派是典型的启蒙知识分子，如巴黎贵妇沙龙的罗兰夫人[18]、思想前卫的女权主义者奥兰普·德古热[19]、数学家孔多塞（见上注）等，纷纷走上断头台。

布里索的个性与际遇其实很能代表他领导的吉伦特派。这派除了资产阶层之外还有很多文人雅士。这类人很自负、很难指挥、很难约束，虽然大家政见相似，但组织松散，在重要关头往往不能进退一致。他们或有济世的情怀但对民间疾苦只有模糊的认识，没有近距离的体验；再加上不自觉地被阶层利益支配，不能好好分配革命的果实；而升斗小民看见他们吃好、住好，甚至趁革命发国难财，不期然地心怀怨气。在政坛的龙争虎斗之中、长裤汉横冲直撞之际，布里索的文章是谈理论、演讲是谈理想、提的建议是概念性多于操作性。他和同路人曾掌大权，但未能成大事，处处处于被动、无奈，有时甚至啼笑皆非——既发动革命战争，但挑不起革命军士气；既裁定路易的罪，又不愿把路易判死；既打造了有实权的公安委员会和革命法庭，又控制不了它们。在逞强失序的社会，他鼓吹各省多点自主（当然也反映吉伦特派的势力有一半在外省），这自然跟权力基础集中在巴黎的各派冲突。远水（外省的力量）救不了近火（巴黎的长裤汉）。最后，还是敌不过人数比他们少很多，但战意比他们强得多、行事毫不犹豫、事后绝无内疚的山岳派。以爱国者自居的布里索被打成卖国贼，当年由他做证婚人的德穆兰竟然是整他最狠的一个。

他是卢梭信徒。但是他向往的是《爱弥儿》（*Emile*）的纯真、《新爱洛伊斯》（*La Nouvelle Heloise*）的纯情，不是《民约论》的强迫自由、《论不平等》的不平怨气。为此，他跟不上革命的左转，被淘汰了，被暴力地淘汰了。[20]

说实了，吉伦特派掌的权其实是保王与共和之间胜败未明的过渡权力。保王败下，布里索等人确想逞强，但书生论政就是少了一套既能服人又可操作的政治思想，有的只是一些没有法国气味的美国式共和仿制品——中央与地方分权（自立自主）、各自为政（互相包容）。长久以来的中央集权使法国人，无论是保王还是共和，无法理解，更遑论接受和支持这一个松散和低效的美国式政治模式，结果只延缓了社会的倾倒。同时，沙龙清谈的布里索派缺乏政治魄力，既看不清势头，又犹疑不定，屡次意图逞强，无论是逼宫路易、捉放马拉、捉放埃贝尔，都是尴尬收场，自暴其丑，只令山岳派坐大。在篡夺的社会里，他们打造了权力工具（革命法庭、公安委员会）却被山岳派夺取，导致篡夺的激烈与政治的恐怖同步递升；他们想支配路易（对外宣战）却被路易反牵制（罢免吉伦特派官员），导致政治秩序茫然，越乱越疯。

注：

1. 他在 1788 年 6 月访问美国，大受欢迎，稍后并被授予文学与科学学院名誉院士头衔。他甚至考虑移民。但大革命迫在眉睫，他赶紧回国。

2. 但布里索与卢梭也有一些地方差别很大。他相信"科学"，接近"科学主义"，认为科学的政制可以使人能够控制国运，他相信政治可以用科学方法来处理。这跟卢梭的"反科学"很不一样。早在 1783 年的《有关真理》(*Of truth, a meditation on the means of reaching truth in all human knowledge*) 中他就认为政治与道德可以跟"化学"一样去研究：要发现政治与道德的真理就要发现为人类带来整体和个人幸福的手段；发现这个真理就可以借此建立社会和政治的秩序。"要自己幸福，要为别人创造幸福；这当然是我们的目的；[哲学家]要达到第一个目的，就必须提升他自己的知识；要达到第二个目的，就必须把他的知识传达给人类。错误的知识会致命；因此，如果他不想毒死自己或他人，他要肯定他的知识是真的。……在寻找真理之前……不要把自我检讨看作小事情。你的灵魂是你的坩埚，有哪个化学家如果不知道他的坩埚里面放的是什么东西，或者不先把杂质清理，他会直接使用这个坩埚吗？如果他不走这个程序，他怎能确定他的结果？可是，多少哲学家会像化学家这样做？如果是这么大意、这么不慎，得出来的发现或结论怎么可以相信？"

3. 这是典型的卢梭，但不是典型的启蒙。启蒙主流认为进化已经把人类从原始社会带到文明社会，而 18 世纪欧洲是文明最高峰。

4. 《法国爱国者》除了星期日每天都出版，不久连星期日也有出版，篇幅比一般期刊多，有时还有增刊。内容包括：（1）报道新闻；（2）刊登所有政府告示和国会辩论记录；（3）各省议事会议程；（4）时事评论；（5）评论其他政治刊物；（6）英、美政事研究。每期发行 1 万多份，国内外都有大量读者，比德穆兰的《法国革命》和埃贝尔的《杜谢恩老头》的销售总和要大得多。

5. 他生活简单、谨慎、紧凑，但自视甚高，尤其很看重自己的德行，因此往往看不清自己的弱点。自信使他倨傲，不容异己，他曾多次强烈谴责与他政见不同的人，加上他有种殉道精神，终成悲剧主角。有史家说，他应留在哲学领域，不应从政。

6. 《法国爱国者》，1790 年 9 月 24 日。

7. 《法国爱国者》，1791 年 4 月 12 日。

8. 布里索在 1791 年 7 月 5—6 日的《法国爱国者》指出，共和的定义是"代议"(representative)，也就是所有权力都是"委托"(delegated) 的，因此，所有权力都是暂时的和可以被撤销的，所有的权力代理人都是由人民直接或间接选举的。在这个基础定义上，宪法（君主立宪）中 5/6 的权力已经是"代议"的、选举的、可撤销的，而最后的 1/6，有关国王的部分，在宪法的假设下 (fiction of the law)，其实也是可以代议和选举的。保王派和共和派的实质分歧是这个假设是否应付诸实行而已。共和派认为应该，保王派认为不应该。布里索说："共和派认为应该立即废除王朝。他们说，废除王朝并不违反宪法中保留国王制度，因为国王制度不需要世代相传。……共和派认为应该废除王朝，因为国王不一定是好人和能干的人，有可能是个白痴或坏蛋；又因为保留王朝是很花钱的，而且好的政府不一定要有国王。反对者或许会说，在目前的危机下，国王之设还是需要的。但让我们记着，国王之职在过去两年，形同虚设，而过去两周，国王职权更属非法，但社会并未因此破碎。"布里索的结论是共和政制比君主政制更能保证社会不沦为无政府状态，因为在共和政制下，既是各省选出自己的政府，就会对政府更有信心，更愿意服从。

第七章　化友为敌：罗伯斯庇尔、丹东、埃贝尔干掉布里索但是，他又同时指出共和政制虽然在理论上优于君主政制，但不足以支持立即成立共和，他建议设立一个过渡性的选举和罢免国王的委员会。由83个省各选一个代表，并从83个代表中产生一个委员会。过渡委员会之后最终仍是共和。这是典型的布里索论政。

9. 布里索在1791年5月10日的《法国爱国者》里是这样写的："法国，主要是巴黎，有三个派系（保王和反革命除外）：愤激派、爱国派、温和派，没有一派要共和，他们都誓称维护宪法（君主立宪），都谈自由、平等。但他们之间实在有极大分歧。愤激派表面虽然支持宪法，但他们只承认《人权宣言》，他们要把宪法带向《人权宣言》。他们整天讲人民主权，因为他们想借此影响国策，但是，如果社会稳定，他们就不能拿到好处，因此他们发表的言论都是为使社会失序。温和派则把宪法放在《人权宣言》之上。他们要尽力保护私产，他们认为人民缺乏理性的指引，不能走向完美，必须永远用法律去约束，因此他们不谈平等，只讲宪法。爱国者就不同，他们尊重《人权宣言》，但他们也想让整套宪法被尊重。他们爱人民，但不吹捧人民；他们爱人民，但希望人民遵守法律并愿意接受法律的制裁。有如温和派，爱国派希望社会安定和保护私产；他们希望法治，但更希望理性的统治。但是，他们与温和派和愤激派之别是他们不是当权者手上的工具。一言以蔽之，三派的特征是：'爱国派，人民之友、宪法之友；温和派，宪法之伪友、人民之敌；愤激派，人民之伪友、宪法之敌。'"不言而喻，布里索与吉伦特派当然属爱国派。

10. 克洛斯不是法国人，而是荷籍普鲁士人，自称"世界公民""人类演说家""上帝死敌"。家里很有钱，与普鲁士王室有亲密关系。父亲安排他到军校学习，但他退学，周游欧洲各国，一方面到处享乐，一方面宣传革命。他的革命理想是"全世界一家"。1790年6月，他率领36名外国人，以"人类大使"的名义到国民会议，宣布支持全球遵守《人权与公民权利宣言》，甚至放弃男爵名位，连受洗的名字也改了。1792年，他自掏腰包支持法国政府组织40—50名战士去替全人类打击独裁。第二次革命之后，他宣布"耶稣基督是他个人的敌人"，并谴责所有的宗教。

罗伯斯庇尔坚拒他加入雅各宾派，很多革命分子鄙视他为外人。埃贝尔受审时，他被传召去"证明"埃贝尔通外敌，而他也一同上了断头台。

11. 有人提出一个布里索主战的理由。在1791年底，也就是宣战前几个月，布里索已经有了一套完整的战争计划和时间表。他认为法国人口增长太快，加上革命带来的动荡，很难维持社会安定和革命的平稳过渡。对外战争可以舒缓革命冲动以维持国内稳定，又可以增加领土去供养增加的人口。他估计法国需要削减200万人口，也就是要在六七年内，每年递减25万到30万人，他想让法国政府坚持战事，绝不议和，直到目标达成，他称之为谋求法国政制健康所需的"放血"。这是根据1785年俄罗斯外交部的一份档案所做的猜想，至今仍有争议。

12. 在某种程度上，日后的发展"证明"他不完全错。法军的强项是士气高；再加上因为领导层来自社会底层，所以吃得了苦，懂得"打到哪里，吃到哪里"（这也是日后拿破仑功业所赖）。但这当然不是全部事实，美国独立之战有大批法国正规军参战，而且华盛顿当年先采取守势以培养一支职业的战斗队伍，随后才与英军正面交锋。

13. 宪法规定国王才能宣战，但必须征得立法大会同意，理由是国王往往因个人自大而想战，而立法大会就是提供一个反思的机会和约束的机制。但这回不是国王想战，是立法大会想战。布里索出计，指"出走者"（逃往外国的贵族，集中在神圣罗马帝国境内的科布伦茨）阴谋反革命，要立刻加以讨伐。这些"出走者"既然是法国人，因此讨伐他们不是对外战争，无须"宣战"。当然，如果讨伐法国人会导致外人干预，法国就不惜与干预的外人一战了。

14. 《法国爱国者》，1792年7月6日。

15. 1792年7月25日布里索在国会演说的记录里这样写道："没有比杀王更能保证王朝长存的了。

不，残杀一个人不会消灭一个王朝。在英国，王朝的复兴就是因为查理一世被害；人民的反感使他们跑到查理儿子的脚下。弑君的共和分子绝对是愚笨的共和分子——国王们还想出钱请他们去破坏共和理想呢。姑勿论实情如何，如果真有弑王派，如果有人想在宪法的残骸上立即建立共和，法律的利刃应架在他们的颈上。"第二天（7月26日）他继续说："诸位，我知道，如果证实国王勾结外敌而不审讯他、判决他，就是出卖人民、叛国。但我知道，一个反革命的国王会希望议会轻举妄动，采取一个人民不支持的暴力措施，那他就会得偿所愿……何解？大部分人都希望法律面前人人得到公平，都希望判决之前有严谨的审讯，如果在怒火之下，不考虑清楚或是匆匆忙忙地就处决这个国王，我告诉你，大部分人都会责怪你们。虽然这不代表他们会放过这个国王，但他们不会支持你们的行动。"这听来好像布里索反对废王，这与他先前对共和的坚持好像背道而驰。在很多人眼中，摇摆不定就是缺乏诚意。

16. 甚至有人说山岳派与吉伦特派的最大分歧是山岳派想让巴黎凌驾各省之上，起码在战争时期，而吉伦特派则极力反对。

17. 布里索于1784年从英国返回巴黎，因被指写过淫秽文章侮辱王后，被关在巴士底狱四个月，但后来不明所以地被释放了，有人说是政府收买他为线人。

18. 罗兰夫人（Madam Roland，1754—1793），革命政府内政部长夫人，以举办沙龙著名，广交名士与贵人。在吉伦特派中极有影响力。她从小意志力强，求知欲旺，对卢梭极为崇拜，尤其服膺卢梭的女性模式：女性化、做男性背后的支持者。她家是巴黎的社交中心，但她保持低调，不参加讨论，只是观察聆听。由于与罗伯斯庇尔、丹东、马拉等政见不一致，遂与布里索组建吉伦特派，她的丈夫也成为吉伦特派掌握的国民会议的内政部长。吉伦特派被镇压，她帮助丈夫逃离巴黎，自己则下狱。1793年11月8日上断头台，行刑前向自由女神像鞠躬说："自由啊，多少罪恶假汝之名以行！"

19. 奥兰普·德古热（Olympe de Gouges，1748—1793），剧作家、妇女解放者，写下《女性权利和女性公民权利宣言》。她出身资产阶级。丈夫死后，她与多个有钱男人同居，并出入沙龙。她以"公共知识分子"自居，写了很多小册子，谈离婚、婚外情、孤儿抚养权等等。路易受审时她主张免死。吉伦特派失势后她下狱，写了很多自辩文章，于1793年11月2日上断头台。

20. 偶像卢梭被围攻，尤其是被伏尔泰和休谟辈围攻，特别能感动他，使他有点孤芳自赏的"牺牲者"情操。卢梭在《忏悔录》中这样说："对任何朋党、派别、集团的抗拒使我能够保持自由和独立，除了我的心灵驱使之外，不受任何牵制。孤独地，我被视为外人，单凭着自己的原则和责任，我勇敢地走正直之路，既不奉承，也不牺牲正直和真理。"布里索的回应是："伟人啊，谁能批判你！读卢梭，你很难分得开什么是更诱人，文笔还是理念。他的道德是如此纯洁，如此的令人慰藉。我可以完全理解为什么那些已经腐化的人和那几个所谓的学者对他如此苛刻——他揭开了他们的面具。对邪恶的人来说，德行之光会砸碎他们，但真正的哲学家会在卢梭的肖像中看到自己。我听闻这位舍弃世俗事的哲人从不让他自己被世俗的邪恶理念腐化，他——是人类的希望——这位不容任何朋党去拉拢的哲人，以真诚去求真理。"好像布里索对自己将被革命吃掉，有点"预感"。

第八章　杀鸡儆猴：罗伯斯庇尔、丹东干掉埃贝尔

　　　　山岳派夺得大权，极左的埃贝尔分子更是得势。在镇压保教会叛乱中大开杀戒，弄得民怨冲天。山岳派中的丹东不满他们的残酷，罗伯斯庇尔则担心他们的反宗教，都认为会破坏共和的稳定和威胁山岳派的权力基础。埃贝尔发难要夺山岳派大权，丹东和罗伯斯庇尔合力诛之。

不够左的布里索与吉伦特派人被捕后，山岳派完全控制了公安委员会。其实，1793年的6—8月，内外形势恶劣得不得了。但刚干掉吉伦特派，山岳派亟须巩固权力，外敌和内乱为恐怖统治的合法性提供了基础。

先平内乱，中央派遣精锐部队到旺代，三战三胜，但也埋下日后残酷镇压的伏线，是恐怖统治期中的最恐怖时期。公安委员会命令执行一个毁灭性"靖缓"（pacification）行动，派遣12支"地狱部队"（infernal columns）去执行。总指挥官请示如何处置叛区的妇孺，如果要杀，就需要政府的明确指令，公安委员会命令他"消灭匪徒，至最后一人，这就是你的责任……"政府军按指示进行清野、烧毁村庄、村落，破坏耕地、林地，滥杀无辜，包括妇孺。估计从1794年1月到5月，"地狱部队"屠杀2万到5万平民。总指挥向公安委员会报告："旺代已经不存在……依照你们的指令，我把孩童践踏在我们的马蹄之下，我们屠杀妇女，使她们不再生育匪徒。一个囚犯都没有，我完全消灭了他们。"估计双方死亡共11.7万到

45 万之间，而地区总人口只有 80 万。虽是如此，但地方并没有就此安定，甚至拿破仑时代也发生好多次动乱。当地人保教会、保王，与中央格格不入。[1]

宪法是容许天主教的（和其他宗教），但反宗教的极端分子对任何天主教活动，包括个人信仰，都充满怀疑，认为有违共和的价值观。他们发动"清除基督宗教运动"（dechristianisation），彻底清除宗教——鼓励（更有强迫）已宣誓效忠国家的教士们结婚，无论已宣誓或未宣誓的教士们都不能执行教职，否则被放逐；稍后，更下令禁止任何宗教仪式，禁止摆设或佩戴任何宗教的象征物。教堂的钟被炼成武器，十字架被拆除，坟场、圣像与宗教艺术品被没收或破坏。之后干脆关闭所有教堂，改装为货仓、工厂甚至马厩；街道、广场改名；创修革命历法，改十日一周。虽然到处反对，尤其在巴黎以外的地方，但政府一意孤行，务要彻底消灭基督教。

1793 年 12 月 3 日，丹东重回巴黎[2]，在雅各宾会上，批评这些极端分子，就被埃贝尔派打成姑息派。5 日，德穆兰开始出版《旧科德利尔》期刊，提出宽恕呼声，指责埃贝尔派的极端使反革命变得好像合法。20 日，国民公会决议设立"公义委员会"去复核因《嫌疑法》下狱的无辜者，但被罗伯斯庇尔劝止。

极端分子也知道铲除旧东西后仍要有新东西去取代，于是发明一个新的革命宗教，去纪念革命烈士、圣人，供奉革命圣物（如三色帽章、红色自由帽等）。此中以埃贝尔的"理性崇拜"为代表。崇拜的对象是"理性女神"（Goddess of Reason）。1793 年 11 月 10 日埃贝尔主持"自由与理性"庆典，是反宗教的最高潮，却也触犯了罗伯斯庇尔的大忌。罗伯斯庇尔担心无神主义会损害虔诚法国人对国家的向心力；他怀疑其他的革命崇拜背后有政治野心。埃贝尔派狂热反宗教的督军卡里耶（见上，"说故事"）在旺代大开杀戒，1794 年 2 月中被召回巴黎作辩。那时，罗伯斯庇尔已觉极端分子实在威胁革命，也威胁他。埃贝尔意图扭转颓势，在 3 月 4 日发动政变，不遂；13 日，公安委员会逮捕他和支持者；24 日上断头台。

第八章 杀鸡儆猴：罗伯斯庇尔、丹东干掉埃贝尔埃贝尔出身中产阶层（父亲是首饰匠，也曾做过法官），学法律，因诽谤一名医生，被判赔破产，故逃往巴黎。早期他生活无着落，在剧院打工，但因偷窃被开除。后被一个医生雇用，据称靠行骗度日。

革命爆发，他就开始写政治小册子，写了一篇攻击保教会分子的文章（《莫里教士的讲道》）[3]，声名大噪。1790年9月，他出版《杜谢恩老头》，以下层社会（长裤汉）为目标读者，鼓吹平等和暴力，代表革命的极左派。他又加入雅各宾会，也参加过战神广场大屠杀事前的请愿团。到1792年初，转入激进的科德利尔会（丹东所创，当时仍由丹东领导）。与此同时，他与一位还俗的修女结婚，生活开始奢华，穿得好、吃得好、住得好，经济来源说不清，有称他凭借与战争部长的交情赚到了钱（战争部买他的刊物分发给士兵阅读）。因为拥有科德利尔会籍，他成为巴黎革命公社的代表，参加由丹东发动的进袭杜伊勒里宫的第二次革命。之后，他鼎力支持对教士的九月大屠杀。

原先他是站在罗伯斯庇尔和丹东的一方，激烈攻击吉伦特派。当时，科德利尔会是丹东（还有德穆兰做他的副手）的地盘。1793年2月丹东丧妻，7月续弦，之后就退出了巴黎（到年底重返），埃贝尔派等人看准这个权力空当，就篡夺了领导位置。9月5日成功逼使国民公会宣布恐怖统治，声势夺人。

好胜、逞强兼功利的埃贝尔对长裤汉的号召力大大威胁国民公会里山岳派中人，特别是罗伯斯庇尔，让他觉得埃贝尔与其同党不除，革命就会被他们把持了。1793年8月20日，埃贝尔竞争内政部部长职位落败，被丹东派的人拿住。从此，他就与丹东为敌。埃贝尔与丹东互斗使罗伯斯庇尔坐收渔翁之利：埃贝尔不断攻击丹东的姑息，并造谣丹东盗用公款；丹东反击，停止在军中免费供阅埃贝尔的《杜谢恩老头》。但此时，很多法国人对埃贝尔的反宗教开始厌倦，"理性崇拜"是反宗教的高峰，也是他跟有泛神主义倾向和国家宗教理想的罗伯斯庇尔最终决裂的主要原因。

1794年初，在科德利尔会中，有人听见埃贝尔说，罗伯斯庇尔为丹东派的德穆兰辩护（见"说故事"）"证明"罗伯斯庇尔已被革命叛徒误导了，而真的革命分子应该"起义"。至此，罗伯斯庇尔不再理会公安委员会中部分委员的迟疑，决定先发制人，逮捕了埃贝尔及其党人。很讽刺的是，埃贝尔自命为革命忠实的儿子，但在审判时他却被控腐败、诈骗，甚至里通外国，而非革命过激。他在断头台上更被戏耍，连反革命也当不上，只当了小贼。行刑官要"娱乐"观众，断头刀落下，到了头颈上一点点就停了，三次皆是如此，到第四次才令其身首异处。这也是革命暴力的闹剧。

埃贝尔的政治本钱是他写的《杜谢恩老头》[4]，先后391期，是革命中最受底层社会欢迎、最具煽动性的刊物。每期只有一两千字；内容鄙俗而诙谐，充满暴力和破坏，粗言猥语，是长裤汉最过瘾的读物。街头报贩往往以《杜谢恩老头》今天怒极了"做招揽。这老头的形象是头戴革命小帽子、嘴含烟斗、满脸胡子的粗汉，内容是他跟某个虚构的王室中人或政府官员的对话，当然是把对方描写得一文不值，骂得狗血淋头。

初时，埃贝尔是支持君主立宪的。1792年路易出逃被捉回后，埃贝尔对王权的态度大变，把路易写成"一条又醉又懒、老婆还偷汉的猪"，对王后安托瓦内特更加刻薄，把她写成一个邪恶、淫贱的女魔。路易受审，他投下判死的一票（虽然当初还有迟疑）。安托瓦内特受审，他作供，指证她与儿子乱伦，这个儿子只有7岁，但她也因为埃贝尔这"诬供"被打成万恶不赦。无论是对教会的批评、对吉伦特派的攻击、对丹东派（尤其是德穆兰）的指责，埃贝尔的笔都刻薄、狠辣且不留余地，下面是他的一段文字（《操他妈的教皇》，1790年，第44期）。

　　杜谢恩老头怒极！教皇对法国颁布"逐出教会令"，和这些红衣主教、主教和操他妈的教士阴谋屠杀国民会议代表、雅各宾人和法国人民。

　　你当我们是什么，你这贩卖赎罪券[5]的野种？他以为他的厕纸——他的勒令——他那没有药引的大炮、他用来催眠或恐吓我们祖先的痴话,妈的,他还在以为今天的法国人还跟他走?我们不再是达戈贝尔特王[6]的时代,今天我们不再是买赎罪券的笨蛋,我们不再会因为什么教皇禁令而惶恐。去死吧,我们不会再被那些狗养的教士迷惑,他们的忏悔、炼狱、赦罪、赎罪券都是愚弄人民。那条所谓打开天堂之门的圣彼得钥匙只不过是这个罗马教皇用来打开我们的口袋去挪钱的诡计。

为什么这个野种还是这么大胆?听说是那些出走的教士煽动他颁令。神啊,要发生什么事情啊?为要更大打击老百姓的心理,他们准备在复活节前的两个星期内发动所有的主教和神父做最后努力以推翻宪法。他们会带领由武装贵族护卫的教徒在夜里偷袭每一个国民会议代表的家、革命宪法之友社团社员的家,宰杀他们,然后进攻杜伊勒里宫,去营救国王。

这就是这些狗养的教士的计划,他们还敢自夸法国百姓会支持他们这些可恶的行为;他们以为老百姓一听到他们的口号就会不管不顾地兄弟相争、父子相争,再来一次圣巴泰勒米日大屠杀。[7]

他们的谎话,这些败类,我们知道怎样对付他们。我可以代表巴黎说话,妈的,我们在圣安托万郊区[8]的朋友们也随时准备好去对付他们。我可怜那些胆敢在教堂讲坛上宣布教皇颁令的野种。他跟那根要吊死他的街灯只有一步之遥。如果这些狗养的教士以为在巴黎以外的地区会更成功,如果他们以为那些由他们供给武器的土匪会支持他们,妈的,我们有两万兵马随时出动。

妈的,他们所有的行动都会彻底失败;如果这些狗养的知好歹,他们最好还是接受事实,支持宪法。这是他们唯一的选择。他们把希望放在红帽子卡佩[9]的身上是枉然。就算有他,就算有德国人,就算有他的雇佣兵,就算有他的西班牙土匪,我们还会完成使命,妈的,我们会维持宪法。

所以,叫这个老流氓收起他那些没用的法宝,叫他安静地待在梵蒂冈，叫他跟所有的红骡子¹⁰饮宴吧，叫他天天跟那个暴饮暴食的贝尼斯（Bernis）¹¹喝我们法国和西班牙的好酒吧，或者叫他跟那些年轻娇嫩东西玩乐吧，但是，妈的，就不劳烦他老人家亲自来搞政治了……

在一定的程度上，马拉¹²是埃贝尔的政治教父，马拉对暴动的歌颂，尤其是对巴黎长裤汉的看重，给予了埃贝尔以启发。马拉不是理论家，而是辩论家。他的论点很多时候缺乏系统性和一致性，但都很夸张和激昂。埃贝尔的《杜谢恩老头》其实是粗俗化的马拉，使长裤汉看得更过瘾、更冲动。

马拉对卢梭的崇敬是人所共知的，但与卢梭不同，他深信群众暴力的效用。可以说，在革命分子中，马拉是真正相信不断革命，他办报的目的就是要鼓励群众暴力，希望通过暴力去实现卢梭式的理想社会。¹³ 在1793年3月19日，也就是国难当前，内有旺代叛乱，外有内尔温登败绩，无能的吉伦特派政府处处失措之际，马拉反思他的过去，觉得自己实在太过"温和"了。他这样写道："我误信了那些议会代表们的假爱国，我对他们的小家子和缺德感到意外……我对《人民之友》未能取得我预期的结果而感到失望。我觉得我一定要舍弃中庸，要以讥讽和反话去取代简单的批评……眼见议会代表们跟国家的死敌串联，保护人民的法律被用来欺压无辜，我就重新提醒拥有国家主权的人民，对他们说，既然无法对他们的代表们寄以任何希望，他们就得自己去执行公义。"

马拉认为政府要保护人民不被国家敌人损害，但他更坚持人民要保护自己不被政府损害。卢梭认为人民要被迫自由，而他相信人民已经是自由的了。他更相信人民，特别是穷人，本性是德行的和良善的，不会把自己利益放在整体利益之上，因此无须强迫或控制人民。相反地，政府才是危险，政府的压力会腐化官员，会使他们把个人利益放在整体利益之上。为此，马拉的社会控制是由下至上：¹⁴ 不是政府通过压迫去控制人民，是人民通过暴力与恐怖去控制政府。¹⁵

马拉对卢梭的"共同意愿"有独特的演绎。他的共同意愿就是他的理想共和政制——全民（男）直接参与，选择代表，以德治国。早在1790年6月，他就这样对德穆兰说："要建立一个真正的自由宪制，也就是真正正义和智慧的宪制。首先所有法律都要人民同意……为了自由的胜利、为了国家的幸福，没有比开启人民对他们权利的认识和建立一个大众的意见更为重要的了。"[16]

大革命中，没有人比马拉更积极地宣传政治暴力，他视暴力为直接参与政治的具体化：暴力就是人民的声音，人民对立法议员不满的衡量，人民面对堕落政府的自我保护，人民争取权力的出路。他鼓励的不是个人暴力，是群众暴力："公民大众，我们只有一个办法避开这个可怕的命运——紧靠你的武装同志……让复仇之斧劈下这些罪有应得的官员们的头颅。最要紧的是，不要再拖，要马上集合起来，进攻议会，喝止这些所谓国家之父，要他们立即收回那些他们正想急急欲通过的灾难性的法令。"[17]

马拉认为作为一个集体，人民是善良的，他们的行为是智慧的，也就是代表共同意愿；他们的操守是德行的，但这些公众德行会被有权的人所阴谋误导。[18] 对马拉来说，德行不单指行动的本质，更是行动的对象。如果对象是自己，是不好；对象是人民，才是好。"亲爱的国家……专制君王雇用的恶棍在颠覆你；真的就是只有几颗诚恳的心在保护你？"为此，他完全拥抱卢梭的"独裁"。人民是好的，但会被堕落的政客误导。因此，要保护人民就要授权给一个有德之人去扫清革命的敌人："那些不中用的领导们要把你带到险境，你只有一个办法脱身。就是委派给一个军事护民官[19]、一个最高独裁者，让他逮捕主要的叛徒……让我们选出一位最开明的、最热忱的和最忠心的人。"当然，其他革命分子很难接纳这种想法，因为这个被人民选出来的人不就是另一个绝对君权？于是马拉修改他的说法，把一个人转成一个委员会。公安委员会不是马拉所创，但他极力支持把全权授诸委员会。卢梭的独裁者是有期限的，但马拉则认为公安委员会应无期限，直到肃清所有叛徒。马拉非但认为暴力是高效的，更认为不用暴力的成本更高。"劈掉五六百个人头就能保证了和平、自由和幸福。误解人道会使你手软，使你下不了手；这会牺牲你百万兄弟的性命。"

埃贝尔对马拉的崇拜可以从下面看出来（《杜谢恩老头大乐》，1793年，第264期）。

> 杜谢恩老头大乐，因为他在梦中见到马拉，马拉告诉他谁是想破坏共和的阴谋家、小贼和叛徒。妈的，他俩商量怎样去解救长裤汉。修炉老头发誓去跟着人民的朋友[20]走，不管政客们拿出什么刀棒、毒药。
>
> 昨晚我在梦里头见到了他。他的伤口仍在流血，该死的，我笑了。我叫，人民的朋友，是你吗？是啊，好老头，是马拉啊，从死人中回来跟你说话，妈的——就算到了坟墓，对自由的爱还是追着回来……你讲的话是长裤汉的话，在自由人的耳朵里你那些令贵妇们昏过去的粗话实在美得很，美贵妇之中找不到自由人。你的喜和怒比那些政客的梦有用得多。他们是知道你，这些操他妈的贱种，就是因为知道你所以他们才迫害你，正如他们迫害我……
>
> 是的，老头子，用你的铁槌、铁钳去追打他们，一个也不放过。三个月前我说要在杜伊勒里宫架起300个吊架去吊死这些混蛋的人民代表，有人说我疯了，说我血腥……斗争已经开始，是场生死斗。
>
> 打败他们，一个都不赦。因为，该死的，如果他们打赢，6个月内一个爱国志士也不剩。这些恶棍已经证明了他们干得出来。在马赛，所有雅各宾派都被屠杀；在里昂，保王分子把100多个共和分子送上断头台；在阿维尼翁，自由之友的血在街上流；在巴黎，如果这些政客捉到我们——你同我，老头——他们会同样地把我们宰了。但是这些没用的杂种未见识过我们的长裤汉……
>
> 马拉，我听到你的教训了……我发誓不怕他的刀棒、毒药，永远

跟随你的榜样。妈的，我的座右铭就是对阴谋家、奸人、叛徒，永不休战。鬼魂对我说，这也是我的誓言，接着就消失了。守护你的诺言。是，妈的，我会的。

马拉、埃贝尔、长裤汉最针对的是"潜伏"在革命中的反革命分子。他们这个疑心导致不断革命、不断暴力。《杜谢恩老头做好准备》（1793年，第274期）是典型。

> 我们终于动员起来去打在我们北面边境上肆虐的那操他妈的大熊，要打得这些戴了王冠的土匪跳舞……
>
> 同时，妈的，100万个共和分子要赶到南面去赶走这些脏猥的西班牙佬，把他们赶回马德里……
>
> 在这场战事里，派10万个大汉去英国！没有城堡、没有军队会挡得住他们……
>
> 但是，你这个老蠢人，你怎样处理我们中间的不忠分子？如果把他们也带着，他们会在见到敌人的时候就放火烧我们的屁股，然后就投降敌方，他们会用我们发给他们的武器去打我们。我说，我们一定要肃清法国所有的卖国贼，在所有的公共广场上开设法庭去审判这些谋害祖国的混蛋，用公众的大刀从这些坏蛋、叛徒手中解救同胞。然后我们要这些在革命中非人非鬼、邪恶的自大狂在我们军队的面前担行李，我们要把那些到今天还在给大众制造烦恼的垄断商、财阀、律师、教士和所有的混账东西放在炮口……
>
> 我们特别留神不要留下任何自由的敌人，因为，我们一旦出发，我们的财物就会被他们洗掉，我们的妻儿就会被他们屠杀。精密设计的反革命会使我们防不胜防。我们还没有出发，那些在亲王宫里的无耻之徒已经笑得忍不住了。他们说，长裤汉，起行吧，祝你们一路平安……征兵的时候，我们躲起来，你们一走我们就从地牢里走出来，

放火烧你的房子。当圣安托万区²¹烧光之后,我们就可以欣欣然高呼路易十六万岁,我们可以像里昂的保王派一样在巴黎追打革命分子。穿套裤的贵人、卖精品的侏儒、小家子的教士,你们低估了你们的主人了。我们的眼睛盯着你。没胆的匪类,等着被打吧,你们逃不掉的,他妈的。

如果说埃贝尔、J. 鲁、长裤汉是卢梭的信徒,他们信仰的也只是卢梭的平等——经济平等。卢梭在《论不平等》上写:"那个人率先以篱笆把地圈起来,说'这是我的',而其他人也天真地相信,这个人就是文明社会的创始人。你将把人类从不知多少的罪行、战争、谋杀中,不知多少的惨事、不幸中解救出来——如果你把圈地的地标拔起,把圈地的垄沟填平,并大声地跟你的同胞说'提防啊!不要轻信这些骗子!'如果你们一旦忘记了地球上的万事万物是属于所有人的,而地球本身是不属于任何人的,你们就完蛋了。"以埃贝尔的话来说就是:"地球是为每一个生物而做的,每一个,从蚂蚁到那只自称是人的高傲昆虫,都一定要从这个众生的母亲身上找寻生命的滋养。……生存是最高权利,不管怎样,人总要吃。"

虽然埃贝尔打着经济平等的口号,但同时也可以说是个机会主义者。如果说米拉波通过在路易那里暗度陈仓,凭此过上奢华的生活,存了拜相的梦想,那埃贝尔则"投其所好",以粗言、猥语的谩骂去号召长裤汉,凭此政治本钱在革命中揩到了油水。他聪明地看透了时机——从丹东发动的第二次革命就看出了长裤汉的威力。吉伦特派被丹东发动的长裤汉推翻后他就开始篡夺丹东在科德利尔派的领导地位,也就是长裤汉的指挥大权;跟着号召长裤汉包围国民公会,开启恐怖统治;之后,在平定保教内乱更立下大功。做小偷出身,借朋党致富、以逞强立命的埃贝尔到此时应该是踌躇满志,但他的个人自大和反宗教冲动已按捺不住了。

启蒙思想是反宗教的(尤其是天主教),反教会的特权、教士的愚昧、教条的迷信。解药是理性与自由。但用的仍是宗教的模式,也就是集体的膜拜和公开的仪典。恐怖统治期间,也就是镇压基督教最残酷的一段时期,埃贝尔派就在全国各地强行建立"理性崇拜"(虽然不一定叫"理性",例如也叫"布鲁图斯节",即 Feast of Brutus,但意义是一样的),把教堂改为崇拜堂。丹东当时就警告反基督教走上了极端;罗伯斯庇尔也说服国民公会代表们不给予"理性崇拜"法律的地位。但埃贝尔等人一意孤行,于 1793 年 11 月 10 日在巴黎圣母院举行了最盛大的崇拜仪式。

当日天气极差,又是风,又是雨,又湿冷。连日下雨,巴黎街上一片泥泞,但意气风发的埃贝尔等人兴致不减。他带同雅各宾会、国民公会、巴黎革命公社和各区革命公社的代表们,浩浩荡荡地开往改名为"理性庙堂"的巴黎圣母院。大队前面是一群来自巴黎歌剧院的女艺员,头戴人工花环,身穿白袍,腰围彩带。虽然婀娜多姿,但衣发尽湿。领队的是"自由女神",由歌剧团的首席艺员扮演。头上是一顶无边红帽子,坐在彩带缠绕的椅子上,右手握着象征革命武装的长矛,左手不时向沿途群众挥动,雨点从那湿透的帽子流到发上,流到颈上,再从颈项流进袍里。鼓乐声中,队伍到达"理性庙堂"。里面人山人海,男男女女都戴上红帽子。人多了,大厅被挤得水泄不通,"自由女神"花了很长时间才到达庙堂(教堂)中央。主礼是埃贝尔派中人——巴黎革命公社的检察长肖梅特。他搀扶"女神"登上高台(是由拆掉教堂的祭台而改建的),上面摆了一个宝座,前面的座墩上放着一签"真理之火"(Flame of Truth)。"女神"坐定,女司祭们(随行的舞蹈艺员)在她前面跪下,两个侍从把点着的乳香炉交给检察长,检察长就向"女神"献香。

接着是致辞。检察长的目光对准那个被拉下来的圣母像,讥讽地指出圣母完全没有能力保护自己的圣殿,他挑衅一般让圣母像站起来,让它去复活耶稣。当然,这个木头造的像一无反应。他环视周围鸦雀无声的人群,说:"公民们,你们看到了吧,这就是我们崇拜理性的理由!"立即,人群兴奋地回应:"理性、理性、理性!"他等到人声稍歇,又说:"除了大自然的宗教,我们没有宗教。"人群鼓掌。"除了理性的庙堂,我们没有任何庙堂！除了国家的祭坛，我们没有任何祭坛！除了立法代表，我们没有任何教士！除了自由、平等和友爱，我们没有任何崇拜！"群众疯狂地鼓掌，手舞足蹈，互相拥抱。男音的合唱团开始歌唱："降临吧，啊，自由，大自然的女儿……"扮演女司祭的芭蕾舞艺员随歌起舞。"自由女神"坐在高高的宝座上向膜拜她的信众点头微笑。

随后是歌舞狂欢。时人有形容这些各地都有的类似的庆典为放荡、骇人、堕落。无论是否属实，很多革命分子都避开这些崇拜，罗伯斯庇尔形容它是"荒唐的闹剧"。

山岳派中人当然知埃贝尔派（包括他们的同路人——愤激派）极端甚至狂妄，但因为要依靠他们的长裤汉去抗外敌、压内乱，就放纵了他们，对他们的暴行熟视无睹，近乎姑息。埃贝尔派有恃无恐，更纵容长裤汉，以极端暴力去达成他们的政治目的。但物极必反。他们从丹东派夺取了科德利尔会的控制，其实就是对长裤汉的控制；有了长裤汉为武器，就想拿下山岳派大权。但埃贝尔派行为凶残，人心背弃，虽然对国民公会有威慑力但也直接影响共和的稳定并威胁山岳派的权力基础。残酷镇压内乱是一时之功，但招来丹东的不满；理性崇拜有一时之快，但招来罗伯斯庇尔的忌恨。最后，群起围攻，埃贝尔派倒了下来。但从此革命不断，颠倒的社会也延绵不息。

埃贝尔原是山岳派中人，但山岳派的团结是他首先打破的。山岳派中人是意识形态最重的革命者（特别是对卢梭的共同意愿），因此分裂不单引发敌我之争，更是正统对异端、信徒对叛徒之争。为此，山岳派之间的斗争比一般从利益着眼的朋党之争更无情、更残酷，把法国人吓怕了、弄昏了。

埃贝尔肯定是个篡夺能手，先夺丹东的科德利尔派领导地位，再想夺罗伯斯庇尔的公安委员会权力。但他代表的专制与共和的组合加剧了政治失序的泛滥。夺人者，人夺之，埃贝尔派败下阵来，但政治失序和疯乱变得更严重了。

注：

1. 史家对旺代之乱的论证分歧很大，尤其在19世纪。支持共和的叫"蓝派"，他们以官方文献为研究素材；支持教会和王室的叫"白派"，他们以当地口述史为素材。比较中肯的说法来自查尔斯·梯利（Charles Tilly）："法国西部反革命的成因是中央政府直接管治地方的手段出了问题：在管治上忽视了地方权贵和教士们的缓冲作用，把国家权力直接交给地方资产阶层去行使。"问题不在革掉旧政权，是在建立新政权中没有尊重人民可接受的政治原则和管理模式：行政和管理上独裁；对不宣誓效忠的教士们迫害。在某程度上，是官逼民反。

2. 丹东于1793年2月丧妻，7月续弦，从此半隐退在家。在此段期间，埃贝尔派取代了他和德穆兰在科德利尔派的领导地位和对长裤汉的影响力，走上更极端的暴力。

3. 《莫里教士的讲道》（*Petit Carême de L'Abbé Maury*）写于1790年复活节前（分两期）。内容以耶稣被魔鬼试探和耶稣显圣为引子，一方面暗指天主教会追求享乐和赞美，迫害其他宗教（尤其是新教），一方面激励法国人去追求光荣与平等。

4. 第一期在1790年9月出版，最后一期是1794年3月24日，也就是埃贝尔上断头台的同一天。

5. 赎罪券是中古天主教会用来筹钱的工具。信徒购买它为已死的亲人赎罪，可望其早升天堂，后成为神棍们的敛财工具，是教会的败笔，也是16世纪宗教改革的主因，但到了18世纪末已经没有使用。见《西方文明的文化基因》。

6. 达戈贝尔特一世（Dagobert I, 603—639），统一法兰西，是第一位葬于巴黎圣但尼圣殿的法国君主。

7. 始于1572年8月22日，6个月内遇难者估计达3万人，见《西方文明的文化基因》有关宗教改革后的法国宗教战争。

8. 圣安托万郊区（Faubourg Saint-Antoine）是在巴士底狱旁边的小区。与埃贝尔住所的科德利尔区同是巴黎最激进革命分子的聚居地。该区群众参与1789年7月14日的攻击巴士底狱、1792年8月10日的进攻杜伊勒里宫，和1793年6月2日的围攻国民公会，逮捕吉伦特派人的行动。

9. 卡佩（Capet）是路易王朝的姓氏，"红帽子卡佩"是指假装支持革命的路易十六。

10. 指红衣主教。

11. 贝尼斯（Francois-Joachim de Pierre de Bernis, 1717—1794）乃红衣主教，是当时法国驻梵蒂冈教廷的代表，与贵族"出走者"往来。

12. 马拉矮小、畸形、丑陋，但一生多姿多彩。他祖籍沙丁尼亚岛，是新教徒（先是法国胡格诺派，后转瑞士加尔文派），出身书香世家。他曾在巴黎学医，1765年移居英国，与文学界、科学界往还，渐有声名。1776年返法，做路易十六幼弟卫队的医生，收入丰裕，并开始一连串的科学研究。尤其是在有关火、热、光、电领域，与法国科学界多次论辩。革命前夕才开始发表政见。1789年1月出版《对国家的贡献》（跟西哀士的《什么是第三等级？》的观点类似，见上"说故事"注），1789年12月开始出版《人民之友》（*L'ami du Peuple*）报刊。1790年1月加入科德利尔会。因攻击内克，被迫逃亡伦敦，到5月才返回法国。他当时攻击的对象是保守派。1790年到1792年间多次被通缉，有时住在巴黎的污水沟，使他的皮肤病加剧。1792年8月第二次革命之后，他的箭头指向吉伦特派，认定他们是假共和，是真共和的敌人。吉伦特派以国民公会名义在1793年4月先捉了他，但又因民情汹涌放了他。1793年6月，吉伦特派被山岳派干掉后，马拉的作用下降，开始被边缘化。丹东和罗伯斯庇尔与他的性格合不来，就疏远他。他健康日劣，在家写信和文章，影响力日降。7月13日，他单独接见吉伦特派同情分子夏绿蒂·科黛（Charlotte Corday），说有吉伦特派在逃者的秘密名单要交他。那时，他还整天泡在浴盆里，去减轻皮肤病的痛楚。科黛就在无人监视下以5英寸短刀直插他的心脏，马拉当即丧命。科黛当场被捕，十天后上断头台。受审时，她说："我杀一个人去救10万个人。"国民公会全部代表参加马拉的葬礼。萨德致讣词："像耶稣，马拉尽心地爱人民，只爱人民；像耶稣，马拉憎恨君王、贵族、教士、叛徒；又像耶稣，他从未停止过打击这些人民的瘟疫。马拉成为圣人。他的半身像取代了巴黎教堂里的十字架。"热月政变后，崇拜马拉的热度消退。日后的苏联倒还用上马拉去命名街道、广场、战舰。

13. 卢梭一般不提群众骚动和暴力，但暴力是马拉的主题，特别是以夸张对敌人的恐惧和敌人的残酷去煽动群众。典型的是："他们绝对会无情地谋杀你们，他们会撕开你们妻子的肚皮，为要窒息你们心中对自由的热爱。他们会用血腥的手在你们的孩子的肠脏里搜索他们的心。"由于马拉不给这个"他们"定义，使得他的读者感觉到处都是"他们"，人们非要用暴力去保护自己，打击这些"他们"不可。马拉要千万人头落地："直到群众的脑袋变得足够清醒，识破这些骗子；直到群众的行动变得足够坚决，严惩这些恶人。"

14. 这跟卢梭的看法不一样。卢梭认为整体利益、个体利益差别越大越需要大权政府，但给政府大权力就要同时给人民大控制。

15. 马拉是如是说的："如果你们不赶快打倒市政府、省政府的所有堕落官员、不爱国的太平绅士、国民公会中最腐化的代表，你们就肯定永不超生……不要忘记，国民公会是你们最危险的敌人。"又说："公民们，你们能否得救完全在你们的手中。最高的国法是整体的得救。你们要踏碎那些议会代表们可疑和危险的法令。直到今天，他们的表现都是不值得你们信任的。"

16. 马拉指的是"众人的"意愿（will of all），有别于卢梭的"共同的"意愿（general will）。

17. 马拉的"人民"跟卢梭的"人民"有个重要区别。卢梭对"城市人"不放心。在《爱弥儿》中他写道："法国人民不是在巴黎，是在都兰（Touraine，法国西部地区，比较偏僻）……在这些比较偏僻的地方，一个国家呈现出它的真性格，表现出它的真面貌。"马拉的群众是城市的中、下阶层。他们才是他的读者。外省人一般不读马拉。

18. 在马拉心目中，差不多任何个人意愿都是邪恶的。他对早期的革命分子有以下的批评："西哀士可以看管国家的大玺吗？这个新发迹的无赖，只因为王室对他吹捧就把自由的原则牺牲掉！……卖国贼拉法耶特，竟然愿意为国王建立绝对独裁，一次又一次地要恢复专制！然后是米拉波……这个讨厌的酒色之徒，要花光法国的财产，要国家沦为乞丐，要把国家拍卖，为的是满足他下贱的欲望。"

19. 古罗马由平民选出的护民官（tribune），有绝对权力。

20. 革命者对马拉的称呼。

21. 圣安托万区是科德利尔会所在地，长裤汉的神经中心。

第八章　杀鸡儆猴：罗伯斯庇尔、丹东干掉埃贝尔　　161

第九章　兔死狗烹：罗伯斯庇尔干掉丹东

反革命的右派除了，危害革命的极左派也除了，丹东派认为应该收手了。罗伯斯庇尔则认为革命需要不断净化，姑息只能养奸。革命元老被套上一个差不多是"莫须有"的"受贿"罪名，被干掉了。

极端左派的埃贝尔派被铲除[1]，用来平衡极端的温和派，其作用也消失，而且温和天生也略带反革命的意味，于是，以稳定革命为重的公安委员会就酝酿打击丹东的姑息派。1794年3月29日，巴黎爆发反革命事件（可能是因为极端革命分子被消灭而引发），姑息派被指与此事有关。第二天，丹东、德穆兰等被捕。

丹东是大革命的关键人物，公安委员会的首任主席委员。他的历史定位颇有争议：他是推翻王权、建立共和的大功臣，又终结了恐怖统治期间的恐怖和暴力；他毫无荣誉感、原则和道德，只为一时之快意，一日之成名；他还是一个物质主义的政客，以造势去求名求利；他对家人、对朋友、对国家忠贞而慷慨，放弃个人野心去维护共和政权的团结，是一位以群众的尊严、慰藉和幸福为己任的政治家。

他生于富农家庭，受过良好教育，从家乡转至巴黎，任律师。他身体健硕，声如洪钟，但面貌丑陋（幼时更被动物抓伤脸孔）。1790年丹东创建科德利尔会，并任首席主席，在革命中初露头角。科德利尔会在众多政治社团中力主全民民主，最先坚持王权与自由不能两立，最先鼓励激烈行动。

丹东的雄辩是有名的，最著名当然是1792年对布伦瑞克宣言的反应："要制止敌人就得以恐怖加诸保王分子。我们要敢作敢为，要不断敢作敢为，要永远敢作敢为。"这唤起法国的斗志，但也开启了长裤汉的疯狂暴力，造成骇人的九月大屠杀。

丹东有共和理想，但这些理想往往是模糊和含混的。对他影响最大的是狄德罗[2]和卢梭。他的政治理想表现在法律和制度设计上，特别是恐怖统治的机制与共同意愿的结合。他对革命法庭诸公是这样说的："给我证明你们希望法治，但更要给我证明你们希望人民的幸福。"对他来说，法律只是为了显示出共同意愿。他总是想在现存制度下设计和加强革命的组织，特别是革命法庭与恐怖统治所依赖的法律工具。

他没有写下什么文章，但别人却写下他说的话；虽然他没有留下很多文字，但法国人到今天也乐道他的豪情。法国人经常把他和米拉波放在一起比较，称他为"长裤汉的米拉波"，意指他和米拉波一样，以下一个阶层的代言人自居：贵族的米拉波自命中产阶层的代言人；中产的丹东自命下层的代言人。米拉波一死，大革命平稳过渡至君主立宪无望；丹东一死，大革命平稳过渡至共和无望。

从进攻杜伊勒里宫到成立国民公会、废除王权、建立共和，丹东的势力与日俱升。奥军入侵，巴黎震动，丹东呼唤动员，发表奠定他历史地位的"敢作敢为"演讲词。虽然同属山岳派，但他不满意马拉的夸张，也看不起罗伯斯庇尔，只有德穆兰是他的亲信——共同目的（废王权、建共和）把这帮人绑在一起。吉伦特派害怕他，害怕他能支配上街群众的激情和冲动，指摘他搞出九月大屠杀。但丹东认识到极端的巴黎长裤汉是抗外侮和平内乱的唯一可靠力量："巴黎是自由法国理所当然的中心，是光明的中心，若巴黎沦陷，共和也随之消灭。"他是有名的豪气过人。路易断头一刻，丹东在国民公会发出吼声："欧洲的国王们胆敢挑战我们？我们要应战，就在他们脚下扔下一个国王的脑袋。"

革命法庭是恐怖统治的主要工具之一，它是在吉伦特派当权的时代由丹东建议成立的，一方面从暴民手里拿走武装力量，一方面给镇压反革命提供有效手段。他相信法律的目的包括保护人民不伤害自己，借此降低革命暴力（讽刺的是，最激烈的革命暴力是由他启动的³）。在讨论法官的选拔时他说："必须单凭法律去统治，但法律必须被真正执行；为使人民安心法律能够保证赏善罚恶，因而使他们变得守法和人道，法律必须是恐怖的。"但他又相信如果人民有因法律不符合共同意愿而造反的自由，立法者就会更关注整体利益。这点很像卢梭谈的政府权力与人民主权之间互为制约的关系。他又说："代表们，请回想那些令所有良好公民震惊的血腥日子［他指九月大屠杀］……我说……我肯定所有目睹那些事件的人都会同意——在那时，人的力量绝对无法制止全国复仇的疯狂。"他相信好的法律，也就是符合共同意愿的法律，会降低人民行使他们的权力——以暴力抗拒法律的可能性。

丹东看出了群众暴力的可怕：革命引发激情，但革命也把社会约束打散。"革命解除所有激情的枷锁。一个伟大的国家在革命过程中像在坩埚中沸腾的金属，自由女神仍未铸成，金属在沸腾。如果你不能控制烘炉，你会被它吞噬。"从一开始，丹东就比别人更有"权力主义者"的性格。虽然他坚信人民，但群众暴力又使他不安。他感觉到革命的最大威胁来自人民自身，它是隐藏着的、阴险的。理论上，他同意卢梭的"强迫人民自由"，实践上，他不想人民太自由、太滥用他们的暴力。因此，他设计机制在解放人民的同时约束他们。"达成你们对人民最神圣的任务就是对他们说：'跟着我们走吧！'"

丹东鼓励议会的代表们非但要按人民的利益去干事，更要"变成"（become）人民，"国民公会一定要是全革命的载体，人民的代表们一定要是'人民'（peopled by the people）"。他明白治理一个共和国的难度，也就是把个人意愿放在共同意愿之下的难度。他说："国民公会还不是个已完成的组织，因为你们可以按你们自己的意愿去组织。但诸君请注意，你们要对人民负责，包括他们的军队、他们的血汗、他们的钱财；如果你们的失职使他们的钱贬值,以致生活无着,谁能挡得住他们的反感和报复?"

公安委员会集中军、政、民生大权于一身,也是丹东的主意,他是首任委员之一。他的主要任务是监督部队,所到之处都能凭他个人魅力振奋军心。他负责重组政府,曾意图调解吉伦特派和雅各宾派,但双方积怨难消,徒使吉伦特派对他猛烈攻击。

1793年4月,内尔温登一役法军失利,统帅迪穆里埃战败投敌,但在此之前,丹东曾屡次为他说项,希望他能扭转颓势,将功赎罪。因此,他的投敌使吉伦特派理直气壮地要丹东的头。5月中旬,丹东已决定向吉伦特派开刀。他在国民公会上声泪俱下,说他希望有100个志士去抗拒吉伦特派的暴政。终于,他公开发动长裤汉"起义",包围国民公会,强行要公会交出吉伦特派的头头。事后,他以肃整吉伦特派的策划人自居,更认为逼宫国民公会是无法避免的,而群众的愤怒能使法国得救。此刻,他在左派中是众望所归的人物。

整肃吉伦特派之后,山岳派就成了主人[4],开始着手真正工作了,具体由公安委员会(和实力远逊前者的"大众安全委员会"[5])来实施。之后的9个月,政治斗争的焦点就转为公安委员会对抗巴黎革命公社(长裤汉的基地)和国民公会(公安委员会的政治老板)。丹东发挥他的辩才,在国民公会建议赋予公安委员会近乎独裁的权力、近乎无限的资源。丹东看见周围国家都是共和的敌人,认为必须通过革命独裁才可渡过难关。"当一条船有沉没的危险时,船员会把所有危及那条船安全的东西都抛到海里。同样地,所有有害于国家的东西都要除掉,所有有利于国家的东西都要交给政府使用。"但外敌、内乱当前,他决定给公安委员会开出一张空白支票。"那好吧……就让我们恐怖吧;让我们像雄狮般去战斗,为什么我们不成立一个可以通过有力措施去动用全国力量的临时政府?"为表示对革命的无私,他在公安委员会成立3个月后辞去委员职位[6],作为公安委员会的支持者和精神领导置身事外。但事情的发展并不如他想象。

1793年9月,同样是长裤汉逼宫,恐怖统治开始。但这一次不是由丹东发动和领导，而是比他更激进的、篡夺了科德利尔会领导权的埃贝尔。这是法国大革命极为血腥的时刻。整个过程中处决反革命和镇压内乱，起码死了25万人。国民公会中的山岳派有不少人认为做得比较过分，恐怖只是亲痛仇快，反而助长国内外的反革命情绪和敌对宣传。他们以丹东为首，要求公安委员会从宽。"我们一定要赶尽所有叛徒，无论他们怎样伪装，但我们一定要分清错误和罪恶，不应伤害无辜。没有人想见到，一个人只是因为对革命没有足够热忱就被当作罪犯看待。"

公安委员会不会自动放弃权力，并想进一步支配国民公会，视恐怖统治为非常时期的非常手段。有鉴于此，丹东尽力去缓和态势：建议对内控制面包价格以安民心（特别是安抚长裤汉），对外与诸国开展和谈（尤其是经公安委员会宣战的英、西、葡）。"你孤立了革命！罗伯斯庇尔！你不人道的要求慢慢赶走最热衷的支持者！在你的高度，人们无法呼吸。就拿走你的恐怖吧——我关心的不是那几个人头，人头一毛钱两个，而是你打击的偷窃、堕落。偷窃、堕落只是自然不过的需要，没有它们，一个国家也了无生意，就像禁止人消化一样。你知道你的恐怖会破坏什么？商业和工业。你要把国家带到前所未有的大破产边缘……把革命带回到人性处吧。尽量控制消费，好使财经界安心。总之，你要使革命能被大众接受。"

但是，丹东走得早了一步。等到1794年7月，罗伯斯庇尔的羽翼（包括丹东）尽除，恐怖统治最终引发了热月政变。1794年初正是公安委员会权力最大、气势最盛之际。相对地，丹东则好像锐气尽消。有人说是他在比利时督军之际，爱妻难产去世使他伤心欲绝。这是1793年2月的事。他7月续弦，娶了孩子16岁的保姆（而且还秘密举行了被禁的天主教仪式），又变得恋家。他留在离巴黎百多公里外的家里，连巴黎也少去了，到11月底才复出。他的敌人有机可乘了。罗伯斯庇尔借助他和德穆兰发动对埃贝尔派的攻击，铲除了埃贝尔。但在攻击埃贝尔的"过激"时，埃贝尔的反击也暴露了丹东的"姑息"，被认为是不可饶恕的反革命。

埃贝尔被整，丹东也自知余日无多，并做好了准备。但致命的一击却不是来自他的"姑息",而是他也可能意想不到的"私心"。丹东身家丰厚,在巴黎有不少产业,使人有来历不明之感,他也没有好好做过解释,于是构成大罪。对他财路的怀疑不是一朝一夕的事,从1791年到1795年,屡次有人指责,说他在1792年8月进攻杜伊勒里宫时曾收过王室的贿赂,又说他为他的助手找财路并在国外私造伪钞。米拉波在1791年3月给他的信件中也提到作为某事报酬的3万镑。稍后,又有人说他拿走了国民公会作为外交谈判之用而准备拨付给瑞典亲王的400万镑中的一部分。最严重的倒不是丹东拿钱,是他的亲信埃格朗蒂纳[7]的卖空案牵连到他。丹东交友随便,人所共知,此中有不少是敛财之辈。法国东印度公司破产,在1785年(革命前)被王室接收。革命后,国民公会指责公司发国难财,要关闭它,但若干国民公会代表意图在公司关闭前以立法手段为其造势,以拉升股价,然后通过卖空来发财。埃格朗蒂纳识破此计,借机勒索这些公会代表50万镑,虽然没有证据表明丹东知道此事,但丹东为埃格朗蒂纳力辩,被指控串通而入罪。

丹东与德穆兰诸人被捕受审,异常的过程在"说故事"中交代过,兹不赘述。但要指出的是,公安委员会要费九牛二虎之力,包括采用7个人的陪审团(因为没法找齐12个事先应承让丹东入罪的陪审员)、国民公会下特别政令(容许法官可以以疑犯不尊重法庭为由不容其答辩)和检控官威吓陪审员(如不入丹东罪,陪审员会被控)。

丹东与罗伯斯庇尔唯一的共识是打击吉伦特派和埃贝尔派。但两人的理由绝不相同:丹东还想挽回吉伦特派去同建共和,罗伯斯庇尔则从来容不下吉伦特派;丹东反对埃贝尔派的残暴,罗伯斯庇尔却是害怕埃贝尔的威胁。两人背景可能类似:中产、律师、拥护共和、同属雅各宾派、赞成杀路易,但性格完全不一样:丹东身材硕大,性格慷慨、随便、爱调笑,声大如雷;罗伯斯庇尔身材瘦削,为人拘谨、小气、严酷,说话常晓之以理,却无法动之以情。

有人说过:"伏尔泰是丹东的父亲,卢梭是罗伯斯庇尔的父亲。"这倒不尽然。伏尔泰不相信民主，特别不信任下级阶层，但丹东对人性乐观得多，他认为"下层社会比上层社会的人更热爱自由"；而且丹东的自由也不是伏尔泰的自由，伏尔泰强调的是批评时政的自由、离经叛道的自由、赚钱发财的自由，而丹东强调的是人民行使主权的自由。但是，在虚荣与逞强上面，两人确有相似。丹东的自白是："我保存了我天生的活力，单靠自己的力量去建立我在这世界的地位，在与人生活和选择的事业上，时时刻刻去证实我可以融合理性、热情和操守。"

敢作敢为是丹东的作风，无论是鼓励暴力还是呼吁慈悲，他从未改变过他的共和理想。发动长裤汉达成第二次革命使他脱颖而出，声望日隆，但丧妻续弦避世，自我边缘化，反而使埃贝尔派坐大。之后，他眼见由他开启的革命暴力和恐怖越来越失控，遂生悯人之心。早期的他，永不言悔；晚期的他，总是徘徊于自立、自主和逞强、好胜之间。

他相信自己有一种"自我牺牲"（self-sacrificial）的情操。在建立他一手促成的革命法庭时，为避免使人指责他独裁，他自己发起动议永不参与法庭工作。在革命法庭受审时，他说，"我的家快要湮没，我的名字快要进先贤祠！这是我的人头！"在断头台下，他说，"不要忘记把我的头颅示众！它值得大家一看。"他要他的敌人知道，伟大的丹东只会在国家、共同意愿、人民面前屈膝，只会为它们而死。他曾想恢复古罗马的"瓦莱里乌斯·普布利科拉"法（没有通过）[8]。但丹东多次提及，以示他对公众德行的承诺：一个公民可以当场杀死一个侮辱国家的人，但如果被杀者日后被证明无辜，杀人者愿意受死。丹东的意思是说，只有一个不惜生命也要保卫共和的人才算是德行之人。

丹东眼见埃贝尔派的暴力对共和稳步前进的破坏性，更担心他自己一手促成的恐怖统治走向失控，遂生悲天悯人之心、恢复革命团结之意，以达成真正平等之望。他想把革命带回理想的正轨，起码把革命带离自毁的偏途，但时不再与，暴力的不断革命正如脱缰之马，他不但没拉住，甚至被拉倒。

注：

1. 埃贝尔派所赖的长裤汉也被清理。1794年3月24日，埃贝尔等人上断头台；3月27日，以长裤汉为主力的巴黎革命军被解散。讽刺的是，这也是日后罗伯斯庇尔被捕时无力还手的原因。

2. 狄德罗（Denis Diderot, 1713—1784）是启蒙运动的经典文献《百科全书》的主编。此人多才多艺，而且精力过人。他命途多舛，从未得到"官方"认可，但影响力深远。早期代表作品包括：《哲学思想》（*Philosophical Thoughts*, 1746），强调理性与感性之间亟须协调；《疑惑者的漫步》（*The Skeptic's Walk*, 1747），描绘有神论者、无神论者和泛神论者之间的对话，反映三套宇宙观；《盲者之信》（*Letter on the Blind*, 1749），提出了最早的进化论思想（对卢梭和伏尔泰都有影响）。《百科全书》是1750年动笔的，差不多一开始就有争议，特别是有关宗教和自然法则的部分。当时的王室、贵族、高官很多人自命开明之士，往往包庇对教会、朝政的批评者（做官的一方面下令搜捕散布煽动言论者，一方面把煽动性文稿收藏在自己家里）。《百科全书》是"共和文人"的集体创作，其编纂前后历时20年，此期间有人热情地加入，有人不满地退出（包括另一个主编让-勒朗·达朗贝尔），最后却仍在1759年正式被禁。书商甚至把狄德罗写的文稿在制版的过程中抽出而不告诉他。狄德罗经常闹穷，最愿意救济他的是俄罗斯的叶卡捷琳娜大帝（Catherine the Great）。1773年，她要买狄德罗的藏书，又委任他做藏书管理员，一次先支付他25年的薪酬，只需他去见她一趟。他去了，住了几个月，每天跟她见面。这也是典型的开明独裁君主的做法——听开明思想，行独裁统治。

3. 丹东跟其他极端左派的分别是他认识到暴力是双刃剑，非必要就不用。有史家认为他发动长裤汉摧毁吉伦特派是为了法国稳定（吉伦特派虽然把持国民会议，但他们在意识形态上比较散漫，并且有很多内部派系，以致在国策上往往举棋不定，出尔反尔），特别是希望降低法国与欧洲各国的摩擦（吉伦特派是主战者）。这与他的外交思想和视野很有关系。

4. 早在国民会议时代，是没有山岳派之称的；在立法大会时代，他们也属极少数；甚至国民公会成立后的前9个月，他们还在战战兢兢地与吉伦特派做生死斗。

5. 大众安全委员会（Committee of General Security）是于1792年10月建立的，其前身是"监视委员会"（Surveillance Committee）和"调查委员会"（Search Committee）。负责监督个别地方公安部门，调查有关叛国和反革命的疑案，然后向革命法庭报告。因职能与公安委员会有重叠之处，遂生张力，日后更牵涉推翻罗伯斯庇尔的热月政变。

6. 有人说丹东是被罗伯斯庇尔支持者逼走的，好让罗伯斯庇尔入会。

7. 指法布尔·埃格朗蒂纳，见"说故事"篇有关德穆兰狱中候审一事。

8. 普布利乌斯·瓦莱里乌斯·普布利科拉（Publius Valerius Publicola, 卒于公元前503年）是罗马共和的开山人物之一。罗马王国国王塔克文的儿子强奸了科拉提努斯的妻子路克瑞莎，引发政变，诞生罗马共和（见《西方文明的文化基因》）。科拉提努斯成为共和开国的第一任执政（Consul，由两人担任）之一。另外一人是卢修斯·朱尼厄斯·布鲁特斯。瓦莱里乌斯也是开国功臣，他接得密报说科拉提努斯阴谋独裁。他掌获证据，破获阴谋。布鲁特斯俩儿子也牵涉在内，被处决。此际，布鲁特斯突然要放逐科拉提努斯，指他也是王室中人，不能得到人民信任。科拉提努斯辞职，由瓦莱里乌斯接任。他与布鲁特斯成功挫败复辟企图。布鲁特斯死后，继任的其他元首不是早死就是无能，瓦莱里乌斯大权在手。他在罗马城山上建房，有人说他想做国王。他一个晚上把房子拆掉，公开向罗马百姓道歉，并解除了部下的武装。人们给他"普布利科拉"的称号（Publicola即"讨好人民者"）。他多次成功击败复辟、巩固共和。死时身无长物，由政府出钱收敛，全国举哀一年。丹东自比瓦莱里乌斯·普布利科拉。

第十章　众叛亲离：罗伯斯庇尔被狐群狗党干掉

外敌退了，内乱平了，罗伯斯庇尔大权独揽。恐怖政治带来了安定，但也带来"多疑"，因为罗伯斯庇尔坚持若要革命真正成功，就得彻底改变法国人，为达此理想，不断恐怖是种"共和的德行"。至此，人人自危。于是，布里索派的残部、埃贝尔派的余党、丹东派的同情者合谋把他拉倒、干掉。

极端和温和的革命分子都清除了，罗伯斯庇尔独揽大权，但他的统治在4个月内就烟消云散，且死无全尸。

1794年5月7日，国民公会通过"最高存在者"崇拜。这个泛神主义和国家宗教的理想完全是卢梭的思路。罗伯斯庇尔想以一个最高神祇去吸引和凝聚虔敬法国人的宗教情操，以一个不灭的灵魂去鼓励道德行为，保证共和的稳定和德行。6月4日，国民公会全体通过，选举罗伯斯庇尔为公会主席；8日，罗伯斯庇尔主持"最高存在者"崇拜大典。全国各地同时举行盛大庆祝，但这些耀目的崇拜都抓不住人心，在巴黎之外更加被人漠视。

表面上，恐怖统治带来了安定，但恐怖也带来孪生的"多疑"。6月10日，国民公会通过（当然是公安委员会的动议，罗伯斯庇尔极力支持）《新嫌疑法》，允许革命法庭在没有证人的情况下仍可定罪。12日，罗伯斯庇尔在国民公会上宣称有人阴谋危害公会，但没有指名。在人人自危之际，法军在弗勒吕斯（Fleurus）一役击败奥军，间接带来恐怖统治的毁灭。先说说这个来之不易的胜利。

革命初期，以贵族为主的军官四散，少数留下来的高级将领，如拉法耶特等，逐渐因革命走向极端而失势。与此同时，中、下阶层的志愿军人大量加入，他们革命情绪高涨，但缺乏训练，武器也不足。1792年瓦尔密战役获胜，法国杂牌军挡住了欧洲最强的普鲁士军，军心大振。但事实上，法军并没有打败普军（布伦瑞克自己退兵，见上文"说故事"），指挥、训练、军备的问题仍然存在。1793年内尔温登之败，使法军的军纪、组织问题更暴露无遗。

在战术上，法军仍用路易时代复杂的行军、布阵方程式，这需要训练有素的士兵、军官、将领之间的紧密合作。但实情是法军有的是士气（但也不一定能在战场上长久地坚持），缺的是训练和武器，有远见卓识的军事学家和将领都知道一定要创建新的组织和战术去适应这些条件。此中，以拉扎尔·卡诺[1]为首。

国民公会交给他重组军队的重任。他理解法国与全欧为敌（也可以说全欧与法国为敌），众寡悬殊。志愿军虽然四方涌至，但人数仍然有限，除非在兵源和组织上有所突破，不然寡不敌众。于是，在1793年2月他下令全国征兵30万，各省各区分配名额（这也是旺代地区保教会、保王派叛变的主因）。虽然这并未改变内尔温登战役的败绩，但为日后法国的胜利铺了路。[2] 到8月，在卡诺的坚持下，国民公会更颁布了总动员令："从此刻开始到共和的敌人完全被驱逐出法境为止，所有法国人需要为军队服务；年轻男人要战斗；已婚男人要造兵器和运输军备；女人要造军帐、军服，并到军队医院服务；孩童要把麻布做的旧毛布、桌布、衣裤做成纱布；老人要到公园和广场去鼓舞士气，宣讲对君主的仇恨和对共和的认同。"

在战术上，法国也走出新方向，主要是"人海战术"。路易时代的"长蛇阵"（L'ordre mince，可译"薄阵"）改为"深纵阵"（L'ordre profond，可译"厚阵"）。由士气高昂、训练有素的士兵充当前锋，通过游击战术,以隐秘伏击去切断敌人的长蛇;政治意识比较弱、战斗经验比较差的为"正规军",以营(battalion)为单元,用压倒性的人数和"大锤重击"(battering ram)的方式去摧毁被游击所削弱的敌军队伍。步兵为战斗主力,以一营老兵(路易时代训练出来的)配两营新兵(志愿军、新征军)组成混合旅(demi-brigade)。这种混编方式充分利用了老兵的军纪、训练优势和新兵的人数、士气优势。但军械和弹药仍是问题,甚至有人空手上战场。炮兵是最稳定的兵种,因为早在路易时代已经是以中产阶层(有别于贵族阶层)为指挥骨干、训练有素的军队,并在瓦尔密一役立下大功。骑兵受革命影响最大,因为在路易时代以贵族为主,改组后仍是法军中最弱一环,在内尔温登一役中弱点尽露。"空军"主要指的是侦察气球,主要运用在双方炮战中,弗勒吕斯一役中起到了扭转乾坤的作用。

1793年3月18日的内尔温登一役,迪穆里埃战败投奥。奥军南下进逼巴黎。西南方面,保教会和保王派叛乱割据(近因是2月的征兵令,见上)。巴黎政局大变,吉伦特派失势,山岳派主政,大权握在公安委员会手上。此时,卡诺重组的法军开始发挥威力。到1794年,法军南北两线作战。在南面,攻入西班牙;在北面,与奥军在比利时战场再做龙虎斗。奥联军(奥地利、汉诺威、荷兰共和国)先发制人,法军顽抗。5月中,法军集结近10万兵力,要取回要塞沙勒罗瓦,罗伯斯庇尔派亲信督师。6月12日,7万大军围城。6月16日,4万多奥联军的援军开到,在雾中把法军赶走。6月18日,法军重整,再来夺城。守军顶不住,在6月26日投降。此时奥联军主力5万多人刚好赶到,只是晚了一步。

奥联军决定兵分五路,进攻法军阵地。此时,法"空军"开始发挥作用,侦察气球不断向地面报告奥联军动态。联军虽然压制法军两翼,迫使法军后退,但法军中军稳定,开始还击联军。苦战15个小时后,联军斗志尽失,遂退。这就是弗勒吕斯"大捷"。对法军来说这是个意外的胜利,但对联军来说这却是最后一击,从此联军退出奥属尼德兰,拱手让给法国。[3]

其实此役法军伤亡达五六千人;联军伤亡数字有不同估计,从千余人到 5000 人，可以说是损失对等，但战略意义重大。联军撤退后，法军长驱直入，到 1795 年底彻底粉碎荷兰共和国。从此，法军长期保持战场上的主动，直到 1797 年革命战争转为拿破仑战争。此役政治上的意义更大：恐怖统治的合法性是共赴国难，如今外敌已退，内乱又平，恐怖统治就没有存在的必要了。

公安委员之间的共识随之消失，内讧开始。1794 年 6 月 29 日，俾约·瓦伦与科洛·德布瓦指责罗伯斯庇尔独裁。罗伯斯庇尔在雅各宾会上说，国民公会和公安委员会中有人谋害他；稍后又说他已有策划阴谋者名单，但却拒绝说出他准备逮捕的人。7 月 26 日，他在国民公会激情发言，声明将要逮捕策划阴谋者，但又未点名，俾约·瓦伦在会上坚持要罗伯斯庇尔说出名字，国民公会把此事交给公安委员会处理；27 日，罗伯斯庇尔被捕，号召长裤汉拯救，又因巴黎革命军已被解散（铲除埃贝尔派之后），长裤汉们群龙无首；28 日，罗伯斯庇尔不经审讯被送上断头台。这跟弗勒吕斯大捷相隔仅一个月。同一天，巴黎革命公社被废，恐怖统治结束，史称热月政变。

罗伯斯庇尔是"恐怖统治"的同义词。生前被称为"廉洁者"（Incorruptible），死后人们对他褒贬不一。政治理论上他属浪漫派，政治行为上他是现实派。他认为整个法国的文化要完全改造才能配得上共和（卢梭式的共和），也就是要法国人从子民（国王的财产）转为公民（国家的主人）。文化是他的使命，德行是他的焦点，政治组织是他的手段。他对政治组织的敏锐使他能长期置身于权力中心。

他小时候品学兼优（与德穆兰是同学），专修法律，崇拜卢梭和孟德斯鸠，特别相信建立在"良知"上的"个人德行"（virtuous self）。他相信法国人基本是善良的，提升国民品质是可能的。他在家乡曾被委任为法官，但因为看不惯严刑峻法，最后决定还是做律师，特别是为贫困的人打官司的律师。他的学问文章都很有名，屡屡得奖。

大议会召开前夕，他成功争取到家乡第三等级代表的名额。初到凡尔赛（大议会当初的会址），他是无名小卒。但很快，他的为民请命，特别是为巴黎的下层人士奔走发声的举动，逐渐受到众人瞩目，但也同时被打为左派（相对以资产阶级利益为主导的绝大多数代表）。米拉波讽大议会中左派人数少得可怜，称呼他们是"三十个声音"（"the thirty voices"，相对于第三等级的 610 名代表或大议会全体的 1204 名代表）。

他加入了雅各宾会（当时是米拉波做主席，他则是在 1793—1794 年才当上主席的）。当初的雅各宾会是法国西北部布列塔尼地区代表们的组织。国民会议会址在 1789 年 10 月 5—6 日从凡尔赛宫被迫迁到巴黎之后，成员开始扩大到巴黎的中、上资产阶层，慢慢地，中、下层的小店主、工匠等也进来了。[4] 罗伯斯庇尔有如鱼得水之感。1791 年 9 月 30 日，在国民会议解散之日，巴黎市民表扬他[5]，称他为不能被腐化的爱国志士，坚守纯正的原则，过朴素的生活，而且不受贿赂、不图功名。[6]

1792 年初，战与不战之争分裂了左派，从此，雅各宾派（山岳派的主要成员）与吉伦特派互成敌对。当时，罗伯斯庇尔属少数——绝对少数。他坚持战争只会对反革命有利。他特别担心战争会增强将领们的政治野心。"如果他们是恺撒或克伦威尔[7]，他们会直接夺权；如果他们是那些没有意图做好事，但做起坏事来很险恶的无耻弄臣，他们会把弄到手里来的（军）权力献给他们的主子；如果主子赖此复辟，他们就是大功臣。"罗伯斯庇尔认为战争不是散播革命理想的好方法。"一个政治家脑袋中最异想天开的意念就是相信，只要一个国家去侵略另外一个国家，就可以使被侵略的国家接受它的法律和制度……没有人会欢迎武装传教士的……《人权与公民权利宣言》不是一束可以同时射击所有王座的电光……我绝对不会说我们的革命不会有一天影响全球的命运……但不是今天。"但是，由吉伦特派支配的立法大会最后还是宣战了。

战争失利，罗伯斯庇尔担心他所认为的反革命分子拉法耶特会趁机政变（帮助路易复辟，或自己独裁）。在这件事情上，丹东与罗伯斯庇尔完全是同一阵线。拉法耶特则指责罗伯斯庇尔太激进，并建议打压雅各宾派。

1792年8月10日，丹东领导比雅各宾派更激进的科德利尔派，发动长裤汉进攻杜伊勒里宫，一天之内瓦解王朝。

接着就是如何处置路易的问题。当权的吉伦特派人数多但组织散漫，它感觉到占少数但组织严谨的雅各宾派及与其同一阵线的科德利尔派的威胁，尤其是他们背后的长裤汉，于是就展开一连串对罗伯斯庇尔的攻击。从他的自辩中可以看出典型的罗伯斯庇尔式的自信——对他自己的信仰和能力的信心。

在雅各宾会里，他这样说："指控我的人说我控制雅各宾派人的意见，也就是等于说我是意见独裁。首先，我不知道什么叫意见独裁，尤其是在这个由自由人组成的社团里……除非是指此人对某些原则的坚持。老实说，这份坚持不是属于此人的，而是属于普世理性和所有愿意听从普世理性的人。它属于国民会议的同志们，立法大会的志士们，和所有捍卫自由的人民。不管路易十六和他的同路人怎样说，经验已经证明，雅各宾派和所有民间政治社团的意见就是法国的意见，它不属于任何一个人，我也只不过恰好同意这些意见而已。"

在吉伦特派支配的国民公会上，他如是说："我无须提醒你们，我们之间的分歧只有一个原因：你们本能地为政府辩护，而我则本能地为真理辩护；你们想有权力，而我们想有平等……你们为什么不起诉那些仿效我们的巴黎公社、立法大会、巴黎各区和全国各省的议会？所有这些都是不合法的，正如大革命是不合法的、推倒王朝是不合法的、攻占巴士底狱是不合法的，正如自由本身就是不合法的……公民们，你们想有一个不用革命的革命？要迫害那些把我们从枷锁中解救出来的人，这是个什么道理？"

有关路易判罪，罗伯斯庇尔的名言是："如果假定路易无罪，那么革命是什么？如果路易无罪，拥护自由的人就是在诽谤。公民们，小心！你们被虚假的理论愚弄了，你们混淆了人为法律所指定的权益和人权的基本原则；你们混淆了一个通过处分政治人物去保存政治制度的国家和一个破坏自身政治制度的国家。在这个非常时期，我们需要依靠一些我们从未实践过的原则，可是我们却在墨守成规。"

在处死路易的过程中，罗伯斯庇尔表现出他对"理论"的重视，他要为他的一切言行找到理论基础。"对我自己来说，你们（国民公会）的死刑法是令人难以忍受的；至于路易，我对他没有爱，没有恨；我只是恨他的罪。我曾经在立法大会上要求废止死刑，我不怪你们认为我这个理性的第一原则是个道德和政治的异端……也不怪你们在这个充满邪恶的时代放弃这个原则。但是，为什么你们在处置罪大恶极的路易时倒想起了这个原则？你们为什么要为他法外开恩？是的，在一般情况下，死刑本身是罪恶，因为它违反了大自然的不灭原则，只有在保护自身和社会的安全时，才有例外。一般的罪行从来不会危害大众的安全，因为社会总有其他办法保护自己，使犯法者不能危害它。但是，一个在革命中被推翻的国王（这场革命仍要依靠法律去巩固），一个单凭他的名字就可以号召诸国来侵犯我们的国王，单靠下狱或放逐是无法保证他的存在不会危害大众幸福的。我们才不得已要在法律的公义原则之外做出例外判决，这只是因为路易罪行的性质与一般案件完全不同。很遗憾，我要说出这个致命的真理：路易必须死，只有这样这个国家才可以生。"

路易一死，左派的共识消失，罗伯斯庇尔（乃至雅各宾派）处于夹缝之中，左边是在进攻杜伊勒里宫和处死路易上出尽风头的科德利尔派和由他们支配的长裤汉[8]，他们想夺大权；右边是因对外宣战而失利和因路易被处死而失威的吉伦特派，他们想维持在国民公会中岌岌可危的当权地位。罗伯斯庇尔为革命、为己身，就得恰当地处理来自左右两面的压力。他明白要推进革命就要消灭吉伦特派；要维持平稳就要控制科德利尔派，特别是科德利尔派的权力基础——长裤汉。事后来看，他的高明之处在于先让渴求平等（尤其是经济上平等）的长裤汉去消灭制造新不平等的吉伦特派（为中、上资产阶层利益服务）；事成之后，他就利用国民公会与长裤汉之间的互相猜疑和顾忌来增强公安委员会对双方的支配。他先向国民公会展示公安委员会后面有长裤汉支持，借此使国民公会就范；他又向长裤汉展示公安委员会可以促使国民公会去满足他们的诉求，借此使长裤汉听命。罗伯斯庇尔的手法是在不太损害中、小资产阶层利益（也就是国民公会和雅各宾派的利益）的大前提下尽量满足长裤汉的平等和民生诉求。他的如意算盘是借这套互惠互制的手段去确保革命平稳过渡和维持公安委员会，当然也包括他个人的领导地位。

罗伯斯庇尔终于成为权力中心，具体过程如下。1793年3月，科德利尔派的德穆兰（丹东的搭档）出版《揭开布里索的面具》，为打击布里索和他领导的吉伦特派铺路。此刻，外敌、内乱冲击国民公会中当权的吉伦特派。经丹东的斡旋，国民公会相继建立了革命法庭和公共安全委员会。[9]到5月，罗伯斯庇尔和丹东示意德穆兰出版《布里索派的历史》，疯狂进攻吉伦特派。那时刚好碰上巴黎闹粮荒（大部分人将此事归咎于富商囤粮），长裤汉暴动频频。吉伦特派把持的国民公会下令设立十二人委员会（所有委员都是吉伦特派成员）去统筹应对，并捉拿埃贝尔等激进分子。由长裤汉支配的巴黎革命公社要求立即释放被捕的"爱国志士"，并点名22个吉伦特派的国民公会代表，要求国民公会开除他们。吉伦特派做出强硬反应，警告巴黎长裤汉不要轻举妄动，尤其不要针对来自外省的国民公会代表（吉伦特派的权力基础），否则会被严肃对待（语气令人想起当年外敌普鲁士的布伦瑞克宣言）。5月27日，罗伯斯庇尔与丹东呼吁巴黎起义。几天后，长裤汉就逮捕了吉伦特派。罗伯斯庇尔在当时的手记中写道："我们需要的是一个统一的意愿，它不是共和就是保王。如果是共和就一定要有共和的官员、共和的报刊、共和的政府。我们的内部危机来自中产阶层[10]，要打败中产阶层就一定要发动群众……群众一定要靠拢国民公会，国民公会一定要利用群众。"罗伯斯庇尔的统一的意愿就是卢梭的"共同意愿"。

早在1789年提出颁布《人权与公民权利宣言》动议时，罗伯斯庇尔的立场就已经非常清楚。"人民就是主权，政府是它的产品和仆人，官员是它的助手……法律是人民意愿的庄严体现……没有任何人或团体可以行使全民的权力，但这些人和团体的意愿应该被尊重，并应被视为共同意愿的参考……当政府侵犯人民的权利时，全体人民和每一部分人民都有神圣的权利和必需的责任去起义……"这里，罗伯斯庇尔的主权理念完全是卢梭的：全体人民是主权所在；他们的缄默代表对政府合法性的认可；法律是共同意愿的体现，它的合法性来自它对共同意愿的代表性。但是，这个代表性（合法性）是由人民裁定的。人民有自由在任何时刻通过起义去撤销法律的合法性。[11]

确实，中、上阶层的吉伦特派被群众，特别是由科德利尔派发动的群众制住了。罗伯斯庇尔被调入公安委员会，开始踏入他事业的"高峰"。

此时，内外战事不利的消息不断，巴黎的粮荒仍在，粮价居高不下。长裤汉骚动差不多无日无之。[12] 9月5日，以公安委员会为中心的恐怖统治正式登场。当时的公告这样写道："此刻，是平等的大镰刀架在所有人脑袋上的一刻。此刻，是吓窒所有阴谋者的一刻。为此，立法代表们把恐怖二字放在这天的议程上！让我们把自己放在革命之中，因为我们的敌人在到处制造反革命。法律的刀锋要在所有有罪者的头顶上悬旋。"

罗伯斯庇尔把恐怖与德行（共和德行）放在同一地位："恐怖只不过是立时的、严峻的、不让步的公义。"（见"说故事"）这是典型的罗伯斯庇尔语言，它把所有的政治理论与行为都置于德行、道德、正义、公平之上，并且坚定地申明要不惜生命去挽救革命，因为他坚信不断革命的理论。

罗伯斯庇尔聚焦于德行，与卢梭完全一致，他认为共和的成败就取决于德行。德行使人看清共同意愿，并能使共同意愿转化为法律。德行就是高尚的情操，而"大众利益取代私人利益是需要高尚情操的"。可以说，在道德层面上，德行就等于共同意愿，因此，由德行而生的法律一定是好的。"坏法律与坏管理是源于伪原则和坏道德。"他坚信德行是"旧制度"转向共和的关键理念。[13]

从罗伯斯庇尔的观点去看，个人与整体都需要改造。"我们想有一个这样的社会秩序：通过法律去约束所有卑劣和残忍的欲望，唤醒所有仁慈和慷慨的情操……所有的灵魂会因共和情操的不断灌输而增长。"他认为人是内存道德性的（这点与丹东很相似）。在《论革命政府的原则》(*On the Principles of Revolutionary Government*，1793 年 12 月)中，他是这样说的："德行是简单、朴实、穷困，常常是无知，有时是粗鲁；它是不幸者的专利，是人民的传统。"可是，虽然人民是有德行的，但有些人会堕落。因此，应立法鼓励个人向善。因此，他在《论政治道德的原则》(*On the Principles of Political Morality*，1794 年 2 月)中忠告国民公会代表们："因为共和的灵魂是德行、平等，而你们的目的是建立和巩固共和。为此，你们的政治行为的第一原则就是所有的行动都应该为了维持平等和发展德行……因此，你们应该采取或实行任何可以激励热爱国家、净化道德、升华灵魂和把人心引导向公益的行为。任何引导他们趋向自我与卑鄙、对小事兴奋而对大事轻蔑的东西，你们都要拒绝和镇压。"这就等于说，虽然人民是道德的，可以决定共同意愿，但政府应该通过立法去培养德行和压抑恶行。这样，通过人民本身的德行和政府对这些德行的不断提升，国家就可以不断自我更新。为此，罗伯斯庇尔以不屈不挠的精神、严酷无情的手段去根除所有有损共和的人、事和制度。他视恐怖统治为公义、暴力和德行的结合，是实现卢梭共同意愿的手段。在追求人民的纯洁中，罗伯斯庇尔忽视每个人民需要为此付出的代价，他追求一个无人能达的完美公民理想。

到此，大革命进入独裁。日后，罗伯斯庇尔有自辩："'独裁者'这个词有一种魔力：它抹黑了自由，它诋毁了政府，它毁灭了共和，它归于一人从而贬低整个革命政府的架构，它为国家的法律带来臭名。"但他仍主张权力集中于革命法庭和公安委员会，以保护革命。这是他在《论革命政府的原则》中的看法："政府的功用是引导国家的道德力量和物质力量去达成它被赋予的目的，宪政政府（constitutional government）是去保存共和，革命政府是去建立共和……宪政政府关心的是国民自由，革命政府关心的是国家自由。宪法系统下，主要保护个人免被政府滥用权力压迫；革命系统下，政府要自我保护，免受不同派系攻击。革命政府有责任保护良民，对人民的敌人它的责任是屠杀。"同时，他更认为革命政府是"有控制的"：

"它也有它的规则,这些规则完全出于公义和公安。它绝不是无政府和失序;相反地,它的目的是镇压无政府和失序,并赋予国家以法治。它绝不是独行独断的统治;它不应以个人欲望为导,应以大众利益为导。"他没有遵从卢梭所说的"强迫自由",但他说:"一个立法者对人民的最高服务就是强迫他们做老实人。"同时,他认为道德德行,也就是所谓"老实人"的德行,是人民参与政事的先决条件,也就是自由[14]的先决条件。因此,虽然他没有提倡"强迫自由",但他认为政府的重要作用是引领离群的羊回栈。

在罗伯斯庇尔主持下,恐怖统治好像马上见效,外敌被挡住了,内乱也平息下来(这跟长裤汉被收编入正规部队,增强了士气很有关系),一连串的经济政策也改善了民生,尤其是巴黎的民生。极端分子的作用锐减,相对地,极端分子的极端诉求开始对公安委员会构成威胁。罗伯斯庇尔必须得收拾他们,尤其是支配长裤汉的埃贝尔派。[15]加之,埃贝尔派强烈反宗教,而有泛神倾向的罗伯斯庇尔(跟卢梭一样)相信宗教有稳定人心的作用,这让罗伯斯庇尔很担忧。1793年11月10日,埃贝尔在国民公会的旗帜下率众举行"理性崇拜"大典,罗伯斯庇尔要动手了。他支持德穆兰写《旧科德利尔》去攻击埃贝尔的极端行为。[16]埃贝尔当时意气风发,非但不以为意,更想乘机把仍有相当势力的丹东派(包括德穆兰)打倒,挫挫罗伯斯庇尔的锐气,结果是丹东派和罗伯斯庇尔联手扳倒了埃贝尔派。[17]

埃贝尔与其党人被捕,极左势力被清除了,但同时极左派与温和派之间也失掉了平衡。公安委员会不能让温和分子动摇革命;罗伯斯庇尔不能让温和的丹东派威胁公安委员会。他不念丹东派助他铲除埃贝尔之功(尤其是德穆兰的笔),以及丹东、德穆尔与他长期的战友之情(他虽然与丹东性格不合,但一直共同进退,而且德穆兰与他更是同窗好友),断然把丹东派送上革命祭台。埃贝尔被捕后才过了10天,丹东、德穆兰等人就被拿下了。

至此,罗伯斯庇尔可算是大权在握,可以实现他的理想了,他念念不忘建立一个卢梭式的、泛神主义的革命宗教。卢梭的《民约论》最受他那个时代当权者的批判,其原因可能就是他的"国家宗教"(civil religion)。

他分了三类宗教。"个人的宗教"（religion of man）聚焦于个人与神的关系。卢梭很赞赏这类宗教，甚至说他自己也信奉它，但他指出这类宗教会损害国家，例如一个信仰基督的人只关心灵魂和世外的幸福，因此愿意接受世间的苦难，祈求天堂的赏报，而一个国家则更需要它的国民为国家的强大与安全奋斗和作战。第二类是"国民的宗教"（religion of the citizen），是国家的官方宗教，有它的教义和仪式。它结合教会与国家的利益，教导国民爱国和守法。但这会使宗教堕落，以官样的教条和仪式取代真心和诚恳的礼拜，并且养成对别的国家和宗教的不容忍和暴力。第三类是卢梭狠批的当时的天主教会，因为它的教规与国法往往是竞争与对立的关系，以致两者互相掣肘而不能执行。卢梭的建议是第一、二类宗教的妥协：只要不损害公众利益，个人可以自选宗教。但所有国民都应该向"国家宗教"宣誓效忠。这个宗教只需有几个简单理念：神存在、灵魂不灭、赏善惩恶、民约与法律神圣、宗教容忍。卢梭承认"国家宗教"的灵感来自古代文明，指出自古以来，不同民族都有他们的保护神和民族起源的神话，宗教是民族团结和传统的黏合剂。他的"有神论"使他与很多（无神论和泛神论）启蒙思想家格格不入。

罗伯斯庇尔推动国民公会成立一个正式的国家宗教："最高存在者崇拜。"[18] 成立大典的那天，罗伯斯庇尔身披大蓝袍，下穿金裤子，率众到战神广场（为庆祝大典，巴黎全城出动。[19] 战神广场在当天被改名为"重聚广场"，即 Field of Reunion，可能是为了纪念战神广场大屠杀的牺牲者）。他如大司祭般宣读祭文："他在人心中刻上正义与平等的永恒之手，不也在人的心里写下暴君的死亡状吗？不也在宇宙初开时就颁布给全人类自由、忠诚和公义吗？他没有创造吃人暴君；他没有创造教士去把我们像畜生一样拴在君王御驾的战车旁边，使我们变得卑鄙、倨傲、贪婪、放荡、虚伪。他创造宇宙去显示他的大能；他创造人类去彼此帮助、相亲相爱，通过德行去得到幸福。"大典中，他容光焕发，谈德行，谈自然，驳无神论。踌躇满志的罗伯斯庇尔从高高的祭台上走下来时，有人说他像摩西从西奈山下来向犹太民族宣布十诫一样，在许多人心中，他在神化自己。

罗伯斯庇尔末日的到来快得令人难以置信。恐怖统治期间，公安委员会派出到各地督军和镇压的政治指导员往往是"酷吏"，地方上怨气冲天，甚至被逼得从支持革命转为反对革命。罗伯斯庇尔想控制局面，就被早存反意的激进分子视为"姑息"。1794年4月，若干激进的督军被召回巴黎"述职"。他们闻风逃脱，潜返巴黎，一方面散播罗伯斯庇尔准备向国民公会开刀的谣言，一方面筹划推翻罗伯斯庇尔。罗伯斯庇尔当然知道位高势危，在暴力时代政治斗争更是杀机重重。5月27日，在他住所附近有人持械被捕，他更加杯弓蛇影。《新嫌疑法》在6月10日出台——不用实证，稍有嫌疑就可以入罪，人心更加惶惶不安。极端分子，温和分子，甚至保王分子和关键的骑墙派都因为惧怕罗伯斯庇尔而合谋害他，终于在1794年7月27日引爆热月政变。罗伯斯庇尔清除了布里索、埃贝尔、丹东，而这次羽翼尽失之下却要被狐群狗党干掉了。

埃贝尔与丹东尽除，罗伯斯庇尔理应安然无忧。在不断革命中，他想做最强者，更想彻底改变法国人。他有的是才干，缺的是魅力；他能以辩服人，不能感动人。他有理论，有组织能力，有魄力，唯独没有吸引力。相对来说，布里索有书生的纯，埃贝尔有无所顾忌的狂，丹东有慑人的勇，"不能被腐化"的罗伯斯庇尔却有点冷。更糟的是，他固执、多疑，致使周围的人，无论是顺他的还是逆他的，都没有安全感。

布里索的贫血式共和无法给革命画上一个满意的句号，定下了不断革命的基调。不断革命到罗伯斯庇尔这里正式终结。他力压群雄，是最后站着的一个。他是个极富理想的革命家，但他的理想只是卢梭式的理想；他也是个极度现实的政治家，但他卷入其中的政治却只是朋党式的政治。浪漫和矛盾的卢梭使罗伯斯庇尔在每次的斗争中都可以自圆其说地站在政治道德的高尚台阶上。

在处理布里索一事上，他认为布里索的中、上阶层共和不能持久，他要为民请命，并引用卢梭的《论不平等》："他们（中、下阶层）的革命差不多永远是把自己送到唆使他们革命的人手里，徒增他们的枷锁。"为此，他联合埃贝尔、丹东去整布里索，显然合情兼合理。在处理埃贝尔一事上，他不认同埃贝尔的篡夺与暴力，但又需要他的长裤汉去巩固共和。理性崇拜是埃贝尔最后的篡夺，要消灭整个法国民族的宗教信仰，罗伯斯庇尔认为这有碍共和。他在卢梭的"国家宗教"里找到理论支撑：宗教应该顺应民心。于是他在这个道德高地上，联合丹东向埃贝尔开刀。在处理丹东一事上，他对丹东又敬又怕。丹东力主宽容，对恐怖统治的批评日甚一日，无形中挑战了恐怖统治的权威，况且在埃贝尔倒台后，丹东的作用已失，而残留的埃贝尔派的怨气也要安抚，因此，在此刻扳倒丹东变得顺理成章。

　　罗伯斯庇尔独特的理想原则和弹性的朋党组合使他成为当时朋党政治的最佳导演。每上演一场政治整肃，他都能掌握理论上、结盟上、行动上的主动。他的政治理论偶像是卢梭。他把卢梭的共同意愿演绎为恐怖统治的终极目的，他为自己打造"廉洁者"的道德光环。他确实廉洁，他也相信自己廉洁，但他也确实利用了这个光环去推行他的政治理想。可惜，他成于朋党，但也败于朋党。革命初期，他从差不多是孤军作战的唯一左派，靠着雅各宾会缔造出一批与他共同进退的同道者。不断革命背景下，他不断地化友为敌，除了布里索，他还杀鸡儆猴式地灭了埃贝尔，兔死狗烹般除了丹东，直到差不多无朋无党，就被狐群狗党吃掉。以理论家、雄辩家自居的罗伯斯庇尔，事前周密策划，事后清晰分析，但在事发过程中，生死关头，竟然结结巴巴，转过身来向他从来看不起的右派哀号："右派代表们，讲正义的人，讲道德的人，我的刺客不给我发言的机会，请你们给我机会吧！"

注:

1. 拉扎尔·卡诺（Lazare Carnot, 1753—1823），数学家、工程师和军事专家，尤其精通军需和战略。他出身贵族，但早就有浓厚的共和意识。作为立法大会和国民公会代表，他是主张处死路易的，法国征兵制度由他制定，故有"胜利组织者"之称号。1793 年 8 月 14 日，他成为公安委员会委员，主持军事，他并不反对恐怖统治，在公安委员会中他属于"技术分子"，热月政变中他也加入反罗伯斯庇尔阵营。之后，他是五人执政团成员之一，拿破仑掌权时委任他为战争部长，但当拿破仑称帝时，他就辞职退休。到拿破仑侵俄失败而大撤退时，他又为保国而复任。拿破仑彻底失败后，他被流放，死于普鲁士。

2. 到 1793 年中期，法军人数为 65 万，在欧洲已是空前的数字，到 1794 年 9 月更达 150 万。

3. 有史家认为联军后撤是因为奥地利有意把注意力东移，以应付俄国。

4. 他们的政治意识都是比较左的。这样一来，比较右倾的，尤其是有保王意识的雅各宾派成员就越来越被边缘化。到 1791 年 6—7 月，这些右倾分子脱离雅各宾会，另组"保王派"斐扬会。其实，直到 1791 年 6 月 20 日路易潜逃被捉，罗伯斯庇尔自己的立场也是"非保王也非共和"（当时很多人都有类似立场）。

5. 除了他之外，另外一个被表扬的是佩蒂翁（Petion），在 1791—1792 年被选为巴黎市长，第二次革命之后属吉伦特派。

6. 1791 年 5 月 15 日，他在国民会议提出的现任代表不能在下一届重任的动议成功获批，这些不能重任的代表当然包括他自己。

7. 从革命者的观点去看历史，两人都是独裁者。前者破坏罗马共和，后者以共和之名行独裁之实。在罗伯斯庇尔心目中，掌军权的拉法耶特就是这类人物。

8. 在此刻，科德利尔派还是被丹东和德穆兰把持（日后才被埃贝尔派篡夺），但长裤汉的战意和战力在不断增长，对平等和民生的诉求也在不断上升。

9. 这些日后恐怖统治的政治组织工具是丹东创造的，但被罗伯斯庇尔所用。

10. 当时的政治人物个个都以贫下阶层自居、自称。衣服、说话、举止都以长裤汉为榜样，起码在公共场合如此。

11. 但与卢梭不同的是，罗伯斯庇尔聚焦于共同意愿的反面："法律用来阻止对共和的损害。除非是起义，也就是代表全民的反对，不然每一个国民要像信仰宗教一样服从法官（法律的代言人）和官员（法律的执行人）。也就是说，人民只有整体权力——一起使用的权力——不然他们就是个人，是法律的子民。"罗伯斯庇尔还认为，全体人民是主权所在，而全体人民包括立法代表和普通公民，因此，共同意愿与个体意愿会有不同演绎。这点他要到恐怖统治时期才澄清。罗伯斯庇尔对立法代表是这样说的："国民公会对所有它关心的事情和所有影响革命的事情都会做庄重的讨论，我们恳请国民公会不要让任何人和任何隐藏的利益群体篡夺共同意愿和不灭的理性。"他知道如果代表们把个体意愿放在共同意愿之上，革命就会停顿。对于普通公民，他这样说："当同胞快要饿死的时候，没有人有权去囤粮……活命所需的东西是全社会共有的财产……损害同胞的投机不是商业，是强盗行为和谋杀兄弟的恶行。"

12. 这也显示长裤汉有自身的利益。公安委员会对他们有利时他们愿意被调动，对他们不利时他们就不会听话，甚至抗拒、作乱。

13. 在《论政治道德的原则》中，罗伯斯庇尔这样说道："在我国，我们想以道德取代自我，笃实取代荣誉，原则取代权宜，责任取代规矩，理性指引取代时尚跟风，蔑视邪恶取代蔑视不幸，自尊取代傲慢，灵魂的伟大取代虚荣，爱荣誉取代爱金钱，勤劳取代诡计，聪颖取代机巧，真理取代才智，快乐的魅力取代奢华的无聊，伟大的人类取代小家的大人物，一个宽仁、强大和幸福的民族取代一个痴顽、轻浮和可怜的民族。总而言之，以共和的一切德行和奇迹取代王朝的一切邪恶和荒唐。"他甚至视德行为政府的基石，"不道德就是不政治（impolitic，可译'失策'），邪恶就是反革命"。

14. 罗伯斯庇尔谈的自由不像自由主义那般，从政治、经济到道德无所不包（参看《西方文明的文化基因》），他单指跟其他人平等参与政事的自由，甚至可以说只是政治平等而已。

15. 支配长裤汉的科德利尔会分裂为元老丹东领导的丹东派（保留原有的共和理想，但缩减了暴力手段，因此被对手打成姑息派）和后起的埃贝尔派（比原来的科德利尔会更激进、更暴力、更能发动长裤汉，自视为"新科德利尔"）。罗伯斯庇尔左右平衡，使它们互相牵制。

16. 可以说罗伯斯庇尔利用德穆兰恰到好处：（1）科德利尔会是德穆兰和丹东一手弄起来的，如今，埃贝尔"篡夺"了他们的领导地位；（2）原来激进的德穆兰开始厌倦激进，走向温和，被埃贝尔派打为"姑息"。因此，于情于理德穆兰攻击埃贝尔都是不遗余力的。

17. 那时，罗伯斯庇尔与丹东还没有决裂，并相当认同丹东与德穆兰对恐怖统治中无辜牵连者的"宽容"心态。事实上，他也觉得需要区分有罪和无辜，而且无辜受害者的怨气也会动摇革命的热情。

18. 法案共15个条款，主要有：
（1）法国人民承认最高存在者的存在与灵魂不灭。
（2）承认崇拜最高存在者的最好方法是承担做人的责任。
（3）最重要的责任是憎厌不诚实和专制、惩罚暴君和卖国贼、帮助不幸者、尊重弱小、保卫被压迫者、尽量对邻人好、正义待人。
（4）举办庆典，提醒人有关神明的存在和它的尊严。
（5）庆典以革命的光荣事迹、人类的高贵德行、大自然的恩赐祝福来命名。
……
（13）肯定信仰自由。
（14）镇压任何贵族集会或任何有违公共秩序的活动。
（15）如果任何公开的崇拜惹出事故，比如以激进言论或反革命意见以及不公平、不合理暴力去引发事端，将会受到法律的严厉处分。

19. 庆典就像军事操演。早上5时，全巴黎响钟召集。每户人家以鲜花、彩带、锦旗装饰，然后在各区预定地点集合。14岁到18岁男孩带军刀、长矛或长枪，12人一批结成方阵，中央举起军旗。男人和男童手持橡树枝；妇女和女童身穿革命颜色的衣服，母亲们手持玫瑰花束，女孩手捧花篮。每区选派人员到大典的祭坛上站岗：10个男长者，10个母亲（穿白袍、右上左下挂三色彩带），10个15岁到20岁的女孩（穿着像母亲，还要把花朵扎在发上）；10个15岁到18岁的青年（持剑），10个8岁以下的男孩。8时整放炮起程；男、女分队，6人一排，女左男右，中间是男童。左右两队长短要保持一致。

第十一章　强人现身：收拾残局，拿破仑打散革命

　　强人现身，收拾残局，拿破仑几炮就打散了革命。

　　法国人革了有名无实的绝对君权，换来的是无名有实的绝对独裁。

　逞强是革命精英的特征，但强中自有强中手，最终做成革命吃人之局。最后，革命精英都被吃光了，只剩下假革命的夺权者，以革命之名，行夺权之实。

　罗伯斯庇尔一死，恐怖结束，保守势力马上抬头。若干前雅各宾派领导人被刺杀，白色恐怖开始。看来，法国大革命经历第二次革命、路易上断头台、左派之间的极端与温和之争、恐怖统治大痉挛，如今又回到革命初期的左右之争。保守力量暂居上风，但左派也在反扑，从1795年3月到5月，相继有长裤汉暴动和巴黎缺粮暴动；长裤汉进攻国民公会，被国民警卫军赶出；巴黎戒严，各地暴乱；国民公会下令解除雅各宾派武装；长裤汉再度袭击国民公会，国民警卫军成功解除长裤汉武装，暴乱参与者纷纷被捕。

　6月开始旺代地区保王分子再生乱，布列塔尼地区又发生兵变，并有英国支援保王军队，但都被政府军击散。到了10月，保王军在英军支持下向巴黎推进，巴黎保王分子响应暴动。拿破仑的机会来了。他用葡萄弹打散暴动，也同时打散了革命。

　此时，宗教也随之解冻。"清除基督教运动"迫使人民私下崇拜信奉，

大量教士被杀和被流放，致使无人执行教职（领洗、告解、婚配、弥撒等）。国民公会急于恢复社会和政治稳定，认为应把地下教会升回地上，遂正式宣布政教分离，也就是撤回政府对宗教的干预。教堂重新开放，没有宣誓的教士获释，宣誓和未宣誓的教士都可以在不违反共和法律的情况下执行教职。

但是，法国的历史和革命的历史证明，政与教实质上不能完全分隔开。宗教仍是个威胁。保王派的叛乱显示，保教会与保王很难完全分开。于是政府又恢复对教士的压迫，甚至再创"神与人之友"（Theophilanthropy）[1]的崇拜，但都无法收服民心，反而促使天主教徒凝聚一心。政府开始明白任何政权要获得民心就得为天主教保留一定的空间。这事要等到拿破仑与天主教会在1801年实现"和解"（Concordat）才算最终解决。[2]

拿破仑（Napoléon Bonaparte，1769—1821，大革命爆发时才刚满20岁）出身于科西嘉岛小贵族的中产家庭。10岁就进军校，对数学、历史、地理特别有兴趣（日后军事成就的基础）；15岁入法国军校（École Militaire，拿破仑是科西嘉人该校的第一人），炮兵科。[3] 因父亲去世，经济出问题，两年学位只用一年完成。

此君极懂创造和掌握机会，是个真正的机会主义者。革命前，他支持科西嘉脱离法国运动。[4] 革命开始，他认同雅各宾派的共和理念，并率领一团志愿军参加革命。法国进入"祖国危难"则为他带来一个大展身手的好机会，他被委任为法国正规军的一个团长（虽然他在科西嘉曾作乱攻击法军）。

1793年7月，就是吉伦特派被整，山岳派初尝大权，但叛乱四起之际，拿破仑写了一份支持共和的小册子（《博凯尔的晚餐》，*Le supper de Beaucaire*）[5]，得到罗伯斯庇尔的弟弟（奥古斯丁·罗伯斯庇尔）青睐，被委任为共和军保卫土伦的炮兵指挥官。他利用高地布阵，把英国援助保王派的军船赶出海港，然后再夺城，立下大功，升准将，并被公安委员会委任为意大利远征军的炮兵指挥。

第十一章　强人现身：收拾残局，拿破仑打散革命

1795年4月,他被西调去平定旺代地区保教会乱事,但只委任他指挥步兵,因为炮兵指挥名额已满。这可以说是降级,因此他称病不去,公安委员会给他安排了一个文职。热月政变,他也受牵连[6],被软禁。他力辩,两周后获释。但当军部名单发布时,他的准将军衔被革除,这回是因为他拒绝参与旺代战役。他的收入减少,前途也渐趋暗淡了。

　　但只不过两周以后,他又复活了。1795年10月3日,巴黎保王分子暴动,响应从西而来的保王军(英国介入)。国民公会震惊,拿破仑被邀请保卫国民公会会场杜伊勒里宫。他亲眼看见当年长裤汉逼宫时屠杀保护路易的瑞士卫队官兵,知道非用重武器不可,就命手下到军营找来大炮。10月5日,保王分子进攻。拿破仑几响大炮就打散了他们,死掉1400人,其他作鸟兽散。拿破仑成为救国英雄,从此名利双收,更被国民公会器重,被委任为意大利远征军统帅,开始他的霸业。

　　拿破仑的确是历史强人,不但在法国,甚至在整个西方世界,拿破仑都算得上强人。他的过人之处是懂得创造和利用时机,但也要其他相匹配的个性和条件。他的过人之处可以归纳为以下几点:

　　(1)好学,对哲学、地理和历史特别感兴趣。他策划战役时尽量搜集当地的地理、历史和文化信息,而且不耻下问,甚至亲自咨询战俘。

　　(2)善用兵。革命初期,贵族军官大批逃亡,但由于革命战争不断,有才智者的上升机会多的是。拿破仑的军事成就变成他的政治本钱。他打了60多场仗,只输过7场(都在后期,当然也都是致命的),他以行军迅速、以小击大、做事果敢著称。他对细节的关注是他与其他将领不同的地方。他的名言是:"军队是用肚皮打仗的。"他极为关注军队的装备和饮食,多次提示下属要注意军队的鞋子,因为这是急行军战术得以贯彻的先决条件。

　　(3)行军料事如神。他对战场的动态好像一目了然,胸有成竹,甚至可以预知敌人的下一步,甚至下几步行动。有人说他运气好,他的回应是:"我不需要运气,我需要我的手下有运气。"有时,单是他的名字就能吓退敌人。[7]

（4）一心多用。他可以同时向好几个秘书口述信件，有条不紊。任何时刻，都可以把当前的事放下而去处理另一件毫不相干的事。他精力旺盛，可以几天不休息，也可以在战场上找个空睡几分钟。他还有惊人的记忆力。一次，有一个指挥官不能确定部队走到哪里，与副将们在翻地图，拿破仑凭记忆告诉这个指挥官他的部队每一个单元的军力、所在地和以后三天的行军路线。

（5）懂宣传。他懂得创造、引导和利用民意。革命初期，他支持雅各宾派共和，稍后，他利用军功去引发人民爱戴，创造政治本钱，直到法国人自愿地、自动地请他做独裁者、做他们的主人，甚至让他离弃共和原则，恢复封建名号、恢复海外殖民地的奴隶制度。法国人好像对他着了迷，视他为革命的化身。难怪他说："革命已经过去……我就是革命。"他懂得媒体的作用，甚至亲自撰稿，夸大他的胜利，遮掩他的失败。虽然他是通过大选而取得领导权，但仍不放过在选举上作弊，伪造票数，以示民心向顺。

（6）迎合人意。他个人生活简单，但知晓人民醉心法国光荣，就穿华服、修宫室。他对宗教毫不热衷，但在埃及人面前他就是伊斯兰教徒，在革命分子面前他就是无神论者，在欧洲天主教徒面前他就是天主教徒。他是压人的强者，但也要有愿意被压的子民。

他特大的野心底下有特强的意志、理智和体力。这些组合产生出一种过人的魅力，使他大得军心、民心。就算在最恶劣的处境下，他都能鼓舞人心，为他卖命。他曾说过："决定胜利的是道德力量，不是军事力量。"就算他失败之后，百姓和部队仍愿意跟随他，这就是滑铁卢战役之后要把他囚禁在千里之外的圣赫勒拿（St. Helena）的原因，因为他的敌人不敢重蹈覆辙。他的敌人不会忘记：1815年2月，拿破仑从厄尔巴岛（Elba）逃脱，带着几百人重返法境，甫一登陆，就遇上派来捉他的兵马。他下马，孤身一人走向前，说："我在这里，如果你想的话，就来杀掉你的君皇。"来人马上易帜，簇拥着他浩浩荡荡开往巴黎。这才有滑铁卢一役。

有史家认为拿破仑是为欧洲走向现代奠基的"开明专制者"（enlightened

despot，典型的伏尔泰理想）。也有人认为他是在希特勒之前为欧洲带来最大灾难的"妄自尊大者"（megalomaniac）。一方面，他结束了革命后的无法无天和失序；另一方面，他也是暴君和篡夺者。卡莱尔从"英雄论"角度来看待法国大革命，聚焦于失序与秩序之间的动态转化："虽然很多现代英雄都是'革命性'人物（revolutionary men），但我们可以说每一个伟大人物，真正的人，都向往秩序，而不是失序。真的，一个真正的人去搞革命是很可悲的，因为革命就是失序。伟大人物的使命就是寻找秩序，其实每一个人的使命都是如此。他要把失序、混乱矫正为秩序、正规。他传布的教义是秩序……为此，所有的人类，包括法国大革命中疯狂的长裤汉，也一定是向往秩序的。我可以说，他们之中没有一个，即使在他最疯狂的一刻，不遵循一种内在的推动去走向秩序。他们不是在乱动，而是想找到一个中心去运转。'如果人类是人类，长裤汉的必然结果就是克伦威尔或拿破仑。'真是奇怪：在那反英雄崇拜的时代却有一个英雄现身……成功地稳定局面……革命的时代，当君主立宪制度正在被消灭和废除之际，克伦威尔、拿破仑出来，君临天下。"为建立帝国，他对人命的牺牲好像视而不见，毫不尊重国与国之间的条约和成规。有史家指出，拿破仑破坏国际秩序终使法国丧权辱国，还伤了国家元气，再也无力成为欧陆龙头。17年的战乱，欧洲600万人丧命，法国破产，海外殖民地尽失。也有人说，他带来的战乱使欧洲的经济落后了一代人。当然，即使拿破仑不打欧洲，欧洲会不打他？

　　姑且不论拿破仑的功过，卡莱尔曾一针见血地指出，"他就是长裤汉的必然后果"，而拿破仑则说："虚荣造就了革命，自由只是个借口。"这句话既可以说是拿破仑自己的写照，也能看见伏尔泰的影子。法国大革命废除了绝对君权，建立了共和政权，但到了拿破仑这里，法国人拿到的是假共和、真独裁。路易十六有名无实的绝对君权，到拿破仑终成为无名有实的绝对独裁。但在这个过程中，法国与西方就赔上了千万生灵。

注：

1. 很像罗伯斯庇尔的"最高存在者"崇拜。恐怖统治之后的督政府时代（从1795年11月国民公会解散到1799年11月拿破仑夺权），政事混乱，政客昏庸。保王势力膨胀，甚至有在议会选举上取得多数之势。督政府的5人执政团成员中，有3人获得军队首肯，他们在1797年9月4日发动政变，恢复雅各宾派的专制。"神与人之友"崇拜获得政府的大力支持，直到1799年11月督政府下台，拿破仑掌权，这一崇拜团体才被解散。

2. 这个和解对双方有不同益处。它承认"大部分法国人是天主教徒"，但没有给予天主教会特别的政治或社会地位，并同时承认信奉其他宗教的自由；主教由法国政府提名，教皇保留否决权，教会放弃索取在革命期间被没收和特卖的土地；国家发给教士薪水，但教士须宣誓效忠国家。总体上，拿破仑拿到的好处比教皇庇护七世的要多。谈判时只有拿破仑和教皇的代表在场，法国主教们，无论国内的还是逃亡的，都没有参与。

3. 这也是他的专长，1793年9月到12月攻陷保王基地土伦和1795年10月击退巴黎保王派暴动成为革命英雄，都是靠大炮。

4. 他是这么说的："我出生于国家破碎的时刻，3万法国大军倾泻在我国沿岸，潮水般的血淹没了自由的宝座；这就是我初懂人事所见到的触目惊心的情景。"

5. 这是记录他1793年7月住在博凯尔（Beaucaire）时的一件事。博凯尔在法国南部，与保王派据点马赛、土伦距离不远。晚上用餐，他与四个当地商人聊起来，发觉当地人与中央起冲突不是因为当地反对共和，更不是因为保王，而是他们不服气巴黎支配一切。拿破仑借此提出巩固共和之策。

6. 或许是因为他跟罗伯斯庇尔，尤其是他的弟弟奥古斯丁·罗伯斯庇尔的关系，也有可能是军中有人妒忌他而暗中告发。

7. 1806年，奥尔施泰特（Auerstedt）一役，普鲁士的弗里德里希·威廉三世率6万多兵马遭遇不到3万的法军，但当收到法军统帅是拿破仑的误报时，他就急忙下令撤退，被法军追击，溃不成军。

第三篇 论方法

文化基因的不同组合产出不同的文明现象。这些组合有没有逻辑？民族性格、时代心态、历史背景和关键人事会改变文化基因的组合。这些改变有没有规律？且看能不能从法国大革命的过程中找出来。

第十二章　关键人事与历史背景

　　时势造英雄，英雄造时势，不能缺一。人类历史是由人和事组成的，是人类经"历"过的"史"实。在大革命过程中，每个关键人物或事件都有与其因果相连的历史背景。

有史以来，人类就被"人"吸引，任何一个历史时代都有代表性的人物；任何一个历史时代的变更总有一些划时代的人物。这些人物以他们的魅力、机敏、智慧和政治手段，又或者由于他们的愚昧、卑劣、无知、丑恶，决定性地影响了历史的进程。但是，把这些人物作为历史研究的对象和对历史的解释，也就是"以伟人去论历史"[1]（the Great Man Theory of History），只是19世纪的旧事了。

卡莱尔说："世界历史只不过是伟人的行实。"通过他们个人的特征和上天安排的际遇，他们塑造了历史。他的《论历史上的英雄、英雄崇拜和英雄业迹》分析了几个"英雄"，包括穆罕默德、莎士比亚、路德、伯里克利[2]、拿破仑等。

这套历史观曾在19世纪大行其道。《大英百科全书》的第11版（1911年）就是以大量篇幅去详细描述历史人物，甚至把当时的经济、社会、科技、文化也作为名人传记的一部分，也就是把历史放在人物之内，而非把人物放在历史之内。[3]如果你要在那时的《大英百科全书》中去找罗马帝国灭亡之后欧洲人大迁移的史实，你还得到"匈奴王阿提拉"[4]的传记中去找。

很多 19 世纪的哲学家也走上这条"伟人"思路。尼采在《不合时宜的沉思》(*Untimely Meditations*, 1873—1876)中指出:"人类的最终目的是达成他的最优品种。"[5] 克尔凯郭尔(Soren Kierkegaard)在《恐惧和战栗》(*Fear and Trembling*, 1843)中是这样说的:"可以把跌倒的一刻变成站着和走着的一刻,可以把生命的乱动变成一种漫步,完美地结合超凡与平凡——只有这些为信仰而战的勇士才可以做得到——他们就是唯一和独有的天才(prodigy)。"

在黑格尔的理论中,这些英雄就是"世界精神"(World Spirit)的代理人,"世界-历史"(World-Historical)的化身:他们不是创造历史,而是开发无可避免的未来。"伟大的'历史性人物'(historical men)就是这样的人——他们个人的目的连接上世界精神"。卡莱尔就是这样说的:"大自然创造伟人,也创造所有其他的人,但不是用同一个模板……不同的人有不同的天赋,但我们关注的往往只聚焦于他们不同的际遇和处境。但际遇和处境只可以用来解释普通人做普通事。际遇和处境可以把一个有做工匠天赋的人做成为一个铁匠、木匠或石匠;但他也只可以是个铁匠、木匠、石匠,技止此矣……一个伟人是从什么际遇和处境产生出来?一个有英雄本质的人物,他将会成为一个征服者、君王、哲学家还是诗人?他与他的世界之间有一套复杂的、无从解释的矛盾关系!他会从世界中看出一套法则;而世界会有一套他能够看出的法则。这个世界容许他、要求他去干的事就是这世界上最关键的事……"

卡莱尔还意犹未尽地说:"这个年代最大的诅咒(curse)是'肤浅的怀疑主义'(Sceptical Dilettantism)。这个诅咒会有结束的一天,但未到那天之前,它会被视为人类的最高成就,它使我们变得残废、盲目、瘫痪,使我们对伟人失去崇敬之心,甚至辨认不出什么是伟大。我们崇拜表面(上的伟大),大多数人甚至不相信表面底下有什么真正值得崇拜的真东西……希望上天眷顾,人类有一天会把表面崇拜扫光,代之以一种真诚……英雄崇拜永不消失,也永不能消失……忠诚(loyalty)与权威(sovereignty)是世上常存的，因为它们并不会落在表面和虚像上，而是落在真诚和真相上。英雄崇拜不是闭上眼的，不是个人的想法，是睁开眼的，是真有所见的！""不要放弃英雄崇拜，而是让我们都成为英雄。如果英雄是一个忠诚的人，为什么我们不能人人忠诚？……英雄崇拜永远有，到处有……英雄崇拜就是从我们的兄弟身上看出一点神的品质！"

19世纪也同时是历史社会学的时代，历史社会学把历史的研究聚焦于历史的"动力"（force），而非历史的"人物"。此中，英国哲学家和社会学家斯宾塞（Herbert Spencer，1820—1903，把达尔文进化论引入社会学，提出"适者生存"）对"英雄论"批评得最为尖锐，认为它是原始、幼稚和不科学的。他的见解是，英雄乃历史的产品，也就是历史造英雄，不是英雄造历史。在《社会学研究》（The Study of Sociology，1873）中他这样写道："你必须承认，长期和复杂的因素产出人类，人类慢慢地发展产出社会，这是创造一个伟人的过程……在他能够重做社会之前，社会先做成他。"从一个完全相反的方向，托尔斯泰走到同一个结论。他认为人是历史的奴隶，而历史是神的旨意。同期的美国哲学家和心理学家威廉·詹姆斯（William James，1842—1910）也是典型的斯宾塞理论者，坚持人与他所处的环境是分不开的：环境与个人互相塑造，犹如进化论中环境与物种的互动。今天，学界主流是否定"英雄论"的。

其实，斯宾塞的批评也是很表面的，是典型的"社会决定论"（social determinism）。他既是个"社会达尔文主义者"（social Darwinist），自然地把"社会动力"（social forces）作为一切人类行为的解释。这是"社会达尔文主义"的学术意识形态，它的政治意识形态是通过改变社会制度去把人类从社会压迫和扭曲中解放出来。问题是，如果"人"是社会塑造的，他用什么去塑造社会？更关键的是，他对社会的认识是被社会所支配的，他从哪里认识到他需要塑造社会？最基础性的社会学前提是"社会有没有意识？"如果没有，怎么可以说它"塑造"人？如果有，它怎么可能会让人"塑造"它？如果只是说社会"影响"人，那就合理不过了，但若是如此，有什么不会"影响"人呢?

斯宾塞在他的《社会学研究》中批评卡莱尔:"没有能力去'科学地'演绎社会现象。"因为卡莱尔"视文明的进程为某些名人的行事记录"。斯宾塞把英雄论视为人类原始的、未有文明之前的传统(他特别指出基督宗教前身犹太教古经中的历史人物,如亚伯拉罕、撒母耳、大卫等)。他认为英雄论是所有"野蛮人"都有的倾向,并举出以下理由:

(1)对某些人物的特别爱憎是人类共性,野蛮人或市井之徒都是如此,因为他们爱听故事,无论是警察的报告、法庭的档案、离婚的记录、意外事故的报道,还是出生、死亡、婚姻的表册。就算是道听途说、是是非非,男人爱之,女性尤甚。极少数人能够从许多的故事中抽象、概括;绝大多数就是以故事论世事。(2)英雄事迹往往被视为有教化作用。这种寓教化于娱乐的形式特别吸引人。读名人传记会使人懂事明理就是一举两得:既满足听是非的冲动,又满足求知识的幻觉。(3)故事性的东西简单易懂,但需要你不求甚解。正如故事把神以他大能之手创造天地说得有条有理,但你不能深究这只大能之手实在是什么样子的;正如故事把伟人以他伟大的行动去创造社会说得引人入胜,但你不能深究这些伟大行动实实在在怎样改变了社会。斯宾塞认为如果你不愿苟且、不能含糊,如果你要清楚、精确,那么故事就完全不能满足你的需要。如果你进一步地去问,英雄是怎样来的?英雄论就马上崩溃。

英雄从哪里来?斯宾塞说只有两个答案。(1)是超自然的。那么就是靠神了,这只可以是神话。(2)是自然的。那么他就是个社会现象,就跟所有社会现象一样,来自他先前的社会现象。英雄是当代社会制度、言语、知识、仪态等千千万万表达与实践的一个小小的部分,是亘古以来庞大和复杂的社会动力之间互动产生的结果。"没有社会遗传和累积的物质与精神条件,任何伟人都是无能为力的;同样,没有当代的人口、性格、智慧和社会结构,他也是无能为力的……"斯宾塞最大的批判是,聚焦于伟人如何以他的所作所为改变了社会,恰好忽略了他的成功是由于他有能力启动庞大的社会潜力,而这些庞大的社会潜力和他启动这些潜力的能力都是来自数不清的前因累积。

斯宾塞又指出:"英雄论或可能用来解释原始社会;而原始社会的历史只不过是一连串的武力征服或毁灭别人。因此,在原始时代,一个有能力的领袖可能是最重要的因素(就算如此,这理论也忽略了在他领导下的众人的质和量)。但这些原始部落的争夺行为早已经过去了,通过他们的争夺很快就出现大部落,不再是所有男丁都要参战了;接着,社会向前发展出现架构和分工;庞大和复杂的架构和分工带出新的制度、活动、意识、情操、习惯。这些制度、活动、意识、情操、习惯都是不经意出现,完全没有君王、政治家什么事。就算你读尽所有名人的传记,那个贪婪的腓特烈[6],这个奸诈的拿破仑,就算把眼睛都看瞎了,你也不会明白这些社会进化的现象。"

虽然"社会决定论"是现今的学术主流,卡莱尔与斯宾塞之辩实在从未停止过。其实,"英雄造时势还是时势造英雄"是不必要的"为辩而辩"。我不相信有人会认为英雄人物是历史的唯一解释,也不相信有人会否认历史中确有关键性或代表性的人物。历史——起码人类历史是由人和事组成的——是人类经"历"过的"史"实。

当然,从不同角度(治与乱、稳与变、宏观或微观、整体或部分等)和不同维度(经济、社会、政治、科技等)去研究历史会聚焦于不同的人和事。因为关键人物是历史动力的媒介,关键事件是历史内容的标志。为此,关键人事既是描述历史的必要元素,也是解释历史的必需因素。

以历史背景作为对文明现象的解释是现今学界的普遍做法。至于哪些具体的经济、社会、政治背景,以及它们如何直接或间接地影响哪些具体的人与事就是典型的学者研究对象和学者论战战场。现今,主流的历史研究都有"社会决定论"的倾向,非但不重视时代心态、民族性格之类的历史解释,甚至抗拒和排斥。但是,单凭经济、社会、政治等背景元素也实在很难完全令人满意地解释历史(这也是为什么学者有如此多的论战)。由于这些元素本身是来自对现实的观察、抽象和归纳，而观察的焦点、抽象的范式和归纳的原则都受到主观因素，包括意识形态的深刻影响。所以对于同一个世界，可以做出不同的观察、抽象和归纳；为此，同一种现象可以用上不同的解释。这不是说历史背景不能解释文明现象，而是说它并不充分而已。学者们的争论往往不在事实的"客观性"（虽然有时对历史证据的可靠性仍有争议），而在对事实的选择和对事实之间的因果关系的演绎。如果学者们不认识或不重视人类行为后面的动机和心理，他们就会有意或无意地引入他们的假想或臆测，也就是以他们自己的意识形态去选择和解读"客观"事实。但由于他们坚信他们是"客观"（只谈事实）的，所以他们会坚持他们的"主观"（对事实的选择与演绎）。争论由此而来，而且这种争论是无法仲裁的，因为他们不接受来自非"社会决定论"的证据，例如时代心态和民族性格。其实，时代心态和民族性格是人类行为后面的心理和动机，其"客观性"不低于历史背景的"事实"（包括对"事实"的选择和演绎）。[7]

"社会决定论"者聚焦于社会、经济、政治等"动力"，但这些"动力"必然需要媒介去"发力"，而这些媒介（也就是斯宾塞所指的制度、活动、意识、情操、习惯等）都离不开人，无论是个人或集体，以及他们的行为；而人的行为总离不开他们的心态和性格。这些，在"社会决定论"成为现今时尚之前，已经有了相当深入、相当智慧的探索（见下两章）。

在法国大革命走上极端的历史过程中，我们辨认出三套关键的事件和与其相对应的关键人物：反封建特权的第一次革命（路易十六）；反君主立宪的第二次革命（米拉波与长裤汉），不同共和理想的斗争产生的不断革命（布里索、埃贝尔、丹东、罗伯斯庇尔、拿破仑）。

这些关键人事是嵌在具体的历史背景之中的。没有路易十五留下的烂摊子和路易十六对美国独立战争的资助就不会弄出国债累累，就不需要税改，就不需搞大议会，就不会酿成三个等级与绝对君权的对抗，从而引起革命。没有三个等级之间的经济、社会、文化矛盾，就不会弄出一次又一次的反特权斗争，特别是第三等级与第一、二等级的斗争引发出的第二次革命和第三等级内部的有产阶层与无产阶层斗争引发出的不断革命。没有外力的干扰就不会出现布里索派对外宣战而失利，以致被山岳派乘机夺权。没有内乱的威胁就不会搞出九月大屠杀以及以后对宗教的疯狂镇压，镇压宗教助长了埃贝尔派的气焰，以致搞出"理性崇拜"，触犯罗伯斯庇尔的大忌，遭到"杀鸡儆猴"的待遇。

这些只是最简单的历史背景，内里还有很多的关键细节。例如，路易十六时期荒年连连，面包暴动是群众暴力的先兆；开明教士们大批放弃第一等级身份转投第三等级阵营是大议会解体的原动力；王后玛丽·安托瓦内特与奥地利的血缘关系是奥、普对法用兵的主因；偏远农村对宗教的热忱是保教势力与革命势力长期对峙的成因。

注：

1. 在本书中，"伟人"与"英雄"会按文意互用。一般的研究聚焦于仁者、知者、勇者，但影响历史的往往是奸者、愚者、懦弱者。他们也应是本书的研究对象。

2. 伯里克利（Pericles，前495—前429），古希腊雅典政治家，其当政时期（前460—前429）为雅典文化和军事的全盛期。

3. 奇怪的是，当"伟人论"还未成为一套历史理论之前，18世纪的法国就有一种"反伟人"的政治意识，因为在启蒙哲学家的眼中，当时的所谓历史伟人都是天主教会的圣人或封建的王侯，所以启蒙中人有"先天性"的抗拒心。代表启蒙思想的《百科全书》就根本没有传记式的人物描写。

4. 阿提拉（Attila，约406—453）是当时欧洲和东罗马最恐惧的大敌，他越过多瑙河和莱茵河，直攻到现今法国奥尔良和意大利北部。

5. 《不合时宜的沉思》包括4篇文章，"伟人"思路是第2篇《历史学对于生活的利与弊》（"On the Use and Abuse of History for Life"）。在此，尼采的"精英主义"表露无遗："对我来说，只有在3种情况下，群众才值得我看一眼：作为伟大人物的粗糙、劣质和模糊不清的复制品；作为伟大人物的阻力；作为伟大人物的工具。除此以外他们只是无关紧要的统计数字。"

6. 指普鲁士国王腓烈大帝（腓特烈二世，1712—1786）。

7. 尼采更干脆地说"没有事实，只有演绎"。

第十三章 时代心态

时代心态驱动该时代的社会行为。大革命过程先后反映三种心态：孟德斯鸠的悲观（所以要约束王权）、卢梭的浪漫（应该行民主专政）、伏尔泰的犬儒（最好是开明独裁），但走上极端和恐怖就完全可以追踪到卢梭。他的浪漫点燃革命薪柴，革命烈火延续革命中人对他的膜拜。干柴遇烈火，直到柴薪尽成灰烬。

黑格尔谈时代的"精神""思想""绝对理念"或"神"，是指事物秩序（order of things）背后的意识，和事物延伸过程（succession of one state of affairs after another）底下的规律。这些意识和规律驱动着时代。他说："没有人能够超出他的时代，因为时代精神也是他自己的精神。"可以说，时代精神是一套嵌在每一个人心里的、支配性的理念和信念，驱动这时代的社会行为。我称之为时代心态。它不是指一套人人同意的理念，而是指一套当人们形容、解释和处理社会现象时人人都使用的共同"言语"（language，包括文化和理念）。

法国大革命的时代心态很怪异：继承"启蒙"（Enlightenment），走向"浪漫"（Romanticism），焦躁地徘徊于理性与感性、现代与古典、君权与民权之间。启蒙思想对革命的影响人人都知，这里只做非常简短的演绎。浪漫主义则流行于启蒙后期的1780年到1850年，正是法国大革命酝酿、爆发、走上极端、带来拿破仑独裁、引致欧洲大痉挛的大半个世纪，以下会有比较详细的交代。

先说启蒙。一般指17世纪中（1637年笛卡尔的《谈谈方法》，或1687年牛顿的《自然哲学的数学原理》）到18世纪末、19世纪初。启蒙是后人起的名词（在英语世界要到19世纪后期才开始有共识），聚焦于法国哲学，尤其以由狄德罗和达朗贝尔所编的《百科全书》为代表。启蒙的定义很广、很杂，大思想家康德说得很简单：启蒙就是理性的解放。罗素则认为从古以来理性总是挑战现有秩序，启蒙只是16世纪宗教改革的延续，是新教对天主教反改革（Catholic Counter-Reformation，17世纪中，见《西方文明的文化基因》）的反应，尤其是有关民主的理念（相对于绝对君权）。

且看法国。18世纪中（1715年路易十五登基到1789年法国大革命）的巴黎是全欧启蒙的基地。代表人物有三：孟德斯鸠、伏尔泰和卢梭。三个人对大革命都有关键影响。他们不同的政治思想代表革命的三个阶段：孟德斯鸠的君主立宪、权力制衡无可置疑是大革命前期的指导思想；但伏尔泰的开明独裁、打倒宗教与卢梭的悯人民主、国家宗教在革命展开后引出激烈的意识形态冲突，带来恐怖统治和拿破仑专政。

此中，卢梭是关键中的关键。他既有启蒙思想，又有浪漫意识，他的话可以有多方面、多层次，甚至有先后不同、互相矛盾的演绎。法国人对他理论的佩服、对他文采的欣赏、对他际遇的同情，怀着近乎崇拜的感情。他的启蒙/浪漫组合把法国人弄疯了。最突出的是卢梭同出于《民约论》的两句名言："人生来自由"（Man is born free）"他要被强迫自由"（He will be forced to be free）。"生来"与"被强迫"之间的矛盾引起争议：争议，尤其是政治争议，容易引发固执己见。于是，同出于卢梭，但对卢梭的不同演绎产生出比敌我之争还要狠辣的异端与正统之争。这场各方自以为是、把对方视为叛徒（比敌人更可恨）的政争使大革命，以致整个法国，甚至这个世界付出很大代价。有人说："如果卢梭不曾出生，这个世界不就会好些吗？"（莫利勋爵，Lord John Morley，1838—1923，英国政治家和新闻评论员）卢梭的自由、平等、博爱成为法国大革命的指导精神，支配全球的政治理论和政治运动。这要从由他开启的浪漫主义谈起。

启蒙继承和光大了文艺复兴，走到了18世纪，开始有人"感觉"（conscious）到启蒙思想的不足，继而感觉到不足之处正是因为它缺少了"感觉"（consciousness）：启蒙思想家们太客观、太理性，把人扭曲成一个没有灵魂的思想机器，限制了情感和创意。[1] 启蒙运动以机械的宇宙观取代了宗教的宇宙观，结果就是把人类降格，扼杀了想象、敏感、情绪、自发和自由——使人窒息至死。人类要解脱这些枷锁。卢梭有名言："人生来自由，而无往不在枷锁之中。"（"Man is born free and everywhere he is in chains"）锁着他的是现代文明加诸他身上的习惯、价值、法规、标准，而这个文明的基础是理性（Reason，卢梭所指的是唯物的机械逻辑）。所以，我们要自由就得摆脱理性枷锁。

卢梭渴望人类重获自由。他眼中的人是多样的、独特的。浪漫就是实现自己、表达自己。有人指出，如果启蒙的格言是"敢于知道"（Dare to know），浪漫的指南就是"敢于存在"（Dare to be）。为此，浪漫的特征之一是"叛"（rebel），强调个人、个性、主观、内省。他有名的《忏悔录》一开始就这样写道："我要开始一项工作，是前所未有，而且将来也没有人会仿效的。我想在我的同类面前展示出一个完全反映一个人的真本性的真像，这个人就是我自己。只有我是这样的人！我认识我内心的感觉，也了解别人。我跟我所有见过的人都不同。我敢相信我跟世上所有人都不同。就算我不是比他们好，起码我跟他们不同。"

启蒙与浪漫都回归到"自然"（Nature，大写的"自然"，也就是"大自然"），认定大自然是美与道德的标准。但双方对大自然有不同的演绎。启蒙的"大自然"是完全"牛顿式"的物质世界，有秩序、可解释、依规律、合逻辑。启蒙的知识取自洛克式的经验求真，凭官能、凭理性。启蒙崇拜人类的理性（reason），特别是经验的归纳：观察社会可以归纳出有关人性的自明之理，作为建设社会道德规范的基础。启蒙的伦理观是"个人至上"（individualistic/atomistic）；启蒙的宇宙观是唯物，宇宙最终是台机器。因此，社会组织也应按这套理念构建，目的在于满足人类的天然需要。以往的社会（中古、路易王朝）未能满足这些需要，并抑制人类的进步，为此，要重新塑造社会和政治制度去改造人和改良社会。

相对地，浪漫主义认为整套启蒙思想都是过度简化，且是个充满危险的错误。单是物理（physics）不足捕捉人的经验，人类需要重新思考知识的基础和科学的意义。名诗人济慈（John Keats，1795—1821）写道："美即是真，真即是美——这是你在世上唯一能知的，也是你唯一需要知的。"浪漫主义者的世界是有机的和生活的。他要在"生命的科学"中找他的灵魂。这个寻找是雀跃的、爆炸的、解放的——人不像启蒙哲学家所形容的是一个没有灵魂、唯有物质的思想机器。

浪漫主义者要把"神"重新注入大自然，要复苏中古人的世界——看不见的、超自然的、神秘的世界。他从历史的角度去看大自然——延续的、有机的、演变的、展现的、生成的（unfolding, becoming）。为此，他要欣赏一个活生生的、充满潜质的、多姿多彩的大自然多于他要追求一套普世的法则。可以说，浪漫主义者摒弃绝对，追求相对。他特别留意大自然里头微细的、精彩的多样化，并以此去比拟人类的道德和情感。启蒙哲学家是冷漠、机械、逻辑和没有感情的；浪漫主义者追求心灵的温暖，认为与大自然沟通（相对于支配大自然）会提升这个温暖。"心有它的道理，非机械理性能懂。"心也是知识的源头——在这里，理念是被感知的，而非思考的。人可以凭实验和逻辑求知，但人更可以凭直觉和感受，也就是凭信任他的本能，去知得更多。浪漫主义者不信任数据，并强调实证科学的局限性，因为工具理性不足以看透真相的全貌。逻辑分析分裂了官能经验的完整性和延续性，为此，它往往导人于错。

浪漫主义者认为有一种与理性有明显不同，但又比理性优越的求真能力——想象力。想象力可以捕捉"立时真相"（immediate reality），并按此去发挥创作力。未受文明熏陶的原始人，因为他不受理性的束缚，会使用想象力，所以他对事物真相的认识非但跟我们不同，而且比我们好。为此，浪漫主义者拒绝以物质主义（materialism）和实用主义（utilitarianism）作为个人行为和哲学的范式。他追求"再生"（regeneration），就像中古的苦修者和圣人，追求一种无私的热诚（selfless enthusiasm），一种来自信仰、而非实用的热诚。他推崇感性（emotion）——不受约束、不顾后果的感性。浪漫主义者认为启蒙强调的思想生活（life of the mind）不令人满足，他选择心灵生活（life of the heart）。他的相对主义使他接受和欣赏人和自然的多样化。对他来说，绝对法则、普世法则不存在。

在政治思想上，启蒙是一种后古典思维，聚焦于古希腊与古罗马的哲学家，如柏拉图、亚里士多德、西塞罗、（老）普林尼；启蒙主义者重逻辑、理性，相信古哲们的思想已达到最优、最高境界，后人不能超越，中古基督宗教的政治观是种倒退。古哲的理论、法则为我们定下模式和榜样。为此，政治与道德的权威性是以这些外在的标准来衡量的。人有两性：兽性和理性。人与兽之分别是人可以用理性去控制他的兽性，强调控制、自制、适度。

但是，一个多世纪的启蒙[2]"主流"慢慢成为一种"思想的独裁"，对古典的模仿渐渐变得呆滞、苍白。新一代对此的反应是焦躁，他们要创新、要革命。卢梭带头，在1777年他开始用"浪漫"（romantique）一词。启蒙的势力在法国比英国强，故而浪漫的反冲也比英国早。什么是浪漫？有种风趣的说法是"凡不是伏尔泰的就是浪漫"。

卢梭与伏尔泰两人代表两套"革命"思想。他们面对同一个现实世界，做出了截然不同的解释，提出互相矛盾的解决方案，把理性的法国人弄昏了。罗素这样观察："卢梭与伏尔泰两人最终闹翻，绝不出奇，出奇的是两人不早闹翻。"[3]

伏尔泰以古典思想为样板，以普世原则为指引，强调理性；卢梭反对任何样板，推崇独特、唯一，强调想象。伏尔泰出名的反宗教（特别是天主教），认为宗教愚昧、迷信、约制自由、制造特权。他聚焦于理性与政治层面。为此，他提出政治上铲除宗教势力，理性上鼓励科学教育。但在某种程度上，卢梭更厉害，他要取代宗教，彻底颠覆宗教的基础——罪。他否定人性中罪恶的存在，认为罪是出于政治社会和工具理性腐化了的人性。他聚焦于感性和道德层面。为此，他提出以感性取代理性，以国家宗教取代基督宗教。

两人对革命有不同的影响，做事的风格也不一样。伏尔泰是扳倒王权、教权，推销自由、宪政。狡狯的他以赖皮的方式去拉王权的后腿（因为他不想开罪有实力的王权），以讥嘲去颠覆教权的威信（因为他不怕得罪无实力的教权）；功利的他歌颂英式自由（特别是对他有利的言论和道德自由），鼓吹开明独裁（特别有助于他找明君投靠，也反映他对民主的不信任）。他的贡献是为革命铺路，但他代表的反民主精英倾向使革命走向失败，并助长了19世纪的独裁统治（包括拿破仑）。卢梭则是触发革命情绪，鼓励爱国民主。纯情的他力抗理性的掣肘、制度的枷锁；浪漫的他追求大同社会、共同意愿。他的贡献是点燃起革命的火炬，但他代表的浪漫民主理想也促使革命走向失措，并助长了19—20世纪的国家主义（包括纳粹）。两人代表的两套思想在革命过程中纠缠不清，互不相让，使革命走上极端。

浪漫主义有三个主题：原始人高贵的本性、未被腐化的"普通人民"、恢复自然状态。为此，在政治意义上，浪漫主义的冲动是要摆脱基督宗教（尤其是天主教）的人性堕落论（原罪使人性堕落，要神恩来搭救）。怎样摆脱？用民主——"共同意愿"（General Will，有译"公意"）下的民主，逻辑如下：人性是好的，罪恶是来自无知或不良的社会和政治影响，因此人是无须改造的；需要改造的是社会与政治，并应该按共同意愿去改造，因为共同意愿就是人民的意愿，而人民才是真正的"神"。在当时感觉到被教权和王权压迫的法国人当然受用，这套理论启动了革命力量；而对以共同意愿代言人或演绎者自居的革命精英们来说更像拿到一张能够支配革命方向的空白支票。

卢梭把"人民"（people）与"国家"（nation）连接在一起——用一个浪漫（感性）的"共同意愿"——创造出一个浪漫的"国家"理念，彻底地、颠覆性地影响法国大革命的轨迹，日后更演化出民族主义、国家主义，影响世界至今。[4]

共同意愿是卢梭政治哲学的中心思想，集合了三个理念：集体主权、个人自由、政治权威和国家主权的基础是人民的"同意"。它基本上继承了英语文化中霍布斯和洛克的"民约"（social contract）理念，但得出完全不同的结论。霍布斯和洛克的"民约"需要"民"在结"约"的时刻放弃他的自由。[5]但卢梭有不同的出发点：在自然的状态下人非但自由，甚至不能放弃他自己的自由，为此，他需要协调个人自由和国家权力的关系。卢梭提出以"共同意愿"为基础的"民约"理念："约"是指当一个人加入一个"政治共同体"（commonwealth，也就是"国"）的时候，他把个人的意愿"捻合"（merge）于这个政治共同体的"主权"（sovereignty）之内，而主权就是这个政治共同体的共同意愿的具体化（稍后会谈如何找出共同意愿）。为此，一个自由人在加入一个政治共同体之前他是自由的，加入之后他仍是自由的。政治共同体是由很多个人组成的集体（collectivity）；共同意愿是政治共同体的意愿。每个人都是共同体的一部分，而每个人的意愿都捻合于共同意愿之内，也就是每个人都参与了共同意愿的组成，因此每个人（人民）都要服从共同意愿；但每个人仍保留自由，因为他只是服从经他自己参与而组成的共同意愿，而不是服从任何一个人。[6]

卢梭认为单凭共同意愿就足够指引国家，因为建立国家的目的就是为整体幸福（common good）服务，与此相对的是每个人都具有的"特殊意愿"（particular will，也可以叫"个体意愿"）和所追求的个人幸福（individual good）。《民约论》中把它们清楚排位："在一个完美的法制里，来自私人的个人意愿应该是微不足道的，来自政府的团体意愿（corporate will）[7]应该是低下的，出自主权所在的共同意愿才应该是所有意愿的主人。"共同意愿与整体人民是不能分割的，但是当人民有自由去抗拒统治者而不去抗拒，那么统治者的命令就可当为共同意愿，"整体的完全沉默可以算是同意"。

对卢梭来说，共同意愿永远是对的。[8] 既是如此，如果有任何一个人的利益跟共同意愿所表达的共同利益有冲突的时候，他一定要被强制地去服从。卢梭的共同意愿把人放在社会之下，但也认为最后这实在还是把人放在他们自己（整体）之下，放在他们自己真正利益（共同意愿）之下。在《民约论》中他对"主权行为"（act of sovereignty，在这里也可以理解为一个合法政府的行为）有这样的演绎："它不是上司与下属之间的合约，而是身体与它各部位之间的合约……除了整体利益之外绝无其他目的。"这个"主权"是非同小可的。"如果这合约不是空谈，它行使权力的唯一原则就是：谁拒绝服从共同意愿将会被全体强迫他去服从，也就是等于要强迫他自由。"可以说，在国家的大前提下，个人是可以被牺牲的。[9]

但是，国家权力的界限在哪里？在《民约论》中他写道："每一个攻击社会的坏人，因为他违反社会的法律，就成为社会的叛徒，不再是社会的一份子，甚至是与社会为敌。在这种情况下，保存国家与保存他个人是背道而驰的，其中一个一定要毁灭，处死他不是处死一个公民，是处死一个敌人。"但马上，卢梭就把这个清楚的理念弄混："我们要补充说，多刑罚往往反映政府的无能和失职，没有任何一个做坏事的人不可以改过。国家没有权力去处决任何一个人，就算是杀一儆百也不应该——如果这个人的生存不危及国家。一个治理的好的国家会少刑罚，不是因为它从宽处置，而是因为罪犯不多。只当一个国家腐化时才会罪犯众多。"

小结："共同意愿"（1）是共同体的意愿；（2）是谋取共同利益；（3）是道德的；（4）是个人的真正意愿（如果这个人是真正的自由人）；（5）永不会与个人的"真正"利益有冲突；（6）是绝对的，因为谁也没有任何权利违背它；（7）是不能被转让的，因为它是集体的意愿，不能由任何其他人表达；（8）是不会犯错误的，因为它不会违反共同利益。大革命走上极端，原因之一是人人都用卢梭，但人人都有不同的演绎，而人人坚持自己正确。

怎样去找共同意愿？理论上说得通，但实践上颇为困难。卢梭的论点是，共同意愿不是个人意愿的总和（totality），因为个人意愿中有共同利益也有自私利益；也不是多数人的意愿，因为多数人仍只是部分整体，而不是全部整体。共同意愿必须同时来自全体，用诸全体。"共同"的意思是全体人的共同利益与全体人的不同利益之差，也就是不同自私利益互相抵消之后余下来的共同利益。因此，共同意愿表达的是共同体的利益。但卢梭又指出，国家的权力应该与人民的个人意愿和共同意愿的差异成正比。在《爱弥儿》中他说："个人意愿与整体意愿的差距越大，也就是行为与法律的差距越大，镇压的力度也应越大。"但同时，国家的权力越大，人民控制国家的权力也应该越大："一个强势的国家会赋予政府（公共权力的托管者）越大的诱惑和越多的工具去滥用权力，因此，当政府需要越多权力去控制人民的时候，人民应有越多的权力去控制政府。"恐怖统治就是前半句与后半句的矛盾弄出来的。

　　史家和哲学家们的共识是卢梭共同意愿这个概念很模糊，因此在实际情况中和具体问题上很难辨认和厘定。[10] 难上加难的是，卢梭把共同意愿和国民德行放在一起。他认为共同意愿的实质意义和目的是人民的德行——私人生活和公众生活的应有德行。对他来说，公众德行（public virtue）是一个好的政治制度的基础，也就是个人意愿必须服从整体意愿。[11]但是，公众德行（服从整体意愿）的基础是私人德行。卢梭在《爱弥儿》谈到的私人德行是这样子的："成长得好，身心发展得好，强壮、健康、活跃、灵巧、健硕、懂事、理性、仁慈、人道，有好的道德和好的品位、追求美、做善事、不受激动情绪支配、不受社会偏见左右、尊重朋友的意见；有了这么多的美德，他不会看重财富，而以自己双手去谋生，无惧匮乏和任何环境。"[12]

　　可是，单是靠有德行的人民还是不够的，有时候仍是有争议、有冲突，它可以来自国家内部，也可以从外部来。那时，一般的治理制度和手段不足以保护政权的正常和有效运作，这就需要把权力委托给一个人去按国家利益做出决定，也就是一个"独裁者"，罗马式的独裁者。这点，他在《民约论》中写道:"在这些罕有的情况下(死板的法律危害国家)就要有法律去把公共安全[13]的保障委托给一个最有才能的人……如果复杂的条文和程序危及整个法制的保存,就应该提名一个最高统治者,给他权力去压抑所有的法律,暂时取消人民的主权。在这样的情况下,共同意愿毫无疑问是保存国家。他可以采取任何行动,除了不能立法……但这个重要的信托必须是非常短的期限,而且不能延期(罗马时代是6个月)。"

共同意愿有重大的历史意义:(1)它否决了人的天然权利是绝对和不能转让的理论;(2)它把国家权威放在人民同意的基础上;(3)它提供一套集体统治权(popular sovereignty)的理论,从此,政治共同体成为集体统治权的载体;(4)统治主权的理论基础是共同意愿,而共同意愿是道德的和谋求共同利益的;(5)卢梭用共同意愿来协调个人自由和国家主权的关系。他的共同意愿虽是从个人自由出发但最后还是毁掉了个人自由的保证。

卢梭崇拜者遍布各革命派系,包括吉伦特、雅各宾、埃贝尔、丹东等派。罗伯斯庇尔更是忠实信徒,整天满口卢梭。卢梭崇拜可分两个时期、两种崇拜。前期是崇拜他的文采,后期是崇拜他的政见。与此同时,也有伏尔泰崇拜。但在革命走上极端的日子里,卢梭比伏尔泰的影响力大得多。两人之间的恩怨之争、政见之别,使崇尚理性、坚持真理只有一个的法国人要做出非此即彼的取舍、非我则敌的抉择。焦躁与失措之中,政局瞬息万变,民为刍狗。

1761年与1762年卢梭出版两本书:《新爱洛伊斯》(原名《住在阿尔卑斯山脚下两个恋人的信》)和《爱弥儿》(全名《爱弥儿,或论教育》)。前者是有关爱情与奉献,后者是有关教育与宗教,两本书正好弥补法国人在启蒙大气候里的失落感,奠下卢梭文坛泰斗地位。读者在卢梭文字里感受到爱情与操守、自然与纯真,和一种虔诚的泛神主义(theism)。对那些能够接受卢梭的粗糙外表和含蓄性格的人来说,他的个人际遇和迷人风采使他的文字更具吸引力。他有一群极忠心的"门徒"。[14]

大革命爆发,卢梭崇拜进入第二期。他的文学地位未降,而他的政治先知之名骤升。《民约论》自 1775 年出版以来一直没有引起很大的轰动，但到了革命之前的几年，卢梭的政治思想开始被重视。[15] 撰写革命早期"圣经"《什么是第三等级？》的西哀士（见"说故事"）就用共同意愿去论证提升第三等级权力的合法性。紧随着攻占巴士底狱之后的一段日子，国民会议是以国家共同意愿的演绎者和表达者的身份去颁布一连串废除封建的关键法令。《人权与公民权利宣言》更明确地肯定"这法律是共同意愿的表达"。革命群众游行时高唱卢梭的政治口号；革命刊物上满篇卢梭；路易正式承认宪法时也答应"保护和维持经共同意愿认可的，得我同意的……"；立法大会上代表们经常说"正如卢梭在《民约论》证明了的……"；政治社团和革命仪式都供奉他的半身像和《民约论》；国民会议通过为他立像，并写上"自由的法国有卢梭"，更发动把他遗体迁葬先贤祠。对卢梭的政治崇拜虽然不如对他文采崇拜的那样个人化或感性化，但却更为广泛和更具影响力。

卢梭思路浪漫感性，既有理想，又带神秘；既有个人性，又带泛人感。加上表达上含糊不清，思路上先后有别，带来解读和演绎的困难。他肯定有革命精神，在《民约论》中他说："在一个国家的生命里有些时刻是暴力的……一个国家发生革命就如一个人发生危机，当一个国家爆发内战，当一个人无法忘却恐怖的往事，他们就要从炭火中再生，从死亡的拥抱中逃出来去重获青春的生命力。"但他又怀疑革命和革命的暴力。在《忏悔录》中他记录年轻时曾发誓"永不参与内战，永不为自由动武"。在《爱弥儿》中他是这样写的："让我们维护公共安全。在每一个国家里，让我们尊重法律；让我们不要骚扰法律规定的宗教信仰；让我们不引导人民不服从。我们不知道要人民改变他们的主意是不是件好事，但我们非常清楚不守法是件坏事。"他在《论人类不平等的起源》（全名是 Discourse on the Origin and Foundation of Inequality Among Men, 1754）中说过："他们的革命差不多永远是把自己送到唆使他们革命的人的手里，徒增他们的枷锁。"他晚年为波兰设计共和宪法时说："没有一个宪法会是好的和稳定的，除非它能取得人民的心。"这些都反映出他同时是保守和浪漫的。

虽然并没有很多人认真读过《民约论》，但卢梭的政治思想和理论成为政治斗争的武器。党派之争，无论保守、保王，还是进步、开明，无不引用卢梭。他的声名越盛，他的理念越被滥用，卢梭崇拜缺乏中心思想。下面是一些典型例子。

保王分子如斯塔尔夫人（Madame de Staël，1766—1877，是当年路易财相内克的女儿，名作家，文艺理论家，沙龙主人）在卢梭墓碑上写下他强调过的"自由的价值比不上一个无辜者的生命"。反动分子引用卢梭指出，解放被长久奴役的人民并为他们建立政制是不切实际的。吉伦派中的信徒有带头的布里索、刺杀马拉的夏绿蒂·科黛、沙龙名媛罗兰夫人。埃贝尔派中的信徒多得很，包括逼国民公会宣布恐怖统治的那位巴黎革命公社主席肖梅特。雅各宾派中人一早就以卢梭正统自居，差不多任何人提出任何意见都要沾上共同意愿。相应地，共同意愿被他们用来支撑任何行动的合法性。

罗伯斯庇尔更是一早就把卢梭捧上天。跟骑墙派的西哀士一样，他质疑任何不能追溯到卢梭共同意愿的法律。他的"最高存在者"崇拜与卢梭的"国家宗教"理念极其相似（见上，第十章）。有传言他在被整的前夕曾到卢梭墓地"朝圣"，并谴责那些曾经迫害过卢梭的人。他经常引用卢梭。在他权力最高峰的一刻（1794年5月）他是这样写的："我谈到当代的文学与哲学名人时，我特别想提到一个人，他高尚的灵魂和伟大的人格使他值得做人类的老师……啊！如果他能看见这场以他为先导的革命……谁不会相信他慷慨的灵魂会狂喜地拥抱正义与平等的理想呢？"[16]

热月政变之后，人们马上安排把卢梭迁入先贤祠，一方面作为对恐怖统治的否定，一方面作为对卢梭理想的肯定。罗伯斯庇尔引用卢梭去支撑严峻的恐怖统治的道德性，热月政变之后的政府则以卢梭去批判严峻的恐怖统治的不道德性。移葬仪式是从国民公会会场游行到先贤祠。被称为"立法明灯"的《民约论》被供放在红丝绒垫上，随后是卢梭的塑像，用

12头马拉的车子载着,接着是高举旗帜的各行各业代表。全国各地同时举行庆典。当天晚上在先贤祠广场举行歌舞大会,并上演专为这盛典而编的戏剧。雅各宾派中人以马拉最为极端,他特别爱引用卢梭,热月政变之后的白色恐怖期间,很多马拉的半身像被换成了卢梭的半身像,更有人在像的台基旁焚烧香纸,以示清洗马拉的戾气,以免亵渎卢梭。热月政变之后保守势力反扑加剧,开始引用卢梭去批判革命,而《民约论》也被视为危险读物。到拿破仑夺权,卢梭思想的政治地位继续下滑。但拿破仑也到过卢梭未移葬先贤祠之前的墓地,据称他说过和英国的莫利勋爵类似的话:"假若没有卢梭,法国会更好。"

其实,卢梭崇拜是时代产品也是时代需求。对他的文采崇拜到政治崇拜以致其后的衰落,跟时代的变化若合符节。路易王朝末年,社会动荡不安,《新爱洛伊斯》和《爱弥儿》的浪漫、感性和非主流的生活观使世人既能赖之逃避现实,又能用之抗议现实,从而产生对卢梭文采的崇拜。大革命来临,《民约论》和《文艺与科学》及《论人类不平等的起源》的浪漫意识为革命初期的狂热提供理据、象征和渠道,遂产生出对卢梭政治思想的崇拜。随后,革命本身成为一种崇拜的对象,以致革命不断。这也反映了卢梭浪漫的特征——反叛。不断革命引用不同的革命意识,但各不相同的革命意识都好像能够从卢梭浪漫感性的思维和悲天悯人的情怀中找到理论依据和行动指引。共同意愿中的"共同"有民主的情怀,"意愿"有浪漫的吸引,看似实在,但又富有弹性。卢梭崇拜成为革命崇拜的一种依属,左右逢源。[17] 卢梭的浪漫点燃革命柴薪,革命烈火延续卢梭崇拜。干柴遇烈火,直到柴薪燃尽成灰烬。

属保守派的埃德蒙·伯克[18]首先提出代表革命三个阶段的三套政治思想(稍后的托克维尔[19]和阿克顿勋爵[20]也有同样观点)。这三个阶段其实就是三次革命(不断革命),每一次都是完全推翻上一次,但每次都可以从启蒙思想中找到理据,找到支撑。这里,我们要区分一下古典启蒙和浪漫启蒙。

首先是孟德斯鸠思想,属古典启蒙的前期,以他的《论法的精神》为代表。他把历史看作一个成长与腐朽的过程，特别是内部的衰败，以雅典和罗马为著例。他的历史观大致上是悲观的，但他认为保护个人自由的君主立宪是比较好的政制，因为这个政制把权力分散，通过互相制衡，避免了任何一方独裁。他以英国为榜样：国王、国会和法庭分庭抗礼。用诸法国就是三种势力的制衡：（1）国王与王室；（2）教会；（3）地方权贵与半自治的城市政府。他的政治理想是权贵当权（包括王室世族和地方权贵，是他本人所属的阶层），这也是革命初期的方向。权贵阶层（但不包括王室）和资产阶层把他们的利益看成国家的利益。

革命初期的政坛红人米拉波就是孟德斯鸠信徒，鼓吹君主立宪。但追求自由和立宪并带领革命的权贵只属少数，米拉波与拉法耶特是典型。他们所属的阶层不支持革命；支持革命的群众又不属于他们的阶层。他们势孤力单，终败下去。失败产生权力真空，带来暴力后遗。

孟德斯鸠虽以英国政制为样本，尤其赞同洛克式的以维护个人自由为基础的君主立宪，但他没有一套如洛克的天赋人权（自由、生命与财产）类似的理念去作为政治权力分配的理论依据和道德原则。法国的贵族革命家们如拉法耶特等早在1789年8月（也就是革命爆发的第二个月）就公布《人权与公民权利宣言》。但宣言归宣言，实际上是没有清晰和权威的标准去分配权力的。后来路易潜逃、复辟失败，统治权属谁的困难完全暴露出来——路易不想分权，国民会议也不想分权。君主立宪派虽仍主持政局，但没法拿出一套各方可接受的宪法。"统治权很难分"的现实引发出"统治权不可能和不应该分"的理论。孟德斯鸠的君主立宪让位给卢梭的共和。

第二次革命之后，法国走上共和，这是卢梭思想的时代。政治精英们，无论是争权夺利或追求理想的革命者，都以标榜卢梭来抬高自己的身价——特别是平民百姓，包括革命武装队伍长裤汉眼里的身价——并以共同意愿的代言人和演绎人自居。革命不断吃人，关键在此。

不断革命是从布里索开始的，虽然他不是革人的命，是被人革了命。他是卢梭的"粉丝"，自命为共和斗士，一早就肯定法国的共同意愿是走向共和，而共和就是全国、全民、联邦式的共和。这跟雅各宾派和科德利尔派以巴黎为中心的共和格格不入。但大家都捧出卢梭，互视对方为异端。就像他的偶像卢梭一样，布里索被人围攻，终于"殉道"。布里索相信他跟卢梭一样是被小人围攻，相信他具备卢梭所标榜的个人德行；最重要的是，他对人本性善的观念充满乐观和浪漫的情感，上断头台时仍高唱《马赛曲》。

埃贝尔也相信人性良善，特别是穷人，那些支持他的长裤汉。他可能是个机会主义者，但正如他的政治理论"教父"马拉，自认为是"人民之友"。马拉主张暴力也可以追踪到卢梭。他认为人民"人性善良，不会把自己利益放在整体利益之上，因此，无须强迫或控制人民。相反地，政府才是危险的，政府的权力腐化官员，会使他们把个人利益放在整体利益之上"，所以他主张人民通过暴力与恐怖去控制政府。这点与卢梭在《爱弥儿》中的观点一脉相承。"一个强势的国家会赋予政府越大的诱惑和越多的工具去滥用权力，因此，当政府需要越多权力去控制人民的时候，人民应有越多的权力去控制政府。"但是，强势政府下，人民有什么权力？只有"起义"的权力。这就是群众暴力的理据，因为反对腐败政权是人民的共同意愿。当然，在埃贝尔这里，这个共同意愿已不是卢梭的"整体"意愿，而是"众人"意愿，而"众人"就只是长裤汉。长裤汉的意愿是清除"潜伏"在革命之内的反革命分子。在恐怖统治的前夕，埃贝尔假借马拉的口说："我说要在杜伊勒里宫架起300个吊架去吊死这些混蛋的人民代表，有人说我疯了，说我血腥……斗争已经开始，是场生死斗……打败他们，一个都不赦。"哪个不害怕埃贝尔？但血腥杀人终招来杀身之祸。

丹东的共同意愿也出了问题。理论上，他同意卢梭在共同意愿指引之下"强迫人民自由"，实践上，他也不想人民太自由，太滥用他们的暴力。因此，他一方面强调符合共同意愿的法律会避免人民行使他们的主权，以暴力抗拒法律；另一方面，他力促成立革命法庭和公安委员会去镇压抗拒法律者。但是，革命法庭和公安委员会却成为政府暴力的工具。当他目睹滥杀无辜就动了宽容之心。卢梭说："多刑罚往往反映政府的无能和失职，没有任何一个做坏事的人不可以改造。国家没有权力去处决任何一个人，就算是杀一儆百也不应该——如果这个人的生存不危及国家。"而到丹东的口中，就是："罗伯斯庇尔！你不人道的要求慢慢赶走最热衷的支持者！……把革命带回到人性处吧……"罗伯斯庇尔怎听得进耳。丹东个性倔强，又不肯妥协，再加上他怀着一种自我牺牲的情操，结局唯有断头。

罗伯斯庇尔对卢梭比谁都更为狂热，他把卢梭的共同意愿、德行、宗教通通收过来。他要改造法国人，使他们有公众德行和个人德行；他要建立国家宗教，使法国人有高贵的精神。他对自己给卢梭的演绎有绝对信心。在共同意愿上，他更是完全的卢梭，认定"人民就是主权，政府是它的产品和仆人，官员是它的助手……当政府侵犯人民的权利，全体人民和每一部分人民都有神圣的权利和必要的责任去起义"。但是，当在恐怖统治期间残酷和疯狂地镇压各地的"起义"[21]时，他就自圆其说地把德行与恐怖放在一起，提出"恐怖只不过是立时的、严峻的、不让步的公义"。更说："革命政府是去建立共和……革命政府关心的是国家自由……革命系统下，政府要自我保护免受不同派系攻击。革命政府有责任保护良民，对人民的敌人它的责任是屠杀。"这就是卢梭在《民约论》中说的："每一个攻击社会的坏人，因为他违反社会的法律，就成为社会的叛徒，不再是社会的一份子，甚至是与社会为敌。在这种情况下，保存国家与保存他个人是背道而驰的，其中一个一定要毁灭，处死他不是处死一个公民，是处死一个敌人。"共同意愿之下，个人可以被牺牲。非但如此，罗伯斯庇尔更一力承担德行与恐怖的演绎与实践，这岂不就是卢梭指的，在"罕有的情况下就要有法律去把公共安全的保障委托给一个最有才能的人""一个最高统治者，给他权力去压抑所有的法律，暂时取消人民的主权。在这样的情况下，共同意愿毫无疑问是保存国家。他可以采取任何行动"？这就是共同意愿下独裁的理据。

从布里索到埃贝尔，到丹东，到罗伯斯庇尔，他们对革命的方向、方

第十三章 时代心态

法都有不同，甚至矛盾的看法，但都在卢梭那里找到论据，都是"理直气壮"的。结果是革命不断，死人不断。

到拿破仑夺得政权，革命走上个人独裁的阶段，这就是伏尔泰思想的时代。伏尔泰崇英贬法（孟德斯鸠是崇英，但没有贬法），特别热爱英式自由。他把英国形容为自由乐土，把洛克称为哲学首尊。但伏尔泰没有像孟德斯鸠那样去引入洛克的君主立宪，他更接近另一个英国人——培根。伏尔泰赞许培根为詹姆斯一世建立绝对君权的谋略（削减教会和国会权力以增加国王权力，虽然没有成功）。伏尔泰欣赏路易王朝开国君王亨利四世和光大法国的路易十四。[22] 他认为自由的大敌不在君权（尤其如果当掌权的君王是开明之士时），而是在啰唆的教会和愚昧的乡绅；而且，他相信权力集中于开明君王更有利于打击教会和乡绅。伏尔泰不相信权力制衡会带来自由，他认为集中权力在开明君王手里才是自由的保证。18世纪的欧洲君主都想做柏拉图式的哲学王[23]，而伏尔泰很愿意做开明独裁君王的导师。生前，路易王朝用不上他；[24] 死后，倒被拿破仑用上了。[25]

拿破仑不相信共和，因为他认为人民是愚昧的。但他知道共和是定局。所以，他走的路线是说服法国人在民主制度下给他独裁权力。他成功了。他的帝国保留共和特征，就像罗马帝国保留罗马共和的特征。在他的统治期间，他是伏尔泰理想的开明独裁，但是用卢梭的共和包装。法国老百姓对他的效忠（他统治期内没有内乱，最后是败在外敌手上）显示革命并不是要铲除绝对君权，只是要扫清教会和权贵拥有的特权，也就是铲除"不公平"。整个革命过程就是环绕于此。

"不公平"的意识是从哪里来的？来自当时政治冷漠、贫富不均的历史现实。不公平的状况由谁来解释？由"文人共和"的知识分子：古典启蒙的解释是王权、教权产生出特权，制造了不公平；浪漫卢梭的解释是人类文明导致人性腐败，带来不公平。不公平由谁解决？归革命精英和他们鼓动的群众力量。不同精英对不公平用上不同的解决方式，配上不同的群众对这些解决方式的不同共鸣，产生出解决问题的不同角度和力度：从约束王权、教权到废掉国王、消灭教会，到打倒阶级、改造人性；从游行到暴力，到杀人，到疯狂杀人。

凡革命都有领导精英。但是法国大革命的精英大部分来自法律界，而绝大部分更是"人文共和"的大师，如孟德斯鸠、伏尔泰、卢梭的信徒。革命群众也接受知识分子的支配，人手一册《民约论》，为什么？这与法国人的民族性格有关。

注：

1. 典型的批评来自黑兹利特（William Hazlitt，1778—1830，英国哲学家、剧作家）说的"我大半生所做的，就是想"，以及戈德温（William Godwin，1756—1836，英国哲学家、无政府主义者）说的"当我把所有的书都读了，我将还要做些什么？"
2. 一般把欧洲的启蒙起点定于发生于英国的三件事：洛克的《政府论（下卷）》（1689）出版，光荣革命（1688）发生，牛顿的《自然哲学的数学原理》（1687）出版。也有推到更早的笛卡尔《谈谈方法》（1637）和《第一哲学沉思集》（1641），以及培根《新工具》（*Novum Organum*，1620）。
3. 卢梭送伏尔泰《民约论》。刻薄、风趣的伏尔泰回信："我收到了你反人类的新书，谢谢。从未见过这样灵巧的手法去证明人类的愚昧。读你的书使人渴望用四条腿走路。但我已经忘掉了这个习惯 60 多年了，我很不愉快没法重新开始。我也不能到加拿大去寻找野蛮人，因为我的病迫使我一定要找一个欧洲的外科医生，而那边战乱不息——我们的行为榜样弄得这些野蛮人跟我们差不多同样差。"这是典型的伏尔泰，他给自己的形容最贴切："我只求神一事，求他让我的敌人被讥笑，他做到了。"

    卢梭不止与伏尔泰不合，他差不多与整个法国的"文人共和"都过不去，因为他有一种极强烈的被迫害感。当他觉得在欧洲不能再立足时，苏格兰启蒙运动主角休谟请他去英国"避难"，结果反被他指控阴谋害他。别人与他的结交总有点慕名（慕他的名）而来、不欢而散的意味。
4. 拿破仑把共和政制和民族主义输出到全欧。当初，他是欧洲各国人民的灵感来源。民族自决与民族团结携手使他和法国大军处处得胜。但他最终走上帝国之路，引发出绵延至今的现代帝国主义（包括经济帝国）与现代国家主义（包括纳粹、法西斯）的对峙。
5. 霍布斯要求结约的"民"放弃全部个人自由，组成无所不管的强势政府；洛克要求结约的"民"放弃适量的个人自由，组成只为保护人身安全和私产稳当的弱势政府。
6. 对卢梭来说，政治共同体是一个由很多个人组成的，道德性和集体性的"体"（personality）。他说："我们每个人在共同意愿的引导之下把我们每个'人'（person）和他所有的权力'共同拥有'（in common）；在这共同体内我们对待每一个成员如同整体里的一个分子。"因此，卢梭的论点是，在这个共同体内，每个人仍只是服从于他自己，仍是如同在加入共同体之前那样的自由。个人的自由不会因加入共同体而削减，或因服从共同意愿（共同体的意愿）而削减，因为这个共同体不会有意愿或意图去违反共同体内的人的共同利益。他更指出，由于共同意愿是共同体的意愿，它永远会谋取共同的利益，因此它是道德的和绝对的。
7. 这里，卢梭把政府看作是一个集团——统治层的集团。可以说，卢梭的政府是"由人民"（by the people），也就是因人民同意而合法；"为人民"（for the people），也就是为人民的共同意愿服务；但不是"是人民"（of the people），因为它可以是人民仆人，又可以是合法独裁（见下）。
8. 卢梭认为人民或许会误解共同意愿的内容，因而得出错误的结论。但共同意愿本身是不可能错的，因为在定义上，共同意愿的目的就是整体幸福，它不可能损害整体。但它可能被邪恶的个体意愿所误导。《民约论》说："我们的个人意愿永远是为个人好，但我们不一定看出什么是对个人有好处的；人民永不会邪恶，但可以被骗，只有在那些情况下，它的意愿似乎会指向不好的东西。"
9. 卢梭是把绝对权力交付给共同意愿的载体——国家——并把这主权（sovereignty，也可意会为统治权）演绎为绝对、全能、不可分割、不可转让（跟霍布斯一样）。他强调国家是整体利益的唯一裁判官，没有一个人有权违反国家。既没有违反国家权力的个人权力，也没有违反国家权力的自然权力（天赋权力）。"民约赋予国家政制（body politics）处理国民的绝对权力……是处理任何重大事情的唯一裁判。"可见卢梭在协调个人自由与国家权力的关系中，把个人完全放在共同意愿和国家之下。国家主权是绝对的、神圣的，不能违背且不能转让的。

10. 对共同意愿的批评有下：（1）理论假设国家由民约而诞生。但实际上，国家不是约成的，而是进化来的，因此共同意愿的基础假设有误。（2）共同意愿难找，甚至不可能找到。卢梭反对代议制度，因为共同意愿是不可转让的；他又反对少数服从多数。他的设想是小城邦，所有成年人都可以直接参与政事。这与当时的现实不符，与今天的现实更不相类。（3）共同利益与个人"真正"利益之间不存在矛盾，这个假设就是错误的。为此，把个人放在国家之下是否定他的个性，是消灭个人自由的极权。可以说，共同意愿否定基本人权，而基本人权是民主的核心。（4）主权不是绝对的或神圣的。主权的范围应以主权的目的来决定。主权是工具而非目的。（5）共同意愿或政治共同体的意愿是个神话：把一个意愿或性格赋于一个国家纯属虚构。（6）把强迫一个人去服从国家法律说成是强迫他自由和强迫他服从他自己的真正意愿是个似是而非的谬论，正如说一个贼人被法律惩罚是他愿意被罚一样荒谬。（7）卢梭混淆了"追求共同利益的意愿"（will for the common good）和"共同体的意愿"（will of the generality）。共同意愿可以说是追求共同利益的意愿，但不能说它就是一个政治共同体的意愿。

11. 《民约论》说："事实上，每一个人，作为人，有他的特殊意愿，这与他作为一个公民所应有的共同意愿会有差异或冲突……他的绝对和独立的存在会使他把对整体利益的责任视为无理或不必要的责任，承担这个责任有损自己，舍弃这责任无损他人……他想享受公民的权利，但不想负公民的责任。让这个不义存在下去一定会毁灭整个政制。"

12. 卢梭的个人德行其实是种生活方式，包括对己、对人。他在《爱弥儿》中说得很清楚："有德行之人是什么意思？他能征服他的情感，追随理性、良心；他尽责任；他是自己的主人，没有任何东西可以使他走上歧途……做你自己的主人，控制你的心，我的爱弥儿，你就会是德行之人……把自爱推至爱人就是把自爱转化为德行……越能够这样做越就是公义。对人类的爱只不过是爱我们内心的公义……"

13. 卢梭用的是 public security，也就是公共安全委员会的"公共安全"。

14. 卢梭迷接近疯狂。对他们来说，卢梭是完美的；卢梭的敌人，无论是真敌还是假想敌，就是他们的敌人。吉伦特派领袖布里索就曾经因为他的一个剧作家朋友在剧本中诽谤偶像卢梭而与友人反目。卢梭迷在书信中甚至直称他为神明；女性读者更把他视为闺中密友，把他的肖像当首饰佩戴。他在1778年突然去世（传说是因为尿毒症或血栓，甚至有人说是自杀），使对他的崇拜升级。他的墓地是圣地，吸引千百绅士淑女去朝圣、哭诉、祷告，向他的遗物致敬，与他的灵魂沟通，甚至有人为他自杀，以求可以葬在他墓边。卢梭悼文成为学校作文比赛的题目，剧作家假想他的来世作为剧本灵感。他的《忏悔录》死后才出版，敌人利用他坦白的忏悔去攻击他的为人和学说，但他的门徒对他的崇拜非但没有冷却，反因此提高。难怪他的敌人会说："卢梭的门徒不能容忍任何对卢梭的批判。"的确，他的门徒会在他的墓前焚毁批判他的书报。

15. 单在1790年，《民约论》就一下子出了4版，翌年，又再多出3版。1792年到1795年之间，《民约论》再出13版，其中一个版本更是像《圣经》的袖珍版，好让上前线的士兵能放在口袋里。《民约论》的节录本也非常流行，更有编者们在序言中盛赞《民约论》比利剑更厉害，更能推翻欧洲各国的君主。还有大量的诗歌、悼词、吟咏。代表性的几句：

"他的著作,自他死后,已经创造了大奇迹。"

"自由的法国人珍惜您,您为他们创造一个祖国。"

16. 但有人指出,虽然在1790年已有人建议把卢梭遗体移葬先贤祠,但直到罗伯斯庇尔死后才得以实现,部分原因是罗伯斯庇尔妒忌卢梭。

17. 卢梭理论对革命的影响力不只来源于理论的本身,更是不同的革命家对他的理论的不同演绎的结果。很多时候,关键不在民约理论的实质内容,而是在革命家们对卢梭的性格和他"殉道"的感受,也就是"卢梭神话"的影响。

18. 埃德蒙·伯克(Edmund Burke,1729—1797)在英国国会中强烈反对法国大革命。最初他仍有犹豫,但到了凡尔赛宫大游行之后,他就坚决支持反革命。

19. 见《西方文明的文化基因》有关法国大革命的注释,特别是有关《旧制度与大革命》的部分。

20. 约翰·达尔伯格-阿克顿(John Dalberg-Acton,1834—1902),英国政治学家、历史学家。他的名句是:"权力腐化,绝对权力绝对腐化"(Power corrupts; absolute power corrupts absolutely),也有译为"权力导致腐败,绝对的权力导致绝对的腐败"。我认为我的译法更能反映原文的精练。

21. 当然,这些都是反革命分子的动乱,但在卢梭理论中,也可算是罗伯斯庇尔在上面说的"一部分人民"的"起义"。

22. 虽然路易十四绝对不会容忍伏尔泰式的言论自由。

23. 例如俄罗斯的叶卡捷琳娜二世(在位期1762—1796年,又称叶卡捷琳娜大帝)、奥地利的约瑟夫二世(Joseph Ⅱ,在位期1765—1790年)、普鲁士的腓特烈二世(Frederick the Great,在位期1740—1786年,又称腓特烈大帝)。

24. 路易对伏尔泰是爱憎参半,王后安托瓦内特给他提供保护。

25. 拿破仑政权是独裁,但也"开明",包括政府科学化、教育普及化,并与教会媾和。这最后一点肯定令伏尔泰大失所望。

第十四章　民族性格

民族性格是一个民族集体的自觉、感情、行为的特征，是实在的、可探索的、可研究的。法国民族的"理论型性格"驱使他追求秩序，以"理性"去征服一切。法国大革命走上极端和恐怖完全可以用法国民族的"理论倾向"和"秩序取向"去理解。

民族性格是什么？学术界争议不休。不，不是争议不休，是不敢争议，因此是没有争议的。大半个世纪以来，西方学术界（起码是英语学界）基本否定民族性格的存在。在相对主义为学术主流的气候中，在个人主义为文化主流的世界里，在多元社会为政治主流的大势下，谈民族性格表现出落伍、无知、偏狭。

"民族性格是一个居住在同一个国家里的居民的一套共有的自觉、感情、行为模式的表现。"[1]若此，谈民族性格就是为一个民族的集体自觉、感情、行为的特征"定型"（stereotype）。在现今的学术时尚下，这有三个大问题：（1）性格肯定受社会环境影响，而社会环境不断在变，怎能有定型？相信性格可以定型是落伍。（2）民族是个社会性的组合，里头每个人都可以有不同性格，哪来同样的定型？相信民族性格存在是无知。（3）如果民族性格是共有的、同一的，哪来多元社会？相信有统一的民族性格是偏狭。

如果你去日本旅行，相信你在去之前脑袋里会有一个"日本人"的

"想象",你回来之后一定有一个"日本人"的"印象"。但如果有人问你:"你觉得日本人怎么样?"你肯定会有答案:日本人是这样那样。如果你老实,你会补充一句:"我只能说我见到的日本人是如此,其他的我不知道。"如果你是"政治正确者"(politically correct,代表你跟上了现今的政治时尚),你或会说:"我不知日本人是怎样,因为日本人个个不同。"这其实是很滑头的回避。假若我不问"你觉得日本人怎么样",而是很具体地问:"日本人礼貌不礼貌?"你怎样回避?除非你不懂什么是礼貌与不礼貌——这是不可能的,因为每个人都有主观性的关于礼貌与不礼貌的定义(这当然可以与日本人对礼貌的定义有所出入,但关键是你仍有你的定义)。也就是说,按你的定义你肯定是可以说出你见到的日本人是礼貌或不礼貌,或者有时礼貌有时不礼貌,或者大部分礼貌,或者大部分不礼貌,又或者礼貌的与不礼貌的时间相等,等等。当然,你见到的每一个日本人为什么礼貌(对你、对人)或为什么不礼貌,就是另外一个层次的探讨。但礼貌与不礼貌是可以定义(起码你能定义)、可以观察的(起码你能观察)。

对你来说,"日本人"作为一个民族,按你的认识(可能很肤浅,也可能很深入,但不可能绝对不认识或完全认识),是礼貌的、不礼貌的、有时礼貌有时不礼貌的等等,但你的认识是"绝对"的。也就是说,如果你认为他们礼貌就是你绝对地认为他们礼貌,你认为他们不礼貌就是你绝对地认为他们不礼貌,如果你认为他们有时礼貌有时不礼貌就是你绝对地认为他们有时礼貌有时不礼貌。当然,你可谦虚地、老实地说这些只是你个人的看法(这是自明之理,因为你的看法绝对是你个人的,绝对不是别人的看法,虽然你跟别人的看法可以相同),是不精确的(也是自明之理,因为你不能分辨和归纳所有形形色色和不同程度的礼貌和不礼貌),是不完全的(又是自明之理,因为你怎能认识所有日本人和所有日本人的所有生活行为),等等,但你总有一个认识——一个有限的认识。如果你是负责任的,你会想认识得精一点、多一点、深一点;如果你是不负责任的,你会倾向否认有日本民族性格这回事,因为这样你就不用劳心费力了。为什么否认日本民族性格的存在是种不负责任？除非你对任何有关日本人或日本的东西都没有意见（真正的没有意见，不是不表白意见），否则你的意见会因为缺乏考虑日本的民族性格而变得不完整和盲目，这是你对自己不负责任。如果你的意见会影响你的行为（这是必然），或影响别人的行为（这是可能），那你就是对日本人不负责任。

现今西方英语学界否定民族性格的存在是种学术时尚（当然在某种程度上也同时反映社会主流意识的时尚，或精英主流意识的时尚）。但时尚肯定会变的（这也是时尚的定义），以时尚去否定根深蒂固的民族性格（包括否定它的存在）是不智的，甚至是危险的，因为这会导致政治家在国际关系上失措。²

现在从头去追索民族性格的讨论是什么时候开始的，怎样发展的，以及为什么现在不敢谈。

物以类聚，人也是以"类聚"——同类的聚在一起，产生出"自己人"和"外人"的分别。究竟是同类的聚在一起，还是聚在一起变成同类，是个先有鸡还是先有蛋的问题，但是在固定的历史时刻和地域范围里，同类与不同类的辨别是相当明确的。虽然随着科技的发展，历史好像越来越短暂，地球好像越来越小，民族性格的分别好像越来越模糊，甚至民族的理念也好像越来越淡薄（这个"全球化"的问题将会在下卷详细分析）。

最初，对不同民族的性格描述来自旅行者的观察，这是个趣味性的话题，例如希罗多德（Herodotos，约前484—约前425）的《历史》（*Histories*）。接着是征服者描述被征服者的民族性格，借此去提升征服者的优越感。如恺撒对高卢人、不列颠人的形容。

在西方，传教士长久以来宣扬信仰，先在欧洲，后至全球，视对不同民族性格的了解来打造救灵的工具。16世纪开始，帝国主义到处殖民，全球扩张，帝国主义者利用被征服者的民族性格去设计管治的手段（中国的老话是"以夷治夷"，西方人就是"go native"）。18世纪启蒙运动，现代国家主权的理念抬头，独特的民族性格被视为民族自决的理据。19世纪以来，国家主义膨胀，国与国之间的竞争往往以民族性格优劣的对比来相互较量。"二战"前后，民族性格的研究成为战术与战略的重要参考。但冷战结束后，以英语文明为主流的西方视自由民主为历史的终结。[3] 在全球资本、消费经济的引导下，国家理念开始萎缩；相对真理（相对于终极价值）、个人自由（相对于民族自决）、多元社会（相对于民族一统）成为主流，民族性格理念就被冠以落伍、无知和偏狭的帽子。

为什么18世纪"开明"的启蒙运动带起的民族性格研究热潮到今天变得如此"反动"？我们可以笼统用"物极必反"来形容。但科学精神要求我们去探索为什么生出"极"，而"极"又怎样带来"反"。这可以从民族性格研究最高峰的前后时间段去考察，从而看出一点苗头。

1945年8月6日、9日，美国在广岛和长崎投下两颗原子弹，日本投降。投降之后的日本要怎样收拾残局、怎样维持稳定、怎样防止军国主义死灰复燃？美国政府求教于在1942年参战时成立的"战时情报局"（Office of War Information）的人类学专家，特别是首席研究员本尼迪克特（Ruth Benedict, 1887—1948）。[4] 她凭借研究日本民族性格的心得，提出保留天皇地位去保证战后日本安定，成为美国处理战后日本的指导原则。

本尼迪克特与同僚们，如格雷戈里·贝特森（Gregory Bateson, 1904—1980）、乔弗瑞·戈勒（Geoffrey Gorer, 1905—1985）、克莱德·克拉克洪（Clyde Kluckhohn, 1905—1960）等属于人类学（anthropology）中的"文化与性格学派"（Culture and Personality School）。[5] 该学派的开山祖师是哥伦比亚大学的博厄斯（Franz Boas, 1858—1942）。他的门人（包括本尼迪克特）从20世纪20年代，也就是"一战"之后，研究过很多民族性格，例如德国民族性格，[6] 中、东欧各不相同的民族性格，[7] 墨西哥民族性格（包括西班牙人来之前的墨西哥人的后裔和西班牙人），巴西人性格（包括巴西的白人、黑人、美洲印第安人），等等。到美国参加"二战"，民族性格的理念首先用于鼓舞盟军士气，继而用来分析敌与友，最后还用来作为国际关系的重要参考。可以说，文化与性格学派以至于民族性格概念被重视是有其历史与政治因素的。

但随着关键历史时刻（及相应的时代心态）的过去，这些研究的政治合法性也随之消逝。这与国家主义的兴衰有关。18世纪下半叶，国家主义开始抬头，民族性格从描述性的学术研究演化为指导性的政治意识，以配合当时的民族自决、国家统一运动风潮。稍后，列强互争。在某种意义上，"一战"和"二战"是国家主义对抗自由主义及资本主义的决斗（见《西方文明的文化基因》）。国家主义最终被拥有全球资本意识的资本主义和拥有全世界劳动人民意识的共产主义联手击败。被国家主义用来争取政治合法性和指导政治行动的民族性格概念被视为太亲近国家主义的"本质论"意识形态（essentialism characteristics of nationalist ideology），尤其是当它被用来制造优秀民族和低劣民族的意识时。因此，虽然民族性格概念曾有功于自由主义和资本主义的龙头大哥——美国——帮助它击败德、意、日，但权衡之下，觉得它是个"危险"的意识，遂将其打入冷宫。[8]

危险有哪些？学者对其的批判主要有三点。（1）流于"文化主义"（culturalism），因为它把从观察得来的文化模式作为解释文化模式的原则，因此构成一套自圆其说的闭环（也就是典型的现象与解释的循环论证的谬误）。（2）通过观察与分析"部分社会"，进而将结论抽象化和概括化，缺乏批判性地去研究这"部分社会"在整个社会中的定位，因而忽略了深层次的社会冲突。（3）研究聚焦文化与心理，虽然比单纯考虑物理与生物因素丰富多了，但忽略了制度、政治等因素。[9]

与此同时，民族性格的研究从人类学的"文化与性格学派"方向逐渐转移到"社会理论研究"（social theory studies），聚焦于"新国家主义"与国家归属感的关系。这个新的研究方向并没有意图去创造一套对民族性格的评价（好性格、坏性格）理论，只是建构一套"民族身份的实际类型"（practical categories of national identity），以探讨不同的社会主体（social agents，也可称社会角色）的行动和风格，从而追踪国家归属感背后的社会动力。研究的主题包括（1）为国家归属感（相对于其他的归属感如种族、地域)定位,继而研究社会生活的普世原则;(2)研究历史文化基因与"共同身份""同一感受"的关系;(3)为国家性格定位,用来对比国内和国与国之间的不同文化、社会、身份及性格类型。新国家主义与18—19世纪的国家主义的最大分别是认识到国家归属感是把双刃剑,它既能推动归属与团结,也会助长排外和歧视。

到这里,我们应该能感觉到国家性格与民族性格是两套不同的概念,既有基本的相似,又有关键的差异。下面,我们把美国作为典型例子,去解释英语(美国)学界在民族性格研究上的尴尬处境。

中古欧洲有多民族,但没有国家(起码没有拥有独立领土和主权的国家),只有在信仰一统下的封建世族。16世纪的宗教改革打破了信仰一统,并引发出建筑于宗教自主之上的国家理念(见《西方文明的文化基因》)。理所当然地,当时这些按宗教自主而产生的独立国家往往反映着同一个民族、同一种言语、同一套文化。因此,在实质意义上,国家性格与民族性格是同一个概念,都叫"国家性格"。[10]18世纪启蒙运动鼓吹的国家主义更是从单一民族的角度来想象一个国家。虽然每个国家都有一定的少数族裔(犹太人更是散布于各国),但就算他们被善待也会被视为外人、客人,绝不会被视为"国家性格"的组成部分。所以,在那时是没有,也不会有"多元"的理念。直到19世纪末20世纪初,在奥匈帝国解体、奥斯曼帝国欧洲属地的民族自决运动兴起之前,西方人的"国家"和"民族"是一而二的理念:英格兰就是英格兰人,法兰西就是法兰西人,德意志就是德意志人。[11]

但美国是个例外。有人说,美国一开始就是个移民国家,民族多元、文化多元。的确,北美的开发虽然先是由西班牙、荷兰、法国开启,到17世纪英国才赶上,但关键是英国才是真正的殖民,英国来的人才是真正在此生根。因此,直到美国独立,英语势力范围所及的人口绝大部分是英裔(当然还有大批黑人奴隶),绝大部分都是新教少数派。虽然欧洲各国的移民不断来美,但清教思想、英语文化一直是主流。"一战"结束后,也就是民族性格研究最时尚之际,欧洲非英裔移民大量流入美国,加上纳粹抬头,欧陆犹太人大量迁徙至新大陆。以新教精神立国的美国开始走上文化多元,以宗教、族裔、言语来区别的"身份"越来越复杂。美国的文化、经济和政治精英开始认识到这个现实,以及由它所引发出的"身份政治"(identity politics)。"二战"后直到今天,身份政治逐渐成为政治博弈的基本原则,"身份"成为博弈的筹码,政治身份越来越多、越来越复杂(从早期的黑人、天主教徒等,到现今还加上犹太人、原住民、拉丁裔人,以至于同性恋人、残疾人、移民、难民等等)。谁能够创造身份、动员身份就能分得政治权力。但是,身份政治的合法性需要两个假设:(1)每个身份都有不同特征,(2)每个身份都有同样价值。为此,不可能有一个概括性的"美国人"概念,因为:(1)它是危险的,侵蚀身份政治的合法性(因此它是不道德);(2)它是不理性的,违反身份特征的事实(因此它是不科学)。可以说,美国内部的多元化才是民族性格的研究被淘汰的主要原因,尤其是"文化与性格学派"的研究。今天是美式英语文明的世界,相对、个人、多元是美国的现实。由于世人追仿美式文明,民族性格的研究自然退化。

但欧洲启蒙时期可不一样,启蒙思想家们没有一个不谈民族性格。[12] 早在16世纪法国文艺复兴时期,蒙田(Michel Eyquem de Montaigne,1533—1592)就注意到气候与民族性格的关系:气候炎热地区的西班牙人暴躁,气候寒冷地区的德国人冷漠,气候温和地区的法国人完美平衡。17至18世纪时,民族性格之说多来自旅行家、小说家、戏剧家等,在社会上非常流行。

有关民族性格的成形,主要思路有以杜博斯(Jean-Baptiste Dubos,1670—1742)为代表的"地理决定论":土地特征决定气候,土地和气候决定营养、脾性、官感,从而决定性格。以拉博德(Espiard de Laborde,1707—1777)为代表的派别就认为民族性格的成因来自物理层面,而结果则产生在精神层面(如脾性、风俗、意见等)。孟德斯鸠则认为民族性格是由道德特征[13]与思想和行为习惯构成,其成因来自气候、宗教、法律、政制、历史、举止等的独特组合与平衡,以及它们之间的互动、互依。整个启蒙运动以"俗世"为标榜,也就是排除"神"作为世事的解释,代之以"科学""理性"。因此,在民族性格的解释中特别强调天然条件(气候、环境等)和人为条件(教育、制度等)。典型的解释是:民族性格是个概括性、普遍性的事实,但并不代表每个人都如是;虽然有些民族的性格会比较明显,但每一个民族的性格都是相当稳定的,因为性格反映了对当地气候、环境的适应;但持久的政治和社会制度也会影响民族性格。

在政治与社会制度的讨论上,有两个人值得关注。孟德斯鸠特别重视政治与民族性格的关系,他从亚里士多德的政治理论出发,描述各国的政治与其独特民族性格成因之间的关系,强调国家法律一定要配合和适应民族性格,因为政治(政府、政制)与民族性格是互相依赖的。制度和法律的建设有赖于人民的习惯与思想;如果这些制度和法律与人民的道德、仪态、娱乐习惯不一致,最好的制度和法律都会被视为暴政。但同时,制度与法律也在塑造社会、政治与文化行为。法律、制度跟民族性格的关系聚焦于法律、制度的质和量跟民族的道德标准与风俗仪态之间的关系,因此,以法律与制度去改变民族性格会受到民族的道德标准与风俗仪态的限制。但要改变道德标准和风俗仪态,最终还得改变法律与制度。

卢梭则把民族性格和国家意识联系起来。他认为一个国家的"身份"(identity)来自一个鲜明的"精神"(spirit,也可译作灵魂),包括性格、品位、仪典和法律,甚至无须有领土和政治的统一。每一个国家都有其独特性格:脾性、体质、道德素质,再加上典礼和宗教与文化的传统,就会产生一个国家一统的感觉(awareness of national cohesion),构成黏合、团结和内聚的力量。因此,一个国家的民族性格至为重要。为此,他提出:(1)每个国家都应该有它的民族(国家)性格,如果没有就应该建立;(2)一个独立和自由的国家的基础是国家意识和爱国热忱,而它们的基础是民族(国家)性格,只有这样才可维持爱国热忱,不被外国征服和统治;(3)民族(国家)性格不单是历史的结果,更是可以和应该创造的事实(realities);

(4）不单可以为一个独特的社会建立一个合适的政制，更可以为一个独特的政制开发一个独特的民族（国家）性格；（5）要建立一个鲜明的民族（国家）性格，可以通过恢复这个民族的原始品质（traits）和开发合适的国家制度、习惯、衣着、仪态、庆典、娱乐来实现，这需要一套强调国家、历史、地理的教育。卢梭认为当代（18世纪后期）的社会与文化的融合、移民、城市化、奢侈和腐化等消弭了国与国的分别，因此，要恢复鲜明的民族性格特征，就需要返回一个较简单的生存模式，并鼓励一套落点于民族性（国家性）的文化政策。

启蒙运动的一个特色是尊重古哲。伏尔泰在《百科全书》"法国人"一栏指出法国人的基本性格其实跟恺撒大帝和其他罗马古哲形容的高卢人（Gauls）一样："迅速决定、勇敢战斗、狂猛攻击、容易泄气，在所有野蛮人中最有礼貌：是其他人的榜样。"他认为这与当代法国人的轻浮性格其实是同出一源：巴黎人的轻浮、好玩乐，相对罗马时代的认真、严肃并没有真正的矛盾，因为罗马时代的巴黎是个小城，没有什么娱乐，而当代的巴黎是富丽、闲散的大城市，因此有更多的娱乐和艺术；从前高卢人在战争上是急躁、冲动，跟现今巴黎人在追求享受上的轻浮、狂热是同一性格的不同面。性格是不会变的，因为气候、环境并没有变。他更提出一个悖论（paradox）：昔日恺撒说高卢人是"轻量级"，没有分量，但这些高卢人仍然通过谈判、手腕和耐心统一了法国并维持了它的统一，表现出高度的政治和外交技巧，可以说，法国民族年轻时轻浮，年长后变得智慧。伏尔泰以古哲人对一个"蛮族"（法国民族的主要祖先）性格的评价作为起点去诠释法国文明的发展，指出在表面看来是矛盾的行为底下，法国民族还是保留了原来性格。这有关键的政治意义：他引进古哲是要"证明"法国民族性格的耐久持续、来源古老，比称为"古老政制"（Ancien Régime）的路易王朝还要古老，更具历史合法性；他要"证明"法国民族性格是独立于绝对君权政制，是一个统一的、均匀的独立存在，从而暴露出路易王朝实在是腐化、扭曲了法国民族的基本优良性格。为此，要恢复法国民族的真正性格就得推翻这个王朝，还其本来面貌。这也是大革命中激进分子如马拉和罗伯斯庇尔、德穆兰等人的典型调子。

当然，民族性格研究是知识分子的玩意，是上层精英的嗜好。但是在法国，知识分子的影响力特别大，通过上流社会沙龙里的清谈和普罗大众中的小说、戏剧的传播，民族性格的定型被普遍接受。但是，现今学界（英语）对民族性格这一概念都很有戒心，有意识形态上的敌视。中肯地说，对民族性格的三个主要批评（见上）都没有"证明"民族性格不存在，只是提醒我们要谨慎和谦虚：不要混淆现象与解释；不要把部分视为整体；不要忽略制度与政治的影响（见上注，关于对三个批评的反驳）。

对民族性格这个概念的最大批评是"性格定型"的"不确定性"。可以举一个例子。在一般美国人的眼中，美国南方人的性格定型之一是"有礼"（南方城市往往被选为有礼貌城市），但同时也是"粗暴"（南方城市的凶杀案发案率比北方城市高）。究竟南方人是有礼还是粗暴？伊利诺伊大学的科恩（Dov Cohen）做了一个实验。他选了一批北方人（男性）和一批南方人（也是男性）。每个参与者都要填一份表格，填好后交到另外一个房间，但要走过一条长而窄的走廊，走廊上还有一个人在干活（这是实验的一部分，但参与者不知）。参与者需要这个干活的人让路才可以走过去。这个干活的会对半数的参与者说句粗话，而且在参与者擦身而过时有意地撞他一撞，对另外半数就不说粗话，也不碰撞。参与者在继续往前的时候，迎面走来另一个人（也是实验的安排）。由于走廊很窄，两人之中一定有一个要让路，但实验安排的那个人不会先让。实验的观察是记录参与者让路时与对方的距离为多少，以及参与者让路时的表情和态度。实验结果是北方人，无论是被撞和没有被撞，表现没有分别。南方人之中，被撞的要等到最近距离时才让路，而且表现比较强悍和威严；反过来，没有被撞的会比北方人在更远的距离就让路，而且表现有礼。为什么南方人会有如此不同的表现？一个解释是，从前的南方，地广人稀，治安不好，要保卫家园就要靠自己，而最好的方法是建立一个"人不犯我，我不犯人；人若犯我，我必犯人"的形象，因此在南方就形成一个重荣誉的文化，这个文化的象征就是"男子汉"作风。这一文化同时解释了粗暴和有礼：粗暴保证荣誉不容侵犯；有礼保证对方不会误会你可能侵犯他的荣誉。所以，南方人的性格是粗暴还是有礼，要按情况而论，特别是那些触发这些性格的"扳机"（trigger）。要研究这些"扳机"就需要探讨文化价值观、行为准则和它们的历史渊源。

在例子里，有礼和粗暴有表面的矛盾，这类词语很难用来表达一个民族整体性格的统一性。"荣誉文化"是个比较合适的词。它一方面有足够的精确度去"捕捉"南方人整体性格的"独特"性，从而跟别的民族做出比较；另一方面又有足够的宽松度去"涵盖"南方人行为的表面矛盾（有礼与粗暴），从而去探索引发这些矛盾行为的"扳机"。

用民族性格去解释大革命走上极端，需要一个贴切的词去描绘法国民族性格：一方面能够精准地捕捉法国民族性格的特征，另一方面又能柔润地涵盖革命极端化过程中不同人（和这些人代表的派别）的性格差异，甚至矛盾，也就是说，有足够的精度与宽度去演绎革命极端化过程中不同人的不同行为。[14]

启蒙大师们的用词，如轻浮、好玩、好交际等，都比较片面和表面，不足为用。比较近期的学者们更不敢说好坏，用的都是不着边际的、没有血气的中性术语，如"共同身份""归属感"之类。我选用的是马达里亚加（Salvador de Madariaga，1886—1978）在1928年出版的《英国人、法国人、西班牙人》中所提出的民族性格类别。

在他的时代，"一战"的残酷完全抹掉了启蒙的乐观，但同时，"一战"后的欧洲是纸醉金迷的时代（与美国的"咆哮20年代"相对应），科学大放光彩的时代（爱因斯坦、波尔、海森伯等创作力最旺盛的时期），是个光怪陆离的花花世界。那时，法国大革命的痕迹仍然可见，而个人主义、多元的意识形态还未窒息学界的思想。他从外交官和政治家的角度，以国际化视野、学者的心态去分析英、法、西的民族性格。他悲天悯人、不畏权势，因在国联指责日本侵略中国东北，被人冠以"满洲的堂吉诃德"之号。[15]

他浓厚的和平主义倾向使他对民族性格的分析不受当时狭隘国家主义的污染（包括他自己的国家西班牙），所以应该比较中肯；他的政治与外交生涯使他的观察特别到位；他的学问修为使他的分析特别有逻辑。更关键的是他用来讨论民族性格的词语特别合适我的要求——足够的精准、足够的柔润。以下是他对民族性格的探索。

首先，他肯定民族性格的存在。他开宗明义地指出，跟他唱反调的会说："把一个中国的婴儿带到英国去，让他跟英国孩子一起生活、长大后，他会跟英国人一样。"但马达里亚加机智地点出这不是反调，是认同——认同英国人有英国人的独特性格，中国人有中国人的独特性格，这岂不就是认同民族性格的存在？他又指出，民族的性格是怎样成形、演变的，人们对此意见不一，但大致上离不开人种、气候、环境、经济。可以肯定的是，历史、地理、宗教、言语，甚至共同意志都不能定义一个民族（国家），民族是个"心理现实"（fact of psychology）。

先从"性格"一词说起。一般人把行为与性格混淆。有礼、粗暴等好性格与坏性格其实是用来形容行为："有礼的行为""粗暴的行为"。 马达里亚加说"人类行为是心理的实现"（the facts of psychology are human acts）。人类行为是他整个人的心理、生理、精神总结出来的果实，在他所有的行为中他整个身体和他整个灵魂合作无间。可以说，心理、生理、精神，以至身体、灵魂，只不过是一套人工和抽象的概念，以帮助我们理解驱使我们做出一个行为的动力底下的"生命力"（life-power），这些不同的概念只不过是代表着生命力的不同来源。

一般用来描绘性格的名词，如善良、诚恳、公平、伪善等，其实就好像海上的波浪，一个一个互相连接，推动向前。但谁能说得清楚，诚恳和谦逊在哪个地方融合了，又在哪个地方反折叠成伪善，最终在哪个地方沾上了自以为是？在什么时候，慷慨变成炫耀，仁慈变成软弱，软弱变成牺牲，牺牲变成沽名？生命力产出性格，性格产出行为，都是有赖先天因素与后天条件的互动。因素与条件的改变可以改变性格、改变行为。因此，我们只可以说，在特定的条件下，某个性格倾向会引导出某种行为。

为此，性格实在是种"倾向"，而倾向是种自发的力量，没有好坏，只有强弱。就像一条拉紧的弓弦，拉力的强弱决定射程远近。拉力是种"活力"（vitality），无关理性。性格里头每一个倾向都会发挥到它活力的极限。但其他的倾向也会部分地或完全地牵制它。为此，倾向之间的交叉、互抵、互补、互动构成一套牵制系统，这才是决定行为好坏的机制。性格倾向本身没有好坏；好坏行为往往反映同一的性格倾向。

每个人都有着人类的所有倾向，但在每个人的内里，不同倾向的相对强弱人人有别，倾向之间的牵制系统人人不同，遂产生独特的个人性格。但每个人的性格都有其统一性、整体性。这个独特的个人性格也不是静态的，会随着生命每一刻的独特处境而不断更新。通过观察，我们或可发现不同倾向之间的强弱可能有其一定的排序，牵制系统也可能有其不同但可辨的范式。这会帮助我们开发出不同的性格类型。这些类型往往只能凭本能去感应，凭直觉去认识。这种认识不是不理性，而是不能完全满足理性，但却能完全满足生命，满足日常生活中人与人的相处。

民族性格与个人性格同出于同一的性格倾向，但需要更高层次的提炼才可掌握。它比个人性格更难捉摸，往往融化于时代的"气氛"（atmosphere）之中。它是一个民族自发的、对民族整体的一个想象（vision），永远是个人与整体之间的一种平衡。为此，民族性格肯定不能从个人性格归纳出来，因为个人性格的交叉、互抵、互补、互动产生质的变化。民族性格甚至不能通过直接观察得出来（遑论归纳），只能臆测，是感觉多于逻辑、隐喻多于分析。它也是可以凭观察者的本能感应，直觉认识，可以知晓但不能定义，因为我们对性格的认识永远是相对于我们的观点，对性格的描绘永远会局限于言语表达的差别。

马达里亚加的结论是，民族性格的认识是一种直觉的概括（generalization）：一个直觉的快照（snapshot）、一个洞悉的刹那，在一个举动中展露整个面貌的形状。正如风景画家与土地测量师的区别，后者以衡量去求知识，前者以领会去求明白，他看的是全景，并没有衡量任何部分。为此，民族性格的研究不能被称为科学，起码不是实证的科学，只是一种生活的见证，但已足够满足人类集体生活中民族与民族之间的相处所需。[16]民族性格研究的价值是以它对民族行为的解释力来衡量的。

马达里亚加首先拿英、法、西对比，显示英国人是行动型（action）性格，法国人是理论型（thought，可译为思想，但按马达里亚加思路，译为理论更合适）性格，西班牙人是情性型（passion）性格。

且看看他怎样描绘英、法不同性格的关键分别和这些分别的实质意义。

（1）英国人的行动型性格使他聚焦于行动的每一刻，并关注支配行动的意志；法国人的理论型性格使他聚焦于行动之前，且关注支配行动的理论。

（2）在英国人眼中，世事必须连上理性；因此，英国人的世界是有机性的（organic）。在法国人眼中，世事必须服从理性；因此，法国人的世界是机械性的（mechanical）。

（3）英国人的心理重心是意志力（will），他思想是为了明白行动（meditate）；法国人的心理重心是理解力（intellect），他行动是为了实现理论。

（4）英国人的思想放在核算、调查、评价，因为他要知道行动需要什么，会得到什么；法国人的思想不在获取，而在理解，在衡量。

法国人的理论型性格驱使他追求秩序，服从方法（method，思想的秩序），包括以概念去构建理论，在事前先制订方案，坚持理性不会错误，以此去回应生命的反叛。他不能忍受生命的无常，进而坚持世界可以被理性驯服，因此他想以理性去"征服"世界（自然）。在这样的社会里，理性成为社会等级的基础。为此，法国知识分子拥有特殊崇高的地位。

法国人强调抽象，习惯把现实（reality）模式化（schematize）去维护理论的完整和一统，以对抗世界的反复无常。他要预见、前知（foresight），因为他不信任没有规律的生命。他追求的预见、前知意味着一种"自卫"（defensive）的心态，一种"不信任自然"的心态（因为自然是乱，guilty nature），这为他带来一个"战争的心理"（war psychology，也就是内心的斗争），要"强迫"生命去符合他的理论。他把行动理论化，这样明天的行动就是今天的思考。他要通过理论去开发出一个"想象"（vision），用的方法是留心观察世事，把世事的各部分加以分析，然后再连接起来以构成一个和谐的整体。[17]

但是，要理论化就要立定义、定界限。这意味着"分隔"（separation）：眼睛与对象的分隔、主体与客体的分隔。要精准地观察与分析世界就要依靠对世界的清楚分隔：

（1）分隔客体的组成部分，叫"分析"（analyze），就像拆开一部机器去看出各部分的连接和互动，但又不破坏整体的秩序和美，目的在"看"。这有别于英国人的"清单式"（inventory）的看，法国人的看是种"量度"（measure），也就是量度各部分是否合度（right proportion）。

（2）分隔客体与它的周围，叫"定义"（define），去保证思想的轮廓足够清楚。这里强调的是"界"（edge）。法国人喜用"微调"（mise au point，英译为"tuning"，特别用在音乐的调音、摄影的调焦中）去把客体放在观察者的聚焦点上，以求观察精确。法国人很善于处理精细、微妙的理论差异（nuance）和对比（shades）。

（3）分隔主体与客体，也就是把思想以外的东西去掉。这里强调的是"分类"（classification），通过类别去找物种（species）。把世界简单化、模式化，目的在厘定理念之间的顺序，借此建立一套思想秩序，这里需要严谨的纪律。

法国人对他们的思想创造出来的理论有一种持之以恒的忠贞（法文"esprit de suite"），包括对这个理论的进化过程的忠贞。法国人对清晰知识的追求和追求所用的"分隔"方法使他们思想的进化过程像条虚线，断断续续。断的地方就是理论与生命不能一致的时期，续的地方是重新达成一致的时期，然后再不一致……整个过程中，理论不断在改，目的是要理论与生命达成一致，但始终离不开以理论去支配生命的性格倾向。[18]

这套求知方法是抽象的、冷漠的、几何化的。有如一张地图，虽然它把地上的所有特征都描绘得清楚、明朗、准确，但仍只可以是现实（这里或可称真相）的一个影子。而且这套外在的、主体客体分隔的方法不可能产生有机的、整体的、活生生的知识。在净化思想的过程中，世事的复杂性（complexity）、密切性（intimacy）被毁掉了，生命力也消失了。

法国人的理论型性格放在行动上就是要把秩序（order）加诸生命。这是种思想的行动（intellectual action）而非实质的行动，意味着行动要服从理论。理论型性格的优势（相对于其他性格，例如英国人的行动型性格）是在行动之前和行动之后。在行动之中就往往有种急躁感（因为在行动的动态中是不能思考、不容思考的）、过敏感（相对英国人在行动中的清晰感）。焦虑会使思想失措，好像一个溺水的人被本能和绝望所支配，胡乱摆动手脚，往往在拼死挣扎中孤注一掷。

法国人行动的目的在于获取思想上的体验（intellectual experience），但是，有关情性的东西，若是经过长时间的思想与持续的官能关注，其价值就会逐渐提高，甚至激起（exasperate）一个人拥有它的欲望。这个心理的冲动会加速客观世界的速度，使他急不可耐地开始行动，甚至主动抢先。因此，法国人倾向顽强、锲而不舍。对战争与爱情都是如此。

奇怪的是，法国人的理论型性格往往使他们不理智，因为他们的理论型性格使他们不单要用理论（相对于行动或情性）去支配他们的思想，更要用理论去支配其行动（要完全按理论定下的图式去行动），为此，他们总是低估了本能、动物冲动的重要性和直觉的威力。

法国人对理论的忠贞使其难以与人合作，因为合作是种行动，而法国人往往用理论的标准去衡量自己和别人的行为，所以很难有自发性的组织，也就是说他们不可能牺牲理论（包括包容矛盾）去跟别人合作。因此，他们很难与别人拥有共同的目的（故很难协调各人的意志）和共同的方法（故很难协调各人的气力）。换句话说，法国人之间其实难有卢梭式的"共同意愿"。法国人的理论倾向怎能忍受卢梭的不明不白、先后矛盾？马达里亚加说得好："当法国人不甘示弱的时候，他假装了然于心。"也就是说法国人容易"强词"，遂出现了在对卢梭理论有不同甚至冲突的演绎时，革命者们还会加以坚持，容不下异见。

对理论的忠贞是法国知识分子的性格特征。这种性格特征栽培出观点的多元化，但又限制了相互的妥协，在现实中表现为政治上的不容忍。同时，对理论的忠贞又意味着道德标准的唯一合法基础是理性，而非信仰或传统，因此法国人性格和法国政治完全可以"理性地"接受享乐主义（Hedonism），在政治越狭隘的时候，法国人的道德观越开放。[19]

马达里亚加用"理论倾向"和"秩序取向"去定义法国民族性格。这是不是一个合适的概念，能否帮助我们解释法国大革命的极端化，就要看它能否：(1)足够精准地捕捉革命极端化过程中法国的民族性格；(2)足够柔润地容纳革命极端化过程中不同派别和人物的性格类型。革命极端化的过程反映在不断革命上。不断革命始于第二次革命之后，且看看法国的民族性格如何反映在不断革命的过程上。

布里索以及他领导的吉伦特派人士的活动是大革命中最典型的书生论政，最能代表法国人的理论型性格。他追求共和，比谁都早，但他的理论倾向使他把革命看作一本书，有章有节，每一处都是按部就班。[20] 但现实，尤其是革命的现实，哪有理论来得清楚、准确、纯净？结果是理论被一浪一浪的现实冲击。法国人的理论型性格，加上布里索本人的拘谨、执着，使他事事失措。尤其是在君主立宪与共和的重大抉择上，他的理论取向使吉伦特派与革命的历史步伐脱节。如果他不是生时纯情、死时从容，我们会说他是个笨拙的机会主义者。但他个人的拘谨性格，他身为法国人的理论型性格，与其所处的瞬息万变历史时期的现实格格不入。在治世里，他会郁郁不得志过一生，而在龙争虎斗的乱世中，他注定会成为牺牲品。在个人层面上，他是个悲剧，但在民族层面上，他是个灾难，理论倾向使他行动失措、主张不断革命。

长裤汉的疯狂某种程度上也反映出法国民族性格在革命冲击下的失措。正如上面说过的，黑格尔指出："所有人类，包括法国革命中最疯狂的长裤汉，也一定是向往秩序的。我可以说，他们之中没有一个，即使在他最疯狂的一刻，不遵循一种内在的推动去走向秩序。他们不是在乱动，而是想找到一个中心去运转……"法国民族性格的理论倾向不是为理论而理论，而是要回应生命的反叛，是要征服自然的无常，其动机是追求理性秩序。这是典型的启蒙思路。埃贝尔主张暴力，其理论基础是，在当时的历史时刻，只有暴力才可以创造秩序——共和的秩序，消灭所有反革命之后的共和秩序。

如果法国大革命是纯粹启蒙的产物，法国的民族性格跟大革命应该结合得天衣无缝；但是，如果那个时代只有启蒙思想，或者也不会发生革命，因为革命要有一种知其不可为而为之的浪漫，而坚持理性的启蒙就缺少了一种对反叛的拥抱。大革命的时代心态就是启蒙与浪漫的交织所结出的奇异的果。不断革命的条件需要启蒙与浪漫并存，如果单是启蒙就只需一次革命（起码在短期内如此），因为启蒙革命家们会知道建设和验证新秩序是需要时间的，所以不会不断革命；如果单是浪漫也只需要一次革命，因为纯浪漫的革命之后人类就会被完全解放了，所以无须不断革命。不断革命需要有不断的反抗，这只可能来自浪漫的"普遍反抗秩序"心态；也需要不断建立新秩序（不然就没有反抗的对象），这只可来自启蒙的"不竭追求秩序"心态。不断反、不断建就是不断革命——直到心力交瘁。首先倒下的往往是反方，但最后拿到的"秩序"也不会是很理性的秩序。这是法国大革命的写照，也突出了长裤汉的历史作用和埃贝尔扮演的历史角色。

第二次革命之后的日子里，外部是大敌当前，内部是朋党互争、国力衰败、政治分立、社会失序，共和就像个缺氧婴儿，气虚血弱。为了恢复秩序，三个大夫开出三个不同的药方。埃贝尔认为是病菌作祟：反革命分子（包括利用革命去发财的资产阶层）一日不清除，共和就是假共和，没有意思的共和。所以他坚持用猛药，宁枉勿纵，杀不绝细菌就干脆让病人死掉算了。他的理论是共同意愿（埃贝尔演绎为无产阶层掌权的共和）必须通过群众暴力去达成和维护，作为机会主义者，他也把这个理论当作暴力夺权的理证。丹东认为病菌要除，但身体也要补，杀菌不能连病人也杀掉。所以他主张因时制宜，应杀则杀、应赦则赦，主要是"顺民之经"。他的理论是共同意愿（丹东演绎为精英领导的全民共和）的达成和维护必须由大众接受的精英来领导，而领导精英则必须明白和顺从民意。罗伯斯庇尔则认为问题在于先天不足，再加上病菌作乱；单杀菌保不了共和，必须改变先天条件。所以他强调以恐怖手段去杀病菌，以强制手段去固本培元。他的理论是共同意愿（罗伯斯庇尔也演绎为精英领导的全民共和）的达成和维护必须由有德行的精英带领有德行的人民来实现，具体来说就是以他为榜样、为领导。

　　为恢复社会秩序，丹东认为要除掉埃贝尔；同样，为维持社会秩序，罗伯斯庇尔认为要除掉丹东。追求秩序成为不断革命的动机，反映法国民族的理论倾向和秩序取向。罗伯斯庇尔是法国大革命中最讲理论的一个，他特别把卢梭的共同意愿和德行紧密相连，甚至把"恐怖"（追求共同意愿的手段）与"德行"相连。若为达成共同意愿，恐怖可以等于德行；若为达成共同意愿，他绝不介意被视为独裁。他做的每一件事都是为了建立和维持社会新秩序——典型的法国民族性格。

　　还有一个不断革命的特征与法国人的理论型性格很有关联：差不多所有革命分子都是反宗教的（主要是天主教）。如果他们只是反对宗教的特权，那就是关乎政治现实，特权废了就无须反了。但是，他们是反宗教的愚昧，那就是关乎信仰的本质，要彻底消灭宗教才成。在这个意义上，埃贝尔的理性崇拜比他的长裤汉暴力更为极端，因为他要彻底改造法国人的信仰（跟罗伯斯庇尔改造法国人的性格出于同一动机，这也是为什么罗伯斯庇尔对埃贝尔如此憎恶）。按理，如果法国民族性格特征是热爱理论，要他们崇尚理性不应是难事，那为什么埃贝尔的理性崇拜是昙花一现，盛大登场却草草落幕？

马达里亚加对法国民族性格的观察提供了一个解释。他指出理论倾向使法国人"政治狭隘，道德开放"。"政治狭隘"使法国人难有政治共识，包括反宗教的共识（反天主教？还是主张无神？还是主张泛神？），这倒给了宗教较大的理论上和实质上的生存空间。埃贝尔激烈地反对所有宗教使人觉得他太无情，徒增了人们对宗教的同情；罗伯斯庇尔狂热地提倡国家宗教使人觉得他太荒谬，徒增了人们对传统宗教的尊重。这些都使当时的天主教得到喘息机会。[21] 另一方面，"道德开放"，尤其是对享乐主义的容忍，甚至放纵，确实释放了法国人的动物性冲动；支撑享乐的理论确实使法国人对违反传统道德少了内疚和羞愧。但人不只是追求满足动物性冲动的动物，也有非动物性的或超动物性的追求。越是满足了动物性冲动，越是突出非动物性或超动物性的追求，即越是突出宗教的道德角色。反宗教，从没收教会财产、强迫教士还俗，到流放，到镇压，到滥杀，到理性崇拜，到最高者崇拜，都未能清除宗教，反使人觉得革命走向极端，革命分子走上狂妄。

看来，马达里亚加对民族性的论证确实有点说服力，对法国民族性格的描绘更是到位。法国人的理论倾向和秩序取向的确可以用来演绎大革命如何走向不断革命，不断革命如何走向极端的过程。在这个过程中，我们可以看见代表性人物和他们的行为都反映出这套法国民族性格的特征。这套性格特征使他们流于急躁和易于过敏，急不可耐的行动加上锲而不舍的顽强使革命分子不自觉地走向极端，然后不自觉地坚持极端，不求共识，不能妥协。就这样，革命进入狭隘的政治意识（非人性的社会秩序）、上了瘾的暴力崇拜（理论化的不破不立）之中，不吃人才怪。

注：

1. 这个定义来自费德里科·奈堡（Federico Neiburg），他是巴西里约热内卢联邦大学社会人种学教授。这一定义发表在耶鲁大学的专刊上。Federico Neiburg, National Character. http://webspace.yale.edu/anth254/restricted/IESBS-2002_Neiburg.pdf, 10298。

2. 当然，学界的否定不代表政治家也否定，但学界不认真研究必然会降低政治家的决策质量。

3. 以弗兰西斯·福山（Francis Fukuyama）在1992年出版的《历史的终结与最后之人》（*The End of History and the Last Man*）为代表。当然，他的老师塞缪尔·亨廷顿（Samuel Huntington）则不以为然，在1996年出版《文明的冲突》（*The Clash of Civilizations*）作为回应。

4. Ruth Benedict. "The Chrysanthemum and the Sword: Patterns of Japanese Culture", 1946.

5. 这个学派的治学方法有两个特征：(1)聚焦于"原始的社会化"（primary socialization），也就是以孩童时代的经验去解释文化类型和性格类型。最有名的宗师是玛格丽特·米德（Margaret Mead, 1901—1978, 她是本尼迪克特的学生），从研究大洋洲土著孩童的性经验入手去解释土著文化（她的结论与卢梭的"纯真孩童被文明玷污"很相似）。(2)以文化组合的心理轮廓（psychological profile of cultural configuration）去解释性格类型，并设计文化模式（cultural pattern）。基础假设是每种文化，虽然是点滴地来自不同源头，会发展出一个独特的风格（style），而这个风格可以有能力组合成一个统一而独特的整体，从而有别于其他文化体。

6. 结论是，18世纪下半叶，德国人受文化精英们鼓吹的德国文化独特论影响，以说德语去抗拒法语的支配，经一个世纪后成为传统，再加上军事精英和贵族们的支持，演变为德国人的集体自觉。

7. 结论是，"一战"后，古老帝国的湮没复苏了匈牙利人、波兰人、捷克人、罗马尼亚人、克罗地亚人、塞尔维亚人等的民族性格意识，启动民族自决的统一行动。

8. 虽然在有需要时还是会利用一下，例如在冷战期间用来研究俄罗斯人、德国人性格等等。

9. 对这些批评，民族性格研究的自辩集中于两点：(1)民族性格虽然是个人工的理念，是个"社会构成"（social construct），但这并不代表民族性格不存在，或抹杀了文化与社会的差异性。只需提醒研究者要小心观察、谨慎演绎即可。(2)民族性格并不意味着文化上的趋同，相反地，它可用来解释社会现象的多样化，以"分歧系统"（system of differentiation）去探索社会的主流与支流的形成。

10. 国家性格（National character），也可译为国民性格，现今在多民族的国家里，在争取权益的博弈中，一个"民族"会自称或被称为"国家"；如加拿大的"土著"叫"第一国家"（First Nations）；以法裔人为主的魁北克省的省议会叫"国家议会"（National Assembly）。

11. 当然英格兰人也不是信仰同一宗教、说完全相同的语言，他们之间甚至会有宗教分歧、言语不通，但遇到外人（例如法国人、德国人）时，他们就变得一致。同样地，路德派的普鲁士和天主教的巴伐利亚在宗教上势同水火，文化上也是互相歧视，但一遇到外人，他们都自称德意志。可以说，人与人之间肯定有各种各样的同与异，关键是在什么处境下他们会有一致的反应。因此，民族性格/国家性格的意义和价值要视民族与国家的处境而定。在特定处境下，他们的民族性格/国家性格会跟他们的态度和行动有直接的关联和相互的影响。

12. 18世纪是民族性格研究最流行的年代。狄德罗主编的《百科全书》综合了启蒙思想的精华。在"国家"和"民族性格"（Caractère des nations, 可译作"国家性格"、"国民性格"）的条目中有以下评述:法国人轻浮、意大利人妒忌、英国人恶意、德国人激昂、爱尔兰人懒惰、希腊人欺诈等等。栏目作者路易·德·若古(Louis de Jaucourt, 1704—1779, 在日内瓦、莱顿和剑桥受过教育,也可说是接受了当时全欧顶级的教育)认为这些都是"公认""毫无疑问"的事实和"常识",无须也不必拿出什么证明和理据(这也反映了当时一般知识分子的治学态度)。法国的民族性格是轻浮(法文是 legerete,有不够认真、不够庄重和"轻量级"的意思),还有好玩乐、好交际和"爱他们的国王"(在当时的解读是影射王室的反话,暗中批判路易王朝的绝对君权弱化了法国人的民族性格)。

德·阿尔让(Marquis d'Argens, 1704—1771)相信每个国家的居民都有其民族性格,虽然他也承认一国之内、各省之间也可能会有明显分别。他把民族性格定型为:法国人是夸张、恶意、风趣;西班牙人是骄傲、狡狯、贪婪、无知、偏狭、迷信、虚荣、讽刺、妒忌和仪式化;英国人的性格有好的,如聪明、公道、勤谨、慷慨,也有坏的,如自大、无礼、"民族第一主义"和比赛时的凶猛。对于民族性格的成因,他认为单是地理与气候,或单是政治和教育不足以解释各民族的不同智力、领悟力和想象力。

爱尔维修(Claude Adrien Helvétius, 1715—1771)也以德行(如勇敢、忠心、严肃)和恶行(如骄傲、软弱、残忍、轻浮)去定义民族性格。他认为民族性格的成因主要是教育(广义的教育),而教育主要反映了政制。因此,改变政制会改变民族性格。他主张政府有全权决定国民道德,认为公共罪行来自错误法律,因为人是在法律制定的赏罚系统下追求自利,如果这系统不妥当就会陷民于不义,因此改变道德首先要改变法律(最基础是政制)。

13. 这些道德特征包括合群性、诚意、慷慨、老实等善行,以及虚荣、骄傲、懒惰等恶行。
14. 这些行为不一定是极端,甚至可能是很不极端,但它们是"推使"革命走向极端的因素。
15. 满洲的堂吉诃德(Don Quijote de la Manchuria),这是取其谐音,因为故事中的堂吉诃德是来自拉曼恰(La Mancha),发音与满洲(Manchuria)很相近。
16. 马达里亚加又指出,很多人会在理论上、谈话中否定概括,但会在实际上、现实里肯定概括。民族性格的存在是个事实,无论你承认与否。如果民族性格可以改变,就显示它存在;而如果它存在,它一定会变。但它的变会是在它特有倾向的强弱变化和牵制系统的支配下而变。
17. 法国人是以"光"(light)来比拟思想(这是典型笛卡尔思维,见《西方文明的文化基因》),以清楚、精确、纯净做衡量,启蒙(Enlightenment)的字义就是"光照"。
18. 在每一次的修改中,法国人总是企图用"分隔"主体与客体的方法把理念弄得更精确。再通过组合(composition,也就是利用结构[construction]和量度[measure])去创造更好的模型(form)。他要求模型的内外优雅(elegance)、平衡(balance)、和谐(harmony)、清晰(clearness),并拥有整体美(beauty as a whole)。
19. 最明显的例子是萨德侯爵,他的名字已经是性虐狂的代名词。法国大革命中很多人都写过淫秽小说,包括米拉波等(虽然很多是影射王后),但萨德确实是典型的道德自由论者,强调性解放和性暴力,一生大部分时间被关在疯人院里(但很自由),但文人雅士趋之若鹜。他甚至被推举为米拉波、马拉等写挽词。
20. 典型的是 1792 年 4 月的对外开战。宣战前几个月他已有一套完整的方案,计划通过战争去处理法国人口增长太快的问题,并定下长达 6—7 年的时间表。
21. 德穆兰和丹东在后期经常谈宽容,很大部分是对宗教宽容,丹东甚至重返天主教。

第十五章　文化基因法的架构

西方文化有其独特基因（真、唯一真、个人、泛人）。文化基因的不同形态和组合产生不同的文化类型，体现为不同的文明现象。基因是有限的，基因的形态和组合也是有限的，所以文明现象也是有限的，这就是西方文明现象的总范围。大革命过程中不同时期出现的不同现象可以从这个架构中找到，并可以追踪到与其直接相连的文化基因。

做菜需要主料、佐料、厨具、厨房、厨师，不同组合炮制出不同菜色。文化基因是文明现象的基本材料（主料）。[1] 主料支配菜色，但不决定菜色；佐料是民族性格；厨具是时代心态；厨房是历史背景；厨师是关键人事。当然，佐料、厨具、厨房、厨师都可以成为菜色的特征。例如意大利厨师会烧出意大利菜，无论他用的是什么主料、佐料、厨具和厨房。同样地，如果厨具只用蒸笼，做出来的一定是蒸菜，无论有什么主料、佐料、厨房和厨师。我们用文化基因为主料，除了是因为我们把所有文明现象都演绎为文化的体现之外，还考虑到推测文明未来的时候，我们要有一些有关文明现象的基本属性和必然规律，因为如果文明现象纯属偶有或偶然，就无从用理性去预测了。从民族性格、时代心态到历史背景，再到关键人事，偶有性和偶然性好像越来越大，唯独文化基因则不然。在理论上，或起码在划定的时空维度里，文化基因是绝对的（不会因时、空、事而变），普遍的（覆盖所有的人与事），所以可用作预测文明未来的不变元素。关键是要找出这些绝对的、普遍的不变元素怎样跟相对的（因人、事、时、空而异）和偶然的（不是必然发生的）民族性格、时代心态、历史背景和关键人事互动，产生千万的、独特的文明现象（菜色）。

文明现象不会重复，也就是说历史不会重复。历史只能给我们以端倪和启发去推测未来。每个历史"故事"都是独一无二的，故事的内容和情节都是独特的。如果要通过演绎历史去推测未来，我们就得把历史故事"理论化"，也就是从"独特"的内容和情节中抽取普遍化原则和规律。

常理告诉我们，民族性格、时代心态、历史背景和关键人事之间是互动的。关键人事之所以成为"关键"，是因为他们的演出正处于关键的历史时刻，也就是说，历史背景定义谁是关键人物，哪是关键事件；历史背景之所以成为"背景"，是因为它们是关键人事创造历史的舞台，也就是说，关键人事决定哪些历史背景是有意义的背景。这是典型的时势与英雄之间的互动关系。同样地，历史背景当然反映时代心态，但也在改变时代心态；时代心态一定受民族性格规范，但也在影响民族性格。关键是哪些历史背景反映哪些时代心态，而又在改变哪些时代心态；哪些时代心态受哪些民族性格规范，而又在影响哪些民族性格。作为文明现象的解释，民族性格、时代心态、历史背景和关键人事是四类不同而又相连的因素，它们内部的运作和外部的互动应该有迹可循，但又会是错综交叉且动态万千的。

如果一路追踪下去，最终的结论可能就是人类进化的终极规律——物竞天择、去芜存菁。这个结论可能对，但有啥"用"？它是宿命的：人类对自己的命运全无主动，唯一可以做的就是"认命"（对某些人来说这可能够了）。如果我们相信（也许希望）人类或可掌握自己的命运，起码一部分的命运，我们就得突破这个宿命意识。但如何去突破？

根据观察，我们会发现不同的民族有不同性格，不同时代有不同心态，不同历史提供不同背景，不同人物参与不同事件，不同事件牵涉不同人物，因此，我们或者可以合理地想象，在具体的人、事、时、空内，物竞天择终极规律的实质运作可以通过很多不同的形式和途径，也就是有很多的"可能性"。这虽然没有解决基本的宿命，因为我们没有摆脱普遍进化的元规律，但给我们提供了一个理论空间去探索人类（永远是嵌在具体的人、事、时、空内）如何可以利用这些"可能性"去创造自己的命运。

假若物竞天择是人类文明进化的大故事，人、事、时、空之异则是这个大故事里头数不清的小故事，而每个小故事里头会有更小的故事。每个小故事各有特色，没有两个完全相同的小故事。当然，大故事肯定规范了小故事的变化极限，也就是万变不离其宗，但在极限之内仍有很大、很多的变化空间，产生多姿多彩的文明现象。越小的故事，拥有越大的变动性。

"可变"就代表"可塑"。小故事的时空维度越小，可塑度越大。所以，人类仍有掌握命运的机会。人生几十年，在宇宙的时空维度里，就算在人类文明的时空过程中也是微不足道的。可以说，一代人，甚至几代人的文明变化是完全可以被纳入人类文明进化的大故事里的。用同样的逻辑，我们也可以说，在人类文明进化的大故事里，仍有很多机会去创造"我们的故事"。

但是，创造"我们的故事"不能违反大故事的总原则。"适者生存"是大故事的总原则，但有点套逻辑的味道——适者才生存，生存的就是适者——物竞无关优劣，天择没有标准。[2]若是如此，生命的最终走向是"无望"，生命的过程更是"无趣"。但很有趣的是，没有标准的进化反给我们提供了掌握命运的契机。如果适者才能生存，那么生存者就一定具备适者的属性。谁是未来的生存者要到未来才能揭晓，但是过去的生存者绝对可以从历史中辨认出。如果我们划定一个时空维度，我们就可以追寻在这段历史、这个地方的生存者是谁。[3]最粗浅的观察，其实也是最基础的层次，生存就是文明的延续和繁殖。他们就是适者，他们的民族性格、时代心态、历史背景、关键人事可以告诉我们做"适者"的窍门。为此，我们不但有机会，还更有"抓手"去创造"我们的故事"。但我们要定下我们的故事的时空维度。

西方文化基因有它们的时空维度。"真、唯一"是在公元 4 世纪,奥古斯丁结合希腊理性与基督信仰时成熟的;"个人、泛人"在公元 17 世纪宗教改革之后开花,启蒙时期成长,至今至多 300 年(这些文化基因的内涵下面详谈)。在《西方文明的文化基因》中我谈到宗教改革之后西方大国盛衰的 130 年周期:西班牙(1519—1648)、法国(1648—1789)、英国(1815—1945)、美国(1945—?)。无可否认,现今的英语文明在 1815 年击败拿破仑之后就唯我独尊了。德国与苏联曾向它挑战,但龙头地位屹立不倒。按 130 年的周期,美国仍有 50—60 年光景。当然,以周期看历史是顶危险的。一方面,说"天下合久必分,分久必合",肯定对,但绝对没用,因为没有说出什么是"久";另一方面,说 130 年一转,是非常精,但很不准,因为可以影响周期的因素实在太多,太难预测。我们做个折中。唯一真基因,经过一千多年的历史验证,应该是相当稳定可靠的;个人、泛人基因只有 300 多年的历史,稳靠度要低些。但如果我们把推测未来的时间维度划定为 50—60 年,把空间维度划定为英语文明的世界,我们的文化基因的稳靠程度会使人比较有信心,而且也刚好覆盖美国霸权的 130 年预测期限。我们就用这做"我们的故事"的时空维度吧。

在这个特定的时空维度里,我们可以合理假定文化基因是绝对(不会因人、事、时、空而变)和普遍的(覆盖整个西方文明);各个文化基因可以有不同的形态[4],基因之间可以有不同的组合[5];形态与组合的改变也有一定的规律[6]。如果这套假定是对的,文化基因形态的组合模式和它们的变动规律将会构成所有西方文明现象的基本属性和所有西方文明现象改变的必然规律。另一方面,文明进化因素(民族性格、时代心态、历史背景、关键人事)是相对的(因人、事、时、空而异)和偶然的(不是必然发生的)。在文明进化的过程中,相对和偶然的文明进化因素牵动着每一个文明现象里头的基本属性(文化基因的形态和组合),按着必然规律变动,产生各种各样独特的文明现象。

如果我们可以打造一个文化基因构架，有足够的规模与精确度去涵盖所有文明现象（也就是所有现象文明的基本属性）和足够的理论强度与操作能力去演算所有文明现象改变时的方向和力度（也就是所有文明现象改变的必然规律），我们就可以把任何一个文明现象定位，追踪它的前身所在和从前身过来时的力度，推测它的后继所在和往后继走去时的力度。文明现象的变化既然是由文明进化因素牵动[7]，按必然规律进行，那么，我们就可以通过观察一个文明现象变化时的方向和力度，用必然规律去演算出各相关文明进化因素的刺激力和牵动力。我们又知道，文明进化因素是相对的和偶然的，也就是说，它们是可塑的。那么，通过塑造它们就可以支配文明现象的未来。这就是人类掌握命运的抓手。

怎样打造这个文化基因构架？在《西方文明的文化基因》里我已经讨论过西方文化基因的形成和特征。现把关键部分节录一下。

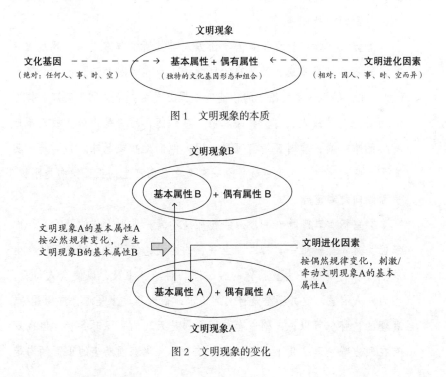

图1 文明现象的本质

图2 文明现象的变化

经过千年净化,基督信仰的唯一真神与希腊理性的唯一真理相互支撑着多个世纪的欧洲大一统。"真是值得追求的""真是唯一的"成了西方人不自觉的"自明之理"。"唯一真"文化基因造成西方人的排他性、扩张性和不接受模棱两可及矛盾并存。

"唯一真"的意义就是只有一个真。"唯一真神"就是只有这位神才是真的;"唯一真理"就是只有这条道理才是真的;"唯一真科学"就是只有这套科学才是真的;"唯一真主义"就是只有这个意识形态才是真的。"唯一真"的文化基因产生三种现象。

1. 信服。既是唯一真,怎能不完全拜倒?神、理、科学、主义完全支配西方人。正因如此,西方人对真是绝不随便的,对求真是非常认真的。无论是出于自发还是从众,自觉还是懵懂,西方人对他们相信的东西总是全信的、坚持的。他们会改变信念、信仰,但在信的一刻,他们绝不怀疑[8]、绝对信服。唯一真文化基因产生的正面倾向是忠贞,负面倾向是极端。

2. 捍卫。唯一真文化基因使西方人对其所信非常专一。既是唯一真,其他的就是不真,让不真(别的神)存在就是亵渎。因此,真主(神、理、科学、主义等)的信徒定要捍卫真主,不让别人亵渎。捍卫有两种:对抗敌人、打倒异端。前者是外侮,后者是内奸。敌人不接受你的唯一真,有时还情有可原,因为他们无知或愚昧。异端是出卖真主、亵渎真主,罪无可赦。唯一真文化基因产生的正面倾向是刚毅,负面倾向是霸道。

3. 宣扬。真既是唯一,别的就都是不真。见别人信的是不真,你怎能见死不救?唯一真神,加上基督的博爱,使西方人充满普度众生的热忱。你有责任去宣扬你的神、理、科学、主义,以使众人得救,去为众人启蒙。这并不全是自利的追求,很大程度上是源自宣扬真神、真理的情怀。可以说,殉道者与烈士都是天真的不识时务者,但也只有在西方唯一真文化下才会涌现。唯一真文化基因产生的正面倾向是慷慨，负面倾向是扩张。

过了一千多年，维持西方道统的唯一真文化基因被两个新基因冲击。由笛卡尔开启的理性主义（Rationalism）出自欧陆法国的内争：世族争权，全无原则，民为刍狗。创始人（笛卡尔、斯宾诺莎和莱布尼兹）个个命运多舛，激发出一种悲天悯人的情怀，坚持对人性、对世界的秩序乐观，对求真积极。

由洛克开启的经验主义（Empiricism）出自岛国英伦的内战。各持己见的原则之争导致生灵涂炭。创始人（洛克、贝克莱、休谟）个个经历世态炎凉，但最终名成利就，看出生存之道有赖妥协、折中。对人性、对世事持有悲观；对真和求真持现实、功利态度。由于经验主义诞生于理性主义成为当代主流之后，所以有其先天"反理性主义"心态。

理性主义着重精神的层面，追求生命的意义。宇宙观是乐观的：宇宙是美好的，有秩序、有规律；纯、确、稳的真理是存在的，是可以寻找的，寻找的方法是内省和演绎，寻找的方向是内在的天赋理念，人人都有（理存我心）。如此，真理面前人人平等。伦理观的特色也是乐观，先是对神、对宇宙的乐观（宇宙是美好的），继而是对自己、对人类的乐观（人是可以慷慨的）。政治（社会）观的特色是保守中带浪漫：保守是出于理性——破旧立新往往得不偿失；浪漫也是出于理性——个人慷慨会驱动社会慷慨。三套观念带有"泛人"的味道。

经验主义着重物质的层面，追求生活的素质。宇宙观上坚持求知只可通过官能，因此真知难得，实用的知识只是种判断；对宇宙是否息息相关意见不一，但认为是与否都不是凭理性可以分辨出来的。真真难求，近真足用。伦理观上强调自私、自利是人性的必然；理智是欲望的奴隶；约法是为了保护个人。政治（社会）观上有一种基于对人性悲观而产生的现实、功利。人是自由的，也是自私的，组织政府是为了保护自己的人身和财产安全，但执政者也是人，会被私利腐化，因此，政府是生于被统治者的意愿，成于被统治者与统治者之间的约法。三套观念都带有"个人"的味道。

唯一真文化基因给我们两套西方文化性格：正面的有忠贞、刚毅、慷慨；反面的有极端、霸道、扩张。个人和泛人两个文化基因就复杂多了，因为它们可以有不同的形态，形态之间有很多的组合。先看形态。

洛克的个人是"每个人是自己的主人"。这可以通过精神、物质与感性三个层面表露，并且有正、负、极端三面。先说正面。（1）在精神层面上，这意味着"自立"：自己管治自己（行为自己选，责任自己担），也就是不接受别人的管治。（2）在物质层面上，这意味着"自足"：自己供给自己（自己努力，不靠别人），也就是不依赖别人的供给。（3）在感性层面上，这意味着"自尊"：自己尊重自己（洁身自爱、珍惜羽毛），也就是不参照别人的尺度。[9]

但是，自立、自足、自尊都可以被扭曲或走向极端，带上"负面"意识。[10]（1）自立可以扭曲为逞强，意味在追求自立中，不考虑别人也追求自立。同时，正面的自立和负面的逞强都可以走上极端：自立可以萎缩为完全只考虑自己，变成自己只照顾自己；逞强可以膨胀为完全不考虑别人，变成独裁。（2）自足可以扭曲为自私，意味在追求自足中，不考虑别人也追求自足。同时，正面的自足和负面的自私都可以走上极端：自足可以萎缩为完全只考虑自己，变成自己只供给自己；自私可以膨胀为完全不考虑别人，变成独得。（3）自尊可以扭曲为倨傲，意味着在追求自尊中，不考虑别人也追求着自尊。同时，正面的自尊和负面的倨傲都可以走上极端：自尊可以萎缩为完全只考虑自己，变成自己只欣赏自己（自怜自赏）；倨傲可以膨胀为完全不考虑别人，变成独尊。

笛卡尔的泛人是"真理面前人人平等"，可以通过对任何人、对所有人、对其他人三个层面表露，并且有正、负、极端三面。先说正面。（1）对"每个人"（everyone），这意味"平等"：持平公正，彼此尊重。这是"兄弟情"。（2）对"所有人"（all），这意味"悯人"：悲天悯人、济世为怀。这是"同情心"。（3）对"其他人"（others），这意味"团结"：共同努力，成全大我。这是"大我心"。

但是，平等、悯人、团结都可以被扭曲或走向极端，带上负面意识。（1）平等可以扭曲为失序，意味没有次序。同时，正面的平等和负面的失序都可以走上极端：平等的极端是完全否定个人；失序的极端是颠倒次序。（2）悯人可以扭曲为姑息，意味着不分良莠。同时，正面的悯人和负面的姑息都可以走上极端：悯人的极端是完全舍弃个人；姑息的极端是完全不分良莠。（3）团结可以扭曲为苟合，意味着不辨是非。同时，正面的团结和负面的苟合都可以走上极端：团结的极端是完全埋没个人；苟合的极端是完全没有原则。

事实上，个人与泛人的各种形态往往同时存在，产生组合。每个组合之内的个人与泛人意识会有不同的分量，又会互相提升，或互相抵消。从个人基因生出6个形态：自立、自足、自尊及其相应扭曲的逞强、自私、倨傲。从泛人基因也生出6个形态：平等、悯人、团结及其相应扭曲的失序、姑息、苟合。它们之间的交叉，产生了36种组合，可归为四类：（1）正面的个人与正面的泛人，如自立与平等、自足与悯人、自尊与团结等（共9种组合）；（2）负面的个人与负面的泛人，如逞强与失序、自私与姑息、倨傲与苟合等（共9种组合）；（3）正面的个人与负面的泛人，如自立与失序、自足与姑息、自尊与苟合等（共9种组合）；（4）负面的个人与正面的泛人，如逞强与平等、自私与悯人、倨傲与团结等（共9种组合）。另外，6个个人和6个泛人形态的极端化产生12个极端形态。总共就是48种形态组合（36种组合、12个极端）。如果这些形态成为社会（尤其是精英）的主流就产生48个不同的社会（文明）现象（表1）。【附录2：文化基因形态与组合】

这48个现象是否有足够的规模和精确度去覆盖和定位西方所有的文明现象？也就是说，西方文明现象是否"必须"用个人和泛人基因才可圆满解释，是否"只需"用个人和泛人基因就可充分演绎？还有一点要注意，

表1 文明现象类型和它们的基本属性

（来自个人与泛人文化基因的不同组合，包括它们的正面、负面与极端）

泛人极端 \ 个人极端	个人\泛人	冷漠社会 自立	孤寒社会 自足	孤独社会 自尊	压人社会 逞强	吃人社会 自私	贬人社会 倨傲
窒息社会	平等	立己立人 互持社会	与人分享 互惠社会	尊重别人 互让社会	立人 但要比人强 争权社会	分享 但要比人富 争利社会	尊人 但要比人尊 争风社会
寂灭社会	悯人	同情弱小 慈悲社会	扶持贫苦 慷慨社会	包容别人 融洽社会	同情是种施舍 老大社会	扶贫是种投资 犬儒社会	包容是种威势 自大社会
桎梏社会	团结	与人共存 安稳社会	与人共富 富足社会	与人共勉 廉正社会	共存之中 要多权 越权社会	共富之中 要多得 贪婪社会	共勉之中 要多名 重名社会
疯乱社会	失序	乱立 失义社会	乱分 失公社会	乱尊 失礼社会	失序的争权 篡夺社会	失序的争利 掠夺社会	失序的争风 趾气社会
滥乱社会	姑息	纵容弱小 衰败社会	纵容贫苦 疲敝社会	纵容异己 小人社会	姑息谋权 颠倒社会	姑息谋利 内耗社会	姑息谋名 倾覆社会
昏乱社会	苟合	权力圈子 分立社会	利益圈子 小圈社会	精英圈子 分歧社会	权力的苟合 朋党社会	利益的苟合 营私社会	虚荣的苟合 浮夸社会

48个现象里头，个人与泛人的比重是"对等"的。例如，在"互持"社会里，自立（个人基因）与平等（泛人基因）占同等比重。但在实际情况里，有时自立的比重会高些，有时平等的比重会高些，产生出不同程度的互持社会。如果自立比重高些，就会是一个互持之中稍具冷漠（自立趋极端）的社会；如果平等比重高些，就会是一个互持之中稍具窒息（平等趋极端）的社会。为此，48个现象是基本现象而已，内中会有变化，但变化应离不开基因组合的范围。也就是说，这个架构是完全可以且应该能够不断被深化、细化。现在用"大革命走上极端"去验证一下这个架构的功用。[11]

大革命走上极端可以分成三个阶段：

第一次革命：从路易登位到巴士底狱。

第二次革命：从巴士底狱到路易断头。

革命吃人：从路易断头到拿破仑打散革命。

　　实行绝对君权制的路易王朝把封建贵族的传统功能废了，君与民的脐带断了。虽然贵族特权仍在，但在强势君王凌驾之下，扰民不大。路易十三、路易十四时代，为王的外求战功，内追奢华，但国库殷实，民生无缺，打仗又不用征兵（用常备军和雇佣军），只是加点税，所以百姓甘做顺民，且享受"法国光荣"的优越感。那时代的法国百姓有很大的自主权和自由度。上下各自为己，互不干扰，生存在不同的世界里，是个冷漠时代。

　　昏庸无能的路易十五，在外战无不败，丧权辱国，在内弄臣宠姬扰乱朝政。王权衰落，贵族放肆；国库空虚，税赋逼人。路易十六登位后，稍有警觉，而且受到启蒙时尚的感染，做些爱民的姿态。但他仍是生活在绝对君权的泡沫之中，以为百姓对他拥护有加。"法国光荣"的虚象使为王的以为江山长稳，拼命享受。上位者不知，也不顾民间痛苦；为民的不理，也不顾国事艰难。传说王后安托瓦内特，在革命山雨欲来之际，听说巴黎闹粮（面包）荒，问一句："为什么他们不吃蛋糕？"[12] 无知出于无视，无视出于冷漠；一种自己只关注自己的冷漠。由于上下"不相往来"百多年，哪还会交心，有的是互相不放心。

　　在当时政治生活的空虚和苦闷中，启蒙运动提供了颠覆性的政治理论。这群清谈之客对政事既有不满，也有理想，并且略带犬儒；既挑拨民情，也攀附权势。他们之间互相声援，也互相骂战，总是议论多多，结成一股新的政治力量。在政治理论上的三个代表人物是提倡君主立宪的孟德斯鸠、提倡开明独裁的伏尔泰、提倡浪漫民主的卢梭。

　　当时的人对自由与平等都可以有不同的演绎，但追求一种理想化的自由和平等是当时心态的冲动化表现。这些典型的启蒙思想更包括了悲天悯人、团结互助。但是革命主要还是反特权，要所有人有同样的权，这就是平等——权利上的平等。[13] 可是，权是个"关系性"的理念，代表"话事"：有人有权就代表其他人不能在同一件事上"话事"。当然，启蒙也强调自由[14]，这使人人（起码精英们）都想"话事"。但是，哪可以人人都"话事"？尤其是在理论多多、意见分歧的启蒙时期，哪来共识？于是出现一种人人都说平等、人人都想逞强的局面。各阶层之内和之间不是喊着劫富济贫的口号就是戴上悲天悯人的光环，不是高举维持道统的旗帜就是贴上主持公道的金箔，就算不说舍己为人，也暗示为己更为人，这就产生了越权、争权、人人都想做"老大"的社会。可以说，从路易登位到巴士底狱，法国是从一个相对冷漠的社会，受启蒙理想的刺激和牵动，变成一个争权的社会。第一次革命是代表中、上阶层利益（他们所向往的自由与平等）的革命派夺权成功。

第一次革命成功，绝对君权肯定不成了，但革命者仍要选择走君主立宪还是走共和，而且保王和保教会的势力仍在，所以在权力分配上和意识形态上各方面都没有共识。路易对革命暧昧是理所当然的，但他的摇摆也使法国不能平安过渡到新政制。巴士底狱事件是群众暴力首尝的胜果，凡尔赛宫游行逼路易迁往巴黎是群众暴力再得的甜头。暴力成为革命不可或缺的元素，成为革命精英必不可少的抓手，制造出法国大革命特色的长裤汉，把革命从争权带往暴力夺权。同时，革命者向教会开刀，埋下日后教乱的种子。如何去镇压教乱和抗拒外敌则成为革命精英之间逞强和夺权的契机与借口。

路易逃亡失败，左派想乘机把革命推向共和。掌权但属右的吉伦特派想输出革命，向外宣战[15]，无奈战况不利。罗伯斯庇尔与丹东发动长裤汉，血洗杜伊勒里宫，拿下路易，废王权，建共和，是为第二次革命。左派暴力夺权成功，但内部出现严重分裂，开启兄弟阋墙的局面。这段时期长裤汉势力急升。虽然早在巴士底狱事件时他们就已蠢蠢欲动，到凡尔赛宫游行时却仍是乌合之众，战神广场大屠杀更显得他们不堪一击。但进攻杜伊勒里宫是对他们的一次血火洗礼，长裤汉就此成长起来了。瓦尔密一役，长裤汉更是立下大功。抗外敌，除内奸，他们的暴力被戴上卫国的光环。

第一次革命是逞强的精英们发动的争权。权争到了，尘埃稍定，大家发觉原来各人的目的是不一致的：有些想君主立宪，但有些想共和；有些想发财、想当官，但有些只想有工做、有饭吃。再来一次的革命又成功了，使大家觉得或许革命可以不断做下去，直到达到自己的目的。长裤汉的介入使大家更认为暴力才是革命的硬道理。对革命的理想、革命的意义、革命成果的分配，革命精英们各执己见。长裤汉则按自己的利益支持这派、支持那派。革命不断，暴力不断，革命走向极端，要吃人了。到此，革命行动发生根本性的变化。原先的革命团结解体，是敌是我变成一种暂时性、功利性和权谋性的苟合，产生朋党政治；原先的兄弟平等变成谁都可以革谁的命，产生失序篡夺；原先的悲天悯人变成良莠不分的姑息，形成颠倒是非的社会。

首先遭殃的是布里索和他的吉伦特派。他们的势力在巴黎和外省参半，所以主张松散的、各省相对独立的共和。可以说在当时逞强和失序的政局下，他们的理想是地方多拿自主权。这跟势力基础尽在巴黎、力主中央集权的极左山岳派分子自然有很大分歧。吉伦特派虽说是温和的，但也颇懂得利用群众暴力。战神广场大屠杀的示威是由他们先发动的；[16] 外战失利，欲挽回颓势时，他们又再次发动群众逼宫路易。在篡夺不断、是非颠倒、朋党横行的社会中，他们想巩固自身的朋党力量，形成中央与地方分立之势。以巴黎为权力中心的山岳派怎能容下他们？

埃贝尔派与布里索派完全相反。他们面对的政治现实是，他们的势力完全在巴黎，甚至在巴黎最穷困的地区。长裤汉是他们的政治本钱；暴力是他们的政治工具，也是他们的政治本质。在政治意识上，除了强烈的反宗教外，就是绝对平等——政治上、社会上、经济上完全没有等级的平等。他们对长裤汉的吸引力就是这个完全失序的平等。大部分长裤汉都是经济挂帅：谁给他们好处，他们就跟谁（苟合），谁纵容（姑息）他们，他们就捧谁。当然，如果好处没了，纵容少了，他们就造反。埃贝尔派最懂得利用这点，尤其是在第二次革命之后，中、上阶层与下层民众争夺经济利益之际，他们成功发动长裤汉逼使国民公会实施恐怖统治。但成之者也可以毁之。当埃贝尔觉察出公安委员会要对他们开刀时,就发动长裤汉"起义",但无人响应。史书未说明原因为何,想是长裤汉们已看穿埃贝尔派是没奶的娘了。在当时已经失序的社会里,埃贝尔派要走向极端失序;在是非颠倒的社会里,他们想走向极端颠倒;在朋党横行的社会里,他们要实行最极端的朋党政治;于是人们群起诛之。

丹东发动第二次革命为革命立下大功,但他觉得当权的吉伦特派不冷不热的共和会是革命的大患。他的科德利尔派带头发动长裤汉,以炮口对准国民公会,要后者马上交出布里索及其同党,成功了。这当然不是丹东头一次利用长裤汉:第二次革命血洗杜伊勒里宫是最惊心动魄的一场较量,跟着的九月大屠杀是最残酷的一幕。个人魅力和逞强性格使他理所当然地成为长裤汉的精神领袖,对革命理想的忠贞与坚持使他对革命阵营的摇摆(尤其是吉伦特派)感到焦躁。革命走上极端暴力,他应负很大责任。当他领导多时的科德利尔会被更疯狂的埃贝尔派篡夺权力,他已是噬脐莫及;再看到由他一手促成的革命法庭和公安委员会涂炭生灵、滥杀无辜,他自然心存歉意,宽仁之念遂生。他想把革命从篡夺不断、是非颠倒、朋党横行之中解救出来,走回启蒙理想的平等、悯人、团结,却惹来杀身之祸。

剩下的只有罗伯斯庇尔。他最后倒下也是因为他想做强人,他想做卢梭设想的理想独裁者——在非常时期,以非常才干去挽救共和。一方面是抱负,一方面是野心。他有政治理论,也有手段,发动长裤汉暴力夺权也是他的拿手好戏。埃贝尔被吉伦特派的国民公会逮捕后,是罗伯斯庇尔发动长裤汉"起义"去救回的(但这不妨碍他日后因政治理由去干掉埃贝尔);吉伦特派用来打击极左分子的十二人委员会也是由他发动长裤汉去强逼国民公会"解散"的。他凭借朋党,尤其是雅各宾派,挤上最高权位。但多疑、脸皮薄使他羽翼尽失。他是米拉波的反面:米拉波贪婪,但知人,有能者赶也赶不走;罗伯斯庇尔廉洁,但忌才,有能者留也留不住。他以朋党政治起家,但最后却孤立了自己。他的革命超越政治,他要改造法国人。在篡夺不断、是非颠倒、朋党横行的社会里他的极度逞强性格使他在自以为是、追求最高个人和公众德行之中走上唯我独断。罗伯斯庇尔以卢梭的理论去为他的独裁打造道德光环。光环造成了，但独裁却保不住。

拿破仑才是真正的强人，能够成功压服众人。革命把逞强之辈一一吃掉后，拿破仑以真正强者面目出现，以共和之名，行独裁之实，当然，到大权独揽后就索性称帝了。

总结一下革命走上极端各阶段的社会现象。

第一次革命是从冷漠走向争权、越权、老大。

第二次革命是从争权、越权、老大走向篡夺不断、是非颠倒、朋党横行。

革命吃人可以分为几段：

（1）布里索派的主题是中央与各省分治，表现为在篡夺不断、是非颠倒、朋党横行的局面下倾向分立。被权力集中于巴黎的山岳派干掉。

（2）埃贝尔派的主题是暴力泛滥，表现为在篡夺不断、是非颠倒、朋党横行的局面下走向更疯、更滥、更昏的乱。被感受到威胁的公安委员会干掉。

（3）丹东派的主题是从暴力走向宽容，表现为在篡夺不断、是非颠倒、朋党横行的局面下走回启蒙理想的互持、慈悲、安稳。也被感受到威胁的公安委员会干掉。

（4）罗伯斯庇尔的主题是彻底改造法国人，表现为在篡夺不断、是非颠倒、朋党横行的局面下走向极端逞强。被感受到威胁的公安委员会的同僚、布里索派的残部、埃贝尔派的余党和丹东派的同情者合谋干掉。

（5）拿破仑的主题是"虚荣造就了革命，自由只是个借口"，表现为在篡夺不断、是非颠倒、朋党横行的局面下走向真正的压人独裁，成功了。"革命已经过去……我就是革命。"

表 2　法国大革命走上极端各阶段的社会现象

	冷漠社会 路易王朝	孤寒社会	孤独社会	压人社会 拿破仑 罗伯斯庇尔	吃人社会	贬人社会
个人极端　个人　泛人　泛人极端	自立	自足	自尊	逞强	自私	倨傲
平等 憋闷社会	立己立人 互持社会 启蒙／丹东	与人分享 互惠社会	尊重别人 互让社会	立人 倡要比人强 争权社会 第一次革命	分享 倡要比人富 争风社会	尊人 倡要比人尊 争风社会
悯人 寂灭社会	同情弱小 慈悲社会 启蒙／丹东	扶持贫苦 慷慨社会	包容别人 融洽社会	同情是种施舍 老大哥社会 第一次革命	扶贫是种投资 大篇社会	包容是种威势 自大狂社会
团结 板结社会	与人共存 安稳社会 启蒙／丹东	与人共富 富足社会	与人共勉 廉正社会	共存之中 要多权 越权社会 第一次革命	共富之中 要多得 贪婪社会	共名之中 要重名 重名社会
失序 疯乱社会 埃贝尔	乱立 失文社会	乱分 失公社会	乱尊 失礼社会	失序的争权 篡夺社会 第二次革命	失序的争利 掠夺社会	失序的争风 耻气社会
姑息 滥乱社会 埃贝尔	纵容弱小 衰败社会 （不求长进）	纵容贫苦 疲敝社会 （不事生产）	纵容异己 小人社会	姑息谋权 颠倒社会 第二次革命	姑息谋利 内耗社会 （贫苦正常化）	姑息谋名 倾覆社会
苟合 昏乱社会 埃贝尔	权力圈子 分立社会 布里索	利益圈子 小圈社会	精英圈子 分歧社会	权力的苟合 朋党社会 第二次革命	利益的苟合 营私社会	虚荣的苟合 浮夸社会

以上对大革命走上极端的分析，得出15个社会（文明）现象，全部都可以在我们的文化基因构架里找到[17]（表2）。这就是文化基因法的基础。

　　当然，这并没有"证明"[18]我所选的文化基因形态（个人正、负和极端，泛人正、负和极端）和以这些形态组合而成的构架有"足够的规模与精确度去涵盖所有文明现象"（见上，有关文化基因法构架的特征），但给了我一定的信心去进一步探讨这个构架有没有"足够的理论强度与操作能力去演算所有文明现象改变时的方向和力度"。这需要追踪文明现象变化的轨迹。

注：

1. 要注意，我们聚焦于文化与文明的关系，所以把文化基因看成主料。如果聚焦点是生理、生态或环境与文明的关系，生理基因、生态基因、环境基因就是主料。有名的例子是贾雷德·戴蒙德（Jared Diamond）的《枪炮、病菌与钢铁》（*Guns, Germs and Steel*），1997。

   还有一个环节要弄清楚：人的因素和大自然的因素要分开。我们关注的是人，包括支配历史与被历史支配的人。1783 年冰岛火山爆发引起天气变化，导致歉收、粮荒、民愤，是大革命的导火线之一。火山爆发以致失收是革命的历史背景，但属于自然因素，与人无关；但粮荒引发的民愤就牵涉人性与制度对革命的影响，这才是我们研究的对象。又例如 1791 年 4 月米拉波猝死导致路易出逃是第二次革命的主要导火线。米拉波之死是重要历史背景，但属自然因素，与人无关（虽然米拉波的放纵生活也是他猝死的原因之一，而他的死确实影响革命的进程，但他"怎样"死则与革命无关），路易为什么要逃才是发动第二次革命的人为因素之一，而人的因素才是我们分析的对象。

2. "适者生存"虽然是达尔文所创，但主要是由斯宾塞推广，带有浓厚的"社会达尔文主义"味道，有种族优越和帝国主义的倾向，现已少用。

3. 当然，我们用的时空维度有可能划错，也就是说，生存者可能在划定的时空维度之后或之外马上被淘汰。时空维度越小，出错可能性也越大。

4. 形态是一个基因显露的方式。例如"个人"基因的形态可以是"自主""自足""自尊"；"泛人"基因的形态可以是"平等""悯人""团结"。本章稍后有详细的演绎。

5. 指"泛人"基因（包括不同形态）与"个人"基因（包括不同形态）的组合。

6. 指形态改变和组合改变的规律。

7. 一般的历史研究都没有深究为什么通用的文明进化因素（民族性格、时代心态、历史背景、关键人事）能解释文明现象的过去，但却不能推测文明的未来（起码推不准）。一般的辩白都是指出这些因素的相对性、偶然性、不可重复性。若真是如此，用这些因素去解释过去也可能是巧合或附会，而不是一定对（或理性）的，这就变成"随意"（或意识形态）的东西。如果我们接受（大部分人都接受）民族性格、时代心态、历史背景、关键人事真是相对的（也就是按人、事、时、空而改变的）但又不接受（起码不完全接受）历史现象是完全偶然的，我们就得找出"非偶然因素"的所在（这也是一般对历史现象解释的空白之处）。这些"非偶然"来自绝对的（起码在一定的时空维度里是绝对）、普遍的（起码在一定的覆盖范围里是普遍）文化基因。绝对的、普遍的文化基因（包括各种形态和组合）被相对的、偶然的文明进化因素牵动，产生出非偶然，但是独特的文明现象。

8. 现代西方（英语）强调怀疑和相对。但是他们怀疑就是绝对怀疑（没有任何东西不须怀疑）；他们相对就是所有事情都相对（没有任何事情不是相对）。可以说，他们的怀疑是绝对的，他们的相对也是绝对的。

9. 当然，个人基因可能不只精神、物质与感性三个层面。在精神层面上也可能不单是自立；在物质层面上，可能不单是自足；在感性层面上可能不单是自尊。但纵观西方现代史，过去的 300 年其实就是个人与泛人基因的纠缠，我们可以合理地假设这些文化基因的形态能够捕捉和演绎西方文明的大部分现象。下面会有更详细的描述和验证。

10. 这里,负面不是反面的意思,是扭曲。例如,自立的反面是不自立,因为不自立带有依靠别人的意味,也就是非个人,不再属个人的范畴了。自立的扭曲是"逞强",仍是属个人基因的范畴。下面有更详细的演绎。

11. 一个案例不足以验证构架的规模,因为它不保证其他案例涉及的文明现象能在构架中找到。任何案例都只能验证构架的精确度,而且只能验证案例牵涉的部分。就算有大量案例的验证,也不能"完全"保证构架对未来预测的准确性,只可增加它的可信度而已。所以我们仍要通过不断验证去完善构架的规模,提升它的精确度。

12. 这是革命传说之一,很难证实,但也反映了时人对王室冷漠的反感。

13. 发动第一次革命的资产阶层反对的特权在《人权与公民权宣言》的第 6 条有关平等的定义上表达得很清楚:"所有公民,在法律眼中是平等的,应可平等地按他们的德行与才能,而非其他的识别,去取得名位与公职。"当然,下层百姓追求的平等则是经济上的平等。

14. 《人权与公民权宣言》第 4 条这样写:"自由在于可以做任何不损害他人的事,因此,每个人可以行使他的天赋权利,只要是不超过为保障其他人享受同样权利而设的界限。"这是典型的英式(洛克式)自由。

15. 主战与拒战点燃了共和分子内部分裂的引线,并开启了长达十多年的对外革命战争。每次战争的输赢总牵起党争。1792 年 9 月 20 日,瓦尔密一役挡住外敌,国民公会就废国王,立共和;1793 年 4 月,内尔温登一役战败之后,吉伦特派开始与山岳派做殊死斗;1794 年 6 月,弗勒吕斯一役大捷之后,公安委员会开始内讧,引发热月政变。

16. 他们在上午发动群众,虽然情况紧张,但最后还是散去了。下午由科德利尔派再次启动的暴动最终酿成大屠杀。

17. 如果文化基因法真的可以用来解释过去和推测未来,这些现象必须可追溯到它们的文化属性,也就是文化基因不同形态的组合。例如篡夺社会必须是来自逞强与失序的组合。王弟篡夺王兄的权力,奸臣篡夺国王的王位,都叫篡夺,但不叫篡夺"社会"。我们关注的是社会现象。因为如果不是社会现象,我们就不能用文化基因法去解释或推测。还有,逞强与失序造成篡夺社会,但其他因素也可以造成篡夺社会,例如贪婪或恐惧。我们关注的不是所有的篡夺社会,而是由逞强(一个个人文化基因的形态)与失序(一个泛人文化基因的形态)组合而成的篡夺社会。文化基因法的成败取决于此。

18. 这是"证明"不了的,因为就算覆盖所有过去的文明现象,也不代表它能覆盖未来的文明现象。但是,不断的验证一定会提升文化基因法的可靠度和可用性。

第十六章　文化基因法的规律

文明现象的基本属性是它内含的文化基因形态和组合。文明现象不会自变。民族性格、时代心态、历史背景和关键人事刺激或牵动文化基因的形态和组合，产生变化，才出现新的文明现象。刺激或牵动的方向和力度决定文明现象变化的类型和规模。大革命中每一个阶段来自何方、为什么会来，走向何方、为什么会走，都可以用这套规律描述和推断。

推断文明现象变化的轨迹需要以下假设：（1）一个文明现象的基本属性来自它的文化基因形态和组合；（2）文明进化因素（民族性格、时代心态、历史背景、关键人事）牵动这个文明现象的基本属性；（3）被牵动的基本属性按必然规律运动（文化基因形态和组合变动的规律），产生出一个新文明现象。必然规律是什么？这要从文化基因的不同形态之间的互动入手。

首先，每个个人基因形态（包括正与负）跟每个泛人基因形态（包括正与负）可以产出8个形态组合，也就是8个文明现象。

个人正 - 泛人正，例如自立 - 平等的互持社会。

个人正 - 泛人负，例如自立 - 失序的失义社会。

个人负 - 泛人正，例如逞强 - 平等的争权社会。

个人负－泛人负，例如逞强－失序的篡夺社会。

个人正极端，例如极端自立的冷漠社会。

个人负极端，例如极端逞强的压人社会。

泛人正极端，例如极端平等的窒息社会。

泛人负极端，例如极端失序的疯乱社会。

这就是说，有4个个人与泛人的组合——正正、正负、负正、负负；有4个个人与泛人的极端——个人正极、个人负极、泛人正极、泛人负极。这产生8种不同的文明现象。

这些文明现象是怎样形成的？它们之间的互变有什么规律？我们可以用一个图来演绎。如果8个角代表上面的8个文明现象。哪个角放哪个现象？

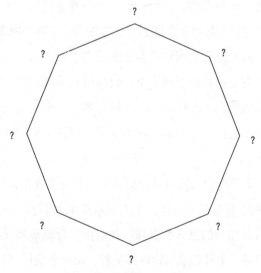

图3　文明现象变化示意图

我们用角与角之间的距离去代表文明现象改变的难度——距离越近的越易互变，距离越远的越难互变。改变是由文明进化因素（民族性格、时代心态、历史背景、关键人事）刺激和牵动文明现象的基本属性（文化基

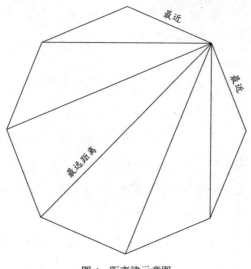

图 4　距离律示意图

因的形态和组合）而形成的。因此，难与易的意思就是：角与角的距离越近，互变所需的刺激力与牵动力越小。反之亦然。这叫"距离律"。（图 4）

个人与泛人两套矛盾基因的不断纠缠是发生在"唯一真"的文化范式之内。为此，西方文明较易走向极端，较难留在平衡。由个人与泛人组合的文明现象会自然地向个人极端或泛人极端倾斜。个人与泛人越平衡越易生变；一旦生变就会向一方倾斜；倾斜越大，回返平衡的难度就越高。这叫"稳定律"。

距离律与稳定律配合起来就可以把 8 个文明现象放在 8 个角上，如下。首先，文明现象的极端有正有负：个人正极端有与其相对的个人负极端，泛人正极端有与其相对的泛人负极端。我们可以合理地假设：从一个极端走向与其相反的另一个极端是比较难发生的。虽然我们说"物极必反"，但是要到了极才反，而到极是很难的。因此，我们就可以合理地把 4 个极端的文明现象安排在对角位置上（最远距离）。（图 5）

相对于极端个人或泛人的文明现象，组合型的文明现象会比较不稳，因为唯一真基因使西方文明倾向极端。所以，在一个由个人和泛人基因组

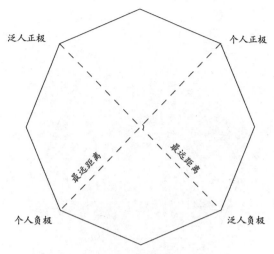

图 5　极端现象与极端距离示意图

合而成的文明现象中，其个人基因会走向己身的极端，其泛人基因也会走向己身的极端，也就是走到最短距离（最近）的角上。相应地，一个组合型（个人与泛人基因组合而成）的文明现象也就顺理成章地处于它相属的个人极端和泛人极端的中间，如下。

个人正－泛人正的组合放在个人正极和泛人正极的中间；

个人正－泛人负的组合放在个人正极和泛人负极的中间；

个人负－泛人正的组合放在个人负极和泛人正极的中间；

个人负－泛人负的组合放在个人负极和泛人负极的中间。

这样，8个文明现象就完全定位了。任何一个个人基因与任何一个泛人基因都可以组合成8个可以互变的文明现象，可以用一个"文明现象八变图"去示意，下面简称"八变图"。（图6）

由于个人基因是以3种形态现身（自立、自足、自尊，与它们的负面），泛人基因也是以3种形态现身（平等、悯人、团结，与它们的负面），遂产生9个八角图：自立－平等、自立－悯人、自立－团结、自足－平等、自足－悯人、自足－团结、自尊－平等、自尊－悯人、自尊－团结。（图7—图15）

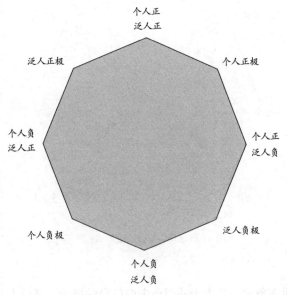

图 6 文明现象八变图

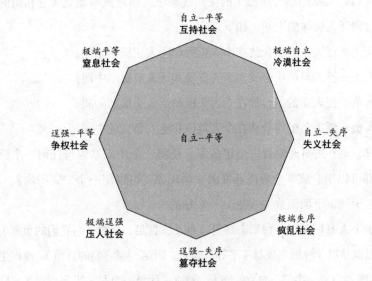

图 7 自立-平等八变图

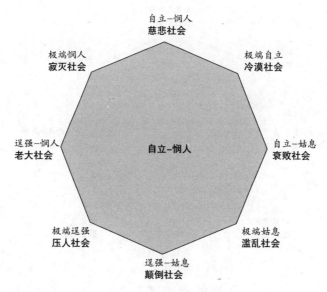

图 8　自立－悯人八变图

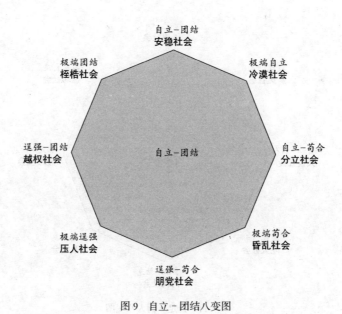

图 9　自立－团结八变图

第十六章　文化基因法的规律

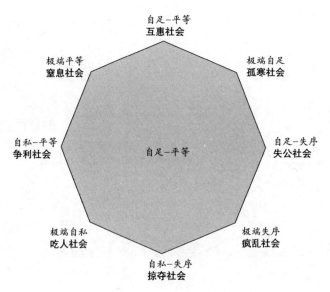

图 10　自足－平等八变图

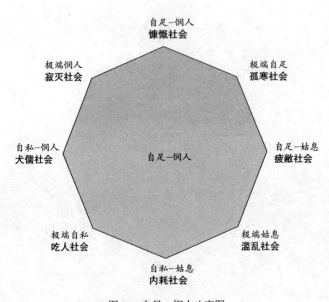

图 11　自足－悯人八变图

272　　　　　　　　　　　　　　　　　　　　　　　西方文明的未来（上卷：法国与英国）

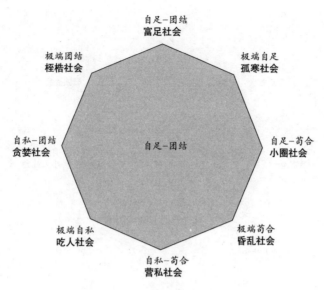

图 12　自足 - 团结八变图

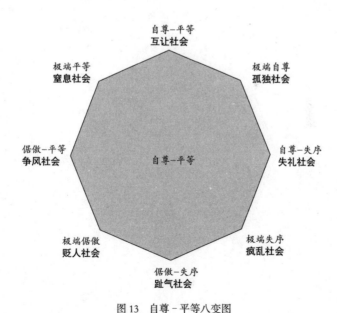

图 13　自尊 - 平等八变图

第十六章　文化基因法的规律

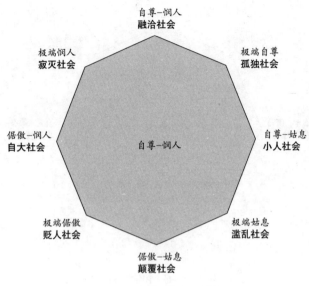

图 14 自尊-悯人八变图

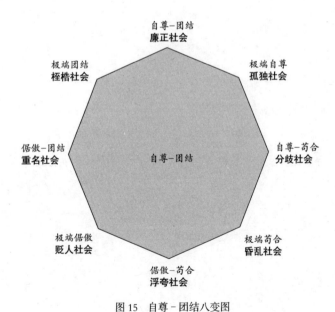

图 15 自尊-团结八变图

八变图（代表文化基因组合的类型）可以重叠，意味着文明现象可以在重叠的位置上下跳动，这是"转移律"。例如在图16，逞强－失序（篡夺社会）可以轻易地变为或兼为逞强－姑息（颠倒社会）和/或逞强－苟合（朋党社会），因为它们之间都有"逞强"基因。这些文明现象之间的跳动不需要很大的刺激力和牵动力。

八变图（代表文化基因组合的类型）也可以交接，意味文明现象可以在交接的位置上左右移动，这也是"转移律"。例如在图17，自立－失序（失义社会）可以轻易地变为或兼为自足－失序（失公社会），因为它们之间都有"失序"基因。这些文明现象之间的转移不会需要很大的刺激力和牵动力。而且，一旦从自立－平等的八变图转移到自足－平等八变图，文明现象的可变性就更大了。

做个小结：当一个文明现象要改变的时候，它会倾向走向和它基本属性最相近的另一个文明现象。基本属性相差越远，就需要越大的刺激力和牵动力。这叫距离律，是最基础的规律。还有两个相辅的规律。（1）稳定律：越极端的文明现象（极端个人或极端泛人）越能抗拒文明进化因素的刺激和牵动；越平衡的文明现象（个人与泛人的成分越平均）越容易被刺激和牵动。（2）转移律：含有相同文化基因的文明现象可以互变，不需要太多的刺激力和牵动力。这3条规律具备足够的理论强度和操作能力去演算大革命走向极端的轨迹。

这个轨迹的粗略轮廓是这样子的（图18）：从路易王朝的冷漠社会（极端自立）先到第一次革命的争权社会（自立变成负面的逞强，配上平等，产生逞强－平等）、老大社会（自立变成负面的逞强，配上悯人，产生逞强－悯人）、越权社会（自立变成负面的逞强，配上团结，产生逞强－团结），再到第二次革命的篡夺社会（逞强－平等变成逞强－失序）、颠倒社会（逞强－悯人变成逞强－姑息）、朋党社会（逞强－团结变成逞强－苟合）。

接着是革命吃人。第一次被吃掉的布里索派是想从朋党社会走向分立

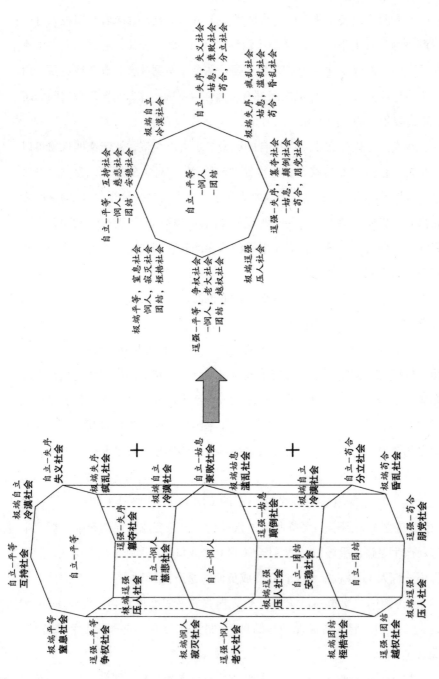

图 16 八变图重叠（以自立－逞强基因为例）

276　西方文明的未来（上卷：法国与英国）

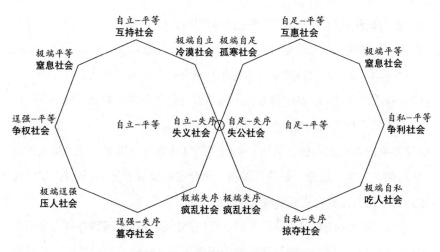

图 17　八变图交接（以失序基因为例）

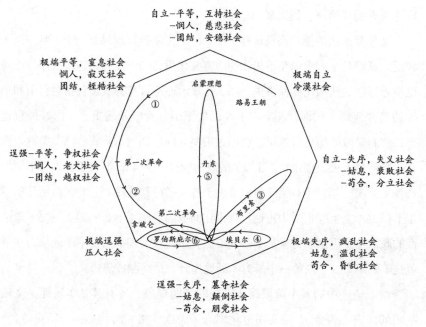

图 18　文明现象变化规律：以大革命各阶段的轨迹为例

第十六章　文化基因法的规律

社会（逞强－苟合走向自立－苟合）。第二次被吃掉的埃贝尔派是想从篡夺社会走向疯乱社会（逞强－失序走向极端失序）、从颠倒社会走向滥乱社会（逞强－姑息走向极端姑息）、从朋党社会走向昏乱社会（逞强－苟合走向极端苟合）。第三次被吃掉的丹东是想从篡夺社会走向互持社会（逞强－失序走向自立－平等）、从颠倒社会走向慈悲社会（逞强－姑息走向自立－悯人）、从朋党社会走向安稳社会（逞强－苟合走向自立－团结）。第四次被吃掉的罗伯斯庇尔是想从篡夺、颠倒和朋党社会走向极端独裁的压人社会（从逞强－失序、逞强－姑息、逞强－苟合走向极端逞强）。最后，拿破仑才是真正强人，成功建成极端逞强的独裁。

文化基因法的思路是这样子的：法国的民族性格能够解释革命变得理想化；启蒙的时代心态能够解释革命理想变得多样化；当时的历史背景能够解释多样化的革命理想带来斗争；当时的关键人事能够解释革命理想多样化带来的斗争终会诉诸暴力。

文化基因法的推理则是这样子的：(1) 在坚持真理只有一个（唯一真），和泛人意识与个人意识互不相让的西方文化里，(2) 在倾向追求秩序并以理论指导行动的法国民族性格里，(3) 在政治理论百花齐放（包括对自由和平等的多种演绎）的时代里，(4) 在民生潦困、阶层矛盾重重、内奸外敌包夹、政制腐败的历史背景里，法国人需要立即做出政治选择；(5) 关键人物在关键事情上做出理论性（上2）的政治选择（上4），但由于各人有不同的选择（上3），遂产生政治斗争，更由于各人坚持其选择（上1），政治斗争遂走上暴力（上4），而暴力也通过理论化而成为合法（上2）；最后，(6) 理论性的政治斗争诉诸暴力就是革命，不能妥协的政治理论引发不断的暴力斗争就是不断革命，不断革命中暴力不断地递升，最终酿成恐怖。

这个轨迹中的各个阶段代表不同的文明现象，各有其基本属性（文化基因的形态和组合），经文明进化因素（民族性格、时代心态、历史背景、关键人事）的刺激和牵动，按必然规律（基本属性的变向和变力）而改变。具体如下。

路易王朝后期极端自立（君主、贵族与人民各自为政）的冷漠社会经启蒙思潮的刺激开始走上平等之路。自立与平等的组合理应产生理想的互持社会，但由于逞强之辈涌现（包括贵族与资产阶层），加上路易的摇摆不定，革命轨迹越过理想的目的地，过门不入，转向争权社会（逞强－平等）[1]。在文化基因的组合上，从冷漠社会走到争权社会是个很大的改变，需要很大的刺激力和牵动力[2]，而当时的历史背景（民生潦困、国库空虚、阶层矛盾重重、自然灾害频仍）和关键人事（路易不停换相、面包暴动不休、参与美国独立战争）确实提供了极度的刺激和庞大的牵动力。（图18之①）

　　从第一次革命（逞强－平等的争权社会）走到第二次革命（逞强－失序的篡夺社会）都含有很大的逞强成分。按距离律，第一次革命产生的争权社会（逞强－平等）应走向与其文化属性最接近的压人社会（极端逞强）。但是，第一次革命之后，当权的是米拉波的保王民主派（倾向君主立宪），主要是为中、上资产阶层利益服务，强烈地突出了第三等级各阶层之间的不平等。在第一次革命中，中、上阶层取消了贵族与教士的特权，但他们却成了新特权阶级（包括修改公民资格，分"积极公民"与"非积极公民"，转卖充公的土地，废除同业公会，都使他们大大得利）。相对来说，中、下阶层关注的民生问题，特别是面包的供应和价格，却从未得到改善。于是平等变成了革命的新焦点。强烈的平等理想不断地与精英们的逞强冲动互动，使革命轨迹从争权社会（逞强－平等）越过压人社会（极端逞强），[3]过门不入，走向失序（没有次序与共识的平等），遂产生篡夺社会（逞强－失序）。[4]如果当时有极强的人物，能够成功地把一个平等的定义强行加诸全国，那么革命或许可以结束。当然，若是如此，法国就会是个强者压人的社会（日后拿破仑的确如此）。但是，当时政治理论意见纷纷，政治权力落在松散的吉伦特派和骑墙分子手上，一方面没有一个能够折服群雄的强者，而另一方面却有很多自以为强的革命新贵，于是争权社会越过了压人，过门不入，很自然地就走上篡夺、颠倒、朋党之路。[5]当时大动乱的历史背景[6]和风云变幻的关键人事[7]确是强者涌现,但却未有终极强者。在这个过程中,对平等的追求则走上了失序。(图18之②)

到了革命吃人的时期,整个社会就在篡夺、颠倒与朋党的局面下一片凌乱、恐怖。最先是吉伦特派:当权而无能,空有理论而不切实际。布里索憧憬美国式的分权而治,加上吉伦特派的权力基础平均分布在外省与巴黎,自然想从朋党社会(逞强-苟合)走向分立社会(自立-苟合),因为这会使他们在国民公会上通过议会程序以大多数席位来压倒席位少但精悍的山岳派,而在全国政局上则可以通过地方自治去抗衡权力集中于山岳派手里的巴黎。按距离律,这是一条比较长的路,需要一定的刺激力和牵动力,才能到达。但是,无论是四面楚歌的历史背景[8]和决定命运的关键人事[9]都没有给吉伦特派很多发力的空间。最后,非但事与愿违,更惹来杀身之祸,并开启了不断革命。(图18之③)

接着是埃贝尔派。他们要的是疯乱,也就是极端失序。[10]按转移律,他们是同时走上疯乱、滥乱、昏乱(参考图16)。按距离律,从篡夺走到疯乱,从颠倒走到滥乱,从朋党走到昏乱都是最短距离,理应容易达到。确实,他们也差不多达到了。有利的历史背景[11]与有利的关键人事[12]都使他们占尽上风。但推行焦土政策镇压教乱使人憎畏,"理性崇拜"更是闹剧,最要命是触犯了罗伯斯庇尔大忌(非但在宗教意识上不合他意,在政治上也被他视为助长了反革命)。于是罗伯斯庇尔杀鸡儆猴。(图18之④)

丹东被吃,近因是埃贝尔派被整后,失去作用。但他的革命生涯也确实是一波三折。革命引发的争权社会与篡夺社会乱象都有他(前期的科德利尔派)的责任。复杂的历史背景[13]和交错的关键人事[14]使他与革命中人恩怨交错难分。第二次革命后篡夺社会既成,群雄对峙,他先与罗伯斯庇尔、埃贝尔联手扳倒布里索的吉伦特派,继而与罗伯斯庇尔齐力击溃埃贝尔派。但他目睹革命中生灵涂炭,生慈悲之心,要恢复启蒙理想。在文化基因属性上,路遥遥也。而且在决定政局走向的关键的几个月,他恋家退隐,以致与大局脱节。在疯、滥、昏乱的社会里,在恐怖就是德行的政局下谈宽仁只能被人利用，肯定成不了事。按转移律，他是从逞强－失序的篡夺社会，通过逞强的重叠，连上了颠倒社会（逞强－姑息）和朋党社会（逞强－苟合），这是相对容易的（图16）。但之后，他想从恐怖统治的现实走向启蒙理想：在个人基因层面上是从逞强走回自立，在泛人基因层面上是从失序走回平等、从姑息走回悯人、从苟合走回团结。无论在个人基因还是泛人基因的层面上，这些都是距离最远的，失败差不多是注定的。（图18之⑤）

　　罗伯斯庇尔肯定要把不断革命的篡夺、颠倒、朋党一扫而清，走向他的启蒙理想。但他与丹东有两个不同：在政治上，他掌握实权，而丹东是闲置；在理论上，他的启蒙理想是要法国人都变得完美，而丹东的启蒙理想是接受和包容人性的缺陷。两个人都有独裁倾向，但丹东视独裁为工具（他甚至为革命建立了革命法庭和公安委员会而自己却不参与），而罗伯斯庇尔却视独裁为原则。于是罗伯斯庇尔治下的法国社会走向争权社会的孪生状态，也就是压人社会。在文化属性上这是最短的距离，而且在第一次革命之后几乎要理所当然地出现（图18）。以罗伯斯庇尔当时已有的权势，应该是易如反掌，他却变成自己最大的敌人。历史背景对他极为有利[15]，他却在关键人事上出了祸。[16]虽然再经短短的距离就可以达成目的，但他已是强弩之末。（图18之⑥）

　　以上是用文明进化因素（特别是历史背景与关键人事）去演算大革命走上极端的轨迹。假如我们的解释是正确的，这是不是代表着只要支配文明进化因素就可以改变大革命？假如当事人，特别是有能力的当事人（包括革命前的路易和革命后各阶段的当权派）要掌握自己的命运，哪里才是契机？我们可否凭分析文明进化因素对文明轨迹的影响去寻找掌握命运的抓手？

　　文明进化因素是相对的（因人、事、时、空而异）和偶然的（不是必然的）。既然如此，文明进化因素可以被塑造。控制命运就是塑造、支配、选择或改变这些相对和偶然的文明进化因素，即民族性格、时代心态、历史背景、关键人事。它们之间的相对性和偶然性有大有小。一般来说,民族性格最稳定,起码会延续好几代人;时代心态次之,但也会在一两代人之间保持不变;历史背景有远有近,远则一两代,近的就是当代;关键人事则是即时的了。[17]

在路易十六时代,法国的民族性格与时代心态都应该很明显。理论性格、追求秩序的法国民族性格与当时极端自立的冷漠社会是很相配的。这也解释了为什么上百年的阶层矛盾都没有动摇路易王朝,起码在路易十五时代仍然如此。但启蒙思想在路易十五后期与路易十六登基之初[18]就像狂潮般冲击社会(主要是中、上阶层)。以理论指导行动的性格碰上理论多而乱的时代,马上产出"文人共和",从上流社会的沙龙扩展到中、下社会的政治社团。一个谁都不谈政事的冷漠社会突然间变成一个谁都只谈政事的启蒙摇篮。特权与民苦不是路易十六时代的特色,但是启蒙带动对自由和平等的向往(对法国人来说,这些主要是来自英国的舶来品)使对不平的反感一下子变得尖锐。

如果你是路易,如果你知道启蒙思想中的个人主义与泛人主义的纠缠迟早会走向极端(这是西方唯一真文化基因的最终走向),你应怎样做?路易"选择"暧昧(也可能不是选择,只是昏庸),把自己包装成启蒙式的开明君王,爱才[19]、亲民;但后来,革命要来了,他就捉人、关报。前半期的宽仁更反衬出后半期的狠辣;前半期的风雅更反衬出他后半期的狡猾。路易如果聪明,他应该知道法国的民族性格和启蒙的时代心态一定会产生对时政的不满,理论性的批判也迟早带来政治性的行动。

当然,路易的政改、税改面临极大的阻力。也正因为如此,他才背城借一,想通过大议会拉拢第三等级去抗衡贵族。但历史告诉我们,路易把小虎当小猫带回家捉老鼠,小虎吃掉老鼠便成了大虎,要吃人了。要认清,第三等级不是一下子都成为启蒙(尤其是卢梭)的信徒。启蒙思想先在中、上阶层传播,到第一次革命之后,才通过政治社团深入中、下阶层,才变成大虎。路易如果认识到法国民族的理论性格碰上复杂矛盾的启蒙理论就像药引插进火药筒，他就不会附庸风雅去点火了。当然，单凭舆论渠道挡不住革命，但如果存在足够顺畅且有秩序的严肃渠道，路易或许可以换来多点时间和空间去处理实质的民生和特权问题，革命大概能比较平稳地过渡到君主立宪（如英国），而路易自己也不至于上断头台了。

我们再来看看八变图（图18）。虽然启蒙思想和民族性格刺激着绝对君权的冷漠社会走向平等，路易是不可能走向共和式的平等的。可是，他完全可以主动地走君主立宪的道路——在拥有实权的君主面前众人平等。这样，他既保住江山（当然不再是绝对君权），也可利用平等理论去削弱贵族的特权，一方面达到税改的目的（贵族没有免税特权，国家税收就多了），一方面获得爱民的美誉（这是路易梦寐以求的）。图18显示这将是费力最小的改变（文明现象基本属性相异性最小）而得到的稳定态。可以说，路易有利用第三等级去制衡贵族的机心，但没有智慧去从理论纷纷的启蒙思潮中筛选和抽取孟德斯鸠式的君主立宪、分权而治，同时整治贵族的特权和满足人民对平等的诉求。这些，要到第一次革命之后才勉强由米拉波去替他经营。但时机已过，革命已启，路易已是完全处于被动了。

其实，在第一次革命前的好几年，路易仍有不少掌握命运、国运的机会。这里只举几个在历史背景与关键人事上的抓手。

（1）在某种程度上，他几度换相都是形势所逼，但主要还是民生（面包）问题。如果他在国际事务上韬光养晦一点，例如不出兵去支持美国独立[20]，财政困难会轻些，解决民生问题的能力会强些。这在当时是有目共睹的，不是"事后诸葛亮"。但从文化基因法的角度去看，还会看出一个更关键的点。支持美国独立战争的确花钱，但单是花钱不会带来革命，甚至税改也不会闹出革命，因为所有革命（与政变不同）都是要由意识形态推动的。关键是由于法国参战，大批法国人到了美洲，把美国独立宣言和宪法的理想带回法国，并加以美化和宣传，使法国人对法国的政治更加不满，加剧革命冲动。路易为的是法国光荣，得来的却是王朝覆灭。

（2）财政困难在路易 1774 年登基时已相当严重（路易十五的挥霍和七年战争害他很惨，但他个人与王室诸人也不节俭），但还是再挨了十多年，当得知国库全空才考虑新税，召开显贵会议去寻求贵族支持。贵族对免税特权怎会放弃？路易怎会不知？但他还要等半年才去解散跟他搞对抗的显贵会议，更单方面凭着已经没有威信和实力的绝对君权去推行税改。贵族自然不会就范。之后，各地议事会（由贵族支配）纷攘不息，一年半多之后，路易才考虑开大议会，而且理由也只是为了安定债主的心（而不是减轻民间疾苦）。长期的拖延，使路易的每一个决定都完全没有主动性，好像是逼出来的，而逼他的是贵族。他的无能就是这样被贵族看穿；他对贵族的迁就也被第三等级看穿。到此，绝对君权破产。从文化基因法的角度去分析，路易王朝外强中干已久，但因为当时的法国是个泡沫中的冷漠社会，上下不通，才迟迟没有出事。但税改一事扰攘多时，尤其是在大议会筹备期间各地纷纷选出代表，开会写政见书，民怨就像决堤之水。当初是冷漠的社会，你不说，我不说，有苦自己知，如今是无事化有事，小事化大事。文明基因法的"稳定律"是指极端社会（无论是极端个人还是极端泛人）都是比较稳定的，要较大的刺激力和牵动力才会生变。那时已是积怨、积怒多年，在表面稳定下隐藏的暴力就像火山爆发前一刻的岩浆那样，路易的犹疑给了它最大的刺激和牵动。

（3）大议会召开，第三等级离场，自成国民会议，是因为表决制度[21]偏袒第一、第二等级。路易仍想维持三个等级的分立，一直拖延到第一、第二等级的"进步"分子纷纷转入第三等级的国民会议，他才改变初衷。大议会的原意就是以第三等级去抗衡第一、第二等级的联手，而且，在大议会召开时，路易已经不顾第一、第二等级的反对而强行增加了第三等级的代表席位。为什么出尔反尔，去阻挠第三等级行使多数权？[22] 路易要维持三个等级分立更使第三等级怀疑他实际的立场。他虽然拖延了不到一个月,但这是致命的拖延。第三等级是在退出大议会3个星期之后才立下网球场誓言,宣誓宪法不立,绝不散会。如果在第三等级立下网球场誓言之前路易承认了国民会议,他还可以拿回些主动,但在立下誓言之后才承认国民会议就是"米已成炊",非但处于被动,更显得懦弱或奸狡。用文化基因法来分析,这个把月的拖延就是对革命逞强者们的最大刺激,同时也给激进分子一个很大的口实去彻底改变政制——这是从君主立宪走向共和的一个很大的牵动力。

第一次到第二次革命期间,路易对改变自己的命运还有不少抓手。然而,对八月法会的先拒认后承认,对《教士还俗法》《教士民事法》《教士效忠法》的抗拒,对奥地利介入法国时的暧昧态度等,使路易的决定一步一步地被边缘化。当然,米拉波一死,君主立宪派就群龙无首,这是路易出逃的近因。被捉回后,有保王倾向的拉法耶特原本可以出点力,但他在稍后的战神广场大屠杀中尽失民望,赔掉了政治本钱。到此刻,革命的方向就转入共和分子手里了。

革命吃人的时期,被吃的有没有可以改变自己命运的抓手?布里索走了两个大错招,头一个错招向奥地利宣战,第二个是提出以表决方式决定是否处死路易。前者影响吉伦特派的命运最大:(1)浪费大量的政治本钱,包括说服路易开战;(2)战况不利(其实是完全可以预见的)使吉伦特派在立法大会上的权力受到挑战;(3)最后,吉伦特派在处理战事上的"无能"给了丹东发动长裤汉血洗杜伊勒里宫的动机和借口,使吉伦特派在第二次革命中完全边缘化,致使他们日后在路易的审判和是否处死问题上丧失影响力。

从文化基因法的角度去看,吉伦特派是想各省能够与中央分庭抗礼。为此,他们实在应该把政治筹码押在这处,而无须也不应去搞风险极大的对外宣战。战与不战绝不影响他们的实力(他们已是掌权派),也绝不会加强他们在地方上的势力。反过来说，因战事而引发出日后的征兵，各省配额触及了地方利益，反而冲击他们的权力基础。可以说，如果布里索以文化基因法去处事，吉伦特派应会避开动摇权力基础的对外宣战，保留主动，并会发动分布于各省的实力派去斗垮权力过度集中于巴黎的山岳派。

至于埃贝尔派，他们的抓手就少了。从文化基因法的角度去看，他们是从逞强-失序的篡夺社会走向疯乱社会。[23] 这种不顾后果的狂妄做法肯定招人围攻，因为法国民族性格倾向秩序，哪容得下不断革命？所以迟早群起而歼灭之，当然，埃贝尔搞理性崇拜也加速了其灭亡，但灭亡终是避免不了的。

丹东想"走回"启蒙理想，提出宽仁，被打成"姑息"。以文化基因法分析，从篡夺社会返至互持社会，太远了。假如他能把目标放低一点，接受当时是人人逞强的时代，就不会心存厚望。如果丹东明白埃贝尔和他的敌对关系其实是双方安全的保证，也就是说，只要埃贝尔在一天，公安委员会就不会向丹东开刀，那么，在这个微妙的环境下，他或者还有机会去"慢慢"地把革命引向比较人性。这可能是他唯一的抓手。

罗伯斯庇尔想在篡夺社会中脱颖而出，唯我独裁。历史告诉他，也告诉我们，当羽翼尽除之后，狐群狗党就有机可乘。罗伯斯庇尔如果能够包容得下丹东，他或许会安全得多，然后慢慢独裁。假若他的独裁不倾向残酷（拿破仑就懂这点），丹东也不会跟他过不去。但他太心急、太多虑，而又太小气，容不下丹东。丹东一除，他也完蛋了。

以上只说了几个命运抓手，都是可以通过文化基因法，相对容易找出来的。当然，历史的每一刻都在变化，而且变化万千，我们不可能，也不应该凭"假如"去改写历史。[24] 但是，作为理论的验证，这些分析也给了我们启发：以文化基因法去演绎文明现象可以帮助我们从民族性格、时代心态、历史背景和关键人事角度去找出哪些因素可能刺激和牵动文明现象底下的文化属性，从而改变文明现象。关键是这些抓手是有相对性（会因人、事、时、空而改变）和偶然性（不是必然）的，因此是可以塑造（当然是有难有易，但总是有可能）和改变命运。这跟一般的"假如"（what if）有所不同：假如法国的民族性格不是理论倾向，假如没有启蒙思潮的冲击，甚至假如法国没有财政困难，没有阶层分歧……这些都不是当事者可用的抓手。我们的抓手是当事者"可用的"：假如路易不参与美国独立战争，假如吉伦特派不向奥地利宣战，假如罗伯斯庇尔不除丹东，等等。最后，当然需要当事者有智慧使用文化基因法去分析时局和分析自己。

现在我们可以总结一下文化基因法。

它有一个基础假设。文明是文化的体现；一个民族的文化是它的宇宙观、伦理观、社会观；宇宙观、伦理观和社会观的基本元素就是文化基因，有四个——真、唯一、个人、泛人。一个文明现象的基本属性就是它内里的文化基因组合（也就是它的"本质"）。

它有一套核心理论。文明现象可以改变——基本属性的改变构成新的文明现象。基本属性的改变是由外在因素刺激和牵动的。它们是文明进化因素，包括民族性格、时代心态、历史背景、关键人事。文明进化因素的出现是偶然的（不是必然的），相对的（因人、事、时、空而改变）。文明进化因素刺激或牵动文明现象的基本属性；基本属性按必然规律变动，产生新的基本属性（新的文化基因形态和组合）、新的文明现象。

它有一套操作的规律。个人文化基因有3个正面形态（自立、自足、自尊）和3个负面形态（逞强、自私、倨傲）；泛人文化基因也有3个正面形态（平等、悯人、团结）和3个负面形态（失序、姑息、苟合）。这些形态的组合产生36个文明现象：9个正正组合，9个负负组合，9个个人正、泛人负组合，9个个人负、泛人正组合。此外，个人（正与负）的极端有6个，泛人（正与负）的极端也有6个，共12个。加起来总共48个基因形态和组合，亦即48个文明现象，也应该是西方文明所有的现象。一个文明现象的变动是由偶然和相对的文明进化因素

（民族性格、时代心态、历史背景、关键人事）刺激或牵动这个现象的基本文化属性促成的。三条必然规律决定变动的方向（走向某个文明现象）和力度（走得难或易），这三条规律就是距离律（文化属性越接近的文明现象越容易产生互变）、稳定律（文化属性越极端的文明现象越稳定）和转移律（拥有类似文化属性的文明现象之间可以换位或转移）。

我们用法国大革命走上极端的历史去验证了这套文化基因法。在特定的时空维度里（从1774年路易十六登位到1795年恐怖统治结束），这个方法的构架确有足够范围与精确度去覆盖大革命走向极端过程中每一个阶段的政治现象（也就是可以精确地为每一个阶段定位）；足够的理论强度和操作能力去演算这些现象改变时的方向和力度（也就是可准确追踪各阶段的轨迹）。还有，这个验证帮助我们看出哪些文明进化因素（民族性格、时代心态、历史背景、关键人事）可以被用来改变文明的轨迹。

当然，一个案例，甚至多少个案例都不足以"证明"这个方法一定对。而且，文化基因的形态类别和组合规律都是我"创造"出来的，没有"必然性"。它们可以并且应该被不断地质疑、检验，需要时可以修改或摒弃。但这个元方法的架构和逻辑仍是完整的。更关键的是，一个方法的价值不在对或错，而在有用或没用。通过对法国大革命系统、详细的验证，确实增强了我使用这个方法去推测西方文明的未来的信心。另外，我希望能从中找到一些我们用以掌握命运的抓手。这会是下卷的内容。

文化基因法用来辨别文明现象的基本属性，可为文明现象定位；追踪文明现象的改变去演算（解释和推测）文明进化的轨迹；分析文明进化的因素去寻找掌握命运的抓手。我会用它来推测西方的未来，但不知道会推测出什么。也希望读者们去用一用，推一推，看看大家找出来的跟我的是不谋而合还是大相径庭。

注：

1. 通过转移律（重叠）兼成为老大社会（逞强－悯人）和越权社会（逞强－团结）。

2. 按图 18，极端自立的路易王朝冷漠社会虽然被启蒙思想刺激，但因为被政治精英们的逞强所干扰，未能进入自立－平等的互持社会。但为何不按"距离律"落点于较近距离的极端平等的窒息社会？关键是当时精英们的逞强冲动远大于他们对平等的向往，所以在极端平等和逞强－平等的选择上就果不其然多走逞强、少走平等。要注意，当时的革命精英们主要是中、上阶层，他们要的是自由多于平等（无论是在政治、经济或社会层面上）。事实也证明精英们的重视自由在日后跟重视平等（特别是经济平等）的长裤汉产生严重分歧。逞强的文化心态再加上理论化倾向的民族性格不正是拿破仑对革命的批判："虚荣造就了革命……自由只是个借口"？我们可以改成："逞强造就了革命……平等只是个理论。"

3. 要特别注意的是，压人社会（极端逞强）是处于争权社会（逞强－平等）与篡夺社会（逞强－失序）之间。三个文明现象都有逞强成分。按稳定律，凡是由个人与泛人基因组合而成的文明现象都比较不稳定，有走向极端个人或极端泛人的倾向。所以，争权社会或篡夺社会都不稳定，都有走上压人社会的倾向。

4. 刚好与上面相反，第一次革命从冷漠社会越过极端平等的窒息社会，过门不入，走向逞强－平等的争权社会是因为革命精英们的逞强冲动大于对平等的向往。但到了第二次革命，中、下阶层的革命群众（包括长裤汉）都是极度向往经济平等，远大于自由。这支配了精英们逞强的方向，并同时约束精英们对自由（经济）的追求。

5. 按转移律（重叠），通过逞强的重叠，逞强－失序的篡夺社会可以相对容易地同时是个逞强－姑息的颠倒社会和逞强－苟合的朋党社会。（图16）

6. 大恐慌带来全国暴力；各省保教、保王；外敌压境；"祖国危难"。

7. 米拉波猝死；路易潜逃未遂；拉法耶特战神广场大屠杀；吉伦特派对外宣战，战况失利，吉伦特派向路易逼宫未遂；丹东成功发动长裤汉攻陷杜伊勒里宫，囚禁路易。

8. 抗拒外敌和镇压内乱都是先胜后败、威望尽失；到了各路兵马杀往巴黎，法军统帅变节，所有责任都归罪于吉伦特派的主战。

9. 布里索等人在处置路易问题和对外战争上都用了政治错招。

10. 埃贝尔派人多同属雅各宾派。当初，雅各宾派中人有左有右。但其中的左翼势力日长，比较右倾的，尤其是有保王意识的雅各宾派中人就越来越被边缘化。到1791年6—7月，这些右倾者脱离雅各宾派，另组"保王派"斐扬会。其实，直到1791年6月20日路易潜逃被捉前，罗伯斯庇尔自己的立场也是"非保王也非共和"（当时很多人都有类似立场）。

11. 抗外敌、平内乱中屡败的政府军要到他们加入才扭转颓势。

12. 在科德利尔会中篡夺对长裤汉的领导地位，要挟国民公会实行恐怖统治。

13. 路易出逃未遂，奥、普联军压境；第二次革命后挡住了外敌；全国征兵引出保王、保教分子乱事；法军先胜后败，左派乘机夺权；外敌未退而内乱加剧，更有粮荒，粮价高企，暴动不已；埃贝尔派把教乱残酷压下，也把外敌挡住。

14. 创立激进科德利尔会；发动长裤汉攻杜伊勒里宫；再发动长裤汉制造九月大屠杀；主持军政要

事,再一次发动长裤汉整肃吉伦特派;续弦恋家,退出巴黎,导致埃贝尔派篡夺了科德利尔会的领导权;重返巴黎,批判恐怖凶残,被打为姑息派;又与罗伯斯庇尔合作,清除埃贝尔。

15. 他已有廉洁的民望,法军战场大胜,外敌威胁完全清除;内乱又平,虽然过程残酷,但却有埃贝尔派做了代罪羔羊。

16. 最高存在的崇拜使他觉得他太趾高气扬;不断指控有人阴谋作乱闹得人心惶惶;铲除朋党使他在权力巩固的表面下看不出杀机四伏中他已经失去了屏障。

17. 当然,文明进化因素是互相牵引的。任何的改变都是牵一发而动全身。但是,这并未否定我们理论的逻辑,只不过提醒我们:"要小心谨慎地去追踪因果关系,要兼顾全面地去捕捉事实真相。"这应该是所有寻真求知者应具的态度。另外一个要考虑的是"事后诸葛亮"。为此,我们的臆测必须有严肃的纪律,只可依靠在当时、当地可以合理地掌握到的资料和信息;绝不可以用事后的资料和信息去改写历史。文化基因法对绝对(不会因人、事、时、空而改变)与相对(因人、事、时、空而改变)的分隔是极其严肃的,这也应该是所有科学求真应有的态度。但仍有一个问题是不能"解决"的。无论多少精力和时间都不可能验证所有的臆测,我们只可以是选择性地聚焦于"关键"的抓手。甚至可以说,我们可以验证的实在是很少,很皮毛。所以要不断验证,这也是理论建设和提升不可缺少的过程。

18. 对法国大革命有关键影响的书籍包括:孟德斯鸠的《论法的精神》(1748)、伏尔泰的《哲学通信》(1733)、《老实人》(1759)、卢梭的《论人类不平等的起源》(1754)、《新爱洛伊斯》(1761)、《爱弥儿》(1762)、《民约论》(1775)、狄德罗的《百科全书》(1751—1772)。

19. 很奇怪的是王后安托瓦内特更是对名士们钟爱有加,包括对王朝冷嘲热讽的伏尔泰。

20. 当然,法国此举主要是要报路易十五在七年战争败于英国手上之仇。但关键是打赢了却没有实质上的油水,只是"虚荣"。在某种程度上拿破仑说的"虚荣造就了革命"非但可以用来形容革命分子,也可以形容路易——"虚荣引出革命"。

21. 三个等级分开投票而不是一视同仁,也就是说第一、第二等级加起来永远压倒第三等级。

22. 其中,主要是路易不满第三等级自作主张,越了他的权。

23. 当然,如果从黑格尔的角度去分析,埃贝尔率领长裤汉走向"失序",其实也是为了追求"秩序"——他们的理想秩序(经济完全平等)。

24. 英国(苏格兰)的尼尔·弗格森(Niall Ferguson, 1964—)最擅长这一套,他用此去重新评估第一次世界大战。学界称为"反事实历史法"(counterfactual history)。

第四篇 演方法

文化基因法可以解释过去，但能否推测未来？这需要演示一下。在英国开启并成功的工业革命并没有颠覆英国的政治制度和社会结构。演示结果显示，按工业革命起步时可知的民族性格、时代心态和历史背景，文化基因法可算出工业革命轨迹的端倪。

第十七章 已知的

历史教训使英国人懂妥协、不极端;国王与国会的互相依靠培养出政治弹性;重传统的阶层架构维持住社会共识;农业革命成功增加了人口、提升了消费;宗教容忍放开了对求财的束缚,新发明、新理念、新商机涌现;庞大的帝国充满活力,但美洲殖民区要闹独立了。

"我刚知道,大陆议会宣布联合殖民区独立。"这是1776年8月10日《伦敦宪报》[1]转述英国驻纽约殖民区的总督通知英国政府美洲事务大臣短短的一句话。假如你是个英国人,在这一刻你会怎样看你国家的未来,工业革命的未来?

不知多少人讨论过英国工业革命成功的因素,大致有8类:(1)天然资源;(2)人口与城镇;(3)农业革命;(4)消费需求;(5)帝国与贸易;(6)政治体制;(7)经济体制;(8)科技创新。但是每一个因素都有人唱反调。究竟是水动力、煤动力推动了工业革命还是聪明的英国人懂得去利用水与煤?如果没水、没煤,聪明的英国人或许会利用别的能源;人口增加不一定代表消费和劳动力增加,人口下降反可以提升劳动力素质;城镇化是工业革命的因还是果难以确定;农业革命带来的农村劳动力向城镇转移和农业革命积攒的资金是否推动了工业革命备受质疑;消费需求增加不一定带动经济发展;外贸刺激工业革命还是工业革命推广外贸难下定论;政治制度早已存在,政府肯定没有明确的"工业革命政策";工业革命是技术应用多于科学创新，是社会文化支持的知识与赚钱的组合。

从这些反调得出的结论是，有关工业革命的成因有些是误导的，有些是不重要的，有些是不一定的。【附录3：工业革命成因的辩论】

难道工业革命在英国成功是天意，是偶然，且无从解释？那么，以史为鉴非但枉然，更是荒谬。假如未来是过去的延伸，读历史就应该可以找到未来的端倪。关键是怎样去读，怎样去找。文化基因法可不可以作为指南？

假如有一位懂得用文化基因法的英国先生处于工业革命起步时的这一刻，他会怎样推演工业革命的前景，会推演得准吗？我们回到1776年8月，美洲13个殖民区宣布独立，要脱离英国；同年3月经济大师亚当·斯密出版了《国富论》，解释经济成败之道。且听这位英国先生娓娓道来。

记忆犹新，十多年前王上登基（1760），七年战争刚打了一半，胜迹已露。3年后的巴黎和约我们英国人站起来了。与盟友普鲁士打败了一个世纪以来从无敌手的法国，挫了路易王朝的威风，虽然还要走很长的路才会超过法国，但起码是平起平坐了。乔治王上勤政爱民，境内安定，帝国扩张，国际贸易不断增加，应该是我们的时刻了。但是，现今北美13个殖民区要闹脱离、独立，局面又灰暗了。怎样看未来？

我们这个国家的历史可算多姿多彩。从宗教改革脱离罗马天主教会到今天，经历了多次的起起落落，但国祚仍存，可不简单。有一点是最清楚不过的。我们英国人实事求是，能妥协、有弹性，死不掉的。但这个性格不是生来的，是练来的，是从灾难中学得的。我们要安定，不爱搞革命，因为宗教的革命、政治的革命曾经把我们整得很惨。这些革命教我们要团结，不能再搞内讧。我们的外敌多得很，西班牙、法国都曾经想吞了我们。如果不团结早就完蛋了。

当初，亨利八世无嗣，王后十几年只生了一个女儿玛丽，想休妻再娶年轻貌美的安妮·博林，教皇又说宗教理由，不容许。那时，欧洲闹出来的宗教改革正是扰扰攘攘。原先，亨利以卫道士自居，力禁改革派在英国出现，连教皇也特别嘉许，称他为诸国君王中最忠贞的一个。但因离婚一事与教皇闹翻后，亨利就站在改革派一方，带头脱离罗马，但仍保留着罗马天主教绝大部分的教义、体制和仪式，只是以国王取代了教皇而已。亨利马上娶了安妮·博林，但她又生了个女儿，叫伊丽莎白。一件是秽，两件也是秽，亨利索性找个通奸叛国的理由，杀掉了安妮·博林，再娶。最终得个男孩，叫爱德华。续嗣有望，他应该满足了，但不知怎地又要找新欢，前前后后娶了六个老婆，最终也只生了两女一男。他想把江山永远保存在都铎家族里，就威胁国会（其实那时的国会是形式多于实际），立了一个继承法，让三个孩子先后排队坐等王位，连女儿都可以为王。这回应该高枕无忧了吧！

谋事在人，成事在天。三个都真的坐上了王位，却没有一个有嗣。这把我们英国人害苦了。

先得说说这个都铎王朝是怎样得来的。14—15世纪英法百年战争（1337—1453）[2]，我们英国可算是败方，在欧洲大陆的领土都没了。战败马上引出内争，玫瑰战争（War of the Roses, 1455—1485）[3]爆发。兰开斯特家族（Lancaster，红玫瑰族徽）与约克家族（York，白玫瑰纹章）打了一场，差不多死个精光。渔翁得利的是个既有点兰开斯特血统，也有点约克血统的亨利七世，坐上了王位的他，死后就传位给亨利八世。八世怎能不谨而慎之地去保存这个凭运气多于凭本领得来的宝座？

他要脱离罗马其实是很冒险的。在全民都是天主教徒的英国（其实当时全欧也是），要"反教"确实是险招，无论他是为了子嗣还是单纯好色，他都开罪了全国的人。于是他出了两招：一招是尽量少改教义、教规（离婚当然是例外）、仪式和制度；一招是尽量收买人心。两招都招来日后大祸。特别要说说他的收买人心。那个时代，宗教改革情绪确实高涨。罗马天主教是全欧的宗教，但教义僵化，教会腐败。[4]支持亨利脱离罗马的（不一定支持他离婚）虽然仍属少数，但是亨利的狠招却是把所有忠于罗马的贵族和僧侣的财产（尤其是寺院、修道院的土地）没收，重新分配给他的支持者。短短几年，很多人发了大财。有的留着土地，有的转卖他人，创造了一群新富、新贵，被称为乡绅（拥有土地的绅士，landed gentry），是支持宗教改革（其实是支持亨利）的中坚分子。

亨利一死，年纪最小的爱德华登位。他比父王更热衷于宗教改革。当时欧洲的宗教改革已趋成熟，"改革分子"不再把自己看成改革天主教会的天主教徒，他们自视为"革命"分子，革掉天主教会的命去创新教[5]。教义、教规、制度、仪式都在革命，对教会的组织和管治的革命更为激进，主要是否定主教制（episcopalian）[6]，创立比较平等的长老制（presbyterian）[7]，甚至鼓吹不分教士与教徒尊卑的公理制（congregational）[8]。亨利之后的爱德华就有这些激进的倾向。从此，英国的新教就包括了国教（接近天主教而且保守，由亨利八世开始，但要到伊丽莎白才正式称国教）、温和的新教教派和激进的新教教派。最激进的一部分称"清教"（Puritans）。它不是一个教会或教派，是若干新教教派的统称，有纯洁的意思。当然还有愤愤不平的罗马天主教。

跟着上场的是大姐玛丽，她是虔诚的天主教徒，并且嫁给以肃清新教、保卫天主教为己任的西班牙国王腓力二世。玛丽女王虽是天主教徒，但身份正统，所以"合法"地登上宝座。这也说明我们英国人对传统和正统的重视。她一上来就天下大乱，因为她要为天主教平反。亨利时代发了大财的要把财产吐出来还给天主教会，怎能不乱？这个玛丽也毫不容情，抓的抓、杀的杀。我们叫她"血腥玛丽"绝不为过。但是，为了保住传统和正统，我们还是忍着没有造反。连钱币上也铸上她和她那个可恶的西班牙腓力的头像。当然，当时的情况复杂，国内的天主教仍有若干势力，国外有全欧最强的西班牙在为她撑腰，新教内部的温和教派和激进教派观点也不一致。反对她的固然有，但赞成她的也不少，尤其是"半复辟"的天主教贵族。

好不容易等到她死去，妹妹伊丽莎白坐正。这个女王确是全心为国，终身不嫁。那个无耻的腓力竟然向她求婚，想再造共治。她当然拒绝。软功不成，就用硬功，他发动无敌大舰队，想干脆拿下英国。但上天保佑，我王万岁，我们的情报工作做得好，使我们占得先机，在他结集舰队的法国港口外封锁了他；上天也助一臂之力，吹逆风，使他的舰队冲不出港。这一仗使我们的信心增长百倍，欧洲最强的西班牙也奈何不了我们。女王也英明，为平息宗教之争下隐藏的火药库，采取中立开明的宗教政策。首先是正式成立正统国教[9]，接着是容忍新教的各种教派，只要不直接搞对抗就行。[10]但对天主教则绝不留情，以免其死灰复燃。在她的领导下，国家太平了几十年，才出现个莎士比亚。在国外，她发动"私募海军"去抢掠西班牙从美洲运回来的财货。女王对他们多有嘉赏，又庆功又封爵。只是因为这些人不是正规海军，所以西班牙人也只好叫这批人为"海盗"，拿不出借口跟我们打仗。当然，那时的西班牙也自顾不暇，在欧洲被荷兰绑缠着，被法国威胁着。打西班牙我们出钱不出兵，就让欧洲诸国打得焦头烂额。

女王终身不嫁，哪来后嗣？亨利休妻、背教、辛苦经营，到头来是一场梦，都铎王朝终于断了。都铎血统的确是有，但都是天主教徒，万万不成。我们英国人也的确是有办法的，国内找不到就到国外找。苏格兰国王、斯图亚特家族的詹姆斯是个新教徒，虽然不属英国国教，但也可以接受，就把他迎了来。

伊丽莎白女王是个极懂权谋的人，知道各宗教派系互相博弈，争取她的青睐，她也表现得乐于广纳言论，因此，国会议事渐成气候。国会中人全是早年因支持亨利脱离天主教会而获封、获赠的乡绅（以国教人士居多，但仍有不少被容忍的其他新教教派人士）。那时的国会选举不过是儿戏，全国不过几万"选民"，选区都是由地方权贵把持，有些选区甚至只有几个"选民"。当地的大地主说谁当选谁就当选。可以说,那个时代的国会是地主国会。他们维护传统,虽然这些传统不足一百年。他们思想保守,但不是为了维护一些历史悠久的原则和法典,而是不想一变再变以致前功(亨利八世时代拿到的功名利禄)尽废而已。因此,对他们来说,迎立詹姆斯去维持政局安稳是"顺理成章"的事。

迎立后,詹姆斯就是英格兰和苏格兰的国王。那时英格兰与苏格兰没有统一,而苏格兰比英格兰小得多、穷得多,詹姆斯自然想建立一个由他开启的英、苏王朝(斯图亚特王朝),于是他尽量逢迎我们英国人,主要是英国国教中人。当时,苏格兰的主流是信奉比较激进的长老制"苏格兰国教"[11],而英国国教则是比较接近天主教的圣公会。为讨好英国,詹姆斯要把英国国教的制度和教义加诸苏格兰。呆子也可以算到,此举在苏格兰大受反对,在英格兰大受欢迎。但另一方面,詹姆斯有"君权神授"的倾向,触动了英国国会中人的敏感神经。他们的思量是:"如果君权是神授,那么迎立你的英国国会不就是没有权,而你坐上英王宝座不就是不需要国会,只需要神?"但詹姆斯懂得韬光养晦(多享受,少干政),所以他的时代还算风平浪静,但到他的儿子就坏事了。

首先,查理一世跟他父亲一样,坚持"君权神授",但跟他父亲绝不一样的是他同情天主教,甚至有人说他是个秘密天主教徒。这个组合是个大灾难,对他是,对国家更是。再加上他为人木讷、寡言,令人猜不着心思,更使人产生戒心。登位不久,就因与法战事[12]要加税,国会不允他就解散国会,然后从古法里找个借口[13],未经国会同意就去收税。首先是曼彻斯特拒交,继而各地抗命。他就硬来,甚至更改国教制度以换取苏格兰的帮助(把英国国教的主教制改为苏格兰的长老制)。[14]内战就这样打起来,一发不可收拾。拥王派、拥国会派、新教温和分子、新教激进分子、天主教分子,形形色色的组合【附录4:

内战期间的宗教教派】，各人坚持站在真理或真神的一方，互不相让，互相杀戮。父子破裂，兄弟相斗，再加上土地财产之争，真是惨绝人寰。此间，战斗力量最强的就是激进的清教分子。他们在真神和真理的旗帜下，在忠贞无畏的驱动下，战无不胜，使敌人丧胆。[15] 他们扫清政治上的保王分子、宗教上的温和分子，天主教徒更被他们差不多全消灭。查理一世更是身首异处。[16] 清教分子建立了他们理想的、以他们的神为基础的英国共和：没有音乐、没有赌博、没有装饰，甚至连圣诞节都不能庆祝，但也没有贪污、没有腐败，只有神的光荣。[17]

共和是没有国王的，只有护国公克伦威尔，但他议事时还是坐在国王的宝座上！十多年的共和使人吃不消，克伦威尔一死，不到两年共和就烟消云散，可幸的是没有响过几声枪、死掉几个人，只是旗帜改了而已。查理二世坐上王座，这一时期叫恢复期。我们称查理一世被杀，查理二世恢复之间的这段时间为断王期，相信我们英国人永远不想再见到这种局面了。

恢复期一片和平。但在内战时得势的激进教派就受到了限制。首当其冲是与国教（国王）恩怨难分的长老制教派。[18] 长老制信众被歧视，但有公理制倾向的异议者、分离者、独立者则承受更大的压力。他们有些移民北美，有些致力于赚钱，以换取一点宗教与政治的生存空间。

查理二世是吃过苦的，包括被共和派追捕，在各地逃躲，多数是由天主教教徒掩护，所以他深知民苦，很得民心。虽然有天主教倾向，但表面上还是效忠国教（听说临死前则改奉了天主教）。跟着是他弟弟詹姆斯二世登位。这位仁兄就公然走向天主教，更从我们的世仇法国处讨来个老婆。法国非但信奉天主教，更是搞绝对君权（这时统治法国的是君权神授再加上绝对君权的路易十四），叫我们英国人怎吃得消？

欧洲差不多每个民族都曾来过这个岛国，或来抢的，或来霸的，但最终都留下来。英国人养成一种既能自立和强烈个人主义（对内),又能团结和强烈排他(对外)的民族性格——不能迫使他做顺民,但他倒会自愿做顺民。一个有强烈独立个性的国会开始成形,以维护国家福利(从亨利时代开始的贵族地主和乡绅地主的福利)、国教传统(在天主教与激进新教中间经妥协创出的国教)为己任。詹姆斯二世的政治和宗教倾向都是令人极端担心的:担心他恢复天主教,担心他重新分配财富。

当时大家的希望是他年老无子,死后又会是另一番景象。我们英国人最懂得以时间解决问题。你看,亨利八世精打细算地设计一套继位方程式,最后还不是南柯一梦?克伦威尔雄才伟略,建立共和,最后还不是把江山送给斯图亚特王朝?那么,詹姆斯二世一死,无人继位后,天主教复辟不就是打空炮?但是为了以防万一,国会暗度陈仓,向新教荷兰的威廉[19]示意,如果他有意过来取代詹姆斯,大家会默认他的合法性,因为他的夫人是詹姆斯二世的女儿,信新教。威廉当然是不吃白不吃。他跟法国打仗,正愁兵源和财源不足,英国人主动献身,能不大喜?但他却担心英国国会没有实力送他登上王位。这是1688年年初的事。7月份,王后老蚌生珠,詹姆斯老来得子(有传是偷送入宫),看来威廉好事要成空。英国国会不敢明目张胆去迎立他,因为这实在有违国法,严格来说是搞政变、篡位。国王有了子嗣更是不能动手了。国会不动手请他,威廉就动手"自请"了。他集结5万大军、5000匹战马、5000艘舰船,11月强渡英伦海峡。不知是有心还是无意,英国舰队没有拦截,但威廉却在远远的西南岸登陆,并以慢得不能再慢的步伐向伦敦推进,走了个把月。詹姆斯位居深宫不见其人。他的臣子、国会的代表,一个个借故开溜,想观望民众的反应。民众们一头雾水,明明荷兰的兵来了,但又不见英国兵去拦阻。最后,威廉还是开入伦敦。詹姆斯逃跑,被捉回,但威廉无意把他弄成殉道者,就故意让他逃到法国去。随后,国会就正式迎立威廉,并且派我们的大政治家洛克[20]去荷兰把他夫人接来,成为威廉-玛丽共治。这就是我们的光荣革命，荷兰人叫"光荣横渡"。

当然，国会废詹姆斯[21]立威廉是个险招。谁知威廉将会是一个怎样的君王？于是国会诸公趁威廉还未站稳脚跟就开门见山地讲条件。当然，威廉的大军是他的筹码，伦敦还要军事管制好几个月。但威廉的目的是利用我们英国的军力，尤其是海军，去打法国，所以他也投鼠忌器，不敢霸王硬上弓，就迁就国会，接受了《人权法案》。这其实就是他给国会和它代表的土地利益开的一张空白支票——接受了承继法，也就是如果他无嗣，国会就有权另立新君（苏格兰不同意，带来大问题，这是后话）。同时，他接受英国将领统率荷兰海军，并限制荷兰扩建海军，好让我们追上及超过。总的来说，迎立威廉对英国很有好处，既安定了政局，又兼并了荷兰的军力。更重要的是把那时的全球贸易和金融中心从阿姆斯特丹搬来伦敦。唯一的败笔是把荷兰人的杜松子酒癖也引进来，害得几代人染上此伤身恶习。[22]

果然，威廉无嗣，只得再找一个属斯图亚特血统又是新教徒的安妮。詹姆斯二世那时已经死了，他的儿子认为王位应属他的；法国又在旁推波助澜，要为他讨回个公道。当然，这是不可能的事，但他与法国都不罢休，更卷入了爱尔兰，从此更加多事。国会与安妮女王定下"合同"，要她答应如果无嗣就由国会选立。她知自己是个顶替的，也不坚持。

果然，安妮也是无嗣。为什么贵为人君的总是无嗣，穷人倒是生完一个又一个？当然，有不少夭折，但也有不少长大成人。16、17世纪，英国人口不断增长，唯独当国王、女王的却一个又一个地无后。继位的事情总是烦扰着我们，什么宗法、宪法、传统，多有约束。可幸我们英国人懂妥协，有弹性。当安妮还在世时，国会就四处寻找合适继位的人选。按血缘来找，但是一个又一个都是天主教徒，找到第57个，远在中欧汉诺威的索菲亚公主（Sophia of Hanover, 1630—1714）才属新教。那时的汉诺威人口只有一万，但有个伟大的哲学家、数学家、发明家兼外交家莱布尼兹[23]，是汉诺威大公的导师，他为此事跑了不少腿。坐上英国王位确是如做神仙，于是这位公主就放弃了汉诺威的路德宗改奉英国国教，做了英国人。安妮临终之前的几个月索菲亚公主也去世，她的儿子就顺理成章地继承英国大统（兼领汉诺威大公），开启现今的汉诺威王朝，是为乔治一世。乔治不懂英文，日常用德文，大半时间在汉诺威。但他却为我们英国人立下个大功，因为他把国王权力差不多全交给国会了。

我们这个国家，原本是国王至上的。他是最高行政首脑，所有官员都是他的仆人，听他命令。国会也只有他才有权召开，而国会的权也只是限于税权而已。也就是说国王要加税或改税才会找国会，其他时间就可以像独裁者一样去统治。共和时代国会曾经把国王的权力夺走，但这也只是理论上而已。虽说是共和，但大权却在护国公克伦威尔手里，他其实比国王权还大，因为他同时把持国会。不知谁的主意，或者是乔治要讨好迎立他的国会[24]，就把王室大部分财产交给国会，换取国会每年供给他行政开支的经费和王室的花销。从此，国会就掌握国家全部财权，成为真正的"民主"（当然"民"只是少数的高级子民）。小贵族与约翰王在1215年签下的《大宪章》在500年后终成事实。

还有一件事要提的。乔治的王位是国会"给"他的，他当然知道。但国会中也不是一致的，分为两派。一派认为国会有权迎立国王，他们主要是"开明"的有产阶层，大部分是以开明自居的高级贵族、富有商人、不属国教人士（新教各派和非宗教人士，特别是仍在萌芽期的中产阶层），被人贬称为"辉格"。[25]另一派属"保守"，认为传统宗法至为重要。他们主张，但没有坚持在斯图亚特家族中去找合适的继位人，被人贬称为"托利"[26]，以地方乡绅和国教教会人士居多。自然地，乔治对托利党人心存顾忌[27]，就把大权委托于辉格党人[28]，让他们把持了国会差不多半个世纪，但也因此维持了国家稳定。

政党这个玩意是君子不为的，因为带有权谋和作伪。我们英国人以独立自主为傲，绅士们是不结党的。[29]国王的臣子都向国王效忠，怎可结党？国会代表是体面的事，怎能营私？但出现了两种情况。

政务大臣（尤其是首相和内阁要员）是国王委任的。但是做事总要用钱，而财权则在国会诸公手里。做官的政府大员怎能与管钱的国会脱节？慢慢地，国王只委任在国会里有发言权，并且有能力去说服国会放钱的有能之士为政务大臣。这些有能之士也借在国会有支持者而得国王青睐，谋得高官，特别是首相一职。另一个情况就是自从乔治一世以来我们已经有三个乔治了，而每一个乔治的王储都跟父王抬杠，都反叛且支持反父王一方。乔治一世与王储在宗教自由问题上不和；乔治二世的王储勾结反对派，把二世气得半死；乔治三世的王储要挟父王给钱。[30]当然，做政客的，无论是为国为民，还是为名为利，都希望能得到现今的国王青睐，不然就得到下一位国王（也就是王储）的青睐。于是，父子失和酿成政客结党。很有意思的是，政客利用国王与王储失和反而巩固了王权，因为国王与王储都是王权不可分割的部分。这跟法国不一样。在法国，政客争权就得选择站在王室的一面或者站在"民众"的一面。选王室的变成保守派，选"民众"的就是搞革命。在一定的程度上，英国的国王与王储失和反有助王权稳定。

老实说，英国的国王是有权还是无权、干预政事还是不干预政事是很难说清的。当然，我们会很自傲地说法国佬是绝对君权，而我们是君主立宪。但乔治一世、二世、三世都有在关键时刻改变政局。[31]可以说，我们英国的政局平稳，实在有赖国王与国会之间、辉格与托利之间的制衡、妥协。看来，这也是我们英国的政治文化——折中任何走上极端的冲动。

当然，另一个安定社会的锚是我们独特的"等级"架构。国教的《通用祈祷册》写着："尊崇和服从国王和他的属从……对品位高于我的人崇敬和谦卑，在神安排给我的位置上尽我的责任。"当然，内战扫清了这些等级，但那是个极端的十几年，内战的残酷反令我们更珍惜这个传统的社会等级架构，内战结束后这个架构就马上得以恢复。这个架构，从上到下，可分为王室、贵族、世袭小男爵、爵士、乡绅、专业人士、教士、自耕农（城镇的叫自由人）、庄稼汉、田舍汉、工匠、粗工、仆人。[32]

除了少数有名望的职业，如国教神职、军官、外交官、高级公务员、法官，其他"职业"都被上流社会视为丢脸的事。商人发了财都不想让他的孩子经商，如果不是继承父业的长子，就去参军，入法律界，或做教士。今天，这个古老的、多层的、以个人或家族为单元的社会观是绝对的主流——一个从一国之君到他最卑下子民的等级大链条。这个等级架构的中坚是乡绅，他们一般拥有500英亩以上的土地，可以完全靠地租收入，无需"工作"。他们低于传统贵族，属非世袭贵族的上层等级。[33]16世纪后期以来，乡绅阶层在政界、法律界的影响力渐大（由于他们是宗教改革、内战的主力）。到今天，郡（county）的选举，有别于城区（borough）的选举，必须是拥有土地的人才有权选举。所以乡绅占国会代表的大多数，有些甚至一家几代人支配某些选区。

我们英国人普遍认为社会结构是"天定"的，等级之间是有机性的互连。当然，这个结构有它的既得利益者，但从国王到贵族、权臣、绅士、律师、教士、学者，大部分人都接受这是个确立已久、具有权威性的社会秩序，知道自己的身份和位置。[34]

这几十年，人口大增，财富和职业的结构趋向多样化，但是，社会等级之别仍是相当清楚。当然财富分配不均是肯定的，拥地的公爵可以年入1万多英镑，贫穷劳工的收入不超过10英镑。但从整个社会的等级（阶层）大链条来看，贫富的对比是多层次渐进的，因此没有使人有悬殊的感觉：公爵比男爵富、商人比工厂老板富、店主比工匠富、技工比劳工富、婢仆比乞丐富。我们的约翰逊博士[35]不就是这样说：“他们的身份有固定的、不变的、外在的规范，互相之间没有妒忌，因为这些规范不是人为可以改变的。”换句话说，这是个约定俗成和神意所许的社会结构。

中间的等级可通称为中层（middle class）或中产阶层。他们被视为社会中坚，备受尊重，因为他们尊重和平、安宁、秩序，而不是那些无法无天的乱民。他们是社会链条中连接贫与富的关键环节，是最有智慧、最有德行的一群人。他们是英伦的光荣，在他们身上可以找到我们国家最大的智慧、勤奋和财富。

相对地，法国社会的上层与下层是清楚分明的，中层是两头不着岸。道理很简单：中层的当然不想做下层，但上层却不容他们亲近，因为法国的绝对君权是不会也不能真正亲民的，就算是中产以上的民、拿了头衔的民。法国的"古老政制"（Ancient Regime）直追16世纪的波旁王朝，而波旁家族的血统更可追至12世纪的卡佩世族，所以法国的上层是极度高傲的。我们英国就不同。乔治王朝至今只有70年，威廉更短，斯图亚特王朝也只是断断续续的六十几年。可以说，每个年代都有新贵、旧贵交替。我们尊重正统、传统，但真正的古老宗族并不多。可能就是这样，大家都以为越古老的东西越珍贵。都铎王朝过后，所有的王朝都是几十年光景。这更令我们珍惜传统，尤其是从都铎开始的传统——新教的传统。

我们的贵族也不同于法国的，不会以与中产阶层合作谋富为耻。英国新教的贵族不像法国天主教贵族般对赚钱态度暧昧。法国的中产阶层把传统看成一种束缚，甚至心存厌弃。宗教也是如此。法国"成功"地把新教胡格诺派清除了[36]，古老的天主教却变得没有朝气，因为它没有对手了。反过来看，法国赶走的胡格诺派大批去了荷兰和我们这里（就算跑到荷兰的也随着光荣革命跑了过来）。这些人都是勤奋、上进的，带给我们财力、智力和更重要的活力。外来的因素不断地激励我们、更新我们，这还是要从头来说。

先说我们的社会情况。从都铎时代到现今的过程既是渐进，也有突变，但总的来说，我们建立了一个"稳定"的社会，和一套"赚钱"的意识。都铎初期我们英国是相对安稳的。[37] 农业改革从 13 世纪就开始了，到 16 世纪加速，农业改革引发的圈地[38] 使贫农失去土地（公地），但富人则更富（主要是羊毛产业），失地农民则涌入城镇或到处流浪。

17 世纪虽有内战破坏，但繁荣继续，农村与城镇如是，包括伦敦。内战不仅是两个宗教（天主教、新教）之争，更多的是新教内部派别之争：严峻和原教旨的清教对抗它认为是堕落和虚伪的国教。内战产生共和。当时的说法是"世界倒转了"（the world turns upside down）。百姓对严峻的清教共和吃不消，共和过后就马上转回国教。查理二世被叫作"行乐君王"（Merry Monarch）是有道理的。他扭转 10 多年来如军营般的社会，恢复视听之娱，追求时尚。帝国迅速扩张，财富云来，奢侈涌现：从海外舶来了千奇百怪的饮食和玩意（西印度群岛的糖和咖啡、印度的茶、非洲的奴隶），打开了"消费经济"之门，推动了贸易和发展。到 17 世纪末，商业已成为经济的主要部分。工业也普遍发展，如玻璃、造砖、铁矿、煤矿。商人地位得到提升，开始被尊重，但政治的权力和影响力掌握在富有地主手中。上层和中层的生活日有改善，但底层未有大变。[39]

17 世纪也是银行业崛起的时代。随着商业发展，金钱借贷越来越重要。[40] 这刚好配上 17 世纪后期光荣革命带来的"金融革命"，这个革命包括国家财政和商业金融，是我们英国发大财的机遇。

先看国家财政。威廉是"迎来"的，国会趁机夺取财权（它早有税权）[41]，但真正有革命意义的是国家债务的处理。

荷兰早就与法国交恶，这也是威廉想登上英国王位以借用英国军力的原因。但王位是废詹姆斯二世而得来的，詹姆斯哪肯罢休。法国是英国世仇,还不乘机煽风点火?比奇角一役(Battle of Beachy Head),英、荷舰队被法国舰队打得溃不成军。[42] 威廉决意重整海军,这需要大举国债。为了引诱民众认购国债,国会容许认购者组成英伦银行(1694年成立),以全权管理政府的收支平衡,它是唯一一个可以发行债券的有限公司。也就是说,给政府黄金的国债认购者(债权人)可以用买来的国债作为发行证券的储备,而这些证券可以在市场上买卖。120万英镑的国债[43]在12天内被认购一空。建行成功是因为国会握住财权,使投资者(国债的债权人)有信心,知道他们贷给政府(国王)的钱国会会通过开相应的税源而本利归还。[44] 这大大增加了政府的财源。同时,因为银行可以用国债去发行债券,也大大增加了流动资金,从而刺激投资和投机。

在某种意义上,这个财经创新也是君主立宪的实践。国王要筹钱(主要是为了打仗)就要借债;债款是以税收形式来偿还,而所有新税要由国会批准。延续25年的战事(中间5年休战),军费开支庞大,国会对国王(也即是政府)财务的控制权也与日俱增。国王打仗要由国会供给,国会于是就控制了国王。[45] 这就是我们政局稳定的主要原因,因为国会中经各党派妥协而做出的集体决定比国王独断式的个人决定要更为平稳和渐进。

在商业金融方面也有革命性的创新,荷兰确实是我们英国的大哥,但我们是青出于蓝,取其所长,补己所短。荷兰金融以阿姆斯特丹为中心。[46] 阿姆斯特丹银行在1609年成立,属最早的中央银行[47],主要业务是处理荷属东印度公司股票的买卖[48]、商人之间贸易的结账[49]和销售政府的债券[50]。但是,他们的股票买卖市场因为各省市互相顾忌而不能扩充规模,买卖形式又缺乏弹性;他们的贸易结账方式有集中性的好处,但未能发挥全国资金的整体力量;他们的金融管理也是集中性的,但也因此缺少了对市场反应和投资需求的敏锐性。

我们原先也有自己的一套。在17世纪早期,英国没有中央银行。

民间的借贷还是靠中间人,这些中间人是"商人",他们的"生意"是把钱(黄金和白银)从一个地方带到另一个地方去清付债务,最终他们缔造出一个由伦敦的金饰店运营的、分散各地的商业结账网络。[51] 这个网络的信用有赖多方面的互相监督。总的来说,整个网络的金银储备是分散的,但整体实力是雄厚的。[52]

光荣革命之后,为重建海军要筹措巨款,政府成立了英伦银行去发行长期国债[53],并允许英伦银行以这些长期债券做后盾去发行证券。在市场交易,[54]这种做法既吸纳了荷兰金融集中在中央银行手里的理念,又创出了发行长期、高息国债(不像荷兰的各省、市的低息短期债券)和全国筹措(整合英国庞大而分散的资金来源)的新意。[55]

英伦银行的管理跟一般股份公司一样:董事局是股东选出来的(不像荷兰由政府委派),只要持有超过500英镑股份,就会拥有投票权。为此,英伦银行对顾客和市场的反应特别敏锐,对股票需求的反应也敏锐。[56]

到了此时,英国既有资本集中的英伦银行,又有买卖分散的证券转让市场。也就是说,我们整合了中央管理和广泛集资两种模式,配之以弹性强、敏锐度高的经营方式。荷兰的经济和投机者都转到英国市场。[57]不到50年光景,我们就取代了荷兰,执全球金融牛耳。在这上头,新教的贵格会是有功的。英伦银行成立之日,主动认购国债的金饰店银行有25%是贵格会成员[58]。

光荣革命之后不多时,伦敦就超过阿姆斯特丹,成为欧洲国际贸易的转账地。在整个18世纪,阿姆斯特丹的人口增长停滞,伦敦则持续上升。[59]

在18世纪,我们更打造出一个庞大的海外帝国:先是1707年与苏格兰合并;然后在七年战争中拿下加拿大、印度及西印度诸岛。那个年代还有农业革命,是这样子的。18世纪前,大部分土地是轮耕的,也就是分三幅,每年耕两幅,一幅休耕。后来,我们从荷兰学到了在休耕土地上种瑞典芜菁（swedes）和萝卜（turnip）去恢复土壤的肥力。[60] 这改变了土地的面貌。从前，一个村或一个小镇周围的土地是划分为三大地段的，其中总有一个地段是休耕的。在每个地段里的每个农民有一条又长又窄的地属于他自己。如今，因为不用休耕就开始出现了圈地——每户农民把在三个地段中属于他的土地整合在一起——无须到不同的地段去耕作。每户都可以按自己需要和能力去耕作，农业生产就更方便和更有效率了。同时，出现了科学育种，牲口因而变得更高大、更多肉、更多毛和更多奶。

到18世纪中期，全国人口才650万。[61] 城镇在继续成长，但大部分不足1万人。[62] 土地是最大财富，拥有大量土地意味着最高地位、最多的政治权力。最上层是贵族。由于他们拥有大量土地，农业革命给他们带来大量的财富和源源不断的收入。他们往往把财力放在工商投资上。贵族以下是乡绅地主。[63] 虽然有农业革命，但一般下层的生活水平比上个世纪还要差。[64] 中产阶层成长得特别快，尤其是在城镇。商人因帝国贸易而发了大财，这些商人分为两类：士绅资本家（gentleman capitalist），他们参与国家大事；独立的资产阶级，他们比较关注地方上的事情。中产意识开始成形[65]，有自身一套社会文化观。同时，消费社会也出现（品位、时尚、礼仪）。中产多了，追求时尚渐成风气。[66]

汉诺威王朝到现在只有62年，但江山还算稳固。宗教改革以来的政治动荡已是"陈迹"。光荣革命后的《宗教容忍法》（1689）使内战时期产生的清教冲动有了出路，包括浸信、循道等教派。帝国广大的版图供他们到各地去宣扬他们的宗教（例如浸信会[67]），工商业迅速发展的机遇吸收和宣泄他们的宗教情绪和精力（例如贵格派[68]），他们的救灵热忱也帮助舒缓经济转型带来的社会张力（例如循道会[69]）。

乔治三世以来，汉诺威王朝的统治已经根深蒂固，乱不了了。当然，这也是经过了风风浪浪，得之不易。

乔治一世登基之日（1714年10月20日），全国20处暴动，因为反对王位不传斯图亚特家族而迎立汉诺威家族。没过几年，又出现南海泡沫经济大危机（1720）。[70]乔治当时在汉诺威，虽然立即赶回，但他身为国王却长期住在汉诺威，遭人语诟，幸有沃波尔救驾。[71]1725年，他又说服乔治恢复封赐古老的爵位（Order of the Bath）作为政治本钱去收买支持者，好使他坐稳江山。

乔治二世在1727年登基，决定不去汉诺威参加父王葬礼（他与父亲不和，人所共知），大得民心，认为是对英效忠。[72]历史对他的评价是有点"不屑"，特别是他拥有众多的情妇、急躁的脾气、粗野的举止以及著名的吝啬。但在他执政时期我们大英的势力开始在全球扩张，天主教斯图亚特王朝复辟计划完全被粉碎。[73]国会和内阁政府的权力基础越来越稳固。

但英、法敌对加剧，特别是在有关美洲移民的问题上更是针锋相对。我们与普鲁士结盟，法国则与奥地利结盟，打了场七年战争。1759年是"奇迹之年"，捷报频传：陆战有"明登战役"（Battle of Minden）的反客为主，[74]海战有"拉各斯战役"（Battle of Lagos）的大捷。[75]在印度有普拉西一役（Battle of Plassey）的以少胜多。[76]这些都是为大英帝国奠基的胜仗，二世在1760年10月25日逝世，可以说无憾了。

当今王上是在英国出生、第一个受全英式教育的乔治君王，心已不在汉诺威了。我们叫他"乔治农夫"（Farmer George），其实指他节俭、平淡、"像个百姓的国王"，是国家应有的道德的化身，不像前两个国王那么奢华、浪费。他把个人收入半数办慈善，又捐出王室的艺术和书籍收藏。我们欣赏他对宗教的虔敬、对王后的忠诚。可惜他有严重神经衰弱，有人说可能是遗传的卟啉症（porphyria）。

前几年七年战争刚结束的时候，虽然我们大胜，但北美仍有法国势力，当地土著也作乱。王上颁旨（其实也是国会的意思）限制我们的殖民往西挺进，并派驻英军去约束。虽然对大部分殖民者没有影响，但惹来少数人的不满。

1770年，现今的诺斯（Lord North，1770—1782年任首相）首相上场，他是第一个真正的托利人，结束了半个世纪的辉格专政。他在1775年定的印花税最令北美殖民者反感，殖民区的不安也开始扩散，三世也对他不满。诺斯政府为安抚殖民地，撤销大部分印花税，只留下茶叶税，当时王上说，这是"用一个税去维持收税的权"。但到1773年，波士顿发生倾茶事件[77]，国会主张强硬处分，认为倾茶事件是罪犯所为，跟着通过了《强制法案》（Coercive Acts，美洲殖民者则称之为《不容忍法案》，即 Intolerable Acts，其实包含1774年一系列的4个法案），关闭波士顿港口，并修改马萨诸塞殖民区的"宪法"章程，把马萨诸塞当地的上议会成员改由国王委任（不再由当地下议会选举产生）。殖民者认为他们身为"英国人"的权利被否定了，于是抗拒英国对美洲殖民区的"直接"统治。[78] 前年（1774），他们创建了所谓的自治州，绕过我们政府对殖民区的治理机制。去年更爆发军队与殖民区武装分子的冲突。殖民区向国会申诉，但国会不回应，因为这些殖民武装的首领们实在是叛徒。今年7月，他们宣布独立，说是王上和国会压迫他们，并呼吁殖民区全体民众支持他们。王上在纽约的镀金骑马像被他们拉了下来。

你问我怎样看。我可以告诉你，当今王上在1760年登基时，我们的农业革命已大致完成，粮食充足，近年来更有人发展工业，使用机器，将来的发展很有前景。王上登基的头几年，因为机械化而失业的织工也曾暴动，但事情没有闹大。相信我们的政治和社会制度可以应付这些经济发展过程中所必需的适应。

王上登基那年，我们的经济学大师斯密就出了一本《道德情操论》，说人是以个人的好恶作为道德基础，而我们的好恶跟别人对我们的看法很有关系，因此我们会很自然地做众人赞许的事。今天的英国是一个在传统等级体制下人人为己的社会。上上下下都想发财,而且都有发财机会。阿克莱特(Richard Arkwright, 1732—1792)、瓦特(James Watt, 1736—1819)之辈都是寒微出身,也都发了财,虽然有大财、小财之别,但都是被社会认可和尊重的。

前几年(1769),阿克莱特先生发明了水力纺纱机(water frame);同年,瓦特先生发明了蒸汽机。接着,阿克莱特先生又兴建了使用水力纺纱机织布的织布厂,可以实现从棉花到布匹的一条龙生产。差不多一夜之间人人争相模仿,全国到处建厂。运输系统也在改变。布里奇沃特爵爷(Duke of Bridgewater, 1736—1803)在1761年挖了一条运河,大大地降低了从产煤地到用煤地的运费。1770年,他又把这条运河开长了。现在好像到处都在挖运河。

最近几年,经济一片大好。伦敦刚建成了股票交易大楼(1773)。多年来约束纺织业发展的,限制粗棉布进出口的《印花布法案》(Calico Act)[79]终于在前年(1774)被取消了。今年3月,斯密大师又出版了他的《国富论》,提出贸易保护主义不是国富之道,生产力才是。他又指出分工是提升生产效率的不二法门,这也正是阿克莱特先生正在做而各地都在效仿的大趋势。斯密又指出,竞争是经济的动力。这也是过去几十年在纺织业、冶金业、矿业、交通业出现的现象,而且竞争规模日趋激烈。斯密先生又说私利的竞争会带来公益,因为把饼做大了。但愿如此。

这是英国先生在1776年已知和可见的东西。在这基础上他可以用"常理"去推测未来。

第十七章 已知的

注：

1. 《伦敦宪报》(*London Gazette*) 是政府新闻报。
2. 见《西方文明的文化基因》第六章。
3. 见《西方文明的文化基因》第七章。
4. 见《西方文明的文化基因》第七章。
5. 西方没有"新教"之称，都叫"反抗教"(Protestantism)。现今汉语用的"基督教"其实就是所有"反抗教"的通称。汉语用的"旧教"其实就是天主教。这些我在《西方文明的文化基因》中交代过了。
6. 主教制：教会由教士治理；教士分等级，最高是主教。典型例子是英国国教、路德派、天主教。英国国教中分主教、教士和助理（bishop, priest, deacon）。主教必须是"从门徒传下来的"，这可以追溯到耶稣的12门徒（apostles），也就是"正统"之意。
7. 长老制：教会治理要通过长老议会（representative assembly of elders），强调议会式决策。长老分两类：训诲和管治（teaching, ruling）。训诲长老（牧师）负责教育、崇拜、圣事；管治长老（在俗）负责领导和栽培教会；另外还有助理（deacons，有时也叫长老），负责会产、财务、济贫。议会分3层：教堂议会（session 或 consistory）、教区议会（presbytery）、地区或国家总议会（general assembly）。教堂议会负责纪律、教育、传教。每个教堂自请牧师，但要由教区议会认可，每一个教堂自己推举管治长老。教堂议会往上是教区议会，再往上是地区或国家总议会。有时，在教区议会和总议会之间设有集会（synod）。
8. 公理制：早期拥护此制度的教士被称为分离者或独立者（Separatists, Independents），以布朗（Robert Browne，1550—1633）于1582年创立的串联理论（Theory of Union）为源头。起初是想恢复早期基督徒的教会治理模式，它不是个宗派，而是个"运动"，以完全自治为目标。一个教堂里每一个信徒有权参与决定礼拜仪式、信条和选举执事。每个教堂处理堂里所有事务，不受外人干扰（自治、自立）。原则是互相制衡（check and balance），特别是神职人员、在俗执事和信众之间的制衡。这套思想的基础理念是：每个教堂都是耶稣整个教会具体而微的实现；在世上，除了在当地的一座教堂外，整体教会都是"不可见的"和理想化的。为此，每个教堂就是唯一"可见"的教会。教会的具体组织和治理有以下特征：（1）信众（个人与整体）的信仰自由保证了对神职人员和在俗执事的权力的监督。这个自由同时要求每一个信徒自制，这就是要求信众之间在辩论上要有爱心和忍耐力。（2）所有人，包括执事，是通过一个共同的契约去约束个人的权力。这契约要明确地列明并经大家的同意，小至一个章程（Chapter），大至整套宪法（包括教义、管理和对外关系）。因此每个教堂是个绝对的自愿组织。（3）神职人员绝不容许管治教堂。神职人员只可以在信众的允许、同意下办事，并有委员会监督。（4）执事人员是信众之一。他们和教堂的主理神职（牧师）共同决议（包括通过委员会去决议）。（5）教堂之间可以互相串联（union），也可以与其他不同教派的教堂串联。
9. 罗马时代，基督宗教已经在罗马帝国势力未达的地区传播。相传英国的基督宗教是耶稣信徒之一的亚利马太的约瑟（Joseph of Arimathea）传来的。公元5世纪，罗马帝国灭亡后，围绕着爱尔兰海的英伦三岛地区就出现了凯尔特式基督宗教（Celtic Christianity），有自己的仪式、历法，独立于罗马天主教会。

公元596年，天主教教皇格列高利一世（Gregory Ⅰ，540—604）派遣奥古斯丁来传教，驻在坎特伯雷（所以日后坎特伯雷天主教在英国国教中居于首尊地位），并协调凯尔特式基督宗教皈依罗马天主教。7世纪中，英伦三岛的凯尔特式基督宗教正式归附罗马天主教；但仍保留若干凯尔特特色。

1534年，亨利八世的国会通过《至上法案》（Act of Supremacy），确定亨利八世为英国教会的至上元首（Supreme Head of the Church of England），以满足"英国人在宗教和政治上独立于欧陆的意愿"。但是，在教义和仪式上，仍保留天主教的形式。在教会组织上则完全保留了天主教的圣公会，只不过把教皇换成国王而已。到亨利儿子爱德华六世统治时期，英国教会开始出现它的特色，走向极端的加尔文宗（见《西方文明的文化基因》第八章《充满犯罪感的宗教改革》）的教义。

伊丽莎白一世（在位期1558—1603年），在1559年通过的《统一法案》（Act of Uniformity）规定国教对国王的效忠。一方面包容加尔文宗的激进（激进、温和和保守是指教义改革而不是指政治意识形态或暴力的使用，粗略地说，天主教是保守，路德宗是温和，加尔文宗是激进）；另一方面保留天主教的保守。虽然激进分子极力想摆脱中古味道的天主教，但整体来说，英国国教的发展在1560年（伊丽莎白时代）到1660年（内战结束）是"停滞不动"的——既不是天主教，也不是新教，自视两者兼收。

大部分神学家都认为"中间路线"不是某种妥协，而是一个"正面的立场，承认神的普世性和神通过在世的、不完美的英国国教去实践神的国度"。《圣经》是唯一真理所在，但《圣经》中也存在或假设了理性和传统（因为《圣经》是要由理性解读，由传统显示），指向神与人、神与自然、神圣与俗世的合作。但由于国教是国会立法和教会传统的产物，因此一有政治或宗教的变动，就会产生张力。

10. 伊丽莎白看见从亨利到爱德华，到血腥玛丽，英国从天主教到保守新教（亨利）到激进新教（爱德华）、到重返天主教（玛丽），都造成极大的政治和社会张力，她想以"国教"去统一新教中的保守和激进分子，共同对付天主教复辟。1558年的《至上法案》正式成立英国国教，以国王为首；1559年通过的《统一法案》把保守分子和激进分子分别收入国教的高教会（High Church）和低教会（Low Church），但以高教会为正统。

当时的想法是低教会可以吸纳激进的改革分子，但结果是"真正"的改革分子都认为国教根本不是改革（只是把教皇换成国王），纷纷自创教派，带着浓厚的"清教"意识。最后的结果是一个暧昧的国教，里面有保守的高教会和不想脱离国教的机会主义者以及仍想在国教之内去搞改革的轻微激进分子（低教会）。国教系统之外是清教分子和天主教。

11. 苏格兰在1560年废除天主教，组建苏格兰长老制教会，成为国教。詹姆斯一世还不是英国国王（在位期1603—1625年）之前已经是苏格兰国王（在位期1567—1625年）。他在英国登基之日，英格兰国教是主教制，苏格兰国教是长老制。

12. 英法战争（1627—1629）是30年战争（1618—1648）的一部分。英国原先想与法国联手对付西班牙（那时由哈布斯堡家族统治的西班牙是欧洲霸主）。1625年，法国却利用英海军力量去摧毁国内胡格诺新教分子。英国大怒。1626年，法国与西班牙签订秘密协约并扩建海军。英国派人煽动法国新教贵族造反，并派舰队支援，战争遂起。

13. "船钱"（ship money）是封建制度下已有的特种税，主要是保护沿海地区的军费，一般是向沿海城镇征收，但查理欲向所有城镇征收。

14. 这是一个奇怪的出尔反尔的做法。查理一世登位之初，为讨好英国人，在1637年，与英国国教教会首脑坎特伯雷大主教劳德（William Laud，1573—1645）联合，意图强迫苏格兰国教用英格兰国教的《通用祈祷册》（Book of Common Prayer），引发武装叛乱。大批苏格兰人签誓"尊重同盟合约法"(Solemn League and Covenant),誓死保卫长老制的苏格兰国教,称"誓约派"(Covenanters)。誓约派在苏格兰专政十多年,后来还出兵支持英国内战中的国会派。

15. 克伦威尔召集一支"纯朴和英勇"的战斗力量("模范新军"),这在当时是无人匹敌的。历史学家麦考莱(Thomas Macaulay,1800—1859)说:"无论在英伦三岛还是欧洲大陆,谁都挡不住他们。在英格兰、苏格兰、爱尔兰、佛兰德斯(荷兰),往往是重兵把守,他们有时甚至面对三倍的敌军,却总能攻无不克,甚至彻底消灭敌方。最后,他们对每场仗都认为必操胜券,他们会不屑地、信心十足地面对全欧著名的劲旅。就算被他们打败过的保王军,看见这支由自己同胞组成的队伍,在众寡悬殊和孤立无援的情况下,仍然把西班牙最精锐的陆军打得全军覆没,扫平法国人宣称不能攻破的防御工事,无不使人感觉到一种民族的骄傲。"克伦威尔这支军队与众不同之处是上上下下都对神心存敬畏,并坚守严格的道德规范。就算极端保王分子都承认在他们独一无二的营地里,听不到侮辱神名,见不到酗酒赌博,在他们漫长的军旅生涯中,他们视良民的财产、妇女的贞操为神圣。没有女仆投诉这些'红衣兵'(redcoat,模范新军的制服,日后是英军的代词)对她们不敬,没有从金饰店拿走一盎司的白银。"

16. 1648年,查理一世被擒,第二次内战(1647—1649)结束,国会派人与查理谈判。此前在第一次内战(1642—1646)结束后,1647年模范新军的领导们也曾与查理谈判,失望地认为查理在利用国会中的派系之争坐收渔利。这次,模范新军中众人不再信任查理。1648年11月21日,他们呈交国会《告诫书》。国会在12月5日以129对83票接纳查理提的条件,然后在12月10日以125对58票拒绝了新军的《告诫书》。第二日(12月11日),步兵团的普赖德上校(Thomas Pride,卒于1658年)在骑兵团的里奇上校(Nathaniel Rich,卒于1701年)的支援下,亲自站在国会大堂楼梯上检查到场议员,核对投票名册,有的议员被捕,有的被拒入场,一直闹到12月12日。清场前,507名议员中有471名是积极的(经常出席),在清场后只剩200多名。大部分被拒的都先被押,后释放。实际议事的只有80多位,此中新军的占70多位(上议院出席的更是只十几位)。历史上称这个被独立分子清了场的国会为"残阙国会"(Rump Parliament,议事期是1648到1660年)。克伦威尔表面没有参加,但"清场"对他有绝大帮助。这是内战期间最重大的政治事件。在国会"清场"之后,又在军中解除最极端、属平均派(Levellers,追求极端民主)人员的职务,改由"大人物"(Grandee,军中地主阶级如克伦威尔)专权。

17. 1653年,在克伦威尔干预下,残阙国会通过鼓励宗教生活,但禁止极端(如浮嚣派和清教);出售国王和教会的财产;成立贸易委员会(Commission of Trade,1650)来禁止同那些支持保王的殖民地进行贸易;制定《航运法案》(Navigation Act,1651)来保护英国贸易。

18. 第一次内战中,国会派的支持者有国教信众、长老制信众和独立派(大部分属公理制)信众。内战之前和内战前期,由皮姆(John Pym,1583—1643)领导的长老制信众在英国抬头。1643年,英格兰与苏格兰(1639—1651年,苏格兰是由发起长老制运动的誓约派统治的)的长老会教派结盟英格兰国会与苏格兰国会、同意"保存苏格兰改革了的宗教(当然是长老制,但没有指明),按神的指示和最合适的宗教模式(当然是苏格兰的长老会模式,但也未有明言)去改革英格兰和威尔士的教会",其实就是把英国改为长老会模式。结盟的目的是联手打击保王分子(保护有天主教倾向,同时是英格兰与苏格兰国王的查理一世)。条约内容仍多处迁就英格兰国会内的"独立派"(他们的公理制宗教比长老制更"民主"),因为他们是英格兰国会军的主力(模范新军)。因此,对苏格兰来说,这盟约并不完美。1646年,苏格兰军与国会军打败了保王军(查理一世)。1647年,查理一世反过来暗邀苏格兰去帮他打击共同敌人,也就是宗教独立派,答应事成之日英格兰会更彻底地采用苏格兰长老制(答应在英格兰强行实行3年长老制),即取消迁就独立派。此刻,苏格兰内部分裂,有人反对支持查理,认为他会食言。反对者叫教会党(Kirk

Party，即 Church Party），赞成者叫支持党（Engagers）。反对者被支持党暗算，支持党遂掌权。1648年，苏格兰军（支持党）南下，但被英格兰国会军击败。查理一世在1649年初被杀，查理二世被放逐（当时他身在法国）。

1649年9月，苏格兰政变，教会党夺回政权。这次他们拥查理二世为王（英王、苏王），说服他去接受1643年的盟约（也就是在英放弃主教制），答应助他返英（他那时在法国）。查理二世对苏格兰教会党反感，但仍勉强接受条件。1651年，苏格兰军（教会党）被英格兰国会军打败。到此刻，长老制在苏格兰和英格兰都归失败，查理二世逃亡。在东躲西藏的六周里，只有天主教徒帮助他，查理也从此认识民生（尤其是天主教徒），临死前成为天主教徒。

1658年，克伦威尔去世，儿子无能，独立派群龙无首。1660年，查理二世在苏格兰称英王。这次他在苏格兰共和军（其实是英国的占领军）的英国统帅蒙克（George Monck，1608—1670）的支持下，重新登上英国王位。1661年，他废除英苏1643年的盟约。完全恢复主教制，公布《克拉伦登条例》（Clarendon Code，是1661年到1665年间出台的4个法案，目的是压制非国教分子，包括驱逐非国教教士、教师以及禁止集会，以查理二世枢密顾问和大法官克拉伦登定名）、立下《宣誓法案》（Test Act），不容非国教正统的任何人去担任官职和军职，又不准牛津与剑桥（清教根据地）授予他们学位。

在国教系统内有长老制倾向的国教牧师陷入困境。1662年的《统一法案》规定他们要完全接受《通用祈祷册》（它是国教的教义和规则大全，1549年初制定，经1552年、1604年的修改，终以1662年的版本为正统），并要经过主教祝圣才能当牧师。2000多人不接受，被解除教职（包括不能在教堂住所居住）。这一事件叫"大驱逐"，接着是持续一个多世纪的迫害。

但国教也因此出现很多牧师空缺。为此，被逐的牧师继续在所属国教堂区"非法"施洗、婚配、讲道（主要还是向跟随他们的信众），并利用私人教堂（不在国教系统内的教堂），或在自己家中做礼拜。但到17世纪末，国教收回这些教堂，他们就自建教堂。他们视他们的教堂是国教教堂外的"另一个"教堂，但大门是向所有人打开的（国教信徒和非国教信徒）。为此，他们的信众比较开放，再加上他们自设神职和办培训、开办学校，越来越多元。有些甚至最后走上"一宗主义"（Unitarianism，有泛神论的倾向）和反圣三一（anti-Trinitarian，而圣三一是国教的基本教义）的道路。为此，国教对他们特别敌视，认为他们搞分裂。

19. 即奥兰治的威廉（William of Orange，1650—1702），他的身份是王子，领地奥兰治原在法国南部，但他那时是荷兰若干城市联盟抗法（路易十四）的领导人。母亲是查理一世的女儿，夫人是詹姆斯二世的女儿。因此詹姆斯二世是他的舅舅和岳父。

20. 见《西方文明的文化基因》第十四章《做官的洛克带出"天赋自由"》。

21. 在法律上，詹姆斯不是被废。他逃跑前把玉玺掉进泰晤士河里，国会声称这是代表"退位"（abdication）。所以把威廉（与玛丽）迎上空位是"合法"的，这也是典型的英国妥协。

22. 要到1750年抽烈酒税之后才有所改善。

23. 见《西方文明的文化基因》第十二章。

24. 乔治为讨好英国人，在"谁发明微积分"一案上，竟然牺牲了为他谋取王位的大功臣莱布尼兹，好让英国的牛顿赢得发明人的雅誉，见《西方文明的文化基因》。

25. 辉格派（党）叫"Whig"，当初是贬词"马贼"（whiggamore）的意思。他们也被指像苏格兰长老制的教徒（有别于英国国教的主教制），代表他们有共和理想、不依从国教（non-conforming），并拥有反叛合法权力的倾向（指他们反对合法的王位继承）。后来，辉格人以贬为荣。

26. 托利派（党）叫"Tory"。当初也是贬词，可能来自爱尔兰语的"不合法教皇派"（Papist outlaw）。

后来，托利人也以贬词为荣。

27. 1688年后，大部分托利人接受了辉格人的君主立宪理论，但他们的忠诚被质疑。事实上，在威廉过世后的安妮女王时代，他们就想把詹姆斯二世再次迎返，引发暴动（1714年的事情）。到1745年他们又为詹姆斯二世后人谋复位。从光荣革命后的大半个世纪，托利人都没有掌权（除了安妮那几年）。英国那时是"辉格至尊"（Whig Supremacy）。有意思的是，在工业革命时代（1770—1830）掌权的不是开明的辉格人，而是保守的托利人。

28. 辉格人把持的国会在1715年（也就是迎立乔治的第二年）就通过了《七年法案》（Septennial Act），把国会开会期限增加到7年，也就是说已是国会代表的可以坐得更长，就此开启了辉格天下。

29. 辉格人与托利人都没有现代的"党"的意识（组织选民，协调政见去争取选票）。那时，只有有产人士（也就是有土地的贵族和富商）才有选举权。他们都认为组党是"不老实，不体面"，因为一个绅士应该是独立的，即秉持独立的思想、代表个人的利益。他或者会跟别人结盟，但都只是暂时性的、务实性的，所以是没有"党性"或"党纪"的。

30. 乔治一世的王储（日后的乔治二世）支持反王者，尤其支持提高宗教自由度（乔治一世在宗教上比较保守）。王储甚至当众侮辱乔治手下。事情是这样的。王储得子，乔治一世按传统委任王室主管为婴儿教父之一。王储不喜此人（纽卡斯尔公爵，日后为相，但当时只有23岁，而王储是34岁），在为婴儿行受洗礼时发生口角。乔治一世为此事软禁了王储，后要他搬出。王储很懂拉拢人心，他的民望使父亲对他既不信任，又嫉妒。他的王宫是父亲政敌的聚会所。1720年，乔治一世返回出生地汉诺威（乔治经常在5月到11月回去），就决定不让他摄政，另立"摄政会"。当时的政坛红人沃波尔（Robert Walpole，1676—1745，1721—1742年为首相，史家称他为英国第一位首相）劝他们父子和好，但双方芥蒂已深，劝和未成。到稍后沃波尔被乔治一世重用，王储更有被利用和被出卖的感觉。这也反映了王室和政客之间复杂的关系。

乔治二世与王储的关系也恶劣。乔治二世是登基后才把王储从汉诺威接过来的。他们之间14年没有见过面。王储一到英国，马上跟反对派联系。乔治二世生病，王储就散布消息说他濒死，乔治被逼到抱病露面去辟谣。王储向国会要求增加年金，与乔治公开冲突。乔治是有名的吝啬鬼，要求私下解决，但王储拒绝。国会否决王储的申请之后，乔治勉强增加年金。1741年大选，王储为反对派助选。沃波尔未能获得国会大多数人支持，想收买王储，答应让国会增加他的年金，但不为他还债。王储拒绝，沃波尔被迫退休。1747年大选，王储又是积极支持反对派。王储女儿出生，他不许父母到场，夜里把待产妻子移出宫外。乔治二世把他逐出王庭（就如当年乔治一世对他做的一样）。1751年，王储突然去世，其子继承王位（即乔治二世的孙子，也就是日后的乔治三世）。同年，乔治二世最爱的女儿也去世，二世说："这是我家伤亡惨重的一年。我失去长子——但我对此高兴——如今女儿也去了。我知道在儿女年幼的时候我并没有爱过他们，我讨厌他们走入我的房间，但现在我像大多数做父亲的一样爱他们。"

乔治三世的王储（日后的乔治四世）也与父王政见冲突。保守的父亲最恨的是他跟"开明"辉格政客福克斯（Charles James Fox，1749—1806）交往。他生活奢华，负债累累，1787年他向国会申请拨款还债。他21岁就与玛丽亚·菲茨赫伯特（Maria Fitzherbert，1756—1837）同居，这已经是一个半公开的秘密了。这位女士是庶民，长他6岁，两度离婚，并且是天主教徒。稍后，他俩秘密结婚。这违反了两条国法（1701年的《王位继承法案》不容天主教徒获取王位，1772年的《王室婚姻法案》不容王族未经国王同意结婚）。如今，他要申请拨款，此事将曝光。他就叫福克斯说这是毁谤他的谣言。国会最终帮他还债，又批钱给他修宫。1795年、1803年，他又要国会增加拨款。1811年乔治三世因病不能视事时，他升为摄政王，摄政期间大权旁落——

这可能是他被国会（下议院）拿住了要害，要钱就要让权，就要听话！

乔治四世的"王储"（是他的弟弟，也是乔治三世的儿子，日后是威廉四世）也是负债累累，多次想找个有钱的老婆。他也想像兄长一样向国会要拨款，父亲（当时乔治三世仍在世）不愿意，他就要挟说要去竞选下议院议员。下议院成员都是平民政客，王族去竞选在当时是非常丢脸的事。乔治三世不想让儿子去"取悦"选民，就给他封爵，让他进上议院。乔治三世这样说："我知道又多了一张反对我的票了。"

31. 乔治一世干政是在 1725 年，乔治一世重开爵位作为政治本钱去收买支持者。

乔治二世干政是在奥地利继位之战（1740—1748）期间。英国首相是康普顿（Spencer Compton, 1742—1743 年在任），但实权则在国务大臣卡特里特（Lord Carteret, 1690—1763）手里。卡特里特是乔治二世的宠臣，他扬言说如果英国不出兵助奥，法国的实力会大增。乔治同意他的说法。他没有跟他的政府（内阁）商量就雇用了 1.2 万名佣兵，并把他们派驻汉诺威。1734 年 5 月更亲自率兵与法军战斗，并且打赢法军（这是英国国王最后一次亲自上前线）。他的英勇被英国人赞许，但一般英国人认为他与卡特里特都把英国利益放在汉诺威之下。1743 年 7 月，康普顿病死，由佩勒姆（Henry Pelham, 1743—1754 年任首相）组建政府，卡特里特失掉国会的信任而辞职。乔治非常气恼。虽是佩勒姆当政，但乔治仍然听卡特里特的话。同时，他又阻止政坛红人老皮特（Pitt the Elder, 1708—1778）入阁，因为他怨恨老皮特反对他的亲汉诺威政策。1746 年 2 月佩勒姆与内阁辞职，乔治就叫卡特里特找人组阁。但因为在国会找不到支持者，卡特里特在 48 小时后退还国玺。佩勒姆胜利复职，乔治被迫委派老皮特入阁（老皮特最终在乔治三世时拜相，为英国取得了七年战争的胜利）。

乔治三世登位之初，辉格的纽卡斯尔是前朝留下的首相，与老皮特分权而治。辉格与托利两派相争。三世委任太后亲信、托利党的比特（Lord Bute, 1762—1763 年在任）为相。但他做得很不开心（更有人传他与太后有染），不到一年就辞职了。接任的是辉格人格伦维尔（George Grenville, 1763—1765 年在任）。乔治不喜欢他，尤其是因为此人推行征收印花税，引发北美不安。乔治想任老皮特为相，但说不动老皮特。稍后，乔治罢了格伦维尔，改邀罗金厄姆（Rockingham, 1765—1766 年、1782 年任首相，也是辉格人）。罗金厄姆在乔治与老皮特支持下，取消了印花税。美洲殖民地大悦，为乔治与老皮特立像。这是 1766 年的事。

32. 从中古开始，因为历史原因，国王把不同身份的人安置在一个大一统的社会里头的特定位置，做成一个等级架构。贵族是王室的"属从"（tenants in chivalry），包括伯爵（earls）、男爵（barons）、爵士（knights）；非贵族自由人（free ignobles），包括自由民（自治城镇的居民和农村的自耕农），以及非贵族出身的地主（拥有世袭不动产）。自耕农下面就是庄稼汉（husbandman，也可指户主，即 householder）和佃农（unfree peasantry）。绅士（esquire）和乡绅（gentleman）是出于贵族最下层和非贵族最上层之间的"中上交界层"。

在 18 世纪初，英国社会各阶层人士分为以下 10 级：

（1）王室（royal）：国王、王后及其近亲、王子、公主、王室家族。

（2）贵族（aristocracy, peer, noble）：从男爵到公爵。贵族品位有复杂的继承法则。一般是长子继承名位和产业。没有男丁就取消名号，但仍保有产业。他们多数是大地主，在伦敦有豪宅，并是上议院议员。由于参与王室活动是非常花钱的，他们常常受贿去补贴开支。

（3）世袭小男爵，是贵族之下的最高身份。

（4）爵士。中古时代非常重要，是上级贵族（"主"）的"属从"，负责组织当地武装。到 17 世纪，变成一个名号，主要封赠给军功者。

（5）乡绅（landed gentry，包括士绅、乡绅）。他们受过一定的教育水平。一般把地出租或雇工干活，自己不用干活。他们如果工作，也都是做律师、教士、政客或其他要有学问基础，而无须体力劳动的工作。未有受封为爵士的通称绅士（esquire）。他们常常为孩子捐一个军职，好光耀祖宗。

（6）专业人士（professional）和商家（businessman）。城镇的专业人士首先是律师。最高身份的是在伦敦的"律舍"（Inn，也可译为律师学院、律师协会、律师学会，有权授予律师资格）任职，律舍共有4所：林肯（Lincoln's Inn）、格雷（Grey's Inn）、内殿（Inner Temple）、中殿（Middle Temple）。其次是医师，其地位也不断上升。商家有大有小，以财富衡量。他们会在乡间买所大宅，找一个爵士或小男爵的名号。

（7）教士（clergy）主要在农村，由乡绅治理。主教有贵族身份，入上议院，但身份并不世袭。

（8）自耕农（yeoman）或城镇的自由人（burgess）。自耕农有自己的土地，有不受贵族地主干扰的权利。16世纪前他们是军队主力，是长弓手（long-bow man）的最主要兵源。

（9）庄稼汉（或商户）的前身是封建时代的佃农。他们要向地主租用田地，或租用店铺，每年把大部分土地出产或生产所得上缴地主。

（10）最底层是田舍汉（cottager）、工匠、粗工（laborers）和仆人（servant）。田舍汉比庄稼汉（husbandman，也可译为户主）低一级，因为他要以替人干活谋生而不是自耕（奴隶制度到13世纪已不存在）。比他更低的就是流民（vagabond）、流浪者（drifter）、乞丐（pauper）、罪犯（criminal）、被放逐者（outcast）。年轻妇女多为人仆（包括为邻人打工），直到结婚；年轻男人多为庄稼汉干活（每年签合约）。

33. 乡绅分4类。（1）小男爵。原先在14世纪设立，1611年，詹姆斯一世重新确立。拥有这个品级的人被称为"爵爷"（sir）。（2）爵士。原是军阶，但逐渐封给对王室有功的庶民（civilians），也被称为爵爷，但名号不能世袭。（3）绅士。这原先是用来称呼想做武士的武士侍从。中古之后，国王可以封赠此衔。习惯上，律师、市长、太平绅士和较高级军官可被称"阁下"（Esquire，或 Esq.）。（4）缙绅。这也是社会地位的名衔，一般称呼不用工作去找生活的贵族子弟、高职位人士、高地位人士、有钱人士。他们是上流社会中地位较低者，但这个称呼也用来代表正派有礼貌的男士。有位贵妇人想让詹姆斯二世（17世纪后期）赠他儿子"缙绅"的称呼。詹姆斯说："我可以使他成为'贵族'（nobleman），但全能的神也不能使他变成'缙绅'（gentleman）。"

这个乡绅阶层属上流社会，是体面的（也是一般工商富人梦寐以求的）。如果是多代继承祖产的家族，更被称为"老家族"（old families，其实是从亨利时代开始的，而非中古时代），是上层社会的中坚。

34. 这个社会是个不同阶层人士的组合，等级的先后、受尊重的程度都经过很仔细的排列，每一层与另外一层的融合和混合差不多是不能觉察的（尊卑分明但不分割）。

18世纪以来英国从王室开始，由上到下维持着一个完整的、复杂的、正规的名位和等级系统。因此，显赫与荣誉可以世代相传。每个人的社会身份都可以按此排列。但与这个"正规"等级并列，还有另一套"非正规"的排列。一个英国人的阶层可以按他的祖先、口音、教育程度、仪表、衣着、娱乐、住所、生活方式定位。当然这些标准往往以"正规身份"的行为、举止为参照。这套正规与非正规的身份和荣誉等级制度组成所谓"英式等级制度"（British Class System）。

英国人总是关注某个人是谁，属于哪个社会等级和其在这个等级中的位置。不是人人同意这些等级的区别，但不同意的往往只是有关等级的标准，等级的意识是深入英国人的灵魂深处的。

35. 塞缪尔·约翰逊（Samuel Johnson，1709—1784），作家、社会评论家，编写了《英语大词典》。
36. 见《西方文明的文化基因》第十一章《绝无原则的法国内争产出乐观、悯人的理性主义》。

37. 整个16世纪，粮食不缺，没有闹饥荒。虽然有失收，但都只是地方性的。在城镇，面包价格是法定的，粮荒时面包造细一点即可。

38. 圈地早有，主要是把中古的公私模糊的土地产权模式划分清楚。这可以通过买卖或协商，也可通过法律实现，后者才是问题所在。1760年到1820年是圈地最活跃时期。在都铎时期，圈地主要是把农田改为牧地养羊，因为当时农村人口下降、农田荒废，但同时羊毛需求量高。政府是反对圈地的，主要是想维持农村稳定，以免流浪人口过多。农业革命带来大量圈地，主要是圈地容许农户（特别是富农和乡绅）可以更有效地生产，以满足人口增长和工商业的需求，这在拿破仑实施大陆封锁政策期间（1806—1812）更为关键。

39. 估计那年代有一半人天天有肉吃；三分之一的人一周中有两三顿肉吃；最底层的五分之一的人一周只有一餐能吃肉，而且部分时候还要接受救济。当时的人均寿命只有35岁，三分之一到一半的人活不过16岁，但一旦长成，很多人能活到50—60岁。

　　每个教区（教堂服务范围）设有教区督导员（overseer），有权强迫区内居民交济贫税，去救济年老与残疾人员，去为贫困而有工作能力的人创造工作岗位。不愿工作的人受鞭刑（后设改造院），乞丐的孩子送做学徒。

40. 内战之前，金饰店是借钱和换钱的地方。1640年，查理一世将伦敦商人寄存在铸币厂的黄金充公。之后，人们开始把钱寄存在金饰店，由店主发收据。随后，商人开始把收据当钱来用。金饰店发觉所有寄存者不会在同一时间提钱。于是，金饰店开始发行总面额多于存在他们店内的黄金量的证券，然后把这些证券贷出去收息。光荣革命之后，对法作战失利，威廉决定重建海军，为融资，就在1694年成立英伦银行。

41. 1689年（光荣革命后第二年），国会定下经立法规定的"王室专款"（civil list），彻底改变国王与国会的关系。这笔钱每年由国会议决拨发，用来供给国王生活所需，而非用于政府运作。从此，国王（王室）就要仰国会的鼻息（按理是如此，但国王与国会的关系是非常复杂的：国会代表和党派都想得到国王青睐以增加政治本钱，反映英国根深蒂固的社会等级观念）。1690年，国会又成立公共财务委员会（Commission of Public Account），来监管国王（政府）如何使用税款，又开始加插"拨款草案"（Appropriation Bills），以指导哪些税款应用在哪些项目。这些都大大增加了国会对国库收支的控制。

42. 詹姆斯二世在光荣革命中被逼走，在爱尔兰谋求复辟。威廉决意征讨爱尔兰。路易十四派海、陆军去援助爱尔兰。1690年7月10日，两军在英国东南部海峡的比奇角海域（Beachy Head）相遇。经过8小时海战，法军大胜英、荷联军，联军56艘军舰失掉了5—7艘，法军75艘军舰全无损失。英、荷舰队躲入泰晤士河口。法军没有追赶，但暂时控制英伦海峡。虽然海战失利，英陆军仍于次日在爱尔兰战胜詹姆斯军，詹姆斯逃往法国，求助路易进攻英国。到8月底，英、荷联军重组，巡弋于英伦海峡。

43. 半数用来重建海军，这是英国将来垄断制海权而称霸的本钱。一个意料之外的结果是重建海军引发工业改革，尤其是钢铁工业。还有，海军兵员增加4倍，为供应饮食刺激了农业生产发展。

44. 债权人的利益与国会决议是息息相关的。但债权人主要是贵族与富商，而国会代表也是贵族与富商，因此国会实在就是债权人的代表。所以，由国会去定税收就会使贵族和富商阶层比较放心地去买国债。从他们的角度去想，国会通过税收就可以保证不会赖账不还。这个"信心"使国债的利率可以偏低一点（这是相对于没有国会，由国王专政的国家的国债利率而言）。为此，英国政府借钱打仗比较容易、比较便宜（这能不能助长英国的国势还未有定议）。

45. 15世纪开始，国会（下议院）是财政草案的"动议者"，而国王是国会的"召集者"。也就是说，没有国王召集，国会不能擅自集会。因此，国王往往以解散国会或不召开国会去支配国会。在这场英法战争中，国会蓄意不提供足够军费，威廉及继承他的安妮女王要保证军费不断就不能解散国会，国会也就绑住了国王。还有，国王不能（也不屑）参加国会议事，所以只有国会代表才可以在国会提出动议。当国王可以邀请一个国会里头的代表去代他动议，这非但不方便，更会惹人非议。为方便与国会的沟通，国王自然也想找一位在国会有正式代表资格的人做他的政府官员（内阁），这也是日后只有国会代表才能当上国王（政府）官员的滥觞。再后来，国王与政府分家（虽然在仪式上、文件上，官员仍是为国王服务的），政府要员也必须有国会代表身份。到有正式政党的时代，国会中的多数党就顺理成章地变成了组建政府的党派（虽然按宪法是由国王"邀请"他们去组建政府）。

46. 原先，荷兰的工商重镇是安特卫普（Antwerp），那里发明了一套"系列性担保"（serial endorsement）的贸易结账方法，是由富商担保的私人借贷。当年，由于西班牙用了来自德国地区的白银去投资葡萄牙的东印度贸易，安特卫普的商人资金不够，只好用私人债券去为贸易结账。安特卫普是当时荷兰（包括现今比利时）最发达的城市，荷兰原是西班牙的属地，属新教（特别是激进的加尔文宗）的荷兰要脱离天主教的西班牙，弄出一场八十年战争（1568—1648）。1585年，安特卫普被西班牙兵洗劫。之后，西班牙海军在安特卫普外的斯海尔德河上巡弋，终止了安特卫普的对外贸易。安特卫普沦陷后，资本逃到阿姆斯特丹，但阿姆斯特丹坚持只有它的银行才可以做银行业务，借此避免被安特卫普商人支配（荷兰是由省、市组成的"国家"，各省、市有很大的自治权）的命运，它坚持安特卫普商人要把赚来的钱放在阿姆斯特丹银行，而阿姆斯特丹银行则用这些金、银去支付借贷。阿姆斯特丹由此风光无两。

47. 八十年战争中，"碎钱"问题促进了金融创新。筹措军费的办法之一是货币"贬值"，也就是在不改变金元、银元的币面价值前提下，把金、银成分降低（通过重新铸造）。不同时刻、不同规模的战争会引发不同的贬值。荷兰各省、市极度自治，都有铸币库。8个省份、6个城市就代表14种货币（各有不同的时间表，货币含不同的金、银成分）。成立阿姆斯特丹银行的原意，就是为了处理这个问题。成立的第一年，阿姆斯特丹的兑换商就要应付近1000种不同类型的金币、银币。

48. 荷属东印度公司（Vereenigde Oost-Indische Compagnie，简称VOC），成立于1602年，是世界上最早的股份公司，由6个城市组建，是遍布全球的荷兰殖民地和附属国的大老板。荷兰城市的自治度非常高。虽然阿姆斯特丹是当时最大，最有实力的城市，但谁都不想让VOC的控制权落在任何一个城市的手里，因此阿姆斯特丹也不得拥有超过半数的股份。结果是每个城市的股份都不足以构建交易市场，就算在阿姆斯特丹也只是一群"经纪人"做买卖而已。股份买卖就是股权转让，需要登记。但VOC的股票要等到公司派息时才能登记转让，所以股票买卖就有点像"期货"交易，也就是要估计股票在派息日的价钱，从而增加了投资者的风险。还有，公司决策权的大小由股份分配情况决定，主要是想避免争端和垄断。其资本额也是固定的，所以缺乏发展弹性。

49. 大的批发商和小的供应商及零售商之间的结账也是通过银行，但不是直接交易，要靠中间人，这个中间人叫出纳员（kassiers），或可译作收银员（cashiers）。他们是银行在大商户和小商户的买卖结账的中介。每个收银员都有其擅长的业务和专有客户群。他们也曾用他们手上的借贷票据做储备去发行"货币"，但后来被禁止，只准他们做银行和客户的中介。银行也没有利用转账的便利去发行"货币"。可以说，荷兰的金融业务是集中性的。

50. 在八十年战争中，荷兰各省、市大量借债，都以特别征收的地方税去还债，只有在战情紧急时才把税权交到"荷兰政府"手中。战争结束后，各地政府的运作也多赖短期债券（也是以地方税收去偿还）。这些债券可以签名转让，制造出一个活跃的"二手市场"。但这些"国债"的数额不会超过省、市的需要和支付能力，所以规模不大。

西方文明的未来（上卷：法国与英国）

322

51. 贸易的清付是城市与城市之间之事,用的是"内陆汇票"(inland bills)——想借钱的人会到就近的市集去买"可以在伦敦赎的汇票"。买汇票的当然是拥有金银的人,特别是牛贩。他们收了卖牛钱,又不想拿着大批金银到处走,就会买这些汇票。这些"可以在伦敦赎的汇票"就成为一种货币。在伦敦就有买卖这些汇票的市场,主要是金饰店,成为商业借贷的"银行"。可以说,英国的金融业务是分散性的。

52. 这些"金饰店银行"自己存着金银,而不存交给"中央",以免被充公。他们用这些所存的金银去发行"债券",形同钞票(但有规定赎票期限),商业的通货就增加了。再者,它们互相拥有别人的"债券",作为储备金的保证(保证有足够的金银去应付赎票),这也保证互相之间不会被对方挤倒(因为我存了你发行的债券,你也存了我发行的债券)。为此,他们之间构成了一个借贷网络,可以用来支撑融资需求。

53. 买国债的人要等待很长年期才可以要求政府去偿债,有的甚至要等无限年期,但在等待期间,政府每年会派发高息。

54. 虽然在光荣革命之前,英国没有中央银行,但有股票(例如 1600 年成立的东印度公司的股票)的买卖。所以,虽然没有像荷兰那样的正式股票市场,很多英国商人早就有股票交易的经验,并有一批专做买卖股票的"经纪人"(brokers)。

55. 英伦银行是由公开售股的公司(Joint Stock Companies,如东印度公司、皇家非洲公司、哈德逊湾公司等)集资组成。这些组成的公司本身就是股份公司(有自身的股东),这样,通过它们自身的股东(如金饰店银行、伦敦小商户、工匠、荷兰投资者和入籍英国的荷兰人投资者),英伦银行的资金来源就可以变得广泛和庞大,所以 1694 年 120 万英镑的国债上市时才可以在 12 天内卖清。

56. 英伦银行可以发行超过金银储备额的证券(荷兰银行就不成),并通过打折扣去跟商人、律师、金饰店、放债人等的"银行"竞争。它更可以通过荷兰的银行去为欧洲商人的国际贸易提供金融服务。还有,英伦银行本身的股票可以转让(跟一般股份公司一样),转让要登记,当日登记即可,不像荷兰 VOC 的股票要到派息日才能登记。

57. 到 1720 年,也就是"南海泡沫"(见下)未破之前的大投机时期,近 20% 的英伦银行股票是在荷兰人手里。在那个疯狂投机时刻,伦敦的"金饰店银行"规模太小了,遂出现了创新性的"股票经管人"(stock jobbers)。他们不参与公众交易,只参与证券经纪交易,可以说是"证券批发商",其实是投机者。他们的"业务"是开发新的金融产品,如各式各样的"南海证券"。在阿姆斯特丹,由于逃离法国的资金要找安全港(那时是西班牙王位继承战争时期,法国力战欧洲诸国),遂出现"商人银行"。他们的"业务"是管理私人财产,追求安全和高回报的投资,在当时就是各式各样的"南海证券"。如此,伦敦的股票经营人和荷兰的商人银行就互相呼应,许多人发了大财。而南海泡沫破灭,荷兰人的损失也特别重。

58. 1690 年,贵格会信徒费里梅(John Freame,1669—1745)在伦敦开设金饰店。贵格会信徒被视为"异议者",很多行业都不能做。费里梅原本住在格洛斯特(Gloucester,英国西南海港),因那里对贵格会信徒迫害很重,所以移居伦敦。

　　费里梅的金饰店银行成功有以下要诀:(1)一诺千金;(2)贷款给有创意的人(因为有创意没钱成不了事,这也是今天风险投资的路子);(3)分散投资以降低风险;(4)贷款就是存款(贷款往往只是账户之间的转账,所以虽然钱是贷出去了,但存款仍在银行手里);(5)回报高的投资贷款会增加银行的收入,那就可以提高利率去吸收更多存款,再供给更多投资贷款;(6)只要经济增长持续,新的存款能支撑更多的贷款;7. 使用抵押和债券就可以避开金银的运转,借贷的成本就下降。

1690年代，战争带来通胀。伦敦的金融力量庞大，伦敦以外的银行纷纷归附，尤其是负责人同属贵格会中人的银行。1733年，费里梅与女婿詹姆斯·巴克莱（James Barclay，以做麻布起家）创立费里梅与巴克莱银行（Freame & Barclay Bank）。他在1745年去世，但巴克莱银行不断扩张，1776年投资于运河开凿、桥梁修建和其他生意，赚了大钱，合伙人都是贵格会人。19世纪20年代，巴克莱投资第一条运行蒸汽机车的铁路，对铁路发展有极大影响。1896年，由于若干贵格会信徒银行家（伦敦以外的省份）加入，巴克莱银行成为英国最大银行。

还有格尼（John Gurney, 1655—1721）的故事。他与费里梅共创巴克莱银行，格尼是旧贵族后代，上追威廉大帝。他加入贵格会后，在1667年离开家乡到贵格会信徒聚居的诺里奇（Norwich）求发展，主要做羊毛生意，后涉足银行业务。他的孙儿在1770年成立格尼银行，发行钞票，以诚实、可靠和公道著名。1896年，11家由贵格会信徒控制的私人银行组成巴克莱银行。19世纪喜歌剧作家吉尔伯特与沙利文（Gilbert and Sullivan）的歌唱剧《陪审团审判》（*Trial by Jury*）以"富若格尼"去形容富有。

59. 1700年，阿姆斯特丹人口是20万，到1800年才22万；1700年，伦敦人口是35万，到1800年已超过85万。

60. 萝卜更可以用来做饲料，就不用因饲料不足而在过冬前宰杀牲口了。

61.

年份＼人口	1600	1700	18世纪中	1801
英格兰	4000000	5200000		
英格兰与威尔士		5500000	6500000	9000000
苏格兰		1000000		
伦敦		600000		1000000

年份＼地区	1600	1700	1801
城市人口比例	8%	17%	28%
乡镇人口比例	22%	28%	36%
农村人口比例	70%	55%	36%

62. 1800年的主要城镇人口。

利物浦（Liverpool）	77000	利兹（Leeds）	30000
伯明翰（Birmingham）	73000	莱斯特（Leicester）	17000
曼彻斯特（Manchester）	70000	朴次茅斯（Portsmouth）	32000
布里斯托（Bristol）	68000	埃克塞特（Exeter）	20000
谢菲尔德（Sheffield）	31000		

63. 当初还有一个阶层处于贫富阶层之间，叫自耕农（在农村）或自由民（在城镇）。他们曾经是内战中比较激进的分子。但18世纪的对外战争增加了他们的税荷，他们的人数越来越少，也越来

越失势。

64. 平民的饮食都比较清淡、单调，主要是面包和土豆，肉类仍属奢侈品。喝茶逐渐普及，有人说这使英国人有了较高的免疫力，提升了劳动力的素质。半数人口处于仅能生存状态，犯罪率高，国会定下200项罪可判死刑。由于监狱太满，被政府流放到海外殖民地的罪犯数以万计，他们有的到美洲当合约劳工，有的到澳洲开垦。

65. 由于帝国土地财富日增，中产阶层有了进入上流社会的机会，这使他们进行政治改革和社会改革的冲动有所舒缓。所以，相对于美洲殖民地的独立运动和法国大革命，英国是相对稳定的。丧失美洲殖民地没有削弱和动摇英国国力，法国革命思想没能推倒政制与传统。

66. 很多传统的消遣逐渐职业化（赛马、板球）。有钱人猎狐、上剧院、开舞会、洗温泉、去海边度假、去欧洲大陆旅游。当然中产阶层也想高攀。老百姓就逛娱乐场、看拳赛、斗鸡、斗牛、斗熊。观看公开行刑（吊刑）也是大众娱乐，赌博更是上下所好。

67. 浸信会，源自荷兰，相信成年信徒才能受洗（婴儿不成），并要全身浸洗。受洗后重获自由、因信得救。他们坚持《圣经》是宗教唯一的权威，教堂要自治（属公理会）。在信仰上、礼仪上跟其他新教教派都不同，浸信会的每个教堂都有很多分歧。

    浸信会一般可追溯到1609年，英国分离分子史密斯牧师（John Smyth, 1570—1612）在阿姆斯特丹以《圣经》为依据拒绝给婴儿施洗。浸信会后来传入英国，分成两个派别：普遍浸信派（General Baptists，相信基督救赎全人类，有异于加尔文宗教的教义）和特殊浸信派（Particular Baptists，相信救恩只施予"被选者"，也就是加尔文宗）。

    特殊浸信派提出政教分离，好让个人有宗教自由，在詹姆斯一世时代被压制。1638年开始在北美殖民区创建教堂。18世纪中期在英国与北美出现"第一次醒觉"宗教运动（First Great Awakening, 1730—1743），浸信会（加上循道会）在北美新英格兰与南方发展。19世纪早期是"第二次醒觉"（Second Great Awakening, 1790—1850），南方信众大增。现今，信众最多的是美国的"南方浸信大会"（Southern Baptist Convention，美国民权运动领袖金牧师属此会），达1500万。

68. 贵格派的正式名称是公谊会（Religions Society of Friends，可译作"朋友们的宗教社团"）。1650年，创始人福克斯（George Fox, 1624—1691）受审，法官指责他，称他应该在耶稣的话面前"颤抖"，所以该派信徒被称为"颤抖"（Quake，中文音译"贵格"）者。也有说福克斯告诫信徒们念到"主（即耶稣）"的名字时要作颤抖状。他们自称圣者（Saints）、光的儿女（Children of Light）、真理之友（Friend of the Truth）。

    福克斯生于宗教气氛浓厚的家庭，但19岁时开始对周围的宗教信仰和实践反感，于是离职、离家。26岁时（1650年，那时内战战事正酣）相信人可以体验神（称"内在之光"），开始在全国讲道，劝人皈依为"光之友"（Friends of Light）。他认为无需教会、教士，因为这些会妨碍人与神的直接体验；他又反对战争，曾多次被打、被捕、下狱。1652年，他又梦见到神的显圣，就更加积极地传教，广收门徒。1660年后的恢复期贵格信徒受到很大迫害（1662年的《贵格法案》、1664年的《集会法案》都是针对贵格会信徒的，其实在内战期间他们也不受欢迎），到1689年光荣革命后才被容忍，但仍要注册教堂，不容许私下集会。但由于法律仍要求教士向国王宣誓，而贵格派是禁誓言的，而且不交税，所以继续面临困难。

    贵格会信徒可以移民，但留在国内就要创造生存空间，典型是做"自由人"（freeman）。从诺曼人建立英国（1066）开始，城镇某些居民可获国王批准去做买卖并有一定的治理权。伦敦的人口增加，贸易和工业增长，自由人人数也增加，但由于不可能全体直接参与伦敦的治理，遂出现一种委托工商协会（Master & Wardens of the Livery Companies）的代议权（12个大的协会包括"金饰协会"，Worshipful Company of Goldsmiths）。工商协会的会员一定要是"自由人"。"自由人"身份可以来自承继、军功或赎买。因此,有钱的贵格会信徒可以买个"自由人"身份,安全就有了保障。

69. 约翰·卫斯理(John Wesley, 1703—1791)与查尔斯·卫斯理(Charles Wesley, 1707—1791)两兄弟在牛津创"神圣会"(Holy Club),每星期聚会,系统地(methodic,"循道"一词出于此,代表有规律)去过圣洁生活:每周领圣体,不娱乐、拒奢华,探望病者、贫者与囚犯。循道当初含贬义,但信众视为荣誉。

1735 年,美洲佐治亚殖民区创始人奥格尔普将军(James Oglethorpe, 1696—1785)邀请他们前往该区服务,并向土著传教,没有取得很大成功。回国后,他们对当时民众宗教情绪低迷的情况十分担忧。1738 年,约翰被莫拉维亚教派(Moravian)的教义吸引(强调普渡众生、个人虔诚、热忱传教和宗教音乐),大受感动,决心传福音,开创循道派。又受荷兰神学家阿米尼乌斯(Jacobus Arminius, 1560—1609)的影响,强调"信者得救",反对加尔文宗的得救由天定和只有少数人得救的理念。但不是所有循道派人都是如此想的,如该派主力怀特菲尔德(George Whitefield, 1714—1770)就是加尔文宗循道派,这在日后造成二者紧张,但最终复合。

怀特菲尔德也曾去过佐治亚,他开始使用非传统方式的传道,在旷野、煤场、公园举办露天千人大会,主要是向不去教堂的劳动阶层的穷人传教。听道的人越来越多,卫斯理和怀特菲尔德就开始委任传道人和领导人,组织新入教的为循道会(Methodist Societies),每个社团分"班"(Class),每班人数不多,但聚会紧密。他们互相忏悔,互相支持,叫"爱宴"(Love Feasts)。外人的敌视更使越来越多的皈依者有强烈的归属感。1730 年到 1743 年称为"第一次醒觉",国教以外的宗教情绪高涨。国教主流恐惧,批评他们的声量、举止和行藏会"使人发疯",把他们打为"狂热者"(enthusiasts),代表盲从、迷信。有人对他们施以暴力,卫斯理在 1743 年被暴徒袭击,几乎丧命,但压迫产生反效果,循道派人数越来越多,越来越团结,最终脱离国教自立派。

70. 当年创立英伦银行是为筹集军费举债,发行了高息的长期国债(甚至无限期)。这些利息成了国家的长期负担。1719 年,南海公司(South Sea Company,成立于 1711 年,主要是做南美生意和渔业。但当时正是西班牙王位继承战争时期,而南美是敌国西班牙的地方,哪有生意可做,唯有投机)从国家购入 1300 万英镑国债(占总额 3/5),以公司的股权去交换,也就是国家拿南海股票,南海承担国债,包括派息。这是靠政治关系,包括贿赂内阁大臣、他们的家属,甚至乔治的情妇得来的。南海公司以诱人的条件吸引国债债权人用利息高但难转让的国债去交换利息低而好买卖的公司股票。南海股价激升(1702 年 1 月 1 日的股价是每股 128 镑,到 5 月公开发售时升为每股 500 镑;6 月 24 达最高峰为每股 1050 镑)引发其他公司的股票也被投机买卖。1720 年 6 月 9 日,国会通过《泡沫法案》(Bubble Act),禁止成立股份公司,表面是压抑投机,实际上是南海公司作怪,想垄断投机,南海股价继续攀升。但投机不能持续,到 8 月股价开始急降,9 月底跌回原价。很多人损失惨重,乔治也牵涉其中。

71. 功劳属于当时的财相沃波尔。他重新调整国债期限,提供有限补偿,国家财政渐稳。同时他又帮助乔治从南海泡沫贿赂丑闻中脱身,极得乔治敬重。日后他执掌内阁,被后人视为英国历史上第一位首相。到今天英国首相仍按传统兼称"第一财相"(First Lord of Treasury)。

72. 但 1736 年他回汉诺威,英人又大不满,可见人心易变。

73. 在安妮女王时代,继位之事争得不可开交。托利派想在安妮死后迎入与安妮同父异母的"詹姆斯三世"(James Francis Edward Stuart),他在苏格兰被称为詹姆斯八世,在英格兰被贬称为"老伪者"(Old Pretender)。那时苏格兰已并入英国,以安妮为女王。"老伪者"在苏格兰两次(1715 年,1719 年)发难,但彻底失败,其政权全面崩溃,主谋者逃法。乔治一世宽容处理,很得人心。1745年7月,"老伪者"的儿子"幼伪者"(Young Pretender)在苏格兰登陆,击败英军,顺势南下,但支持者不继,法国又没有友军支援,遂退返苏格兰。1746年4月,乔治二世的儿子率军大胜"幼伪者"军队,"幼伪者"逃法,从此结束斯图亚特家族对王位的觊觎。

74. 1757年,法军入侵汉诺威,普鲁士军在腓特烈大帝的率领下赶走法军,第二年联军发动总攻。法军得到增援后反扑。危急之际,英国与汉诺威的援军赶到,击溃法军,反败为胜。从此英军在欧洲战场拿回主动权。

75. 英海军在土伦港外封锁法海军,因缺水和缺少补给撤回直布罗陀。法舰队冲出土伦,开往大西洋。法军舰队经过直布罗陀时被英海军发现,英军舰队出海追击。两军在拉各斯(Lagos,葡萄牙西岸港口)附近海域交战。法舰队因号令不清致军力分散,1759年8月19日,英海军凭借优势兵力击败法军主力,同年11月20日,英海军在比斯开湾(Bay of Biscay,法国西南部,在伊比利亚半岛和布列塔尼半岛之间)彻底击败法海军,称"基伯龙湾之役"(Battle of Quiberon Bay)。从此英海军掌握全球制海权。

76. 1757年6月23日,英军在克莱武上校(Robert Clive,1725—1775,日后成为孟加拉总督)领导下,以3000兵力大胜亲法的孟加拉土邦(是莫卧儿帝国没落期势力最大的土邦)的5万大军。从此英国在孟加拉确立霸权。战争只打了11个小时,大胜的原因是克莱武收买了土邦的督军,让其临阵弃甲。当时的英军是由东印度公司管辖的。

77. 1773年5月10日国会通过《茶叶法案》(Tea Act),殖民区哗然。理由很多,最主要是反对英国国会在殖民区的收税权(其实《茶叶法案》是减税的,而这又引起殖民区的走私者的反对,因为减税后茶价就会降低,走私的利润也随之下降)。11月底,东印度公司运茶船抵达波士顿(其他港口也不允许茶船卸货)。数千人集会,要茶船离港回航。到12月16日,更有8000多人集会。当知道总督拒绝让茶船离港时,这些人就在当晚起事。30—170人化装成印第安人登船,把船上茶叶倒进海里。至此,双方势成骑虎。

78. 殖民们的理由是:如果他们是"英国人"就应有代表权;若他们不是"英国人",就不应由英国统治。

79. 大多数英国的织工匠原是织羊毛布的。18世纪初,印度的棉制品威胁国内羊毛织工,于是政府就给进口棉制品加重税。到1700年,更通过《印花布法案》,禁止进口。但处罚力度低,造成走私泛滥。于是政府在1721年再次通过新的《印花布法案》,禁止贩卖任何国内、国外棉制品,但豁免粗棉布和棉花。棉制品禁了,但棉花进口量激增,推动了纺纱、织布业。到18世纪70年代,纺织厂老板们更想打开整个棉制品市场。最后,国会在1774年废止了《印花布法案》。

第十七章 已知的

第十八章 推断的

宗教改革开释出逐利冲动,历史契机提供了逐利机会,工业革命在英国开启并不令人意外。用文化基因法可以从英国人对传统的重视、对等级的固执,以及其务实性格、妥协精神推断出工业革命在英国会成功过渡。

英国先生用"常理"去推测未来。这个"常理"其实就是基于英国民族性格、当时时代心态和历史背景。可以说,"文化基因"是"常理"的系统化。先看看他会怎样推测。

对于英国的前景,我认为最关键的还是帝国的扩张。七年战争是转折点。之前,天下三分:西班牙有南、北美洲;法国是全球帝国,有北美、加勒比、非洲、印度、东南亚;我们有北美13个殖民地,在印度则与法国分庭抗礼。打完七年战争,我们拿下差不多法国在北美的所有土地。当然西班牙的土地也占了不少,印度更全是我们的天下了。我们打赢了七年战争,既有运气成分,也靠战略——了不起的战略。我们利用普鲁士特强的陆军在欧陆大败法、奥联军;我们发挥自己特强的海军的优势在海外战场打垮法国的海军,夺得全球的制海权。今后,就可以用最低成本去维持和扩充海外帝国。只要有这支强大的海军和少量的陆战队就可以到处灭火,不用花大笔钱去派驻军。

海外帝国给我们原材料、市场，更为重要的是为这个地少人多的岛国提供移民出路，听说美洲殖民地的生活水平比这里更好。自从斯图亚特王朝开始，我们的清教徒就开始大批移民到那边，非但减轻了岛国人口压力，更要紧的是降低了宗教张力。七年前（1770）我们的南太平洋探险队发现了澳大利亚，帝国面积又再次激增。这些满脑子清教思想的激进分子总是要搞改革，就让他们移民到那边去搞吧！

我不明白这些移民为什么想完全独立。为什么搞到如此地步？这几天，全国沸腾，要跟独立分子打，并且认为会很快打胜。我的看法是，七年战争，我们在北美打败了法国，但留下两个后遗症：法国不服气，他们会帮助独立分子；我们曾经动员了北美的殖民者去打法国，他们学会了我们的用兵方法，这会对我们不利。当然，我们的军队有经验、有组织，正面交锋，独立分子绝对占不到便宜，但北美地广人稀，目标分散，如果他们打游击，我们不一定赢得快，如果拖下去，战场这么远，成本一定很高。这些都是未知之数。既然胜算不能肯定，就得想想万一之策。如果殖民区真的独立，我们要怎么办？

我对未来的预测是这样子的。

在今天的英国，赚钱的事情肯定有人去干，阿克莱特先生的工厂这么赚钱，相信越来越多的老板会建工厂。听说阿克莱特的工厂里有许多童工。是啊，童工便宜，而且他们瘦小，最适宜在车床中间、底下钻来钻去，扎线头，拾垃圾，但这些日夜不停的机器也实在吓人，小孩子一不小心就断手断脚，甚至小命也丢掉。听说阿克莱特老板喜欢雇用全家老小一起替他打工——孩子和妇女在厂里工作，男性在家织布。他甚至在工厂旁边盖了工人村。

这些乡下人多数都是圈地之后在农村断了生计，才离开家乡的。到工厂可能对双方都好：穷人生活有着落，老板有廉价工人。但他们的生活也实在苦得很。在乡下虽然收入低，但吃、住总能解决。到城里，他们住在陋巷的破房子里，不见天日，连吃的都比一百年前差，喝酒倒便宜。这样下去，老板们一定发财，但国家可能会乱。当今王上登基以来多有乱事，都是与"工业化"有关，不是因为工资低、环境劣，就是因为失业。会不会弄出大乱？

我相信小乱难免，但大乱不会。

（1）经济好了，政府收入多了，就会有能力去改善工人的工作环境和生活水平。的确，有人很苦，现在的"劳动救济所"（workhouses）实在是人间地狱。失业的、破产的一朝踏入就妻离子散，一家人不能住在一起，而且脱身无望。虽说是有工可做，但工资少得可怜，七折八扣，怎可能还清债务，觅到生路？听说格拉斯哥（Glasgow）前两年（1774）开始试用"院外救济"（out-relief），也就是领救济品和救济金而不需入住劳动救济所，这是进步。我相信工业发展下去肯定有很多人发财，也肯定有人会指责求财就是剥削。工业发展会创造大量就业机会，吸纳乡下来的人，如果他们有足够糊口的收入，他们就不会觉得太受剥削，如果可以让他们拿到点福利，他们就不会作乱。当然，这会是第一代劳工阶层的想法，但如果到了下一代生活仍未有好转，而发财的继续发财，他们就难以忍受了。希望到时会有更好的福利制度去安抚那些没能从工业发展中拿到足够好处的人、那些竞争不上去的人。

（2）宗教也会有点调剂作用。这几年来的循道会[1]就是一种安定力量。传统的国教早已疲惫，教会只是社会上、中层人士兴风作浪的地方，下层民众对国教早已失望。但那些新冒头的、狂热的福音派倒很能满足他们的心理诉求：把不满、不安情绪升华为对神的虔诚和对教会中人的友情；以读《圣经》、唱圣歌去宣泄不满情绪，不搞政治，不搞斗争，这也有安定社会的作用。

（3）最能安定社会的将是越来越庞大的中产阶层。我们跟法国不一样，中产阶层非但不会动摇社会，甚至会巩固现存的社会等级制度。法国是上、下断层，我们的中产是接上连下，是等级架构的守护神。

传统的尊卑观念和宗教意识一方面约束有钱的不过骄，另一方面约束无钱的不作乱。我们这个社会，谁都知道他的身份和等级。人人都知道的潜规则约束和调节着不同身份、不同等级的人的言行举止，不但人人坚守，更会监视别人遵守。乱得起来吗？

（4）我们英国人最务实。上、中、下层都认为赚钱最实际。斯密说得很准，个人逐利自然提高生产力；生产力提高自然国家富强。他的《国富论》不是叫我们应该怎样做，而是认为我们已经在这样做，而且这也是我们胜过法国佬的地方。逐利致富在我们国家里已经是种"气候"，我相信未来几十年不会有大的变化。我们的强项就是这种致富精神，这要归功于我们的宗教多元。我们是新教国家，但新教中有保守、有开明。在经济层面上，我们宣扬开明教义——非但接受赚钱，甚至鼓励逐利——富贵是神的眷顾，求财是为了光荣神。在社会层面上，我们宣扬保守教义——尊重传统，鼓励安分——国王是神的代表，等级是上天的安排。追求财富和尊重传统组合出一种奇妙的心态：越是拿得财富就越想拿得品位。不少人甚至把致富的企业放下，把生产的厂房、机器卖掉，到乡下买个大宅，捐一个以不事生产为荣的乡绅"衔头"。可见，我们的传统是如何根深蒂固，我们的等级如何深植人心。这样的社会乱得了？

（5）还有我们的帝国。现今，大英帝国是全球最强的海权国。【附录5：大英帝国（18世纪）】这个庞大帝国为我们提供原材料和市场，推动我们的工商业发展，同样重要的是它为工商业发展带来的社会不和、贫富不均提供舒缓和宣泄的渠道。无论什么人，不管是对宗教、社会、经济还是政治不满，都可以在帝国的海外殖民地和由我们支配的国家找到生存空间和发展机会。国内的矛盾和张力有这些发泄渠道，国家就不会大乱了。

但是，也有阴霾。北美的13个殖民地要搞独立了。

帝国虽然庞大，少了13个州也会是很大的打击，起码在国威上很丢脸。法国佬可威风了,上次七年战争我们打败了他们,他们怎能服气,恐怕在美洲的事情上他们会插一手。但是,就算失掉了北美13个州,也不会是致命伤。我们还有庞大的印度次大陆,还有亚、非的很多地区。斯密大师不是说吗,殖民地这玩意是不划算的,需要大量成本去维持。你看,这次13个州搞出事就是因为我们为保护他们不被法国佬和印第安人骚扰,需要征税去支付驻军的军费。现在他们反咬一口,说没有征求他们同意。天啊,税是用来保护他们的啊!其实,驻军费用大部分还是我们付的,他们连象征性的茶叶税也拒交。斯密还说,殖民地不要紧,与殖民地自由贸易才要紧。如果13个州真的独立了,这一帮唯利是图之徒还是会跟我们做生意的。对我们来说,他们的独立是丢脸的事,但不是失财的事。当然,如果战事不速战速决,一直打下去,我们是远水,他们是近火,我们有可能既丢脸又失财。

我们的经济的确在扩张和发展。国内和海外都有很大的制成品市场。但是,我们的工业会不会是阿克莱特式和瓦特式的工业?

阿克莱特的工厂和瓦特的蒸汽机都是以机器取代人手和人力的工业化设施,目的是提高生产效率(以最少工人、最快时间做出最多产品),突破点在生产分工。这也是斯密力倡的。他在《国富论》头一章一开头就指出分工与效率的关系,以做扣针为例,他这样写道:"一个对造扣针一无所知的工人或者对造扣针机器一无所知的工人,即使他非常勤力,也许会一天造出一枚扣针,但肯定做不出20枚。但按照现在的经营方法,这行业本身不再是一个独特的行业,而是一个细分成很多个别的、独特工种的行业。一个人把钢丝拉长,另一个人把钢丝拉直,第三个人截切,第四个人把一头磨尖,第五个人把另一头磨平,以便装上圆头;做圆头同样需要两三种不同的操作;装圆头,涂白色,乃至包装,都是专门的工种。在这里要注意的是,造扣针这项工作被分成了18个不同的工种,在某些工厂每项工种由不同的人去做,在某些工厂同一个人负责两三个工种。我曾经见过这类小工厂，雇用10个人，其中当然有人要做两三个工种。虽然他们很穷，很缺必需的工具，但如果他们勤力，每天可以造大约12磅的扣针。每磅中大约有超过4000枚中型扣针，因此，这10个人每天可做出超过4.8万枚扣针。每个人造出4.8万枚扣针的10分之一，就是每人每天4800枚。但如果他们各自独立地工作，他们每人每天肯定不能造出20枚扣针，甚至1枚也造不出。他们不但不能造出现在通过合适分工和集体生产造出的240分之一，就连这数量的4800分之一，恐怕也造不出来。"

我不知道将来会发明什么机器，但我相信只要有需求、有市场，就总会有人发明。有一点可以肯定的是：分工的生产会是大规模的生产（小规模生产就很难分工且无须分工）。如果是大规模生产，机器与厂房的投资、原材料的供应都会是大规模的，因此需要大量资本。幸好我们英国人有的是资本，无论是这个世纪农业发展累积得来的，或是我们先进的金融制度筹措得到的，都可以用来创造和维持工业化。

规模生产也必会带来资本集中；还有，机器生产必会取代工人。在社会层面上，贫富差距扩大，可能会导致穷人造反；在政治层面上，资本支配加强，可能导致中产夺权。希望我们的政治体制（尤其是政党之间的妥协）和社会结构（尤其是社会等级的稳定）能够帮助我们安稳过渡。

我相信工业化不会是昙花一现，而是一种长久发展的趋势。"工业化"是 industrial，与"勤奋"（industrious）是同一个词根。我们英国人确实勤奋，尤其是清教徒，勤奋是他们的教义，他们以勤奋来荣耀神。他们的工业化成就远远超过英国人口中的其他人群。这种勤奋精神已影响到非清教徒，因为不勤奋就没法在这个竞争力强的社会中出人头地，甚至无法生存。

我担心的不是我们会不会工业化——建立阿克莱特式的工厂和使用瓦特式的机器。有市场、有工人、有资源、有资金、有发明就肯定

第十八章 推断的

会走上这个方向。我们务实的赚钱精神会是最大的动力,我们崇尚行动的民族性格会使我们贯彻到底,我们善于妥协的党派政治、安稳的社会结构和庞大的帝国资源会帮助我们度过工业化过程中的政治和社会风浪。我担心的是竞争对手,尤其是法国。他们也在工业化,他们会不断骚扰我们,包括支持北美13个殖民地的独立。

英国先生说完了。现在用文化基因法去演绎他的观察与推测。按文化基因法,改变文明的动力来自民族性格、时代心态、历史背景和关键人事。工业革命生于英国,可以用他们的行动(务实)型性格和功利(赚钱)心态去解释;工业革命成于英国,也可以用他们的妥协(宗教与政治)性格和保守(社会等级)心态去解释。历史背景(宗教改革、内战共和、帝国扩张)不会改变根深蒂固的民族性格,但会孵育时代心态和催化关键人事。下面先交代民族性格,然后谈时代心态的成形,最后组合民族性格、时代心态、历史背景与关键人事去演绎工业革命如何生于英国、成于英国。

先谈民族性格。这里用的还是马达里亚加在《英国人、法国人、西班牙人》中的观察。他把英国人性格形容为"行动倾向"(action-oriented)。

行动是英国民族性格的底线(法国民族性格以理念为底线)。行动来自意志(will)——通过组织、纪律、控制把思想与行动有机地连在一起。意志是一种内心的力量,与外界阻力做斗争。在英国人的眼中,世事必须连上理性,但不应是理性的奴隶。为此,意志与理性的纠缠使他变得复杂,他往往是多逻辑、非逻辑甚至不逻辑(allogic/illogic)。他的思想是跟着意志走,所以他的逻辑往往是隐晦的(nuanced),但他不害怕矛盾,不会因矛盾而失措。他有实事求是的倾向,思想重心不在概念、理论,而在调查(inventory)、评估(evaluation),也就是放在计算(calculation)。他要知道行动需要什么,会拿到什么。这是功利,但不一定代表自私(自私是以自己的利益为关注重心,功利是以利益的多寡为关注重心),但有物质主义和重视眼前利益的倾向。

英国人是实证主义（empirical）者，其做事态度与方法有如下特点：他以经验（体验）去掌握一种有局限性和条件性的知识；他信任"常理"（法国人信任"方法"）：崇尚事实与道德（法国人崇尚思想与逻辑）。他的国民经验更教导他要合作、自制、自觉、集体团结。在行动时他不会左思右想，顾虑多多。他培养自然、物理、经济等实用科学。行动型性格使英国人有创造力，但都是在具体实在的事情上面，因此，他不会"高飞"（soar）；他会犹豫、迟缓，但永不僵化。这种保守又开放的环境特别适合宗教少数派和政治少数意见的生长，尤其是当时的宗教异议者（Dissenters）、不追随者（Non-Conformists）、独立者（Independents）。

英国人视行动为一种竞技。在这种竞技中，个人小于团队，团队小于游戏。为此，他坚持"游戏的公平"（fair play）。这个坚持使他富有合作精神：每个人都知道自己的位置（这也是社会纪律的条件）；注重个人与社会的应有关系；在政治生活中老实；有服务公众的精神。[2]

这个倾向行动的民族是怎样思想的？

英国人认为生命是不规则的、不可预知的，而思想是规律的、固定的、规范的。他的思想既有逻辑又有非逻辑，因此他会做出逻辑上的妥协，称之为"有良知的虚伪"。由于他缺乏逻辑性（会计式的逻辑除外），讨厌未经实证的理论，所以他常常补充他的想法（after thoughts），甚至改变他的想法（second thoughts）。他以弹性去包容原则与生命的冲突，因此他说话时会给人一种不着边际（periphrases）或拐弯抹角（circumlocutions）的感觉。他不信任抽象的理念，对形而上、前定秩序之类的东西不关心。他对"意外"敏感，认为是"巧合的逻辑"（logical by coincidence），只不过比较模糊、概略（vague, blurred）和界限不明而已。他信任"常理"和"习惯"。

对他来说，"智慧"（wisdom）是理性（reason）加上非理性的知识（irrational knowledge），再配上经验。英国人的智力（intellect）可以很高效地用在行动上。为此，英国人虽是复杂、沉重、动作缓慢，但不容易失衡。

这个倾向行动的民族的感性是怎样的？

英国人以意志去控制欲念，因此他缺乏"自发性"（spontaneity）。他把欲念看成行动的奴隶，也就是他在行动中会保持欲念，但又适度控制。他镇定、有控制力，因为他把欲念的爆炸力收藏着，但若有一个意外的时刻，他的欲念就会迅速燃烧起来。

说英国人不起劲（phlegm）是错误的，他实在有强烈的欲念，但有更强烈的自制力。他控制欲念，而不是抗拒式地逃避欲念；他要自制，而不是在理智下容许欲念浮现（也就是不像法国人把欲念理性化）。由于他时常压制欲念，生命的流程就会被不断地干扰（生命流程的纯净和完整性被破坏），因此英国人的灵魂（灵性）比有欲念倾向的民族（如西班牙人）要敏感得多，少有内心的平静。可以说，英国人的欲念是非常复杂的，这也是"维多利亚式的虚伪"的根源。

他控制欲念是为了功用（utility）。但由于他对团体忠心，所以团体就成为功用的裁判，特别是清教主义。对欲念的控制驱使他产生强烈的伦理偏见，使他有"不吃禁果"的"禁忌"（inhibition）。他用这些禁忌去调节（规范和控制）他的思想。这些禁忌有强烈的社会集体性（social collectivity），而且是"不言而喻"的（taken for granted），也就是已经落入了潜意识。这些潜意识缔造了整个英国民族在思想上的黏合力（cohesion）和一致性。可以说，社会秩序就是出于这个社会黏合力。

英国人面临着个人自由与集体忠诚的矛盾，认为个人有"兽性"，但这个"兽"（个人）又知道"主人"（集体）在家，所以他把欲念升华为一种"情操"（sentiments，可译为感情），并以自制力去约束它。但他并没有放弃这些升华了的欲念，因为"情操"有"高尚"的味道，而且，如果约束得好，对团体是有贡献的。

英国人的撒克逊性格是内敛（没有表现欲）和寡言。这个岛国性格的特征是集体性的自满、自负、自制（相互监督）。他有很强的自觉和自省力。在集体之内他是含蓄，但对外则是自满。他更有身份等级问题上的势利（snobbery），而金钱只是衡量等级的一种标准而已。他爱国，他的爱国与爱民族是分不开的，是种本能。每个英国人就是一个"大英帝国"，爱国就是爱国王（国家的灵魂）、爱国家（国家的身体），因此英国人没有"祖国"（"父亲"）的理念。

他是个等级观念很强的人（class-man），甚至在言语上、发音上也会因等级不同而有差异（每一个地方不同，甚至每一代人都不同）。他接受出生的等级和这个等级的标准，甚至培养这些标准，把自己看作大潮流中的旋涡，就算在自己的幻想和胡来中他也是实际和乐观的。他相信存在一种传统（渐进）的等级。他把英国的"英杰一族"（aristocracy，也可译为贵族）看作英国的整体民族（the whole English race），也就是把整个英国民族看成是英杰一族，无论他个人在英杰一族中处在什么等级。

此处做一小结：英国的民族性格属行动型。他信任常理和实据；他功利但不一定自私；他务实但不一定讲逻辑；他在原则问题上可以妥协，但游戏要公平、有规则。他的岛国性格使他倾向抱团和排外，具有民族骄傲感兼社会等级观念。

这个英国特色的民族性格是工业革命的催化剂之一。另外一种催化剂就是时代心态。这要从亨利八世说起。

亨利的宗教改革并不是真的改革，他只是想摆脱天主教会，离婚再娶，所以改革生于暧昧，为后世留下严重的问题。在宗教层面上，国教没有反映改革的激情，从而催生出比国教更激进的各新教教派（特别是清教教派）。爱德华六世鼓励他们，"血腥"玛丽迫害他们，伊丽莎白一世容忍他们。清教徒得不到安宁，但也不愿妥协，从而产生严重的社会和政治张力。另一方面，亨利没收天主教会的财产并重新分配给改革支持者，从而产生了一大批土地乡绅。他们入主国会，忠于国教与国王，构成一股强大的保守力量，成为一种"新的传统"。

都铎王朝之后，来自苏格兰的斯图亚特王朝有君权神授倾向和绝对君权意识，与有君主立宪倾向和传统权利意识的英国国会格格不入。此时，在宗教层面上国教是唯我独尊,而其他较激进的教派则渴望平等;在政治层面上则是国王与国会各不相让。宗教与政治纠缠不清,僵持不下,终于爆发内战。

内战其实是"争权社会"的产物,既是国王与国会之争,同时也是天主教(主要是代表外国势力,如爱尔兰和法国)与新教(国教与激进教派团结起来)之争,查理一世被擒代表国会与新教得胜。接着是国会中的国教分子与激进教派分子相争,查理被杀、克伦威尔建立共和,是激进教派得胜。到克伦威尔去世,共和结束,恢复王制,驱逐激进教派,是国教分子得胜。到此,争权暂息。

在"恢复期",宗教容忍时紧时宽[3],激进教派分子处于政治弱势,政治上无法逞强,宗教上难求平等。对他们来说,一条出路是移民,另一条出路是退而求其次,以经济"强势"去弥补政治弱势。他们的教义(相对于天主教和国教)非但容许,甚至鼓励他们求财——财富非但可以保障生活,甚至可以换取政治地位。[4] 如是,他们拼命地赚钱。[5] 虽然是为荣耀神,但往往超过自给自足的需要,而走上"自私自利"了。

对当权的政府来说,容忍激进派分子也是缓解政治张力的办法;对激进分子来说,这代表有政治空间容许他们以金钱去换取政治权利。到了1776年,对赚钱的认可已经不只是清教的特色,而是已蔓延到整个中层了(上层社会对宗教的约束从来都是阳奉阴违)。在逐利面前,达官贵人与市井之徒人人平等。当权者(政治与宗教)对激进教派的教义或组织也许不会宽容,但对他们的赚钱意识已不再有微词,甚至乐意加入。

宗教对英国经济(赚钱有理)和英国政治(保守妥协)有关键的影响。英国的新教复杂得很。国教是个政治妥协的产物,集合了亨利八世的私心(离婚别娶)和野心(都铎王朝千秋万载)、路德宗对王权的肯定、天主教对传统的重视。但在教义上,国教吸收了加尔文宗的原教旨理想(重原罪、赖神恩)。这种"改革"在16世纪的宗教改革大气候里怎能令真正改革者满足?于是国教以外的新教教派涌现(甚至国教内部也出现深化改革的冲动），支配英国经济与政治的轨迹。这要从新教的两大宗，路德宗和加尔文宗[6]说起，可分为政治、经济和政经组合3个层面。

（1）政治层面。

路德有家长式的伦理观（patriarchal ethics）。他眼见理想的社会在崩溃，因此对经济剥削和暴力革命都不接受。[7]加尔文宗虽然来自路德宗，但没有后者浓厚的封建意识。它是一个国际性的运动，但它不是和平之手，而是战争之剑，所到之处都要闹革命。路德宗在社会行为上比较保守，对政治权威存有尊敬，突出一种个人的差不多是寂静的宗教虔诚。加尔文宗则是种动态的、激进的力量。不单个人要自我革新，教众更要重建教会和国家，把宗教注入生活的每一个角落，无论是私人生活还是社会生活。可以说，加尔文宗有强烈的政治意识，甚至可以叫它"加尔文主义"[8]。清教精神完全是加尔文宗的产品。

加尔文把"纪律"（discipline）形容为宗教的"神经中心"（相对地，路德把"信仰"形容为宗教的神经中心）。他的理想是一个教会与国家完全一致的社会。可以说，他要推翻天主教会的修道院，代之以一个庞大的俗世修道院。事无大小都完全控制在一个普世原则之下——"每个人知道他的位置和责任"[9]。

在17世纪，清教精神最浓厚的是那些经济自主、受过教育、对自己身份有自尊、决定过独立的生活、不向世上权贵屈膝的人，他们高傲地鄙视因性格软弱或经济无能而缺乏坚毅、活力和技能的人。代表性群体包括那些接触过城市生活和新思潮而对封建思想有所质疑的乡绅们，以及那些意志高扬、不甘为奴的自由人或自耕农，尤其是在英国东部自由土地制度较流行地区的人，但更多的是城镇的商人和那些把纺织和冶铁工业向农村扩展的农村地区的商人。[10]

有人称清教为"商业的宗教"（religion of trade）。[11]在内战期间，保王派的成员是绝对有财有势的贵人和绝对无财无势的穷人；反王派的成员则多是中产，他们既讨厌有财有势者，又鄙视无财无势者，自视为最好、最真的国民。

清教主义不仅是韦伯所说的纯粹个人主义。[12] 它既有保守和传统的一面,也有革命的一面;它有集体主义铁的纪律,也有鄙视人间法律的典型个人主义;它有清醒和精明的权谋,勇于去追逐世间成就,也有不顾一切的宗教热忱,敢于去彻底改变世界。在英国,清教主义作为一种意识形态,跨越了从长老制到公理制、从高级贵族到平权派政客、从工商分子到理想分子的宗教派别、政治派系和社会阶层。它的宗教意识是要搞乱国教道统,它的经济意识是要抗拒约束个人逐利的教条。

清教主义对英国的影响大而复杂。城镇的中产阶层(主要是商人与工匠)和农村的自耕农(一般拥有土地不超过200英亩)都信奉了清教,并把清教教义当作他们的政治原则。清教徒们带头去争取政治自主权;广大的农民呼应和支持他们,并为他们提供武装力量。但成功后,贫苦农民非但没有分到好处,更成为新经济底下的"奴工"。古老贵族大地主被斗垮了,自耕农小地主消失了,贫苦农民被牺牲了,最后英国还是城镇资产阶层的天下。

(2)经济层面。

路德讨厌商人与贷款人支配社会和"经济个人主义"(economic individualism),正如他讨厌宗教的商业化。他对当时流行的,来自东方的奢侈品、国际金融、投机交易、合并垄断感到震惊。加尔文则没有农业社会的理想[13],他完全接受商业文明,并为这个文明的核心阶层提供一套信念。他是从一个"务实的人"(man of affairs)的角度去看经济。加尔文主义是一个城镇范围内的运动,通过商人到处做买卖,从一个国家传到另一个国家。加尔文宗的总部设在日内瓦。稍后,他最具影响力的信徒都集中于大的商业中心,如安特卫普、伦敦、阿姆斯特丹,绝大部分信徒从事工商业,是当时的"最现代"和"最进步"分子。这些人社会道德观很自然地来自他们对资本、信贷、大型商业、金融和其他实业、企业的认识和接受,自然而然地把来自贸易和金融的利润与来自劳动力的工资和土地的租金放在同等的价值地位上。加尔文对这些人持完全赞同的态度,他说:"做生意的收入凭什么不能高于来自土地的收入?做生意的收入从哪里来?还不是来自他的勤奋和努力?"

加尔文宗是基督信仰底下第一个认识和鼓励经济德行的宗派,这个宗派的敌人不是聚积财富的人,而是把财富用于满足私欲和拿来炫耀的人。它的理想社会是一个人人清楚应该耐心地约束人性,献身于取悦神的工作,以严肃审慎的态度去获取财富的社会。加尔文的经济理论中,资金与借贷是必不可少的,金融家不是个可憎的坏蛋,而是社会有用的一员;贷款收息,只要利率合理、不收穷人利息,本身不是种剥削,与其他的经济交易完全一样,是人类社会中不可或缺的部分。而且,加尔文很同意圣保罗说的:"如果一个人不做工,那他不应该吃饭。"他严厉谴责不分好坏地施舍和不分好坏地赚钱。他要求教会当局定期走访每一个家庭,去调查这家人有没有懒惰、酗酒,有没有做过其他不德的事。

资本主义精神早有,不完全是清教所生。但在清教教义中,资本精神找到了兴奋剂。清教运动的特色是结合了经济利益和伦理原则,有这样一种说法:[14]"精明与虔诚永远是好朋友……如果你懂得把它们放在合适的位置上,你会得到两者的好处。"意思是,如果你把你的生意作为对神的服务,你就无须为你的经济行为的道德价值辩护,因为生意本身就是一种宗教。一个生意人首要的责任就是要完全明白神要他做生意是什么意思,并精明地去做好。若此,生意行为和宗教责任就是相辅相成的。刚好地,基督信徒应有的德行——勤力、克制、清醒、节俭也同时是生意成功之道。最基础的是精明,而精明就是"把敬神的智慧用在实际事务上"。所谓实际事务就是做生意、办企业。

(3)政治与经济的组合层面。

政治与经济是分不开的,路德的理想社会是一个纯真、简单的基督社会。他接受商业,但只可以是生存所赖的交易——卖方不能多收(超过劳动力的投入成本和风险成本)。他同样不接受懒惰和贪心,因为两者都会破坏基督团体的共存。在宗教上他想改革，在经济上他要保守。

但稍后的加尔文改革就走上了不同的路。这个改革散播到法国、荷兰、瑞士，但对英国的影响最大。它代表一个"新开始"。在 16 世纪后期到 17 世纪早期，商业与金融活动在急速发展（成立股份公司、开拓殖民地，来自采矿、纺织、金融业的财富大幅增加），站在最前面的是工商人士。他们的赚钱意识长久以来被视为离经叛道（个人主义），受保守政治的压抑。内战时期的国会派指的是少数的乡绅、中产阶层、自由人和自耕农，特别是在城镇和农村中纺织和制衣的。伦敦是最典型的国会派，被视为"反叛的城市"，就算恢复王制后（1661 年），在保王派支配的国会中伦敦选出的 4 个代表还都是"反国教者"（Dissenters）。在国会打压长老制教派的时候，伦敦却照顾长老制教派；在 1681 年主张宗教容忍的辉格党被詹姆斯二世打压时，伦敦包庇辉格党。有人批评伦敦培植了清教，因为它的贸易分布于全国，通过货币的流动，荼毒全国。北部的布雷德福、利兹和哈利法克斯，中部的伯明翰和莱斯特，西部的格洛斯特、汤顿和埃克塞特都是清教中心，同时也是工商业最发达的地方。

清教分子在工商业上的成就催生出一股亲商的政治力量。加尔文完全赞同社会企业化，并在日内瓦推行。在那里，他在经济企业化（个人逐利）上压下一个像宗教法庭一般的社会体制（集体纪律）。他的忠实信徒对他的社会道德教诲唯命是从，但对他的经济道德约束则阳奉阴违。[15] 这种"上有政策、下有对策"的半逻辑对英国人很有启发。对贵族地主来说，加尔文的经济道德解放了传统道德下他们要照顾农民的责任；对工商阶层来说，日内瓦的样板使他们可以完全分开经济与"宗教"。从此，封建贵族可以全无顾虑，中产阶层可以全无内疚地去共同赚钱。贵族地主们保存了金钱与地位（pelt and place）[16]；金融、工业、商业的中产阶层也拿到了经济利益，并能左右国家政策。双方认识到他们的经济与政治利益是息息相关的。

清教可算是真正的英国宗教改革[17]（不像国教那样暧昧）。它最重要的不是外在公共生活，而是内在世界的改变；它不遗余力地追求"最终目的"，不达目的绝不罢休。[18] 社会每个阶层——贵族、乡绅以至于纺织工人——中都有清教徒，都在发挥清教精神。

此处做一小结。工业革命的心态肯定发自清教的经济道德观，而清教的经济道德观得以在英国植根和成长其实很曲折：亨利暧昧的宗教改革带来宗教多元，清教得以植根；亨利贿赂的宗教改革埋下了利益之争，最终爆发内战；稍后清教在政治上失势反驱动它以经济发展去创造生存空间。清教徒赚钱是为荣耀神，但他们的成功吸引了主流的注意，开启人人逐利的局面。

英国人的行动型性格和清教伦理的逐利倾向怎样与历史背景和关键人事配合去牵动出工业革命，并支配革命的轨迹？这要从光荣革命说起。

光荣革命的成果《权利法案》强调对私产的保护，明确以经济挂帅，政治与宗教更加开明。到此，经济逐利意识开始取代政治平等意识。但自私膨胀，会导致失序、吃人。在这关键的一点上，英国人对传统的重视、对等级的固执，再加上他们的务实性格、妥协精神，共同强化了、稳定了英国工业革命的成功过渡。

传统意识和等级观念一方面约束有钱的不过骄，一方面约束无钱的不作乱。为什么会出现这个微妙的局面，就要从历史中去找答案了。

英国人好像特别注重传统——大一统的传统，这是可以理解的。这个岛国的前身种族多元、文化多元。不像法国都是法兰克人，英国有不列颠人、凯尔特人、维京人、瑞典人、德国人、法国人等。威廉大帝之后，才出现今日的英国。他其实也是外国人，所以当初还有盎格鲁-撒克逊人（本土，说英语的）和诺曼人（威廉从诺曼底公国带过来，说法语的）的争执。几个世纪才安稳。14、15世纪跟法国打的百年战争，严格来说是英国失败，差不多尽丧威廉大帝当初在法境的所有领地。但这场战争却团结了"英国人"，打造出一个文化与政治统一的国家：上上下下都说英语，国王宝座不容外人染指。12世纪开启的金雀花王朝（Plantagenet）当然被视为正统之正统，应该是延续千秋万载的王朝。但是，百年战争的败绩引发出兰开斯特家族和约克家族之争，打了一场玫瑰战争，两败俱伤。亨利七世异军突起，开启了一个都铎王朝。它的合法性基于亨利七世略带兰开斯特和约克血统，为宗法所容，而宗法是出自传统。这个新王朝对能够使它合法也可以使它不合法的"传统"当然特别敏感、特别重视，这包括政制、法制、宗教和社会等级等的传统。

亨利千方百计想保住的都铎王朝，终是一场春梦，但他在宗教上的暧昧和在社会阶层中注入新贵则引发了一场惨绝人寰的内战。内战期间，这些新贵站在国教和保王派的一边，在共和时期日子很不好过，到恢复王制才重见天日，这场战火洗礼使他们荣升为"旧贵"。他们成为社会等级体制中的核心阶层、等级传统的保卫者，维持社会安稳的主力。他们的祖先在波谲云诡的亨利八世与罗马天主教会的争斗中侥幸拿到的名位和财富，被他们在风雨飘摇的内战中舍命保住了，能不珍而重之？这些地方乡绅成了等级架构的守护神。从王上到乞丐，一层层尊卑分明的等级就凭他们在中间维持，容许攀登，但不容逾越。

在英国社会，谁都知道他身处哪个等级，久而久之就养成一种安分的社会文化。穷人当然不想穷，但也不觊觎有钱的；有上进心的人有机会发财，但诱人的高贵身份不能单靠财富，还要有人脉和政治关系才可以获取。社会就是凭这些复杂但人人都知的"规则"、柔细但坚韧无比的"链条"，去约束民众，使富的不敢倨傲，贫的不会造反。

工商逐利的"企业精神"（entrepreneurial spirit）——赚钱是光荣的，竞争是狠心的，人际关系是契约性、暂时性的——引发经济与传统之间的微妙关系。土地乡绅也逐利，但是他们仍受封建传统的约束，没有那么"拼命"。他们求"自足"多于"自私"，并且保留一点封建的主属意识，对"下人"多有照顾。在某种程度上，他们拖慢了企业精神的蔓延，但又中和了企业精神蔓延过程中产生的不平、不安。

17世纪后期，工商中产阶层已崭露头角，但仍属"谦恭"（包括心理与态度)。整个统治阶层的共同意识是控制和压抑庞大的劳动阶层。他们制造出一套浓厚的、以主仆关系为基础的等级观念。[19]当时的说法是某些阶层是"自然优越"(natural superior)于某些"自然低下"(natural inferior)的等级：一个店主是"自然优越"于他的助手、雇员、家仆的。

在光荣革命的时刻，英国仍是土地乡绅的世界。光荣革命之后，英国社会从争权社会转变为争利社会。农业革命、金融革命带来的人口增加、需求增长，刺激了工商业的发展。到七年战争结束，帝国扩张，海外市场和原材料把工商活动大幅提升。英国人的行动型性格、务实倾向，加上他们清教徒式的勤奋、敬业，使营商致富的"企业精神"深入人心，而在人人想赚钱的大气候下，总会有人"发明"赚钱的办法。从生产分工到生产机械化、规模化不应是意料之外的事。赚钱推动工业革命，不是工业革命推动赚钱。"革命"的意义是怎样以低成本、新产品去满足大市场；"发明"出来的东西完全是为了赚钱（无论是降低成本还是增加消费），而非为增加知识。可以说，工业革命是技术的"创新"，不是科学的"发现"。赚钱是光荣（无论是光荣神或光荣自己的腰包），光荣哪有止境？这时的英国开始从一个人人平等逐利的争利社会，走向失序的掠夺社会。就在此刻，政府却变得保守起来。

经过半个世纪的辉格派独尊，托利党于1770年（诺斯任首相）开始主政。托利以保卫传统为己任，重宗法，重等级，权力基础是土地乡绅。他们保护传统是出于务实（利益)，成于妥协（原则)。他们的所谓"传统"是宗教改革之后的国教和"新贵"的传统，而非改革前更古老的天主教和"旧贵"传统。他们的"贵"是上几代的先祖支持亨利八世宗教改革而得来的。如果比他们古老的天主教才是正统，就代表他们的权位和财富是非法得来的，这个肯定会令他们无法接受；但他们又想有一个"传统"去稳定社会秩序和保障他们的权利。在迎立威廉还是迎立乔治这一问题上他们是很尴尬的。迎立威廉是废詹姆斯二世，迹近政变，违反宪法；迎立乔治是不承认詹姆斯二世的儿孙，是违反宗法。[20]他们对传统的暧昧可以说是从自身利益着眼的务实，但久而久之他们对由都铎王朝在宗教改革后才开启的"传统"的坚持成为一种条件反射，成为对一切传统事物的坚持，成为一种根深蒂固的意识形态。与此相似，辉格的权力基础虽是工商业人士，但他们同样通过保卫传统和等级去安稳社会，以便于他们发财致富。他们发财后更想提升等级，洗尽铜臭。两党虽然相争，但都有保卫传统和等级的共识。18、19世纪的英国首相有辉格党人，有托利党人，也有父子、兄弟、亲戚，更有人上任、卸任、再上任。可以说，他们都是"自家人"。[21]这是典型的英式务实。

以反对绝对君权、高举国会地位为己任的辉格派，主要是高级贵族和中产工商阶层。他们功利、务实，对他们有利的事他们才会去做。对他们来说，传统、等级只是工具。高级贵族利用他们的社会等级地位去发财，中产工商阶层发了财就去追逐社会等级地位。他们迎立威廉确实是因为害怕詹姆斯二世会推动天主教复辟，但更使他们担心的是，如果詹姆斯二世成功复辟天主教，就代表他成功重建绝对君权，国会就会失去地位，他们也跟着没有地位了。迎立威廉一事虽是他们的主意，但威廉入主不能算是他们的成功，甚至只能说是威廉的成功而已。在迎立一事上，威廉掌握主动，国会是配角；《权利法案》也不全是他们的成功，是威廉施展权谋达成妥协的工具而已。但迎立乔治一事则完全是国会的主意，也可以说是辉格党的主意。从此，国会的主动地位日高。乔治一世知道他的王位是国会给他的，特别是辉格派给他的，难怪他器重辉格党人，介意托利党人。从此，政党之争支配英国的政治。这也是西方政党政治的滥觞。

英国式的政党政治环境对工业革命的成长有很重要的意义。在一个深层次意义上，英国到此才踏上稳定的英国特色君主立宪道路。来自德国汉诺威的乔治王朝想要在英国站稳脚跟，就得迁就国会（无论是辉格还是托利做庄）；国会中各派系（包括辉格与托利以及它们内部的小圈子和分裂出来的支派）互相争权也得利用和拉拢王室（特别是国王和王储）去壮大声势或获得加持。久而久之，国王与国会之间产生出一套游戏规则——互相利用、互相制衡。这些利用和制衡微妙地巩固了君权，也牢固了立宪；稳定了政治，也安稳了社会。典型的英式妥协创造出典型的英式君主立宪。务实与妥协保住了政局的稳定。这是1776年的情况，下章且看1776年之后发生了什么。

注：

1. 在工业革命期间信众人数激增。1791 年有 5 万多；1836 年有 30 多万，1851 年将近 150 万。
2. 他们甚至有"敌对性的议会制度"——就算是反对党也是忠于国会、忠于国王的，所以也叫"忠心的反对党"（loyal opposition）。1661 年的《法团法案》（Corporation Act）需要所有公职人员向国教宣誓效忠（1828 年废）。
3. 1662 年的《统一法案》逐出"不遵从国教"（Non-Conformist，主要是长老会）的教士，要求所有教士都要有主教批准证，所有大学都要宣誓效忠国教教义（1689 年废批准证，1871 年废大学宣誓，驱逐令则至今仍执行）。

    1662 年的《贵格法案》（Quaker Act）禁贵格派（1689 年废）。

    1664 年的《集会法案》（Conventicle Act）禁超过 5 个人的宗教集会（1670 年废止）。

    1665 年的《五英里法案》（Five Mile Act）禁止没有许可证的教士在任何城镇周围 5 英里的范围内活动（1689 年废止）。

    1673 年的《宣誓法案》规定公职人员就职时必须宣誓效忠国王、信奉国教（1828 年废止）。

    1678 年的《禁教皇党人法案》（Papist's Disabling Act）禁天主教徒为国会代表（1829 年废止）。

    1689 年的《容忍法案》（Toleration Act）禁止对不遵从国教者的刑事处分（至今）。

    1697 年的《亵渎法案》（Blasphemy Act）处分（包括死刑）异端人士和无神论者（1813 年废止）。

    1711 年的《临时一统法案》（Occasional Conformity Act）禁异议者（Dissenters）任公职（1718 年废止）。

    1728 年的《保障法案》（Indemnity Act）降低对异议者的处分力度，并容许担任公职（1828 年《宣誓条例》和《法团法案》作废后就不再需要了）。

4. 那时的国教对天主教徒特别仇视，绝不给予其政治权利。但对其他教派，即使是非常激进的教派，只要是"新教"，都留点情面。所以，就算是被排斥的激进教派，也可以用钱去购买社会和政治地位，如参与城镇管理的参政权。
5. 这点与国教，尤其是与有天主教味道而又当权的国教高教会（High Church）很不同。天主教与国教高教会都鄙视赚钱，尤其是通过商业和金融去赚钱，认为其不道德。所以激进教派分子在商业和金融业上的占比高。但到后来，赚钱渐渐被大多数人接受了。
6. 有关路德宗和加尔文宗的基本教义请参考《西方文明的文化基因》的附录 3《宗教改革时代各教派教义的分别》。
7. 他认为世上真正的基督徒是很少的，因此"需要有严峻的人间法规，不然世界就会变得狂野，和平会消失，共同利益会毁灭……没有人会相信世界可以通过不流血去治理，治世之剑应该是而且一定是红色和血腥的。腐败和失德的天主教会不再是基督道德的保卫者，需要敬神的君主去取代"。这也是"两把利剑"的思路——神执天国之剑，君王执世上之剑——它成为绝对君权的基础。
8. 加尔文主义有两个主要元素：在个人层面上强调责任、纪律和克己；在社会层面上营造一个有基督特色的社会体制。因此，加尔文宗的影响复杂而深远，远远超出教会与教徒层面。
9. 在 1576 年左右，加尔文设计了一套完整的市政架构和权责分布图，其中的规条覆盖所有生活细节，从市集到工艺、建筑，从价格到利息、地租。他把日内瓦设计成为一个玻璃城市（city of glass），城里每一户每一天的生活都在一个"宗教警察"的监督之下。宗教议会与市政议会共同进退：前者把酗酒的、跳舞的、不遵守宗教规矩的赶出教会（在当时来说，教会与社会是同义）；后者对这些被社会不容的人予以罚款，把他们投入监狱，异教徒要处死。

10. 从17世纪早期清教牧师的分布中，可以看出清教徒的分布。在281名有记录可查的牧师中，35名在伦敦，96名在制造业集中的诺福克、萨福克和埃塞克斯等郡，29名在北安普敦郡，17名在兰开夏郡，其余104名分布在全国其他地区。这反映商业与清教的相关性。

11. 清教主义是英国中产阶层的"教师"：提升他们的品德，但不谴责他们做生意时某些"有利己身的劣行"（convenient vice，例如竞争上的狠和对下属的苛）。就这样，清教给信徒一个定心丸：德行也好，劣行也好，背后其实是全能的神的永恒之法。

12. 见《西方文明的文化基因》，第十三章。

13. 农业社会的传统阶层有中古天主教和路德宗的神学理论背景。它是一个自然经济而不是一个金钱经济占主导的社会，农民和工匠只会在小市集上做一些小交易。工业能供给家庭的生活所需即可，消费与生产紧密地前后相连，而贸易和金融则是种偶有的事件，绝不是支配整个经济的动力。他们对经济不道德行为的批判主要是针对那些离开"自然"的行为——工业化的生产、对高回报的追求、无休止的竞争，也就是破坏了现存制度稳定性的"经济欲"（economic appetite）。

14. 出自清教徒斯蒂尔（Richard Steele，1629—1692）的《生意人的神召》（*The Religious Tradesman*）。

15. 日内瓦是由工商业有产人士统治的。他们会积极地约束华衣美服，或鼓励大众去听讲道，或送他们的孩子去教义班，但他们对加尔文的经济谴责热情不高。教士们讲道说不要出口平价酒，因为会引人酗酒，他们就说需要大量出口酒是因为需要钱来买进口的粮食。教士们指责贷款者收取"双重高利贷"，因为除了收息之外他们还从货币升值中赚了差价，他们就反辩说货币确实在升值，但货币也可以贬值。

16. pelt是皮革，是有身份的人才穿的；place是地位。从亨利八世充公天主教会财产开始，"血腥"玛丽的复辟、克伦威尔的共和、帝制的恢复，一次又一次的"革命"都以土地去刺激革命热忱和褒赏革命功绩。每次革命用的钱都是从土地转换得来（其实是把旧地充公，"卖"给新主），制造了活跃的土地投机。大部分的土地都是由权臣以极低的价格"买"入，然后转到精明的富商手里，作为投机之用。这些富商中介买入零碎的土地，等到价高，又零碎地卖出。在伦敦，一队队的商人——做布匹的、卖皮革的、做裁缝的、酿酒的、做腊的——组成商团去炒卖土地。在农村结果是田租增加，以及农地被改为牧地，导致农民流离失所。这些庞大的掠夺连当时的国会（新教）也看不下去（掠夺天主教会财产是变相掠夺了天主教会办学和济贫所用的钱）。宗教改革后的头10年内，这些改革支持者参与了一场极大的赌博（有生命危险），自然他们从这赌场赌博得来的收获看得极重，自然对产权保护看得极重，他们的代后更经历了天主教复辟、克伦威尔创立共和等事件，更视产权为神圣不容侵犯。有人批评说："这些乡绅对天主教修道院的恶行批判得很无情，但他们与修道院的僧人之间的区别是，他们更贪心、更没用，对佃农更狠心，对自己享乐更自私，对穷人更无情。"

17. 在英国，从加尔文宗延伸出三条分支：长老会、公理会和清教。长老会最古老，在伊丽莎白时代，经由苏格兰传来，曾有机会成为英国国教，虽然有了根但未能成正统。公理会坚持每个教堂就是一个教会，一个自愿和自治的组织，政府不能干预。这些教派在英国和"新世界"（美洲）力倡政治和宗教自由。清教没有派别，严格来说是一场宗教运动，非但提供了神学和教权的理论，更包括政治理想、经济关系、家庭生活乃至个人行为的原则。

18. 它有一种不断膨胀的动力和精神，不单是重造自己的性格、习惯和生活方式，更重造家庭和教会、工业和城市、政治制度和社会秩序，努力在这个黑暗世界去荣耀神。清教徒把生活纪律化、理性化、系统化，像一个装有弹簧的发条（spring），以他的内在动力去摧毁一切障碍。

19. 路德接受等级（social hierarchy），包括身份（status）和尊卑（subordination），加尔文在他的巨著《基督教要义》(*Institutes of the Christian Religion*, 1536)中更强调"每个人知道他的位置和责任"。

20. 在迎立威廉时托利党中有人坚持不能废詹姆斯二世，认为他虽然有尊崇天主教的倾向，但仍是正统。威廉登位后，他们还有人暗助詹姆斯二世复辟；到了迎立乔治时，他们之中有人力主詹姆斯二世的后人才是正统。

21. 父子关系的有老皮特（任期1766—1768年）和小皮特（任期1783—1801年，1804—1806年）；乔治·格伦维尔（任期1763—1765年）和威廉·格伦维尔（任期1806—1807年）。兄弟关系的有佩勒姆（任期1743—1746年，1746—1754年）和纽卡斯尔公爵（Duke of Newcastle，任期1754—1756年，1757—1762年）。连襟关系的有老皮特和乔治·格伦维尔。岳婿关系的有德文郡公爵（Duke of Devonshire，任期1756—1757年）和波特兰公爵（Duke of Portland，任期1783年，1807—1809年）。远亲关系的有威尔明顿公爵（Duke of Wilmington，任期1742—1743年）和帕尔齐法尔（Perceval，任期1809—1812年）。重任的包括纽卡斯尔、罗金厄姆（任期1765—1766年，1782年）、小皮特、波特兰、威灵顿公爵（Duke of Wellington，任期1828—1830年，1834年）、墨尔本子爵（Viscount Melbourne，任期1834年，1835—1841年）、皮尔（Peel，任期1834—1835年，1841—1846年）、德比（Derby，任期1852年，1858—1859年，1866—1868年）、帕默斯顿（Palmerston，任期1855—1858年，1859—1865年）、迪斯雷利（Disraeli，任期1868年，1874—1880年）、格莱斯顿（Gladstone，任期1868—1874年、1880—1885年、1886年，1892—1894年）。

第十九章 真正发生的

当时的英国,存在工业革命引发的土地利益与工商利益的冲突,劳动阶层的苦况和法国大革命引发的革命冲动,使整个社会危机四伏、风雨飘摇。但妥协与务实维持了社会稳定和保存了传统等级,而同时,稳定的社会和传统的等级给工业革命安全成长提供了保护伞。

纺织业领域的工业革命在 10 年内完成。1779 年出现第一家自动化织布厂,它拥有一种结合了克伦普敦(Samuel Crompton,1753—1827,发明走锭纺纱机)、哈格里夫斯(James Hargreaves,1720—1778,发明多锭纺纱机)和阿克莱特发明的水力纺纱机;1785 年,卡特莱特(Edmund Cartwright,1743—1823)发明机动织机;1786 年,阿克莱特的工厂改用蒸汽动力,其本人也同年封爵。

与工业革命息息相关的运输业也协同发展。1776 年之前开始建造的运河系统大幅度升级。1777 年大运河(Grand Trunk)建成,连接中部地区(Midland)的工业据点与海港城市,如布里斯托尔、利物浦和赫尔(Hull)。1789 年,建成泰晤士-塞文(Thames-Severn)运河,连接泰晤士河和布里斯托尔船道。火车与铁路出现后,真正的运输革命到来了。1801 年,理查德·特里维西克(Richard Trevithick)将其制造的第一台蒸汽火车头(在没有铁轨的道路上)投入试运行;1816 年,乔治·斯蒂芬森(George Stephenson)注册第一台在铁轨上运行的蒸汽火车头的专利;9 年后（1825）他被委派建设由利物浦（港口）到曼彻斯特（棉纺中心）的30英里路轨，开启全球火车时代。

从一开始，工业革命就制造了大批穷人——他们在农村没有土地，在城市没有工作。最初的处理办法还是沿用古老（根据1388年的《济贫法案》，即Poor Law Act的相关规定设立）的"劳动救济所"，带有"阻吓"性。这些救济所为失业者提供最起码的生存条件，但要做粗活，家庭也会被拆散，用意是"鼓励"被收容的人尽快离开去找工作。救济所内的悲惨生活令人同情，贤达之士纷纷为贫请命。1782年，《济贫法》（Relief of the Poor Act）出台，把"劳动救济所"改为"济贫院"（poorhouse），不许地方政府把当地乞丐赶到别处，要就地救济。1795年，英国南部实施"院外救济"[1]，也就是穷人无须入住济贫院，即可领取救济金去维持生计。但是很多雇主却乘机削减工人工资，变相强迫他们去拿政府救济来补贴低工资。

贫穷问题与劳工问题是分不开的，因为工业革命的硬道理是以机器取代工人。一开始，劳资双方就处于对立。1791年，曼彻斯特有工厂老板定制400台机动织机。受威胁的手工织匠放火烧厂，政府果断镇压。1799年，国会通过《组合法案》（Combination Act），禁止工人组建工会去争取加薪和改善工作环境。反机器化的暴乱在1811年爆发，叫勒德运动（Luddistism）[2]，工人们到处捣毁机器，暴乱持续了5年多。1812年国会立法：捣毁机器者处死。1813年，14名勒德分子，只经一天审讯就被判处绞刑。但各地仍然祸事不断，1819年又发生曼彻斯特的"彼得卢大屠杀"（Peterloo Massacre）：当时有6万多人集会，要求政治改革和救济穷人，军队镇压（那时没有警察），死11人，伤数百。

高压之后，就是怀柔。工业革命带来贫穷和劳工问题，但也创造处理问题（起码是问题的表面）的经济条件。首先是童工问题。1819年的《棉厂法案》（Cotton Mills Act）禁止9岁以下儿童在棉厂工作，禁止16岁以下的工人工作超过16小时，但没有被贯彻执行。要到1832年，国会彻底调查童工问题，并在1833年制定第一部《工厂法》（Factory Act），纺织厂雇用童工的做法才真正得到约束。³19世纪早期，工运不绝，高压无效，终在1824年促使国会废除《组合法案》，工人可以合法组建工会。

在济贫方面也有改善。19世纪初期，超过35%的人口活在生存线附近或以下，10%是赤贫，不能糊口。1834年通过《济贫法修正案》（Poor Law Amendment Act），全国建济贫院，安置赤贫。但根本问题（工资、工作环境和政治权利）没有得到解决，到1838年，出现了"宪章运动"（People's Charter Movement，见下）。

到19世纪30年代，开始于1776年前后的工业革命已持续了60年，工业革命算是"成功"了，但严重的后遗症也相继出现。当初美国独立、法国革命，都在威胁英国的安定与繁荣。天助人助，英国非但平稳度过这一时期，更取得霸主地位。唯独经济繁荣后面的资本剥削对社会结构造成严重冲击，这大大考验着英国政治体制的应变力和社会结构的凝聚力。在此细说一下。

乔治三世登位之初，国会仍是辉格党掌控，但他倾向于托利党，终于在1770年委任诺斯为相（任期1770—1782年），接着就是小皮特（任期1783—1801年，1804—1806年）和利物浦伯爵（任期1812—1827年），半个世纪的托利天下。可以说工业革命是在托利意识形态下成长起来的。托利有强烈的坚持传统的倾向，支持者是土地乡绅。所以也可以说工业革命是奇妙地在农业经济和传统等级意识中成形的，而非在亚当·斯密鼓吹的自由经济和激进人士向往的平等社会中出现。这与法国革命的时代心态差不多完全相反。在整个工业革命过程中，政府（包括执政的和在野的政党）都没有指导性理论，也没有实际的经验，有的是务实的干劲和妥协的精神。可以说，天翻地覆、冒险犯难的工业革命背后是渐进的政治和保守的社会，也许正是因为如此，英国才没有发生大灾难。

美国宣布独立时英国的国会和人民都主战。1778年，法国正式加入战场，支持独立，稍后，西、荷也加盟。英国处于孤立状态。由于军费高昂，反战之声渐响。1780年6月，伦敦暴发"戈登大暴动"（Gordon Riots）。⁴1780年底,英军主力被法舰队围困,被迫投降。[5] 消息传来,政府马上垮台。乔治三世接受失败,写下退位诏书(但没有发布),并下令议和。1783年的《巴黎和约》承认了美国独立,英国还要把在七年战争中辛苦得来的佛罗里达还给西班牙。随后,英国政局一度混乱。乔治干政,在1783年成功委任小皮特为相。[6] 此人是英国历史上公认的最优秀首相之一,度过法国大革命和拿破仑专政的大风浪,开启了近40年的平稳政局。当然,乔治三世也是功不可没。

1789年,法国爆发革命,英国土地乡绅(多属托利党)与资产阶层(多属辉格党)大为恐慌,这反而促成他们的团结,共同抗拒法国革命思想入英。1793年,也就是法国实行恐怖统治前夕,法向英宣战。英国备战,征入息税、撤销人身保护,坚决抗法。到1795年,恐怖统治刚结束,拿破仑上场,战火稍息,但爱尔兰又出事了。

当时的爱尔兰实质上是英国殖民地。当地人受法国大革命思想的鼓舞,开始作乱。法军想趁机从爱尔兰登陆英国。在小皮特威逼利诱下,英、爱议会(都是由新教徒支配)通过《联合法案》(Act of Union),成立"大不列颠及爱尔兰联合王国"(United Kingdom of Great Britain and Ireland),在1801年1月1日生效。当时小皮特想收买人心,计划解除对爱尔兰天主教徒(占人口大多数)的若干约束,但乔治认为解禁有违他的登位誓言,坚决反对,英国民众也反对,于是出现政治危机,小皮特被乔治免职。[7]

取代小皮特的阿丁顿首相(Henry Addington,任期1801—1804年)虽是托利党人,但有和平主义倾向,他取消入息税(军费来源)并实施裁军。到1801年10月,英国与法国议和。野心勃勃的拿破仑哪会真的想和?1803年,战事再起,英国人不信任阿丁顿会是个合适的战时首相,故小皮特在1804年复职,与奥、俄、瑞结盟抗法。那时,拿破仑进犯英国好像势在必行。英国上下齐心,组建规模庞大的志愿军。10月份,乔治阅兵两天,每天有50万人观看。有传乔治会亲自带兵,他说:"如果敌兵登陆,我会走在我们的队伍前面去杀敌!"[8] 1805年10月,特拉法加一役(Battle of

Trafalgar），纳尔逊的海军粉碎了拿破仑征服英国之梦。但小皮特也心力交瘁，在1806年1月病逝。

就在此时，拿破仑想出了一个谁也不可能在1776年预测到的"奇策"[9]——他要饿死英国。拿破仑封锁欧洲大陆，不让粮食与原材料从大陆运往英国，也不容许英国工业制成品运销大陆。英国工业革命能够成功要感谢拿破仑，他的封锁"保护"了英国工业革命的种种发明不被欧洲诸国抄袭或盗用。英国有庞大的海外帝国，原材料供应和制成品市场不缺，就算粮食也只是价格稍高而已。反之，欧陆各国对英国工业制成品的需求有增无减，封锁只是催生了规模庞大的走私，英国货物仍然能经伊比利亚半岛大量渗入欧陆。另一个缺口是波罗的海沿岸的丹麦、瑞典和德国。拿破仑动用30万大军在半岛拦截[10]，被英国7万多远征军牵制（统领半岛远征军的就是日后在滑铁卢大败拿破仑的威灵顿）。可以说，拿破仑的"奇策"令英国大大受益，而法国则深受其害。1812年（封锁了6年之后），俄罗斯终于受不了，遂开放与英国通商，特别是供应英海军建造军舰急需的木材。拿破仑一怒之下攻打莫斯科，走上灭亡之路。

在英国，小皮特死后，有一段极短的时期（一年多）是辉格党人掌权，但到1807年，托利党重掌政权。先是珀西瓦尔（Perceval）任相，继是利物浦，一直到1830年都是托利党天下。但是，1822年后的托利政府是"自由托利"（liberal Tories），从保护土地的利益开始，走上开发工商业获取利益。他们的想法是，暴力高压解决不了劳工和贫穷的问题，经济开发才是硬道理，同时他们看到土地的开发已近尾声，而工商业的开发仍大有潜力。于是，托利党人决定放下土地利益，转而推行利工、利商的政策。这个近180度的大转变反映了英国人的妥协和务实。妥协与务实都是为了维持社会稳定和保存传统等级。但同时，稳定的社会和传统的等级也成为工业革命安全成长的保护伞。工业革命的轨迹从此日渐清晰。

乔治三世晚年精神病情加重，不能视政，1811年开始由王储（日后成为乔治四世）摄政。英国进入一个诡幻时代：一方面是社会动乱，政府发动对外战争；一方面是权贵生活糜烂、疯狂享受。正是"前方吃紧，后方紧吃"。摄政王生活奢华举止招摇在报章的渲染下出尽风头，连仿效不来的劳苦大众也觉得上流社会的光彩就是他们身为大英子民者的光彩。奥斯汀（Jane Austen，1775—1817）的《傲慢与偏见》在1813年出版，正反映这个时代中、上层社会的生活方式和心态。

那时，工业革命已趋成熟，工商精英也开始享受工业革命带来的财富。但是劳动阶层也察觉到他们对工业革命做了贡献，但没有拿到果实，甚至做了牺牲品。微妙的是，这一切都是发生在一个仍然是为土地利益服务的政制和以传统等级去定尊卑的社会之内。务实的政治驱动政府从服务土地利益转向服务工商利益。谋求土地利益者和谋求工商利益者同样害怕社会不安定，但代表土地利益的国会发觉单靠高压不能根治社会不安，还需要改善社会下层的生存条件。为了借助工商业的发展巩固统治，国会做出妥协，打开工商利益集团的参政之门。工商利益集团参政并没有引发他们去夺权（起码没有像法国大革命那样激烈地暴力夺权），这是因为坚固而柔韧的传统等级约束并安抚了他们的"非分之想"。劳动阶层的不满仍在，但他们也被传统等级理念支配，尤其是对中、上层社会的行为举止、生活方式着了迷，把他们作为闲谈和艳羡的对象而不是斗争的对象。当然，工商利益集团终究要取代土地利益集团的地位，劳动阶层的苦况和不满也终要解决，但英国工业领先的优势和庞大帝国的资源提供了处理这些问题的物质条件。至于新旧交替能否安稳过渡，就全靠英国特色的等级制度与政治妥协的奇妙组合了。

先看等级制度如何使工商利益集团取代土地利益集团达到平稳过渡的。1815年，拿破仑战争结束，和平到来。在战时因拿破仑封锁大陆而获厚利的英国农业和地主们如今却对重新开放对外贸易带来的粮价下降抱怨不已。他们控制的托利党国会在1815年通过《谷物法》（Corn Law），采取经济保护主义以维持国内的高粮价。[11]该法案代表土地利益者的权力高峰。[12]

但与此同时,军人复员,失业人数激增;战事带动的军需工业、造船业等也因战事结束而业绩下滑。工业革命使更多的工人(特别是手织的布工)失业。农业情况更为恶劣:由于圈地和人口增加,农村劳动力大批涌入城镇,即使是有工作的也因工资太低、粮价太高而需要救济。虽然在1816年废除了入息税,但只是让富人受益(收入高才需交税,减税只会造成富者更富)。1817年,整个经济进入不景气阶段,社会动乱有增无减。除了自1811年开始的勒德运动更趋剧烈外,特别严重的事件有1815年的"矿泉场暴动"(Spa Fields Riots)[13]、1817年3月的"毛毯游行"(Blanketeers March)[14]和6月的"德比郡起义"(Derbyshire Rising)[15]、1819年的"彼得卢大屠杀"、1820年的"卡托街阴谋"[16]。政府的反应是强硬镇压。此时的英国,危机四伏,风雨飘摇。[17]这些都是政治权力快要易手的背景。

1822年,属强硬托利派的外相卡斯尔雷(Castlereagh,1769—1822)因患精神病自杀(没有政治因素),利物浦首相趁机改组内阁,引入开明人士,改变策略,以促进经济发展的方式取代政治高压。当时托利党的想法是这样子的:(1)政府除了维持法纪之外,还要鼓励经济增长,因为饼做大了,才好分配;(2)经济复苏与增长可以使激进分子(特别是工会分子)失去改革的借口;(3)经济繁荣就可以"证明"以传统和等级为基础的政权的合法性,借此去维护国教传统和等级制度,拖延对天主教的解禁并减轻国会改革的压力。推行这些政策的"四君子"就是坎宁(外相)[18]、皮尔(内相)[19]、赫新基森(贸易大臣)[20]和罗宾逊(财相)[21]。

这些政策开始偏离托利党所赖的土地利益,走向辉格党所倡导的工商利益。1827年,利物浦因中风辞职,继位的都是任期极短的首相。但在托利党掌权时代落幕之前,国会就在1828年废除了《宣誓条例》,容许非国教人士任公职。到1829年末通过了《天主教徒解禁法》(Catholic Relief Act,或称Catholic Emancipation Act),天主教徒可进入国会,避免了爱尔兰内战危机。[22]但同时,由国教垄断的国会也从此结束,建立于土地利益之上的等级制度也开始解体。

可以说，托利党是为了保卫国教传统和等级制度而走上了"开明"路线，在不自觉中失掉了主动。天主教解禁表面的意义是国教不再垄断国会，但深一层次的意义是土地利益集团无法垄断国会，要让位给工商利益集团，更深层次的意义是谁也不能再垄断国会了，因为土地利益与工商利益之争很快就演变为工商利益与劳工利益之争。这也是整个19世纪的关键斗争。

天主教解禁使托利党内部分裂，保守的"高托利"（High Tory）分子认为被首相威灵顿和内相皮尔出卖了。托利政权因内讧而结束[23]，国会再由辉格党把持。[24] 辉格党走上了为工商利益集团服务的"开明"路线。至为关键的是1832年的《政改法案》，主要是提升工商利益集团的政治代表权，一方面取消由贵族地主把持的选区，另一方面增加工业城镇的国会议席。这件事上，威廉四世是有功的。[25] 到此，工商利益集团开始抬头，与土地利益集团展开拉锯战，但要到1846年废除《谷物法》，恢复外国廉价粮食进口，使工商老板们不用提升员工工资就能降低生产成本，工商利益集团才终于击败土地利益集团。

工商利益集团抬头也是工商中产的抬头。整个18世纪，中产的经济力量不断增长，而政治力量也同时增强。经济力量与政治力量同步增强的现象在欧洲大陆是看不到的。欧洲大陆的情况是，中产经济力量增加但政治权利远远追不上，因而弄出暴力革命。英国的中产没有因为政治权利不能追上经济力量而出现不满，其主要原因是英国的社会等级架构吸纳了中产，使它成为一个社会阶层而非一个政治阶级。

社会等级架构是指社会有上下、尊卑身份之别。这个架构中有"阶层"（rank, order，是个社会身份的理念，有一定的政治意义，而且会有经济特征），但不一定有"阶级"（class，是个政治身份的意识，并有一定的经济特征）。[26] 阶层，作为社会架构的元素，有黏合和互认（reciprocal）的意识；阶级，作为政治架构的元素，有对立和斗争的意识。因为英国中产有浓厚的社会等级意识，所以英国没有出现欧陆式的暴力政治斗争，相反却出现一个庞大、无固定形状的社会中层，在它的边界上，一面连接贵族与绅士阶层,而另一面则连接劳工阶层,从而构成一个模糊和有机的组合。特别是在金融中心的伦敦,这个等级架构里的中间阶层对外人来者不拒,而且不断地扩张和创造大量就业。这对社会安定起到很大作用。

从 18 世纪后期开始,中产的工商阶层人数增加,权力与自信心增强。工业和贸易使人致富,还创造新职业,如白领、技术工人。人的定义从家庭走向工作与职位。但是,由于根深蒂固的等级观念,发了财的都想为其家族弄个头衔。除了买一座乡间大宅和置办产业外,还会把使他致富的生意卖掉,以免污了名字被其他高级人士视为"要干活"(tainted by trade)的人。[27]

到 19 世纪 30 年代(也就是上文所述的政改期),大部分英国人仍默认英国是一个以品位和阶层组成的等级社会,认为这是最好的社会结构,并接受上流阶层的治理。[28]英国的政治没有"社会阶级性"带来的诉求和纷争,政治家不谈集体的阶级身份,就算抗议和暴动的民众,也没有意图去颠覆这个他们也认同的历史悠久、天赋的、有效的等级社会。

那时的英国是欧洲城镇化最高的国家,城市拥挤、混乱、流动、焦躁、没有归属感,与农村完全不同。虽然传统的等级类别已不足以涵盖整个社会,但一般来说,政治影响力仍是按传统阶层分配,主要有上中下三个阶层:上层能够参与选举、立法、行政,拥有较多政治权力,他们控制选区、入选国会、垄断上下议院和内阁;中层支配地方,特别是城镇(不包括伦敦)[29],他们积极参与选举、助选和选区内的政事;下层是"陪衬",他们暴动、游行、呐喊。

辉格党是带头以代表中层为己任的,认为给予后者政治选举权是维持传统等级的最佳手段。但他们又同时看不起工商中产,形容他们笨拙、自私、粗鄙、不懂礼貌、没有教养,认为靠经商起家的都太热衷时尚、豪华,热衷购买土地,妄想借此拿得社会地位,因而绝不是国家的力量和希望。托利党更视中产阶层威胁社会等级构架。更保守的托利党人如伯克(Edmund Burke,1729—1797),甚至把法国爆发革命归咎于法国中产阶层的坐大：这个以金钱来衡量价值的阶层被财富腐化、被野心支配，把法国带进血腥的无政府暴政。

总的来说，那时的等级架构仍是非常坚固，强调服从和尊重。工商业中产绝少有严重的社会诉求和实质的政治诉求。上、中层之间，土地利益集团与工商中产之间没有基本冲突，有的只是某一人、某一事、某一地的问题，不影响整体架构的安稳。英国人把自己看作传统王制中的子民。当然有人有共和与公民的理想，也有人有被排挤和隔离的感觉，但属极少数。不合流的清教徒都移民到美、澳去了。

工商中产的意识是"竞争"。他们争取选举权和自由经济，相信无论什么家族背景和出身都可以在世上成功；强调"自助"，认为不成功是个人不努力、奢华或骄傲（典型清教精神）；强调贫穷是个人过失，认为救贫是不智，因为消磨上进心（也是典型清教精神）。他们赞成设立"劳动救济所"，以制止穷人养成依赖习惯。但他们也知道自己收入高并不代表社会地位稳固。非但如此，竞争意识使他们经常处于与人"比较"的状态，对等级的区别反而看得更重。为此，人人想有公认和稳定的社会等级标准，暴发户更担心如何才"合格"。[30]

正当工商利益集团将要压倒土地利益集团之际，它又开始面临劳工利益的直接挑战。工商业资本家赚钱，但劳动阶层的工资、生活没有很大的改善。[31]奇怪的是，等级传统使下层社会依然信任当前制度和国家统一。那时，社会上充斥大量有关贵族和乡绅的参考书籍，以证明世袭贵族的价值和功用；全国上下大建哥特式建筑，以强调古代与现代的连贯性、延续性；王室大倡骑士精神、服从精神；不止在伦敦，全国上下都大搞"灿烂的大典"（great ceremonials）。游行、接见、授封，形形色色，还有庆捷、庆功、感恩、国丧、加冕。社会各阶层，上自国王，下至庶民、士兵，都共同参与。这些盛大的场面，上层可能只是"与民同乐"，但下面各阶层都有"普天同庆"的感受，从而促进了整个社会结构的稳固和整体的共鸣。

1832年的政改没能把选举权延伸到劳工阶层。以代表劳工为己任的政治人物们声称这次政改是辉格政府为迁就中产出卖了工人利益。[32] 1834年的《济贫法修正案》又取消了"院外救济",驱使穷人入住"劳动救济所",拆散家庭(典型的清教思路:人要勤奋、自助),从而引发英国北部工业区(经济不景气地区)的大规模抗议。[33] 同时,中产阶层深受狄更斯的连载小说《雾都孤儿》(1837—1838)描写的下层社会苦况的触动,支持改革。1837年,6名国会议员和6名劳工代表成立委员会,并在1838年公布《人民宪章》6条方案,引发"宪章运动"(主要诉求包括:采用一人一票制;实行无记名投票;无资产人士可竞选国会代表;国会代表有薪酬;选区人口多寡决定代表人数;代表每年一选),最高峰时几百万人大集会。1839年到1848年,罢工、游行、暴动,无处无之。[34]

1848年,(《共产党宣言》诞生那年)全欧革命达到高潮。4月10日,伦敦出现大集会(政府估计有1.5万人,媒体估计有5万人,组织者声称有30万人),军队威胁说,如果群众向国会进发,军队就会介入。[35] 最终请愿失败,但群众热情未减。6月,运动分子大规模武装和操演,并准备发难,但都没能成事,主事者被捕、流放。之后,运动走上社会主义路线。这场运动颠覆了过去的精英统治[36],但本身也开始分裂。1848年底,热情开始淡下来。国会中的中产激进分子继续推动扩大投票权,他们所属的派别是工党的前身。

在从1837年开始的维多利亚时代,英国成为世界霸主,中产阶层是主人(虽然仍维持社会等级),但中产与无产的"阶级"利益分歧加剧。到此,英国的等级社会引入了阶级意识。[37] 1867年政改,城镇工人取得投票权,宪章运动中的诉求大部分成为法律。[38] 到此,工业革命可算完成。[39]

回顾一下。18世纪是没有阶级斗争的阶层社会。法国革命与工业革命带来张力,先是工商利益与土地利益之争,继而是中产"阶级"和劳动"阶级"之争。18世纪末,法国革命比美国独立对英国影响更大,引发更有颠覆性和破坏力的对自由与平等的诉求。当然,农业、工业革命改变了农村与城镇的经济、生产模式、职业架构、人口分布和国家资源分配关系，但那时的保守分子不但继续把当代社会当作传统和理想化的等级社会的延续，而且积极保卫这个理想化的"旧社会"，并为之辩护。面对法国的革命意识，各阶层成功重申（甚至发明）[40]英国等级阶层的"古老和可贵"。

乔治四世登基（1820）是政改争议最激烈的时刻；维多利亚登基（1837）与宪章运动的展开差不多在同一时期。但在他们的登基大典举行时，整个帝国内外在清楚分明的等级排序之下全体热烈地参与其中。狄更斯在他的小说里所描述的世界不是一个对立或分裂的世界，而是一个以个人性格、家庭关系、细微的社会阶层组成的世界。不同的说话口音、衣着仪表、身份地位的人，在大城市里摩肩接踵。更重要的是，他认为这是个"理所当然"的世界。日后成为首相的迪斯雷利是当时最有名的"青年英国社"（Young England Group）的代表人物。他认为填补社会鸿沟的良方是重申一个传统权贵领导下的有机社会秩序："每个人都知道他的地位——国王、农夫、贵族或教士，最高位与最低位的都连在一起。"当然也有不少知识分子攻击传统制度——"保守分子所指像猪一般的群众实在是社会中最重要、最受压迫、又最勤奋的人，他们被拥有土地的贵族们支配"。[41]

1830年的天主教解禁引起大反思。差不多所有的王室贵族、内阁成员、上下院代表，以至于一般中、上阶层，都想维持等级社会，但面对全国性的抗议声和不满情绪，该如何处理呢？当时英国政坛有三条路径。（1）1830年前主政的托利党走传统路线。威灵顿首相坚持要站稳立场，群众不满就要镇压，要重建"听命、秩序、服从"的社会。[42]（2）1830年后主政的辉格党自命代表工商利益，但也认为要保存传统阶层，"由品位和土地自然产生的影响力（natural influence）应受保护"[43]。他们的战略（从1820年开始）就是以投票权去让中产阶层连上上流阶层，使他们跟上流阶层一样爱护和支持传统制度（也就是支持政府）。所以在改革法案的辩论中，他们把中产阶层形容为"英国的骄傲和花朵"[44]，因为他们相信给予中产阶层认可和肯定才可以把社会重新编织整合；把投票权发给中产阶层才可以填补上、下阶层的鸿沟。(3) 托利党和辉格党以外的非当权派别的想法和两党不同,他们以"人民"(the people)来定位自己,以与"老腐败"(old corruption)相对。这个"人民"包括中产阶层(辉格政改的对象)和劳动"阶层"。1829年,伯明翰首先出现"中产阶层和劳动阶层政治联盟"(Political Unions of the Middle and Working Classes)运动[45],运动快速蔓延至全国,集会者数以万计。他们认为"国会(下议院)"的代表们与中、下阶层在财富、资产和品位上差别极大,不可能对中、下阶层有公平的看法,也无法达成共识。

1830—1832年期间,社会扰攘不息,到处集会、游行、示威,在农村还发生了暴动。[46]中、下阶层似乎要联合起来对抗过时和尊权的旧等级。有些托利党人担心全盘崩溃:"没有国王、没有上议院、没有尊卑,等级、品位、名次全部毁灭。"[47]威灵顿认为:"大英帝国的整个社会系统已完全改变。"辉格党人则比较乐观。他们要保护由他们坐在顶上的权贵社会秩序。他们成功了,1832年的《改革法案》保住了等级制度,当时的格雷首相称它为"伟大的改革法案"(Great Reform Act),其实这个法案给土地拥有者最大的影响力。托利党与辉格党以外的看法是,这项法案虽然不是在新兴的"中产阶层"推动下制定的,但它成功巩固了新发明出来的"中产阶级"。相对来说,劳动阶级则有失望和被出卖的感觉。他们认为这项法案的推动者并没有意图推翻(或最低限度去重塑)权贵(贵族)制度,而是通过支援"子权贵"(sub-aristocracy)和中产阶层去巩固这个权贵制度。从1832年的法案拿到投票权的"中产阶级"聚焦于他们的自身利益多于关注那些帮助他们推动政改的"劳动阶级"的利益。"劳动阶级"对"中产阶级"失望和讨厌是合理的。可以说,1832年的政改把中产阶层拉入了国会,但又制造了"阶级"意识。这才引发1867年的政改。[48]

但在整个维多利亚时代(1837—1901),传统阶层观念仍然浓厚。当然有贫民区也有郊外别墅区,但大部分不同阶层的人都住在一起,工作在一起。对大多数人说,传统等级仍是最自然、普遍、悠久和天赋的制度,每个人都知道自己处于什么位置。有人说:"谁能说上流阶层在哪里终止,或中产阶层从哪里开始?"这条社会等级纽带好像是无尽的、细微的和连续的。[49] 又有人说:"好几个阶层之间的实际分别是如此小——没有任何一个社会身份或个人的影响力会影响每一个阶层。"[50] 还有人说:"从国王到农夫排序是细微的、相对的、互认的。"[51] 著名美国小说家詹姆斯(Henry James,1843—1916,晚年入英籍)这样说:"无论一个外人怎么看,英国社会本质上是一个等级社会,日常生活的细节,无一不反映这事实。"王尔德曾说过,贵族制度是"英国人最美妙的虚构"。英国人,尤其是新富,对虚名的追求比法国尤甚,而且英国的贵族是没有什么实质"特权"的。这反映了英国民族性格的矛盾:务实又慕名、开明又保守、思变又传统。

1840年,政治讽刺漫画家克鲁克香克(George Cruikshank,1792—1878,为狄更斯著作创作插图)画了一幅《不列颠蜂巢》(British Beehive)去描绘英国社会:画中蜂巢最顶层是王室、贵族和国会,中间是书商、机械技工、纺织匠、首饰匠、玻璃匠、茶商、发明家,下层是屠夫、织匠、工匠、司机、擦鞋童、采煤者、扫烟囱者、扫街人。各层面互连的蜂巢影射英国社会等级是"最自然和不变的",就像蜜蜂一样:勤奋和合作,各安其位。他说,这幅图"代表英国当代社会实况,以立法去干扰这个丰富的构架实在不智。图内有54个小格,代表每类的阶级和职业,最基础底层是海军、陆军和志愿军,最顶层是王冠,一边是王旗,一边是国旗"。到1867年,他再绘《蜂巢图》,基本一样。在多年的宪章运动、多次的政制改革之后,英国的等级架构依然如旧。

注：

1. 这叫"斯宾汉姆土地制度"（Speenham land），是一批在英国东南部伯克郡的乡绅为解救因粮价过高而陷入困境的当地农民所想出来的救济办法，主要是按农户孩子数量和面包价钱去定下救济金额。这项制度多在英国南部实行，特别是在拿破仑战争的高粮价时期。其实早在1774年，苏格兰的格拉斯哥就试用过。

2. 这场运动先在英国中部诺丁汉郡开始，前后历时5年（1811—1816）。其名字有两个来源：1779年一名叫勒德（Ned Ludd）的学徒捣毁两台织袜机，因以为名；还有一种说法是，诺丁汉附近的舍伍德森林中有位像传说中劫富济贫的"侠盗罗宾汉"式的义士，叫勒德将军或勒德王。动乱是有原因的。拿破仑战争期间工厂大增，但工厂只愿雇用非技术工人，技术工人失业并归咎于机器。他们晚上集会，演习起事。1811年在诺丁汉郡,1812年扩散到约克郡,1813年到兰开夏郡。这场运动没有政治诉求，也没有全国性的组织。除捣毁机器外，他们还袭击法官和粮商。出动镇压的军力有一段时间比英国在半岛战争中与法国作战的士兵还要多。

3. 1833年的法案批准成立工厂督查；禁止9岁以下儿童在纺织厂工作；9—13岁儿童工作不超过每天9小时，每周48小时，并每天要受2小时教育；13—18岁的工人工作不超过每天12小时，每周69小时；18岁以下的工人不能上夜工（晚上8：30到早上5：30）。煤矿的情况更严重，5岁孩童就要下矿井。在1842年，政府立例禁止女性和10岁以下男童下矿井。1844年更禁止所有8岁以下儿童到工厂工作。1847年，规定女性与儿童在纺织厂工作不能超出每天10小时；1867年，把1847年的禁制覆盖到所有工厂（超过50人受雇的制造业）；1878年，规定所有妇女工作不能超过每周56小时。1875年，规定儿童不能做扫烟囱的工作。1850—1860年，技术工人组织工会。1880年后，非技术劳工也开始组织工会。

4. 那时，英国的敌人包括美国独立分子、法国、西班牙、荷兰，并有谣传称法、西会合兵入侵英国。暴乱的导火索是1778年出台的《教皇党人法案》，为了增加兵源，该法案减轻了对天主教徒的压迫。反对者示威，但随后演变为暴动和抢掠，有人说是伦敦有史以来破坏最严重的暴乱。暴乱以领导人、新教加尔文宗的戈登公爵（Duke of Gordon，1751—1793）命名。此人行为怪诞，日后改奉犹太教，死于狱中。

5. 从1776年开始，康沃利斯（Charles Cornwallis，1738—1805）到处追赶美国的革命军（新泽西、南卡罗来纳），到北卡罗来纳就没有那么顺利。兵疲马倦之下，他领军在弗吉尼亚沿海地区约克镇休憩，以维持纽约方向的补给线。他在四周设置重重工事。这是1780年8月的事。华盛顿命法国的拉法耶特率美军在陆上包围约克镇，他则联同更多美、法联军从纽约沿海路开来。英海军也来解救，但被法舰队挡住。美、法联军登陆。康沃利斯被前后夹攻，没有退路，被迫在10月19日投降。英海军赶到时已经晚了。

6. 1783年的《巴黎和约》承认美国独立，谢尔本（Shelburne）首相下台，波特兰继任，但实权落在福克斯（外相）和诺斯（内政）手上。乔治极不喜欢福克斯的政治主张与为人，认为他没有原则，尤其是对王储有不良影响。但波特兰的政府支配国会，乔治唯有强忍。乔治特别发愁的是，波特兰政府提出《印度法案》（India Bill），要改组东印度公司，把政治权力移交国会委任的委员会。乔治不是不想让国会控制印度政局，但他不满委员都是福克斯的人。下议院刚通过《印度法案》，乔治主使亲信坦普尔（Lord Temple）通知上议院的贵族，说谁支持这法案就是与他为敌。上议院否决法案。三天后，乔治解散波特兰政府（其实就是解散福克斯-诺斯联盟），委任小皮特为相，坦普尔为外相。这是1783年的事，并引出了宪法危机。国会谴责国王干预国会的表决为"反国重罪"（high crime），坦普尔被迫辞职。那时，国会大多数对小皮特敌视（尤其是因为乔治的干预）。小皮特也聪明，邀福克斯入阁，但不包括诺斯（制造了福克斯与诺斯之间的矛盾）。他的政府在国会中仍是困难重重，1784年1月就被国会投下不信任票，但他不按"无形宪法"的常规顺势引辞。这是史无前例的，但乔治支持他，不邀请福克斯-诺斯去组建新政府，并发动上议院多次通过小皮特的动议，各处地方也请愿支持小皮特。这当然影响部分国会代表的心理。伦敦市给他"自由市民"的荣誉称号。荣誉典礼结束回家，一路上由市民代表拉车，表示对他尊敬。途经一座辉格党人的集会场所，有人想袭击他。消息传开，众人认为是福克斯和同党所为。民众称小皮特为"老实的比利"（Honest Billy）来暗讽福克斯与诺斯派系的不诚实、腐败和缺乏原则。在国会中他屡次受挫，但坚不辞职。反之，对方的势力日减，很多人放弃投票。1784年3月，时机成熟，他解散国会举行大选，在乔治全力支持下，大获全胜。有史家说这"证明"乔治看透"民意"。在这个过程中，乔治对小皮特非常支持，特别在上议院增加新议席，委任小皮特的支持者。那时小皮特才24岁，在他的任内和之后，乔治大受英国民众拥戴。

7. 将来属辉格的格伦维尔首相（任期1806—1807年）也提出此事，被乔治坚拒，但到1829—1830年乔治终于容许天主教徒参政。有人视之为传统等级架构崩溃的开始。（见下）

8. 对中产来说（工业革命的主力，政治革命的可能带动者），乔治是反法国革命和革命意识扩张的象征。英国政制有民主包装（国会）、自由实惠（赚钱）、传统光环（等级），因此中产阶层没有受到法国革命的激进思想和工业革命颠覆现状的影响，也没有引发大乱。

9. 这个"奇策"叫大陆封锁（Continental Blockade，或称大陆系统［Continental System］、柏林敕令［Berlin Decree]）。1805年10月，英海军在特拉法加一役大胜法海军；1806年5月，英政府下令海军封锁法国和法盟国的港口。拿破仑知道他的海军力量不及英海军，不足以进侵英国，便决定打经济战。他知道工业革命在英国的成就使英国成为整个欧洲的制造业和金融业中心，便认为如果可以抵制英国贸易就可以令英国通货膨胀，导致负债，引发经济崩溃。1806年11月，他颁布柏林命令，禁止所有在他势力范围内的国家与英贸易。英国做出反应，在1807年11月下令禁止法国与英国、英盟国和中立国贸易，并派遣海军封锁所有港口。拿破仑马上颁布米兰敕令（Milan Decree），禁止所有中立国船只使用英国港口和向英政府交税。

对英国来说，大陆封锁驱使它积极开发新市场，开展面向欧陆的走私活动。法国海军不济事，拿破仑不能单靠在大陆设防去阻止走私，尤其是很多的傀儡政府都是阳奉阴违。短期间的雷厉风行稍为有效（如1807—1808年和1810—1812年中的一段时期），但总的来说效力不大。英国对世界其他地方的贸易反而急速发展（尤其是南、北美洲）。但英国1807年的禁运影响中立的美国，引出麻烦。美国夹在英、法的互相封锁之间，在1807年英舰美洲豹号（Leopard）向美舰切萨皮克号（Chesapeake）开火，并登上美舰去捉英籍逃兵，引发美国出台对英禁运政策。但美国的禁运对美国商人的影响比对英国商人更大。加上英舰到处在美国商船上抓逃兵，而英国政府又支持美洲印第安人反对美国的西部开发，美国终于在1812年向英宣战。这次是英国打赢，还火烧白宫。与拿破仑战争相比，这只是小插曲，但对美国人心理影响很大。此后，美国人才谋求真正的"独立"。拿破仑的大陆封锁没有削减英、美贸易，英、美相争才是削减双方贸易的真正原因。

大陆封锁也影响到了法国。依赖海外贸易的经济活动锐减，如造船、纺织、做缆绳。南方港口城市如马赛、波尔多（Bordeaux）的贸易量一落千丈。意大利的丝织业差不多被完全摧毁，但法国北部、东部和比利时南部的工业化地区却因为对英国货（特别是英国廉价纺织品）的禁运而发了财，意大利南部的农业区也得益。以贸易为主的荷兰最惨（荷兰的傀儡国王是拿破仑的亲兄弟）。总的来说，除若干地区外，欧洲出现物价上涨。拿破仑迫不得已在1810年开放法国西南港口和西班牙边境，容许与英伦有限度的贸易。1810年到1812年欧陆向英输出农产品，而英国那时刚好严重歉收。

英国对大陆封锁的第一反应是攻打拿破仑附庸国中最弱的丹麦。丹麦名义上是中立，但拿破仑威逼它把规模不小的海军交给法国支配。1807年8—9月，英海军炮轰哥本哈根，掠夺丹麦舰队，成功控制北海和波罗的海航道，并在丹麦西岸设堡，保护走私货进入欧洲。

瑞典是英国盟国，拒绝加入拿破仑的大陆封锁。1808年法国派兵入侵瑞典南部，但因英海军控制丹麦航道，未成。英海军在丹麦与瑞典离岸的小岛上修建多个堡垒，控制航道。

最关键的是葡萄牙与西班牙。葡萄牙与英国在1793年已有互助盟约，因此拒绝加入大陆封锁。1807年，拿破仑企图掠夺葡萄牙舰队和港口，捉拿葡萄牙王室。在英海军护航下，葡王把整个朝廷和整支舰队移驻葡属南美巴西。葡萄牙人民起来反抗入侵的法军，开启了把拿破仑弄得头昏的"半岛战争"（Peninsular War）。

到1812年，俄罗斯的亚历山大沙皇受不了了，开始与英国重新做生意，输出英国所极需的造舰木材。拿破仑一怒之下进攻莫斯科。60万大军，回来的不到十分之一，攻俄是拿破仑的致命伤。

10. 半岛战争（1807—1814）是英国与葡萄牙和西班牙（稍后参加）对法国的战事。

首先，英、法争夺伊比利亚半岛的控制权。1807年（大陆封锁后一年），拿破仑进犯亲英的葡萄牙，借路西班牙，在1808年3月索性占领马德里。1808年8月，英国远征军在威灵顿带领下登陆西班牙，在里斯本附近击败法军。但上司约束他不要追击（当时威灵顿只是个将军，还未封爵），因为远征军解救里斯本的目的已达到。威灵顿愤而离任。

同年10月，西班牙抵抗法军（那时西班牙帝国解体，入侵的法军占领西班牙，各地奋起反抗，自组军队），在西班牙北部作战，英军增援。拿破仑亲来督战，在当年12月基本完成对英军的包围。英军急退，于1809年1月成功逃回英国，但统帅阵亡。

英国决定重新再来，委任威灵顿统领远征军，在1809年4月抵达里斯本。那时，法军南下，逼近里斯本。威灵顿从里斯本北上袭击法军，向西进攻马德里。法军增援，威灵顿退回里斯本，没有大损伤。他决定力保里斯本作为在伊比利亚半岛的英军基地。于是在里斯本以北修建了一条长25英里的堡垒阵线，以阻击法军南下。英海军则巡弋里斯本海岸以确保军需供应。

有了这个基础，威灵顿就可以与法军长期周旋。西班牙各地反法独立战争在1808年5月开始，战事不断。1810年，流亡政府在加的斯（Cadiz，西班牙西南端）成立，但被7万法军包围，而当威灵顿保住了里斯本，就同时为他们撑开了保护伞和提供补给区。他们最善游击战，牵制住拿破仑30万精锐部队。在1812年，威灵顿多次与法军交战，甚至攻入马德里（只是短时期留驻）。那时，拿破仑一方面攻打莫斯科，另一方面在半岛被英、葡联军牵制。他称半岛战争为法国的"西班牙胃溃疡"（Spanish Ulcer）。1813年是关键性的一年。6月份，威灵顿北上进袭拿破仑军（由傀儡的西班牙王率领），夺取法军全部辎重和大炮。10月份，威灵顿攻入法境。这是法国大革命以来第一支外国军队攻入法境。

11. 主要是定下国内粮价，不允许低于此价的粮食进口，其实也压低了工人实际的工资（因为把工资花在高价粮食上就要放弃其他消费）。

12. 当时土地利益集团的论点是高粮价鼓励开发新土地。但实情是，在全无进口情况下用以供应战事需求而开发出来的土地仍未完全用尽。

13. 1816年11月15日在伦敦闹市一处叫"矿泉场"的游乐场上，倡议土地公有的市民爆发集会，吸引了上万人。他们原意是要上书摄政王（那时是乔治三世与四世之间的摄政期，上层社会一片奢浮），要求改选举制和济贫。第二次集会是在12月2日，有2万人参加。最初是和平游行，但后来失序，有人抢掠枪店武器，但被军队驱散，主事人被捕，后被释放。这是19世纪的第一次群众事件，政府认为是革命的前奏，决定日后采强硬政策。1816年政府修改《人身保护法案》，

第十九章 真正发生的

引发出 1817 年的"毛毯游行"事件。

14. 1815 年的《谷物法》限制粮食进口，粮价上升，1816 年粮食歉收，人民生活更为艰难。1817 年 3 月曼彻斯特织工匠准备游行到伦敦向摄政王提交请愿书，反对政府的《人身保护法案》（削减人身保护）。3 月 3 日有 2 万人集合。3 月 10 日，5000 人齐集，旁观的有 2 万人。请愿者背着毛毯用来晚上睡觉，并显示他们是织工（因此叫"毛毯游行"）；他们强调和平示威，分 10 人为一小组，以免触犯《集会法》，但政府派军队驱散集会，秩序大乱，但仍有几百人向伦敦进发。骑兵追赶，有人被刺刀击伤，1 人被枪杀。群众折回，政府大举捉人。据说最后只有一个人抵达伦敦，并递上请愿书。曼彻斯特地方政府认为事件背后有阴谋，说游行分子准备攻击军队和厂商，于是组织当地团练，中央也同意，最终酿成 1819 年的"彼得卢大屠杀"。

15. 1817 年 6 月 9—10 日，在德比郡的小村彭特里奇（Pentrich）有两三百人集合（主要是织袜工人、矿工和铁工），要闹革命，并向诺丁汉出发。他们的武器主要是棍棒长矛，还有八支枪。政府早得细作告密，工人们一出发就被抓起来。三人问吊。

16. 1820 年 1 月 29 日，乔治三世去世。2 月 20 日，阴谋者（主张土地公有）在卡托街（Cato Street）密会。有人建议闯入内阁晚上开会地刺杀政府大员。但政府有细作通风。2 月 23 日，政府逮捕阴谋主脑，数人逃脱但稍后被捕，主谋 4 人问吊，其他人流放。

17. 1817 年，政府出台《反叛逆集合法》（Seditions Act），并取消人身保护；派"间谍"潜入不满情绪最高的工业区去窥探工人动静；用军队（那时没有警察制度）去驱散集合群众。1819 年的《六条法令》（Six Acts）增加政府的搜查权力，在政治案件审理上取消陪审团；同时增加印花税以抬高报纸价格，工人买不起报纸，就不会被报纸言论煽动。到 1820 年，经济稍有好转，乱事才稍平。

18. 坎宁（George Canning, 1770—1827）的政策是以维持国际和平去推进英国贸易，因此不鼓励自由主义和国家主义。他不支持希腊独立（1822 年），又派兵帮助葡萄牙镇压起义都是为了英国利益。他成功鼓励美国实施门罗主义（Monroe Doctrine，也就是美洲事情由美洲人［美国人］处理），也是为了保障英国在美洲的市场不被欧陆诸国抢走。在南美诸国争取独立的事情上英国先保留态度，等到独立完全成功才予以承认。这也是因为不想鼓励任何对合法传统政权的挑战，怕引发英国内部动乱。

19. 皮尔（Robert Peel, 1788—1850）改革司法，改革刑法，改善监狱，建立警队（1829 年）。1824 年，他推出《工会法案》（Combination of Workmen Act），废除《组合法案》，但出现罢工潮。他在第二年又修改法律，约束工会谈判和罢工的权力。这些改革与经济改革是同步的。

20. 赫斯基森（William Huskisson, 1770—1830）鼓吹自由经济，降低进口税，放宽《航运法案》，并与殖民地开放双边互惠关税。1828 年，他尝试以减税去降低粮价，因为保护土地利益的《谷物法》（1815—1846）抬高了粮价。

21. 罗宾逊（Frederick John Robinson, 1782—1859）的功劳主要是处理黄金与货币的关系。1825—1826 年，六七十家银行同时倒闭。他向国民保证纸币可换黄金。为此，他命英伦银行铸金币，禁私有银行发行纸币，批准英伦银行在各地开分行，允许私人银行扩大股份。1826 年，经济复苏之后，他用财政盈余偿还国债和减税，大受欢迎。

22. 英、爱在 1801 年合并，很多爱尔兰人反对（特别是受法国大革命思想的影响的）。1823 年，奥康奈尔（Daniel O'Connel, 1775—1847）成立"天主教联合会"（Catholic Association）对抗合并。1828 年，他以绝大多数票数当选国会议员，但因为《宣誓条例》未能获准进入国会，出现宪法危机。600 万支持者示威使政府寒心，遂通过解禁法案。19 世纪 40 年代，奥康奈尔想让爱尔兰脱离英国，未遂。南爱是在 1922 年才独立的。

23. 虽然在 1830 年大选时威灵顿仍然取胜，但他只能组建弱势政府，并很快倒台。

24. 这是英国内政的关键转折点，此后就是辉格、托利轮流执政，后再转为由自由党（由辉格衍生）与保守党（由托利衍生）轮流执政；最后自由党又分裂出工党，变成工党、保守党轮流执政。一度光辉的辉格党就成为历史名词，象征着"开明"与"自由"。

25. 15 世纪以来，选举制度都是重农轻商，重乡轻城。古城镇如曼彻斯特、伯明翰都没有国会代表（虽然它们所在地的郡有代表名额）。小城镇的选区叫"腐烂选区"（rotten borough）或"口袋里的选区"（pocket borough），都是由地方乡绅或地主贵族把持。工商利益者当然想在国会里有他们的代表，遂发起政改。那时，主政逾半个世纪、以土地利益为基础的托利党因《天主教徒解禁法》而产生内部分裂，大选败于辉格，从而开启托利、辉格轮流掌权的时代。

　　1831 年，仍由土地乡绅掌权的下议院否决改革动议，首相格雷（Lord Grey）属辉格党，走"开明"路线，遂请威廉解散国会，举行大选，好巩固辉格势力。威廉犹有疑虑，因为大选刚过，民情沸腾，恐生乱事。但他又听闻反对党托利党声称要在上议院（那里的贵族代表多属托利）议决反对国王解散国会，这代表国会将挑战他召开和解散国会的国王权力。在格雷力劝下，他准备亲自到上议院去终止议事（因为国王来临，国会就要停止议事，也就是不能通过任何议案）。当侍臣回报说因为事发仓促，不能预备好车马，传说威廉的反应是"我就坐出租车（hackneys）吧"。当他在国会（上议院）出现时，《泰晤士报》是这样报道的："完全无法描述当时的情景⋯⋯高贵的爵爷们的狂态和喧声⋯⋯使在场旁听者惊异，使在场的女士害怕。"有位爵爷甚至扬鞭作势要鞭打政府的支持者，需要其他人把他拉住。威廉匆忙戴上王冠，进入议事场，解散国会。

　　大选随即举行，改革派取得胜利。这次，下议院大多数通过政改，上议院还是坚决反对。全国哗然，示威群众越来越暴力。首相格雷决定不接受上议院的否决（他也是上议院议长），再度提案，并建议威廉增加上议院议席，派支持他的人坐上去，好使议案通过。威廉虽然有权这样做，但他不想增加永久性的席位，就告诉格雷他只会制造一些将来可以被现有席位吸收的新席位（上议院是高级贵族和教士的议会，某些贵族的品位是可以归纳或拆散的）。上议院这回又玩弄把戏，不直接否决议案，改为修改议案，想扭转议案的本质。格雷与内阁声称如果威廉不答应马上增加上议院席位，强行通过议案，他们就要辞职。威廉想恢复托利的威灵顿为相（他在 1831 年下野），但威灵顿在国会缺乏足够支持。此刻，威廉的民望跌到最低点，有人甚至向他车驾掷泥。他最后还是同意重新委任格雷为相，并答应如果上议院仍坚持反对政改，他会增加议席。上议院确实担心国王增加席位，因为这代表削权，于是大部分反对者弃权。法案在 1832 年通过。民众把中间的纷纷攘攘归咎于王后和王弟作怪，威廉的民望得以恢复。

26. 到今天，英国"class"一词仍可用来指阶层或阶级。历史上，阶级意识要到维多利亚时代（1830 年后）才成形。

27. 要到 19 世纪后期工业革命带来的新富越来越多，并具有政治支配力量后，这种来自土地经济的"干活污了名字"的说法才渐渐止息。

28. 19 世纪初，王室中人对工业发展很感兴趣，加上以土地收入为主的传统贵族开始没落，上层社会也发生相应的变化，出现土地贵族与工商富人的组合，特别在矿产和航运行业上。

29. 这是工业革命成功的因素之一。地方不理中央，自作主张，为工业革命成长带来弹性和灵活性。

30. 这时出现大量有关举止、礼仪的书刊，教人怎样握手、怎样礼貌地结束对话、怎样发请柬、怎样处理指甲、口气，怎样用餐，怎样上剧院、上教堂、上书廊，坐的仪态、站的仪态，头发的

第十九章　真正发生的

样式、胡须的样式，等等。一个"新中产"绝不能在社交场合出丑。

大城市的近郊开始城镇化，新建的小平房、半平房开发区通用上贵族住所的称呼，例如王室的"温莎堡"（Windsor Castle）、马尔伯勒公爵的布莱尼姆宫（Blenheim Palace，占地2000英亩，拥有187个房间）。有钱人更想模仿贵族们的宏伟宫室。中产妇女尤其认真，因为她们的社会地位不是来自工作或职业。丈夫上班，妻子在家。她们的日常生活是她丈夫名成利就的最有效广告。丈夫赚钱就要有炫耀的家居，那时出现很多绅士家庭的"配件"：地毯、钢琴、油画，越贵越好。大量的妇女刊物鼓吹说，买奢侈家居和装饰不但是财富的象征，更是爱国的表现：一方面推动经济，一方面通过购买大英帝国在全球各地的珍贵的高价产品有助于巩固帝国经济。她们每天更换衣服几次，分早餐、晚餐，在家会客等。她雪白的手臂，环圈的硬裙暗示她未曾做过家务。中产们非常藐视做工赚钱，也不鼓励家务，于是出现大批女仆、厨子、仆役。就算中产低层的如文员或教师，家里都雇个"打杂的"去做"粗重工作"。

中产妇女如何协调奢华的生活方式和谦虚、勤俭的新教美德？那时，妇女比男性的道德观更重。她们要为丈夫建立一个安宁和贤惠的家庭"绿洲"，待丈夫从营营役役的外边世界回到家里时，可以洗净贪念、妒念，甚至淫念。做丈夫的如果有更多钱，妻子就可以做点慈善，为贫民盖房子，让他们也过上幸福的家庭生活，好让丈夫缓解一下在追名逐利中的良心不安。

31. 劳动阶层分三等：粗工（workingman, labourer）、巧工（intelligent artisan）、有教育的工人（educated workingman）。

有些巧工（如造车匠）的收入会高于很多的中产，如文员。铁路发展也创造大量职位，如出租车司机、行李工、脚夫。公交车售票员可在车费上取若干工资。粗工的收入最低，仅够房租和简单伙食。有很多街贩，用骡车或独轮车去贩卖熟食、饮品、二手货和收购废料。

在街上赚钱的还包括脚夫（但要避开脚夫公会的地盘）；有男童为休歇的马夫拉马头，赚几毛钱，或卖报纸、卖快餐，在泰晤士河边的泥泞中捡破烂来转卖（狗粪可以卖给皮革厂、雪茄烟头可以翻制当新烟出售）；有扫街（在泥泞和肮脏的街上为体面的绅士淑女扫出一条过街道路，赚几毛钱）、行乞（乞妇可以租用孩子，甚至弄瞎、打跛孩子去赚路人同情）。晚上，有上进心和精力的会上"夜学"，学点科技、拉丁文、速记等，希望可以升为管工、监督，能看得懂报纸。女的会学法文，希望升为淑女的贴身女侍。

散工每早在伦敦和英国东北部海港城市的码头和船厂等人雇用，但工作是不固定的，雇主接不到订单或天气恶劣就无工可做，要等待救济或申请入"劳动救济所"。

妇女找工作比较容易，因为有大量"廉价现成衣服销售店"（slop shop），主要是造军服和囚衣，都是手缝，但晚上工作要自己买蜡烛。

娼妓也很多，有些贫民窟甚至整条街都是妓寨。年轻妇女做几年，有了积蓄就去开店。妓寨性病猖獗，妓女可以入性病医院，但没有根治的方法，出院后她们大多重操故业，致使性病蔓延。狄更斯曾经想办一所收容院，但这些妇女往往不想入住。

32. 其实辉格党从没有站在工人那边，直到1900年，部分保守党和辉格党分裂出来成立了工党，能反映工人利益的政纲才出现。

33. 1834年托尔普德尔殉道者（Tolpuddle Mantyrs）事件，工人运动组织者被诬告而流放澳大利亚（后来翻案）。1836年伦敦工人协会（London Working Men's Association）成立，强调阶级团结、全民投票、戒酒和谴责1832年改革法案，稍后转激进，他们一般在咖啡馆、工厂集结，甚至露天宣讲。

34. 1839年初，宪章运动分子组织伦敦全国大会（National Convention）并向国会递交请愿书（有自组国会的意味）。6月份，130万人呈上签名书，但国会拒绝接见。大会有人建议总罢工，更有人准备起义。

11月，东南威尔士的纽波特（Newport）发生暴动。作乱分子设立秘密支部，暗制武器，准备攻占市府，发动全国起义，3000人进入市中心。政府逮捕了几人，将其囚禁在市中心一间旅店内，由军队看管，于是暴动者和军队发生冲突。开火中军方占尽优势，宪章运动分子被击散，约20人死，50人伤。但运动的热情并未下降。1840年1月12日，谢菲尔德（Sheffield，英国北部城市）起事不遂；1月26日，布拉德福德（Bradford，英国北部）起事也未成功——主要是因为有官方细作在通风报信。

1842年5月，第二次大请愿，有300万人签名。那年经济不景气，雇主大量削减工资，要求恢复工资的呼声高涨。英格兰、苏格兰到处出现罢工（停止工作，直到增加工资），但是否由宪章运动分子指使至今仍不清楚。有人指是工商利益的"反谷物法联盟"（Anti-Corn Law League）中的人故意关闭工厂引发事端。从8月份开始，暴动包括破坏财物、暗袭警队，政府军队镇压，终于在9月底恢复秩序。政府秋后算账，逮捕运动分子，几百人下狱，几十人被流放海外。

恩格斯的《英国工人阶级状况》(The Condition of the Working Class in England) 就是根据1843年在曼彻斯特的观察而写成的。

从1843年开始，有人提出"土地"是解决问题的根本办法，成立"土地合作公司"（Cooperative Land Company，后称"国家土地公司"，National Land Company），由工人入股集资买地，然后把地分割为小幅的2、3、4英亩（8000m²、12000m²、16000m²）建房，按抽签分配。1844年到1848年间共买了五幅土地。1848年，国会成立委员会调查财务的可行性，下令关闭该公司。

35. 后来改派代表向国会递交请愿书，声称有600万人签名。国会书记称只有190万，这对运动的声誉带来负面影响。

36. 在这期间，若干宗教团体提出基督徒不应干预政事，所有教派应特别拒绝加入政治团体，越少关注"世事"的越是神圣和值得被仿效的。当然，宪章运动中的基督徒则认为宗教应该在现实生活中实践，不能与政治分开，遂出现"宪章运动基督教堂"（Chartism Christian Churches）和政治宣道家，更有宗教团体发起募捐去印刷圣歌集。运动分子批评国教，特别指出国家对不同教派拨款分配的不公，并质疑国立教会的理念，提出政教绝对分开的建议。

37. 当时政治辩论的主题是：为保存和保卫一个以等级为构架的社会，劳动阶层是否应该有参政权，也就是是否应该有投票权？他们预设等级社会是政治稳定的基础，但等级中的各阶层染上了阶级意识。有人担心如果不政改，会出现"阶级斗争"，削减传统阶层的凝聚力；有人担心给予劳动阶层投票权会加快带来"阶级斗争"，而国会会成为阶级利益斗争的场所。

38. 当时保守党首相迪斯雷利的想法是，如果一方面扩大选举权去回应劳动阶层的诉求，而另一方面重新分配选区去照顾传统的土地利益集团，就能阻挡住阶级政治和阶级斗争，巩固"传统"的等级，巩固"天然"的体制。他说，"越大"范围的普选，"天然的权贵等级"（natural aristocracy，他是指贵族们和对传统等级意识的认同者，特别是中产阶层）会越强。保守党内的托利人（指保守党里的保守分子）则相信会产生相反的效果，阶级战争会爆发，传统阶层会败下阵来。

结果是，迪斯雷利"黑暗中一跳"，超额增加劳动阶层投票权，一下子多了30万选民。当时的主流说法是：权力从驯羊般可怜地从中产阶层转移到劳动阶层，从精英转移到乱民——"再见了，这些拥有大树丛、野鹿林的大宅"（指老贵族的豪宅）。

39. 1867年之后的余波包括1867年开始不记名国会代表选举，1911年开始国会代表受薪；1918年更是开放全民投票权。同时，工人运动也开始被允许：1868年，工会联合会（Trade Unions Congress，TUC）成立；1871年，《工会法案》(Trade Union Act) 通过。

第十九章　真正发生的

40. 1790 年英国有效忠运动（Loyal Association Movement）。1792 年春，法国革命进入高潮，对外宣战，输出革命。5 月 21 日，乔治三世颁谕子民，"国内煽动性刊物到处传扩鼓励叛逆"，颁令各地官员有责举报。国民反应热烈，各地成立效忠社团（loyal associations）。到 1794 年，英法正式开战，国民更加同仇敌忾。最高峰时，"效忠志愿军"达 30 万。"保王、保宪、保国"口号支撑 20 多年对法的艰苦战事，主要是防止法国激进革命思想输入。地方上的乡绅，按自己的品位和职位去发动百姓保卫国王、宪法和社会秩序。很多慈善机构和宗教团体强调尊重和服从。

41. 库珀（Thomas Cooper, 1759—1839）属反国教者、国会议员；当初同情法国革命，后反对；1794 年移居美国，成为著名教育家、经济学家、政治家。

42. 托利党不想把选举权下放给新冒出来的中产阶层。"让小店主、小律师、思想狭隘和有偏见的人进入国会和参加议事将是大灾难"。更有人认为让中产阶层有投票权会威胁低下阶层的利益，因为只有上流阶层更能保护低下阶层（家长统治意识）。

43. 格雷首相组成的政府是 19 世纪中最贵族化的。他们认为社会的不满情绪不是针对传统阶层，但社会动乱会导致传统阶层不保。他们恐惧一般人对由贵族把持的"腐败选区"（rotten boroughs，特别是工业化城镇）选出的国会代表的反感会导致他们不再尊重品位和权威。也就是说，他们认为人民对国会制度失去信心会导致对国会制度的基础失去信心，而这个基础是深深地嵌在社会阶层的品位和权威构架之内的，因此品位与权威是政权合法性的基础。辉格党担忧如果没有政改，阶层社会会在品位混乱、财富争夺、秩序荡然之中崩溃和毁灭。因此，他们非但要保存品位，重建"安宁（tranquility）和尊卑（subordination）"，还要如罗素首相（任期 1846—1852 年，1882 年的《政改法案》是由他所提倡的）所说的，"紧实和友善地把社会各阶层缚绑起来"，不然就是无休止的争夺和分裂。

44. 从一开始，辉格党的领导层都是以开明自居的高级贵族和启蒙主义的先进知识分子（政治自由主义的开山祖师洛克即是典型）。虽然他们的政权基础渐向中产转移，他们中很多仍看不起工商中产，视他们粗鄙、没教养、妄想向上爬。但随着政治局面的改变，政治意识也很快随之改变，这反映英式政治的务实、妥协。

45. 发起人阿特伍德（Thomas Attwood, 1783—1856）本身是银行家和经济学家。1832 年政改后，伯明翰才有国会代表，而他是两个代表之一。

46. 暴动发生在 1830 年夏天，蔓延整个东南部，主要是抗议农业机械化，富农剥削，教会腐败。

47. 克罗克（John Wilson Crocker, 1780—1857）是国会议员，他在 1832 年政改法案通过后就退出国会。

48. 称为《1867 人民代表法案》（Representation of the People Act, 1867，又叫《第二次政改法案》，以别于 1832 年的政改），把选举权授予所有在城镇居住的男性劳工。政改前，英国（英格兰与威尔士）有 700 万成年男性，这其中 200 万有选举权，政改使得有选举权的人数增加一倍。1868 年底，所有男性户主获得选举权。

49. 戴西（Albert Venn Dicey, 1835—1922），英国宪法专家。

50. 亨特（Thornton Hunt, 1810—1873），《每日邮报》（Daily Telegraph）的编辑。

51. 斯蒂芬斯（Joseph Raynen Stephens, 1805—1879），循道会牧师、劳工环境改革者。

第二十章 推得准吗？

文化基因法推出工业革命的轨迹：从争权到争利，到掠夺，然后徘徊于吃人（工商利益的极端自私）和疯狂（土地利益和劳动阶层的极端反应）。之后，未有酿成大灾难，直到革命成熟，冲突与矛盾也因而降温。这与史实相当吻合。

英国先生以"常理"去推测未来（第十八章），推得相当准（第十九章）。文化基因法其实就是这个"常理"的系统化、理论化、普遍化。现在用文化基因法的逻辑和词汇去重新演绎1776年之后英国的社会现象。

在有极端倾向的"唯一真"文化里，人人争利的社会自然倾向走上极端的人吃人。国内是老板（农庄老板、工厂老板）对劳工的剥削；国外是殖民者（美洲殖民者除外，因为在那边的殖民区只有少量印第安人）对当地人和当地资源的剥削。但是，那时的英国正是船坚炮利，海外殖民区和亚非弱国绝对没有还手的能力，英国可以为所欲为。关键在国内。

在国内，宗教传统约束富人（富不能骄），安抚穷人（神会公平）；等级观念约束不想穷的人（穷要安分），安抚极想富的人（晋级有望）。因此，虽人人为己，也就是自私（包括穷人与富人），但没有走上极端。

激进加尔文宗教派中人的赚钱意识和能力都强：一方面是他们的教义鼓励他们以赚钱去荣耀神，一方面是他们的少数派身份与心态驱使他们依靠经济实力去创造生存空间。他们成功了，而他们的成功也改变了主流社会对金钱的看法，开始颠覆传统宗教（国教、天主教）对金钱和赚钱的态度；他们被接受了，而他们的被接受也改变了传统等级的尊（土地）卑（工商）排列，开始颠覆旧经济秩序（土地先于工商）和旧社会秩序（乡绅先于中产）。此刻的英国是个自私与失序的社会——掠夺的社会。

其实，工业革命的社会现象可分为两个时期。上半期大约是 1770 年到 1800 年，自私倾向极端，也就是吃人。谈谈两个代表性人物：有"工业革命之父"之称的阿克莱特和发明蒸汽机的瓦特。

阿克莱特是第一个采取"机器化规模生产"模式[1]的企业家、现代工厂的始创人，成功推动了欧美的工业革命。他倨傲自大、具有侵略性，是个典型白手兴家的大老板。他狠辣地"借用"别人的钱和别人的主意，人所共知。[2] 他对家人也不亲切：母亲在他发财之后还要接受政府救济，他在第一任妻子去世后就与岳父闹翻，第二任妻子也是很早就不跟他住在一起，到 1780 年后他更与儿子争吵不休。他与伙伴不和，对待对手很凶。[3] 他不好客，难相处，生意就是他的生命。[4] 史家阿什顿（Thomas Southcliffe Ashton，1889—1968）认为他没有什么发明天才[5]，但有坚强的性格（据称是兰开夏人的典型性格，但他却没有兰开夏人典型的仁慈和幽默），每天从早上 5 时工作到晚上 9 时。10 年之间，他从只有 5 英镑的身家到可以买下 2 万英镑的豪宅，但他的工人每日的工资就只有 4—5 便士。

从他的发迹史可以看出当时"吃人"社会的景况。他没有正式上过学，理发学徒出身，兼做拔牙、做假发的工作。做假发要到各地收购贫穷妇女的头发，他开始留意到棉布的需求量很高，棉纱的供应短缺而且质量很差。1767 年，他碰上一个叫凯（John Kay，1704—1779）的造钟匠，此人正与一个叫海斯（Thomas Highs，1718—1803）的人合作去造一台新的纺棉机，但两人都缺钱，就放弃了。阿克莱特听到后，饶有兴趣地插手，要雇用凯去造这台机器。造机器的工作都是秘密进行的，邻居还以为他们在进行某种巫术仪式，而机器声就是巫咒。他们终于发明出纺棉机台（spinning frame），并配上水力拉动，叫"水力纺纱机"，并拿到专利。到此，他们可以大量制造廉价棉纱了。阿克莱特找银行借钱,银行认为这个发明投产的机会不大,但介绍他认识了两个人:斯特拉特(Jedediah Strutt, 1726—1797)和尼达(Samuel Need, 1718—1781)[6]。他俩愿意投资。1771年他们在德文特河(Derwent River,水流稳,终年不结冰,地点则比较偏僻)旁边的克罗姆福德小村(Cromford,属英国北部德比郡)建个大厂,生产过程全部机械化。

工厂生产其实不是阿克莱特发明的。大多数人认为英国的第一间工厂是博尔顿(Matthew Boulton, 1728—1809,他日后是瓦特的合伙人)于1762年在伯明翰建的素霍工厂(Soho Manufactory, factory一词出于此)。但阿克莱特的规模就庞大多了。厂房有30英尺宽、100多英尺长,五六层楼高。几个月内已雇用600名工人,就近他还修建了一个工人小村和一条路。

当初,阿克莱特的工厂是生产造袜用的纱线,但1773年后就以粗棉布为主。1774年,《印花布法案》被废。马上,棉纱、棉布的生产赶不上需求。阿克莱特大大扩充了克罗夫特的工厂。当地工人不足就从外地输入,已经有了"工业区"的理念。1776年,阿克莱特买地建房,雇用来自大家庭的织工,他是全家雇用的:童工由7岁开始工作,妇女与儿童在厂纺纱,织匠在家织布。1150名工人中,2/3是童工。工人每年一星期假期,但假期内不能到外地(主要是不准回乡)。机器用的人手很少,只需童工再加上监工就成。一个童工一天生产比得上十个成人,年纪最小的做捡废料和连接断棉线的工作。机器不停运转,童工要在机器中连棉线;捡废料更危险,因为要卧在不断开动的机器底下。机器是没有保护罩网的,断手断脚的事件经常发生,据统计差不多一半的童工会受伤。

1776年,美国独立战争带来经济不景气,阿克莱特的工厂却还是整天不停地生产,他雇用非技术工人,特别是童工,成为失业织工的眼中钉。他在兰开夏建的最大工厂和最新工厂都被捣毁,但他仍不断地在各地扩张,因为他要支配整个行业。他的纺纱专利包括丝、麻和羊毛。别人见他成功,就派"间谍"去偷他的秘密,包括来自俄罗斯、丹麦、瑞典、普鲁士,尤其是法国的人。他的职员中也有人将他组织工厂的秘密告知他人。到1783年夏，他的专利要到期，他就向国会请愿延期。兰开夏的棉纺企业家们早在1781年就已经斥巨资建厂，雇了3万工人，当然坚决反对阿克莱特的专利延期。他们入禀法庭要求取消阿克莱特的专利。开庭审理时，凯与海斯作供，阿克莱特败诉，判决理由是他对他的专利品描述不清，而且是"借"人家的发明：特别是当年海斯发明了精梳机[7]，合伙人凯要他做一个金属复制品，阿克莱特曾雇用过凯，还看过这个设计。报纸有说："老狐狸的长胡须被他自己的陷阱捉着了。"阿克莱特大怒，指责法庭的判决会毁灭发明，瓦特表态同意（赞成延长阿克莱特的专利，那时阿克莱特是用瓦特的蒸汽机，而瓦特的蒸汽机也有专利问题，见下）。传说他要买尽全世界的棉花，实则并无此事，但他的确在非洲建棉花种植园。虽然败诉，他仍是全国最大的棉纱生产商，仍继续大建工厂。

他害怕勒德分子破坏他的工厂。由于当地人都是他的雇员，站在他的一方，他可以在一小时内动员五六千人保卫他的工厂。有人批评他做生意不顾原则，特别是对合伙人过于苛刻。博尔顿（瓦特的合伙人）更说他是暴君。

他要他的工人每年唱一次"颂歌"。

来，让我们联合起来，
感谢他给我们所有的恩惠，
让我们更多地感谢他
除了建厂之外的种种恩惠。
举杯浅尝一下，
你会为谁的健康干杯？
众多的选择中我敢肯定，
理查·阿克莱特爵爷是最好的。

瓦特发明蒸汽机的"故事"[8]是工业革命的美谈，有如牛顿的苹果故事是科学革命的美谈。但在工业革命期的"吃人"社会里，瓦特用于"发明"的精力和时间远比不上他用来制止别人发明和保护自己发明所花费的精力与时间。究竟工业革命鼓励了发明还是压抑了发明？

首先要说明，有工业革命"耕马"（work horse）之称的蒸汽机不是瓦特发明的低压蒸汽机，是后来别人发明的高压蒸汽机。史家对瓦特的评价相当正面，说他把科学与技术结合，付诸实用（典型的英式行动型性格——知识是为了行动）。他健谈、平易近人，但不懂生意，不善交涉和谈判，并且终身担心钱。他数学优秀（祖父是数学老师）并且心灵手巧。18岁前往伦敦做仪器学徒，一年后返回苏格兰，想去当时商业非常发达的格拉斯哥发展。他虽然是苏格兰唯一的数学精准仪工匠，但被同业公会排斥。1757年（瓦特才21岁），刚巧格拉斯哥大学买来的天文仪需要修理，他顺利把仪器修好，三位教授（其中一位是亚当·斯密）聘他为仪器主管。

1759年，有一个朋友提示他留意水蒸气作为动力源的可能性。那时，由纽科（Thomas Newcomen，1664—1729）发明的蒸汽抽水机已有50年历史，但效率不高。瓦特开始注意到水的"潜热"（latent heat）可以储能（蒸汽在100℃变成水的那一刻释放出的热能）。1764年，他修理一台纽科蒸汽抽水机的模型，得出结论是3/4的热能用来保持气缸的热度（因为要将冷水注入气缸以凝结水蒸气），只有1/4的热能用来推动活塞。1765年，他想出一个方法：在推动活塞的气缸旁边另设一个气缸去保持恒温，那么每次活塞推动时失去的热能就会少得多了。这个设计叫作外气缸（external cylinder 或 separate cylinder）。

1773年，瓦特用他的专利跟当时拥有最先进的金属加工厂的老板博尔顿合作，有一个叫威尔金森（John Wilkinson，1728—1808）的朋友是冶金专家，为他解决了气缸和活塞中间所需的精准"公差"（tolerance）的问题。1776年，他在英国西南部的康沃尔郡（Cornwall，是矿区，不是工业区）安装第一台矿井抽水机。由于那里远离产煤区（也就是缺乏平价的煤做能源），所以水蒸气抽水机有市场。专利费是按使用瓦特蒸汽机取代纽科蒸汽机能节省下来的煤价的 1/3 收取。瓦特不做机器，只是监督别人使用他的专利去做机器并收取专利费。

瓦特（与博尔顿）为保护专利，可谓完全自私。他的机器是上下抽动的，而大家都知道旋转动作会有更高的效率。可是旋转动作已有专利人，叫皮卡德（James Pickard）。皮卡德建议把他自己的专利与瓦特的外气缸专利共用。瓦特极力反对，宁愿另外发明一个低效的代用机器（叫"太阳与行星"，Sun and Planet）。十多年之后，皮卡德的专利权期满，瓦特就急不可耐地采用了他的发明。还有另外一个例子。布尔（Edward Bull, 1759—1798）是个工程师，他为瓦特造机器，但自己设计出一台比瓦特的更轻巧、更安全的机器，但仍是"外气缸"的理念，因为涉及瓦特的专利，瓦特申请法庭禁用他的发明，并禁止任何人窃用这一发明。那时，康沃尔地区的矿主们都认为瓦特的专利是无法执行的，因为"外气缸"是个又概括、又模糊的理念。于是他们开始不交专利费（因为机器不是瓦特做的，他只是监管安装），瓦特就以法律手段去控诉，各人又纷纷与瓦特庭外和解。结果是瓦特总没办法收足专利费。

同一时期，霍恩布洛尔两兄弟（Jabez Carter Hornblower, 1744—1814; Jonathan Hornblower, 1753—1815）也在做蒸汽机。他们做的是复式蒸汽机（compound engine，也是将来瓦特与博尔顿专利期过后最主要的蒸汽机模式），但由于他们仍是用"外气缸"的理念，瓦特和博尔顿又禁止他们生产，并要补付专利费。那个为他解决"公差"问题的朋友威尔金森为别人造了 20 台抽水机，但没有通知瓦特，于是瓦特又向他索要赔偿。

瓦特身陷（也是自愿的）不断的纠纷，很久没有大的发明。要等到 1794 年，皮卡德的专利结束，瓦特可以放弃他自己笨拙的"太阳与行星"，马上采用皮卡德的旋转运动后，他的发明天才才再次发挥出来，几年内就把蒸汽机的效率提高了 5 倍。

默多克（William Murdoch, 1754—1839）是瓦特的雇员，非常能干，想尝试采用高压锅炉，但瓦特不许他用，这延迟了蒸汽火车头的发展，要等到 1800 年瓦特专利期过后，高压锅炉才重新被发掘出来，人们以此造出更轻巧更小型的蒸汽机，蒸汽车、蒸汽船等用蒸汽动力的机器才得以发明，从而引发大革命。瓦特发明的机器主要是用来抽水。有人算过，在瓦特的专利期内（1775—1800），英国蒸汽机马力每年增加 750 匹，燃料效率没有太大改变；专利期过后的 30 年，每年增加 4000 匹，1810 年到 1835 年间燃料效率提高 5 倍。

有意思的是，瓦特在他自己的专利期过后也没有吃亏，因为他的竞争对手只想降低成本，不想"发明"，因此，瓦特仍可以不断改良机器以维持价钱和拿到订单。他是在专利期过后才真正开始造机器的。之前他靠专利费：制造商造好配件，他只是监管安装。可以说，专利延误了发明，起码延误了瓦特的发明。这是"吃人"社会里失序的自私带来的"浪费"。专利可能保护了发明家（或应该说捷足先登的发明家），但耽误了发明。

"人不为己，天诛地灭"的逻辑是你要用尽一切手段去取得成功，成功后要用尽一切手段去保住你成功带来的利益，因为你知道别人也会如此想、如此做。所以，成功时要拿尽，因为失败时会丧尽。你要吃人，因为你不吃人，人会吃你。这是工业革命上半期的现象。

工业革命下半期，约从 1801 年到 1830 年，自私吃人引发了强烈反应。在工业革命出了力但拿不到利益的劳动阶层也是利字当头。他们对经济平等的诉求变得完全失序，走向疯乱。上半期是"吃人"（追求发财），下半期是"反吃人"（要求分财）。最后是吃人与反吃人的拉锯，但都离不开逐利。

英国得天助，也自助。工业革命刚开始时，北美 13 个殖民区就失掉了，而且在与之战斗的过程中国力消耗不少。美国在政治上虽然脱离了英国，在经济上却更依赖英国。英国失掉了美洲土地，但没有失掉美洲的市场和原材料。这正是亚当·斯密强调的"拥有殖民地不重要，跟殖民地的贸易更重要"。当然他没有，或不敢指出，这些贸易只有是垄断性的，才会起到真正的作用。确实，独立后的美国仍以英国为最佳贸易伙伴。[9] 在商言商，没有永远的敌人。[10]更妙的是，功利、务实的英国失掉了美国便更加积极地开发新财路，把箭头指向亚（庞大的印度市场和资源）、非（利润极高的贩奴贸易），并同时力保如聚宝盆般的加勒比属地（巨利的糖、咖啡）。可以说，失掉美洲反使帝国经济更趋兴旺，帝国积极地把工商活动向全球推展，不仅输出产品、金融，更着力推广文化与制度，打造出"国旗无落日"的大英帝国基业。

美国独立之后是法国大革命和拿破仑的大陆封锁。这是天意，谁也不能在1776年预料到，起码不能预料到它对英国的影响。法国革命思想肯定会冲击英国：反传统——任何宗教、政治、社会的传统——肯定吸引过英国的中、下阶层。在法国革命期间和之后，英国也有工人暴动和工会运动。但当法国革命分子向英国宣战（1792年开始），英国人就团结起来共同抗法。对英国的岛国民族性格来说，无论是法国的革命分子或法国的拿破仑，全都是"外人"。英国是不容外人干预的，除非是请过来的（威廉），或是愿意接受同化的（乔治）。

打仗的军费和物资消耗使工商界人人赚大钱，也助长了"发明"，尤其是在冶金和造船领域；军队动员和军事生产使低下阶层人人有工做，也使社会相对安定。但是机器生产必然导致取代劳工，越大的市场需求越能吸引机器生产，越能加速淘汰工资高的手工匠。拿破仑战争最高潮、军需生产最兴旺的时刻也是机器生产对手工生产最具威胁的一刻，1811年开始的捣毁机器的勒德暴乱持续8年。但是，工业革命虽然带来政治改革和社会改革的诉求，也创造了改革的能力和财力，最后引发英国走上福利社会之路。这条路是极为崎岖的。在此过程中，传统的社会结构和等级观念提供了缓冲的时间和空间，保住了工业革命，但也在革命成功后成为牺牲品。

当时是代表土地利益的托利党掌权，他们对工商界的新富、新贵看不顺眼，但仍以保住社会安宁为重，大力镇压劳工运动。奇妙的是，经过法国革命思想的冲击，中产阶层和低下阶层都没有强烈的政改诉求，反映了英国传统等级架构的安抚力和凝聚力。此刻也是摄政期和乔治四世时期，自上而下的奢华气派把中产阶层牢牢地"吸引住",令他们趋之若鹜,中产阶层非但不想改变传统等级,更不会让别人去改变。底层百姓有经济诉求,但没有政治诉求。他们的传统等级意识使他们接受尊卑有别,甚至把上流社会的豪华视为英国的骄傲,身为英国人的自豪。

当然,这样的心态是不能持续的。经济的不公与不均终会变为政治的诉求。拿破仑战争在1815年结束之后,军需经济结束,军人开始退伍,为保障土地利益,托利政府推出《谷物法》,粮价居高不下。1817年经济出现不景气,各地乱事不绝,政府仍用高压。但到此时,尤其是以土地利益为基础的托利已看出土地财富的时代已不再有活力,工商财富才是未来,如果要维持社会安宁,要保存传统等级,就得转舵。当时的国策是以推进工商利益为主,以疏导老板与工人的张力为辅,如果这样做会损害土地利益,也在所不惜了。土地利益的没落竟然是由以土地利益为基础的托利派一手造成的,眼前利益的妥协把托利派的政权基础架空了,在跟着的一连串的社会改革、政治改革上,托利派都处于被动地位。工业革命是在托利时代成长起来的,但到工业革命成功后新经济秩序就会建立,新社会秩序也随之出现。

从工业革命的轨迹可以看出,这场革命是自发的、适应的、迂回的、渐进的。自发来自赚钱的文化,反映宗教的感染;适应来自务实的行为,反映性格的倾向;迂回来自妥协的心态,反映历史的教训;渐进来自稳固的社会,反映传统的力量。这些就是工业革命的外在因素,牵动着英国人文化(宇宙观、伦理观、社会观)之下的基因组合(个人、泛人、唯一真),产生一条独特的工业革命(文明现象)轨迹:从争权到争利,到掠夺,然后徘徊于人吃人与大疯乱之间,最终定于一个自私而失序的社会。

且看民族性格、时代心态、历史背景、关键人事如何牵动文化基因。

亨利八世暧昧的宗教改革,播下两粒种子,宗教自由(满足当时的改革诉求)和宗教正统(满足亨利的政治野心),把宗教改革复杂化。他又没收天主教会的财产去收买支持者,把宗教改革政治化。因此宗教冲突非但不可避免,更无法解决。原因如下:虽然宗教是自由,但有正统与非正统之别，而正统宗教有权排挤非正统宗教，那岂不就是不平等？如果在宗教原则上互相逞强，在宗教地位上互不相让，就会出现暴力。但是，如果大前提不变，也就是既有宗教自由但又有正统与非正统之别，而正统宗教又有权排挤非正统宗教，那么暴力的结果只可能是排挤者（正统宗教）和被排挤者（非正统宗教）的位置不断对掉，暴力就不会中断。非但宗教如此，在政治上有关宗法（君权神授还是国会废立）、宪法（国王至上还是国会至上）之争也类此。这些都是西方"唯一真"文化基因的自然倾向（真理只有一个）。这就是英国内战前后的原则之争（包括沾上了道德光环的利益之争），产生出一个由逞强（个人基因）与平等（泛人基因）组合而成的"争权社会"。

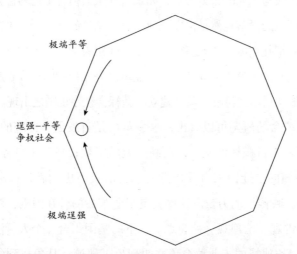

图19 内战前后：在原则上的互相逞强，在地位上的互不相让，
产生出一个争权社会（来自自立－平等八变图）

这些出自宗教原则或政治原则冲突而产生的暴力把英国人吓坏了，英国人得到教训，只要性命、财产可保，就不多做计较。于是性命与财产，也就是安全与富足，变成英国文明的"最高原则"，这也就是《人权法案》的基础。这个"最高原则"的具体表现是政治（包括宗教）妥协，光荣革

命就是大妥协。之后，妥协成为英式政治的特征。

到此，新教加尔文宗的经济伦理派上了用场。内战前，以城镇工商阶层为基础的加尔文宗清教思想就已经从日内瓦传来英国，吸引宗教改革情绪激昂的信徒。他们对当时国教的腐败特别反感，所以他们的社会道德趋向"保守"；对当时国教歧视工商的现状特别敏感，所以他们的经济伦理趋向"开明"。这个组合使主流社会（国教）对他们又羡又恨：既羡慕他们赚钱又憎恨他们拒绝合流，所以他们受到相当大的压迫，很多移民到美洲去了。内战时，他们的宗教热情和少数派心态使他们成为一股强大的战斗力，甚至建立以他们的宗教和经济意识为纲的英国共和。内战后，对他们的政治迫害时紧时松（按不同的政局而定）、有轻有重（对不同的教派而言）。那时，他们再没有先前的战斗性。虽然仍坚持宗教原则但不再坚持以暴力去实践原则，而是在有限的政治空间里兢兢业业，埋头苦干。他们赚钱成功是有目共睹的。慢慢地，上流社会和土地乡绅对他们只羡不恨了。加尔文宗的经济伦理登上主流。

对宗教与政治原则的坚持转变成对安全与富足的追求。虽然加尔文宗

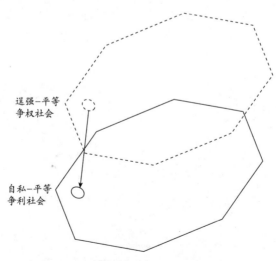

图20 光荣革命前后：从争权社会演化为争利社会

（从自立－平等八变图转移到自足－平等八变图）

的赚钱是为了荣耀神,但就算是加尔文宗的信徒也未必全是为了神,非加尔文宗的就更不能保证了。赚钱成了主流就是人人逐利。精神层面上的逞强变成物质层面上的自私。争权社会变成"争利社会",也就是自私(个人基因)与平等(泛人基因)的组合。

争利之门一开,争利成为一种"文化"。光荣革命后,荷兰带进来的金融创新和全球商机刺激了英国的金融革命、农业革命以至于帝国扩充。那时,法国路易王朝的光辉开始趋暗,七年战争更使英国前景一片光明。加上务实的性格、妥协的心态、逐利的机会,对逐利的道德约束也越来越宽松。逐利导致自私(个个自私,人人逐利)和失序(觊觎之心、非分之想)。但宗教传统和等级观念提供了约束和安稳,以致没有出现人吃人的极端情况,但失序的自私仍使英国在工业革命起步时出现一个"掠夺社会"(图21之①,工业革命起步,从争利社会走向掠夺社会)。

在掠夺的心态下,自私走上极端,无论是企业家对劳工的无情剥削、发明家之间的巧取豪夺、工商利益者和土地利益者之间的明争暗斗,工业

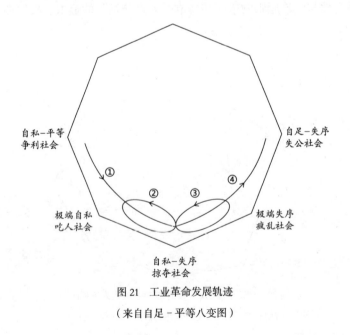

图 21　工业革命发展轨迹

(来自自足－平等八变图)

革命前半期（1770—1800）有极端自私的"吃人社会"偏向（图21之②，工业革命上半期，掠夺社会偏向吃人社会）。

但是谁也不甘心被吃。工业革命后半期（1801—1830）是被吃者的反抗：劳动阶层的乱事不断、工商纠纷的诉讼无休、土地利益频频反扑。但与此同时，社会却一片奢华和浮夸。英国好像有极端失序的"疯乱社会"偏向（图21之③，工业革命下半期：掠夺社会偏向疯乱社会）。

那时，法国革命思想不断冲击，社会不公现象不断加剧，但政治制度没有崩溃，社会结构没有动摇，经济活力不降反升。最大功劳是等级的规范、宗教的舒缓和政治的妥协，再加上法国的拿破仑激励了这个岛国民族同仇敌忾的团结意识，淡化了很多内部矛盾。

到工业革命成功，也就是1830年之后，工业革命诞生和成长的痉挛期已过，动摇国本的危机消失，而且已累积足够的国力去处理经济转型带来的政治和社会问题。虽然仍是人人为己，但觊觎与僭越稍有收敛，无度的自私也回归到有度的自足，不再吃人了。日益壮大的中产阶层对社会下层的同情心日增（图21之④，工业革命成功后，从掠夺社会走向失公社会）。

强大和庞大的帝国提供了自由空间和发展机会。国内不得志，可以在帝国的旗帜下在海外作威作福或大展抱负，光荣的大英子民身份使英国人充满了责任感。[11]虽然政治制度和社会等级仍要重整，以反映新的经济现实，但走向新秩序的冲动已降温了。19世纪中期的英国仍是失序（泛人基因），但已从极端自私逐利走向自足（个人基因），组合出一个"失公的社会"，但不再是"掠夺社会"，更不是吃人的"疯乱社会"。之后的百余年，它有时走向近一些的"孤寒社会"（撒切尔时代的极端自足），有时走向远一些的"互惠社会"（北欧式的福利国家），甚至有时跑得更远些去搞计划经济。

总结上面，在1776年，用文化基因法可看出工业革命成功的元素已备（资本精神、行动型性格），轮廓可辨（赚钱与科技的结合会带来标准化的生产、规模式的经济），轨迹已露端倪（土地利益与工商利益的竞争、中产的抬头、有产和无产的矛盾将会带来社会张力,但政治的妥协、等级的约束、帝国的资源会舒缓和调节这些张力,免出大乱),连未知数也不是全无征兆(法国的干扰),还可预见工业革命成功的后遗症会是消费经济和钱的世界。

有关工业革命成因的辩论使人头昏脑胀。每一个因素都有人唱反调,难道其中没有一个是原因,难道所有的因素都是原因?相信辩论者的问题出在对问题的因与果、现象与真相、基本与偶然无法分清上。但从工业革命时代前前后后的各种现象(天然资源的配置、人口的增长和城镇化、农业的改良、消费需求的增加、帝国与贸易的扩展、政治体制的稳定、科技的创新)去找它的成因只会像剥洋葱,一层一层剥下去,终归虚无;像追影子,一步一步追上去,总追不到。因为这些都是表面的现象,工业革命也是个现象,从现象去推现象只能找出相关性,很难找出因果关系。

文化基因法的假设是每个现象背后有它的基本属性(本质),会被偶然的外在因素刺激和牵动,按一定的规律(因果)而改变。文化基因法聚焦于文明现象(有别于自然界现象),假设每个文明现象(工业革命的每个阶段)背后有它的基本属性(个人基因与泛人基因的组合),会被偶然因素(民族性格、时代心态、历史背景、关键人事)刺激和牵动,按一定的规律(从一个基因组合转到另一个基因组合的定向性和所需的牵动力)而改变。1776年后工业革命的轨迹就是这样推测出来的,与史实相当吻合。

注：

1. 即"批量生产"（mass production），以标准化产品和标准化生产去组合材料、能源、机器和半技术劳动力。

2. 有人说这跟他出道时从事理发职业有关：卑贱的职业驱使他拼命向上爬，但又使他对比他地位高的人卑躬屈膝。他在1787年封爵，乔治三世事后对别人说他在受封仪式上很失礼。据说当时的情况是这样的："这个'小伟人'不懂什么是跪，他匍匐着又跪又走的怪姿态使王上心有不忍，所以也没有叫他平身，免得使他丢脸。"那时他已是富甲天下，但在英国的等级制度面前他还是卑躬屈膝，或者乐意卑躬屈膝。这种卑躬屈膝也帮助了他向上爬。

3. 也有例外。合伙人斯特拉特是个温驯的人，他们两家人倒很和洽。

4. 他脑子里装的好像只有生意。有人曾与他共同生活过几个星期，却未曾听他说过一句话。

5. 他"发明"一台以水力推动的纺机，叫"水机"，拿到了专利，但后被判无效。真正发明人是海斯。

6. 从斯特拉特身上可以看出典型清教主义的经济道德观。他出生小农家庭，和尼达都属强烈不依归国教的长老会。1758年他改良了织袜机，想找投资者，未成。稍后，他与人合伙生产这台机器，多次离合。1762年他与织袜的尼达合伙，迅速发展起来。1769年结识阿克莱特。他俩除与阿克莱特合伙外，还共建棉厂。尼达去世后，他也与阿克莱特分手，之后成为"唯一神派"（Unitarian）教徒，认为富人是负有责任的，他是个好雇主，为员工建房子；他虽然用童工，但用的是比较年长的（10岁以上）。他自写墓志铭："这里安息者斯特拉特，他从没有财富、家庭和朋友，倒有财富和社会名声。他没有超人智力，因此更懂得珍惜知识。他度过诚实和德行的一生。未知死后会发生什么，但他完全相信如果有未来，德行与善行一定会获赏。"

7. 精梳机（Reed maker），是织机（loom）的一部分，作用是拉紧织布时的经纱（warp）和纬纱（weft）。

8. 这个故事是，瓦特看见水壶喷气，从而发明蒸汽机。故事的真实性不高，最有可能的是他的儿子虚构出来，以作为孩童的教育材料。

9. 乔治三世也真是能屈能伸。1785年接见美国驻英代表亚当斯（John Adams，1735—1826，日后美国总统）时说："我是最后一个同意分离的。但分离已成定局，无可避免。所以我要说，'我要做第一个以友谊去迎接独立美国的国王'。"但在拿破仑封锁大陆之后，英、美交恶近十年。

10. 欧洲商贸鼻祖荷兰当年在西班牙统治下造反，但与西班牙的生意照做。商人或会爱国，商业不能爱国，除非你不想赚钱，那你就不应做生意了。

11. 苏格兰传教士利文斯通（David Livingston，1813—1873），深入非洲腹地从事传教事业达30年，他的故事脍炙人口。他以女王名字去命名他所发现的维多利亚湖和瀑布。

　　桂冠诗人丁尼生（Alfred Tennyson，1809—1892）在1854年发表的《轻骑兵旅冲锋》（Charge of the Light Brigade）中的名句是："他们不会反驳，他们不会追究，他们只会去做、去死……"骑兵们知道贵族上级是无能的，但也无怨地去送死，贴切地反映了英国人的等级观念和责任感。

　　英国作家吉卜林（Joseph Rudyard Kipling，1865—1936，1907年诺贝尔文学奖）在1899年写了《白人的负担：美国与菲律宾》（The White Man's Burden: the United States and the Philippines Islands）一文，是表达英语文明的优越感和责任感的典型。

附 录

1. 历史背景[1]与关键人事（历史背景在前，关键人事在后）

1774 年 5 月 11 日，路易十六登位，外债累累、王室奢侈。连续两年失收。
　　新任财相杜尔哥实施自由经济，放宽粮价，并建议取消贵族与教士的免税特权。

1774 年冬天，面包价格暴涨，翌年（1775）春，全国发生面包暴动，巴黎市民甚至在凡尔赛宫前示威。
　　路易免掉杜尔哥，改委内克，实行管制经济，粮价稍稳。

1778 年，法国正式参与美国独立战争，财政更加吃紧；到 1783 年，冰岛火山爆发，全欧大失收。
　　内克引辞，路易委卡洛讷，兼行自由与管制经济。

1786 年，国库全空，要征新税才可应付。
　　卡洛讷召开显贵会议，商讨税收。但显贵们拒绝支持税改，路易把卡洛讷免了，改任布里耶纳，并解散显贵会议，以王令强行税改。
　　巴黎地方议事会率先抗拒。路易解散巴黎议事会，放逐议会代表，并关闭政治社团。

1787 年 9 月，普鲁士入侵荷兰共和国镇压内乱，威胁巴黎。
　　布里耶纳暂缓税改，巴黎议事会代表获准重返巴黎。

1788 年春，旱灾。
　　各地议事会（由地方贵族把持）抗拒王令。
　　布里耶纳考虑召开大议会，以第三等级（平民，但以中、上资产阶层为主）去抗衡贵族势力。

1788年8月，国债到期，法国"正式"破产。

布里耶纳请辞，内克复职。第三等级特别支持他的管制经济。

1789年4月底，距离大议会开始前几天，巴黎暴动，抗议工资低、粮食缺，军队镇压，死25人。

大议会召开。马上，第三等级反对投票制度偏袒第一等级（教士）和第二等级（贵族），决定单独成立国民会议。

1789年6月，群众袭击监狱，释放叛变警卫军。

路易招兵，巴士底狱被攻陷。是为第一次革命。

1789年7、8月，大恐慌；农民反封建暴动，城里反粮荒暴动。

新政府出台一连串法令（八月法令），废封建（但仍保留路易）、压教会，大批贵族出走（"出走者"）。路易拒绝承认这些法令。

巴黎群众"游行"到凡尔赛宫逼宫；路易与国民会议被迫迁往巴黎；路易接纳八月法令。

充公教会财产；强迫教士还俗。

1790年4、5月，各省保教行动。

通过《教士民事法》。

1790年5月，迦莱斯地区发生第一次反革命集会。

通过《教士政忠法》。

充公出走贵族土地，转卖给富商、富农。

废除同业公会，方便新兴资本工业。

1791年4月，米拉波猝死。

路易出走，被捉回。

1791年7月，神圣罗马帝国（实质是奥地利，也是王后娘家）呼吁全欧王族支持路易。

反路易示威，保王派战神广场大屠杀。

1791年8月，皮尔尼茨宣言发表，奥地利军队入侵法国。

路易为争民望，表态爱国、接受宪法（君主立宪，并以中、上阶层利益为主导）。

国民会议解散，成立立法大会。

立法大会通过《出走者法》，勒令出走贵族回国，否则格杀勿论；路易行使宪法权力，否决该法。

1792年1—3月，粮荒，面包暴动。中、下阶层情况并没有因革命而显著改善。1792年2月，奥、普结盟对付法国。

由吉伦特派（中、上阶层，布里索领导）掌权的立法大会向奥地利宣战；战况不利。

吉伦特派发动长裤汉进迫凡尔赛宫，以示威势，但群众被路易劝退。

1792年7月初，奥军向法境推进。

立法大会宣布"祖国危难"。

1792年7月底，奥、普联军发表布伦瑞克宣言，声称如路易受损，奥军会严厉处置法国；稍后，联军攻入法境。

丹东（科德利尔派）发动长裤汉进占巴黎市府，继而攻陷杜伊勒里宫，路易被囚。

巴黎公社改为巴黎革命公社，向立法大会"请愿"（其实是要挟）建立革命法庭，并召开国民公会以取代立法大会。史称第二次革命。

1792年9月初，奥、普联军攻陷凡尔登，威胁巴黎。

丹东发动长裤汉制造九月大屠杀，被杀者绝大部分是教士。

1792年9月，瓦尔密一役法军挡住外敌，继而攻占瑞、德、荷部分土地。

路易受审、断头。

国民公会（仍是由吉伦特派掌权，但由罗伯斯庇尔、丹东、埃贝尔等人领导的山岳派力量日增）向英、荷宣战。

全国征兵30万，各省配额。

1793年3月，布列塔尼保王军变；旺代地区保教作乱；在巴黎极端左派的愤激派"起义"，失败（但以后几个月，愤激派与雅各宾派合作）。

国民公会在丹东力促下建立革命法庭。

1793年3、4月，内尔温登一役，法军大败，统帅变节，意图回师复辟王朝，未成，降奥。

国民公会在丹东力促下成立公安委员会，授之大权。

吉伦特派（仍是国民公会当权派，但山岳派夺权之势渐不可当）为挽回劣势，逮捕鼓励群众暴力最烈的马拉，但在群众包围革命法庭后，被迫放人。

1793年5月，政府平乱军在旺代地区被保教会军大败。

吉伦特派为对抗公安委员会势力，以国民公会名义成立十二人委员会（全是吉伦特派人）。接着逮捕埃贝尔。长裤汉应丹东与罗伯斯庇尔号召起义，埃贝尔获释。随即，长裤汉以武力解散十二人委员会。

长裤汉包围国民公会，要求交出布里索及吉伦特派首要分子。

巴黎革命公社成为权力中心。

1793年6月，各地叛变，反对山岳派控制公民公会，同时旺代地区保教分子再败政府军。

山岳派正式控制公安委员会。

国民公会通过新宪法（称雅各宾宪法），但没有正式公布。

1793年7、8月，普鲁士、奥地利、皮埃蒙特、科西嘉、英国各路兵马开进法境；到处保王、保教会叛乱。7月中，最激进的左派理论家马拉被吉伦特派的人刺杀。

罗伯斯庇尔入选公安委员会。

下达全国总动员令。

长裤汉包围国民公会，宣布"恐怖统治"，并立马建立由长裤汉为主力的革命部队，颁布一连串恐怖统治法案，包括《嫌疑法》《最高价法》《反宗教法》。接着，建立革命政府，暂停行宪，把权力完全集中于公安委员会。

丹东于7月暂离巴黎（丧妻，续弦，恋家）。埃贝尔取得当初由丹东、德穆兰建立的科德利尔会（激进左派，长裤汉精神中心）的领导地位。（12月丹东复出，谴责埃贝尔派暴力，被打成姑息派。）

埃贝尔派左右大局，一方面被公安委员会利用去威胁国民公会；一方面利用公安委员会去向国民公会讨得好处（尤其是经济利益）。埃贝尔的权力高峰是11月主持的"理性崇拜"庆典。

1793年12月底，以埃贝尔派支配的长裤汉部队成功镇压旺代地区教乱，开始"灭族式"焦土政策。

埃贝尔派在旺代地区镇压教乱的督军因手段残酷被召回巴黎作辩；埃贝尔派欲先发制人，发动政变，不遂。

公安委员会逮捕埃贝尔等人，断头台处决。

巴黎革命军（长裤汉为主力）被解散。

1794年3月，巴黎爆发反革命情绪。

丹东被疑与此事有涉，被捕，几天后上断头台。

罗伯斯庇尔达权力高峰，发动国民公会通过"最高存在者"崇拜，并主持大典。

罗伯斯庇尔力促下，国民公会通过"Law of 22 Prairial"法（或可称《新嫌疑法》），革命法庭可以在无证人之下定人以罪。

罗伯斯庇尔在国民公会上声称有阴谋者。

1794年6月，法军在弗勒吕斯一役大败普军。至此，外敌、内乱大致平息。

公安委员会内讧，有人指罗伯斯庇尔独裁。

罗伯斯庇尔屡次指责有人栽赃，但又不指明是谁，弄得人心惶惶。

罗伯斯庇尔敌人先发制人，在国民公会上逮捕罗伯斯庇尔。长裤汉欲救，但因革命部队已被解散，号令不明，作鸟兽散。罗伯斯庇尔未经审讯就被送上断头台，史称"热月政变"。

很快，大释囚犯，公安委员会被削权，巴黎纳入中央管治，雅各宾会被禁，长裤汉领导层被捕，吉伦特派残余势力重返国民公会，旺代教乱翻案。

1795年2月到4月，反革命白色恐怖开始。

1795年3月，长裤汉暴动，巴黎缺粮暴动，长裤汉袭击国民公会，全国暴动。

1795年6月到7月，旺代乱事再起、布列塔尼地区又来兵变。

1795年10月初，保王军在英军支援下向巴黎推进，巴黎保王分子暴动。

国民公会邀拿破仑保护。拿破仑几门大炮，打散保王暴动，更打散革命。

注：

1. 历史背景是指对当权者或革命分子有影响，而他们却没有主动回应的事物，其中并未包括法国当时的经济、社会状况（这些在第二篇"解故事"中已详细交代过）。

2. 文化基因形态与组合

总的来说，个人与泛人基因产生出以下的形态组合。

（1）正面极端共6个。

正面个人的极端：自立的极端、自足的极端、自尊的极端。

正面泛人的极端：平等的极端、悯人的极端、团结的极端。

（2）负面极端共6个。

负面个人的极端：逞强的极端、自私的极端、倨傲的极端。

负面泛人的极端：失序的极端、姑息的极端、苟合的极端。

（3）正面个人与正面泛人组合共9个。

自立－平等、自立－悯人、自立－团结；

自足－平等、自足－悯人、自足－团结；

自尊－平等、自尊－悯人、自尊－团结。

（4）正面个人与负面泛人组合共9个。

自立－失序、自立－姑息、自立－苟合；

自足－失序、自足－姑息、自足－苟合；

自尊－失序、自尊－姑息、自尊－苟合。

（5）负面个人与正面泛人组合共9个。

逞强－平等、逞强－悯人、逞强－团结；

自私－平等、自私－悯人、自私－团结；

倨傲－平等、倨傲－悯人、倨傲－团结。

（6）负面个人与负面泛人组合共9个。

逞强－失序、逞强－姑息、逞强－苟合；

自私－失序、自私－姑息、自私－苟合；

倨傲－失序、倨傲－姑息、倨傲－苟合。

这些组合，如成为社会主流或社会精英的主流，就会引发不同的社会现象，现把它们一一演绎如下：

（1）正面个人的极端有以下几种（个人的极端就是完全不考虑或顾及别人，所以不会跟任何泛人基因结成组合）。

　　自立的极端是种萎缩，直到只关注自己的自立，也就是各自为政，如果成为主流，就是冷漠的社会。
　　自足的极端是种萎缩，直到只关注自己的自足，也就是各家自扫，如果成为主流，就是孤寒的社会。
　　自尊的极端是种萎缩，直到只关注自己的自尊，也就是自怜自赏，如果成为主流，就是孤独的社会。

（2）正面泛人的极端有以下几种（泛人的极端就是完全不考虑个人，所以不会跟任何个人基因结成组合）。

　　平等的极端是种萎缩，直到完全否定个人的平等，如果成为主流，就是窒息的社会。
　　悯人的极端是种萎缩，直到完全舍弃个人去悯人，如果成为主流，就是寂灭的社会。
　　团结的极端是种萎缩，直到完全埋没个人的团结，如果成为主流，就是桎梏的社会。

（3）负面个人极端有以下几种（由于是极端，所以不会跟任何泛人基因结成组合）。

　　逞强的极端是种膨胀，直到由我独断的逞强，如果成为主流，就是（人）压人的社会。
　　自私的极端是种膨胀，直到归我独得的自私，如果成为主流，就是（人）吃人的社会。

倨傲的极端是种膨胀，直到唯我独尊的倨傲，如果成为主流，就是（人）贬人的社会。

（4）负面泛人的极端有以下几种（由于是极端，所以不会跟任何个人基因结成组合）。

失序的极端是种膨胀，直到完全颠倒次序的失序，如果成为主流，就是疯乱的社会。

姑息的极端是种膨胀，直到完全不分良莠的姑息，如果成为主流，就是滥乱的社会。

苟合的极端是种膨胀，直到完全没有原则的苟合，如果成为主流，就是昏乱的社会。

（5）正面个人与正面泛人的组合有以下几种。

自立－平等：自主自立但对人有兄弟情，意味着立己立人；如果成为主流，就是互持的社会（励志的社会）。

自立－悯人：自立自主但对人有同情心，意味同情弱小；如果成为主流，就是慈悲的社会。

自立－团结：自立自主但对人有大我心，意味与人共存；如果成为主流，就是安稳的社会。

自足－平等：自给自足但对人有兄弟情，意味着与人分享；如果成为主流，就是互惠的社会。

自足－悯人：自给自足但对人有同情心，意味着扶持贫苦；如果成为主流，便是慷慨的社会。

自足－团结：自给自足但对人有大我心，意味着与人共富；如果成为主流，就是富足的社会。

自尊－平等：洁身自爱但对人有兄弟情，意味着尊重别人；如果成为主流，就是互让的社会。

　　自尊－悯人：洁身自爱但对人有同情心，就是包容别人；如果成为主流，就是融洽的社会。

　　自尊－团结：洁身自爱但对人有大我心，就是与人共勉；如果成为主流，就是廉正的社会。

（6）正面个人与负面泛人的组合有以下几种。

　　自立－失序：立己立人但不分次序，意味乱立；如果成为主流，就是失义的社会。

　　自立－姑息：同情弱小但不分良莠，意味着纵容弱小；如果成为主流，就是衰败的社会（不求长进）。

　　自立－苟合：与人共存但不辨是非，意味权力圈子；如果成为主流，就是分立的社会（多元权力）。

　　自足－失序：与人分享但不分次序，意味乱分；如果成为主流，就是失公的社会。

　　自足－姑息：扶持贫苦但不分良莠，意味纵容贫苦；如果成为主流，就是疲敝的社会（不事生产）。

　　自足－苟合：与人共富但不辨是非，意味利益圈子；如果成为主流，就是小圈的社会（多元利益）。

　　自尊－失序：尊重别人但不分次序，意味着乱尊；如果成为主流，就是失礼的社会。

　　自尊－姑息：包容别人但不分良莠，意味纵容异己；如果成为主流，就是小人的社会（小人当道，叛乱）。

　　自尊－苟合：与人共勉但不辨是非，意味精英圈子；如果成为主流，就是分歧的社会（多元道德）。

（7）负面个人与正面泛人的组合有以下几种。

逞强－平等：立人立己但要话事，意味着平等之下要比人强；如果成为主流，就是争权的社会。

逞强－悯人：同情弱小但要话事，意味悯人是种施舍；如果成为主流，就是"老大"的社会。

逞强－团结：共人共存但要话事，意味共存之中要多权；如果成为主流，就是越权的社会。

自私－平等：与人分享但要多得，意味平等之下要比人富；如果成为主流，就是争利的社会。

自私－悯人：扶持贫苦但要从中得利，意味着扶贫是种投资；如果成为主流，就是犬儒的社会。

自私－团结：与人共富但要多拿，意味共富之中要多得；如果成为主流，就是贪婪的社会。

倨傲－平等：尊重别人但要多面子，意味平等之下要比人尊；如果成为主流，就是争风的社会。

倨傲－悯人：包容别人但要面子，意味包容是种威势；如果成为主流，就是自大的社会。

倨傲－团结：与人共勉但要面子，意味共勉之中要多名；如果成为主流，就是重名的社会。

（8）负面个人与负面泛人的组合有以下几种。

逞强－失序：但求话事不惜制造乱立（不分次序的立人），意味想独裁（失序的争权）；如果成为主流，就是篡夺的社会。

逞强－姑息：但求话事不分良莠的纵容弱小，意味姑息去谋权；如果成为主流，就是颠倒的社会（颠倒是非）。

逞强－苟合：但求话事不惜加入权力圈子，意味权力的苟合；如果成为主流，就是朋党的社会。

自私－失序：但求夺利不惜制造乱分（不分次序的分享），意味想独得（失序的争利）；如果成为主流，就是掠夺的社会（巧取豪夺）。

自私－姑息：但求得利不分良莠的纵容贫苦，意味姑息以谋利（贫穷的正常化和为民请命的职业化）；如果成为主流，就是内耗的社会（内耗不断）。

自私－苟合：但求多得不惜加入利益圈子，意味利益的苟合；如果成为主流，就是营私的社会（功利权宜）。

倨傲－失序：但求面子不惜制造乱尊（不分次序的平等），意味想独尊（失序的争气）；如果成为主流，就是趾气的社会（互不服膺）。

倨傲－姑息：为求面子不分良莠的纵容异己，意味姑息以谋名；如果成为主流，就是倾覆的社会（倾覆叛乱）。

倨傲－苟合：但求面子不惜加入精英圈子，意味虚荣的苟合；如果成为主流，就是浮夸的社会（浮夸失调，沽名）。

3. 工业革命成因的辩论

（参考材料主要来自 *Why did the Industrial Revolution Start in Britain?*，Leif Van Neuss，2015）

1. 天然资源

水动力推动工业革命还是英国人聪明地使用天赋的水动力？如果没有水，他们会用别的天赋，例如稍后用煤。或可以说，英国人行动型性格使他们懂得"因时因地制宜"。

煤非常重要，但是不是主因？英国人利用煤，但工业革命不是由煤启动。煤取代木是因为英国缺森林。那么"取代木"就是工业革命的起因？煤只可以是次因。而且，煤只是用来推动蒸汽机和冶铁，并没有"创"新用途。有人说"就算从1760年到1860年，英国没有掘出一吨煤，仍会有工业革命。纺织、运输（运河）、航运都不需要煤"。19世纪后期航运仍用风帆。

如果没有煤，使用煤的创新也会转移为取代煤的创新。有人说"工业革命绝对不需要用水蒸气，而水蒸气绝对不需要用煤"。煤不是动力，它塑造而非创造工业革命，是个"聚焦工具"（focusing device）：有煤的英国聚焦于蒸汽机，缺煤的瑞士聚焦于低能源的精密仪器（如钟表工程）。

荷兰有水运，中国、俄罗斯有煤，但都没发生工业革命，而且，煤可以通过国际贸易获取，虽然成本会高些。

2. 人口与城镇化

如果收入没有增加，也没有相应的供给和创新，人口增长并不一定代表消费需求增加。相反地，劳动力生产效率更有可能因此而不增反降。如果人口流动性低（地域之间和行业之间的流动性），人口增长也不一定代表劳动力供应改善。而且，劳动力供应改善也不一定引发科技创新。有时，劳动力短缺更能引发创新：由于劳动力不足、工资提高从而增加对取代劳动力科技的要求。

人口下降也可能启动工业革命：生育率下降带来人口转型，因为生育率下降会使社会更有能力提升教育水平，进而提升人力资源。例如：婚姻制度改变（迟婚）、节育、强迫教育和知识提升会增加人民对教育的投入，带来受过教育的儿童的竞争力增强、教育儿女的成本增加、平均寿命延长、人口增长、死亡率下降。因此，劳动力资源与经济效率的关系在工业革命时期无法验证。

城镇化不是农业革命的果，而是因。虽然16、17世纪的城镇化急升，但在18世纪工业革命开启时城镇化却放缓。城镇化可能带来的是规模经济和科技扩散。

3. 农业革命

不是农业革命滋生工业革命，是工业革命支撑和延续农业革命。

圈地引发农民失业，但农村人口没有转移到城镇，因为农村劳工的流动性不高，更有农村救济政策把农民滞留在农村。农村往城市流动发生于农业革命之后，不是之前。

农业革命的利润对工业革命影响有限。工业革命资金的来源是农业资金还是殖民地和国际贸易的资金，不能肯定。农业革命也许创造农业资本，但出路不一定是工业投资，可以投资到政府债券、商业，或进行土地投机。而且，工业革命不一定需要来自农业的投资。资金来源可以是国际贸易、殖民地贸易，甚至是工业革命的再投资。

农业革命其实不单在农业，是整个经济在革命：包括对生产的态度、对赚钱的鼓励。农业革命发生于1600—1750年，之后就停下来。工业革命是不需要农业（起码不需要国内的农业）去滋养。虽然农业革命提供一点农村剩余劳动力给工业革命使用，但农业经济是个"封闭式的经济"，劳动力移动性不强，工业革命的粮食和原材料供应是靠进口的（以工业制成品换取）。就算来自国内的原材料也不是来自原有的农地，而是来自通过圈地创造出来"新农地"。

工业创新也不是为农业服务，因此不能说农业革命"刺激起"工业革命。例如钢铁业和冶金业的革命都是为造船和出口。城镇化也不是因农业而生。反过来可以说是城镇化刺激农业。西北欧是城镇化最高的地区,同时也是农业效率最高的地区。其实,工业革命带动 19 世纪上半期的第二次农业革命。工业革命带来的运输改良使农业可以更专门化,而农业工业化则提升了农业劳动力的效率。

4. 消费需求

就算有需求也要有对应的供给才能带动经济增长(发展)。英国消费改变的高潮在 1680 年到 1720 年,而工业革命则在其后。可见消费改变不是工业革命的原因,不然荷兰就应带头进行工业革命。在 1700 年,荷兰共和国人均收入比英国高 50%,其工商业也逐渐从家庭式转向企业式,但没有工业革命。更有人说,供给侧比需求侧更重要。

有人指出工业革命的前夕是"工业精神革命"(Industrious Revolution,也可称"勤劳革命")——以勤力工作去换取消费、以闲暇去换取金钱(trade leisure for money),从而走向市场经济。但也有人指这个"工业精神"是因为生活困难而非为追求消费。又有人观察科技创新是发生在已有的经济领域(纺织、造纸、冶金),而不是在新的经济领域,因此证明供求是并进的。

5. 帝国与贸易

不是外贸刺激工业,是工业推动外贸。当时英国已有足够的国内市场去刺激创新。工业革命来自内部动力,主要是生产推动,而不是外贸推动。外贸提升工业革命,但不是必需条件;外贸发展是工业革命成功后的现象。进口是工业革命的更大动力,特别是热带产品(茶、糖、烟的加工)、欧洲粮食(酒、粮等去供养工业革命的劳动力)和原材料(棉花进口带动以棉为主的纺织业)。贸易的作用是缔造商人阶层和商业意识,颠覆以土地和农业为基础的经济和社会架构。这些才是工业革命的真正动力。

6. 政治体制

常常提到的光荣革命其实是传统的延伸,不是革命,是英国政制的渐进,而且是将近一百年前的事。到 1776 年,政治对工业革命的作用已是很小了。

"民主"政制一般缺乏长远发展目的,有的只是利益集团的寻租行为,不足以支撑长期的科技创新。当时的荷兰、波兰、普鲁士都有强势议会,但没有经济发展。相对来说,英国的地方政府则有各自为政的倾向,没有贯彻中央政府的法律规定,反而制造分散的"自由经济"激励了创新。

中央政府当时没有明确的经济发展政策,法律制度不能处理贸易和商业纠纷,经济还是依赖私人间的处理。政府税收虽然比国民收入增长高,但没有用来帮助经济发展。国际的投资集中在战争或备战(重建海军)方面,而非用在改善经济发展条件(教育、运输、科技)方面。大部分的教育、运输、科技投资都来自民间,例如清教徒和公理会在教育、科技上的投资和工业家在运输上的投资。作为国家福利的《济贫法》其实有阻碍经济发展的作用,因为它变相鼓励生育、削减劳动力供给和降低劳动力的移动。但又有人说《济贫法》割裂了农村劳动力与农村土地(农耕)的关系,把农业劳动力转移到工业上去。

7. 经济体制

经济制度是种反应,不是原动力。早在1500年之前,也就是还未开发美洲之前,已有对商人产权的保护。中古以来,威尼斯、荷兰都已有议会制度,荷兰、法国都有产权保护制度。甚至有人说,光荣革命之后,英国的产权保护力度其实下降了(对产权约束增加)。况且,法国严格的产权保护反而压抑了工业革命在法国发生。一般性的产权保护也许有利于经济发展,但18世纪英国特殊的、从非经济考虑出发(例如从宗教、"家族"出发)的产权其实妨碍了经济发展。

特别是专利权。专利并没能推动发明,只是使发明者发了财。专利权甚至是有碍发明的,因为专利拥有者会阻挠或拖慢进步,英国专利法的"不健全"反使工业革命更有生气,不然的话英国肯定要到19世纪中期才会成为"世界工厂"。专利只使发明者有寻租空间,当时申请专利是很耗时费钱的,而且法官对专利权拥有者一般不买账。也有例外,如瓦特的蒸汽机和阿克莱特的水力纺纱机,他两人"利用"专利权很到位。

赚钱的不是凭专利,是靠科技保密,是靠首先占领市场。奖金和社会认可也在推动发明,如克伦普敦的走锭纺纱机和卡特莱特的羊毛精梳机、机动织机。克伦普敦甚至因为讨厌发明带来的轰动和干扰而放弃专利权。

"工业革命没有鼓励发明。没有证据显示工业革命期间的经济制度有何条目激发了发明家的创新潜力"(格里高利·克拉克,2014),只能说比起创新,专利制度与资本主义的关系更为密切。"创新是不需要知识垄断权的,而实际上知识垄断权损害了增长、富强和自由。"(Michele Boldrin and David K. Levine, *Against Intellectual Monopoly*, 2008)

> 在多数的史书里,瓦特是位英雄发明家,启动了工业革命。但这件事完全可以有另外的解释。瓦特是18世纪下半叶众多改良蒸汽机的聪明发明家之一。他比人超前一步,但他保持领先地位不是靠比人家好的发明,而是靠对法律制度精明的利用。当然他那与国会关系密切的生意伙伴博尔顿肯定也帮助不少。……知识产权的两个要素,专利权(patent)与版权(copy right),它们是我们要享受创新与发明的果实就一定要接受的必要之恶(necessary evil),还是从前封建时代上位者用来赏赐宠臣手段的历史陈迹?……假如完全没有专利保护,瓦特与博尔顿就逼得要采用另一种赚钱手段。他们公司的利润绝大部分来自使用他们机器的专利费而非出售机器和零件。如果没有专利保护他们的公司,他们就一定会转向以制造和服务去赚钱(这其实也是他们在18世纪90年代末专利快要结束时的做法)。因此,我们做以下结论,在18世纪90年代,瓦特和博尔顿的专利官司并没有刺激科技的发展。他们拒绝让其他人在他们发明的蒸汽机基础上去发现其他提升蒸汽机效率的方法,这肯定阻碍了蒸汽机的发展和改良。(Michele Boldrin and David K.Levine, 2008: 2-3)

8. 科技创新

科学发现与技术突破两者之间的关系很难确定。当时的创新都是技术上的创新，不直接与科学知识相关。当时的科学发展对工业革命的贡献只能说是间接，甚至可以说科学发展更多的是工业革命的果而非因。科技主要是为了降低成本，工业革命所用的科技大都在实际情况中改良和修正发明家的理念，然后应用在生产线上。

精英的"高级科学"没有真正影响社会文化。地方性的科学社团都是工商企业家用来追求社会地位的。没有这些社团，企业家还在搞工业革命。有人问："工业革命中有多少是理性的产品，还是为企业家们做他们一贯以来做的事情，只不过如今戴上个社会地位的光环而已？"（格里高利·克拉克，2012）有人统计，80个最有名的发明家（主要是纺织业）大部分与科学界没有关联。在纺织业的759位知名人物（改良者、实践者）中，只有1/4接受过高于学徒的教育。"直到今天，工业革命中的科学知识是如何得来的、怎样传播的，仍是个谜。"（Manganet C. Jacob，2014）

有关劳动力的素质问题，18世纪中期，苏格兰、荷兰、大部分的德国和斯堪的纳维亚的识字率要比英国略高。而且在工业革命过程中，英国的识字率增长停滞，甚至落后，尤其在工业地区如兰开夏郡和柴郡，因为工厂只需要非技术工人。有人说：可能17世纪末到18世纪中期的识字率增加已足够达到工业化所需的门槛（起码对于1850年前的工业模式已经足够）。对劳动力素质的要求可能是分时期的，而在工业革命初期的要求不太高。而且，当时的教育动机很复杂，不一定是为了工业发展，也可以出于宗教、启蒙、社会控制、道德规范、社会与政治稳定、民族国家团结、军事效率等理由。

4. 内战期间的宗教教派

1. 国教

国教的教义、组织、礼仪都写在《通用祈祷册》之内，是爱德华六世在 1549 年修订，1552 年改编的，因血腥玛丽恢复天主教而放弃，再由伊丽莎白一世在 1559 年重新钦定。到斯图亚特王朝，国教中的主流强调采用未与天主教分裂前的礼仪，但有清教倾向的则坚持要摆脱这些传统，"宗教自由主义分子"（Latitudinarians）则主张包容（包容比国教激进的新教各派，但不包容天主教）。詹姆斯一世想压制国教的内争，并希望比较温和的清教分子留在国教内，因此他出台一本大家接受的权威性《圣经》版本叫《詹姆斯版圣经》(*King James Bible*，1604 年开始修编，1611 年完成），并同时重修《通用祈祷册》。

到查理一世，国教内的清教与亲天主教两派的斗争趋剧，国教外的"不遵从分子"（Nonconformist）力量也越来越强。政府竭力压制国内和国外的"异议者"（Dissenters），包括在苏格兰取消长老制，重新实行主教制。英国在苏格兰实行主教制，使苏格兰人大为不满，引发军事对抗，燃起英国内部的宗教之争，成为英国内战的前因之一。

1640 年，15000 名伦敦群众上呈根枝请愿书（Root and Branch Petition），要求取消国教的主教制。[1]1641 年，国会通过大投诉（Grand Remonstrance），向查理提出 204 改革条款（外交、财政、司法、宗教），反映出明显的清教思路和反天主教情绪。查理拒绝，从而引发西敏寺神学家大会（Westminster Assembly of Divines），在 1643 年到 1653 年间全盘和彻底讨论教义和教会组织。那时已是内战时期，清教思想高涨。神学家们主张国教实行长老制，但政客们和军事将领们主张实行公理制。结果是妥协。

1645 年到 1648 年的第一次内战期间，温和分子和激进分子混杂的国会采用长老制去治理国教，通过每堂区设公理会（congregational assembly），由牧师和教友选出长老。这时的国会其实很受激进的独立分子（Independents）影响，而后者更倾向于公理制，国会只不过是用长老制之名，行公理制之实，很早就在伦敦、兰开夏等地落实公理制。但到 1649 年，激进分子在国会夺权成功，杀掉查理一世，建立共和，长老制分子大为恐慌（因为他们不赞成弑君和共和），与独立分子闹对立。由独立分子把持的国会当然不会尽心在国教中实施长老制。此时，"长老制分子"一词其实是对王室效忠但仍想深化宗教改革的清教分子的代名词。1660 年，内战、共和一起结束，独立分子被整肃，主教制恢复（1662 年恢复《通用祈祷册》，特别强调祈祷册中有关教义和教规的所谓 39 条款），重归保守。长老制被视为"不遵从国教者"（Nonconformist），处于国教之外，虽被歧视，但没有受到太大的迫害。

到了光荣革命时期，由于苏格兰长老制分子支持革命，加上在 1707 年英、苏正式合并为一国，苏格兰长老制教会被接受，并被确认为苏格兰国教。

2. 英国长老制

英国长老制其实是从苏格兰传来的。从此，主教制的国教跟长老制的教派就纠缠不清，离离合合。

16 世纪，苏格兰天主教会抗拒改革，若干神学家脱离天主教。其中，天主教神父诺克斯（John Knox，1505—1572）前往日内瓦就学于加尔文，把改革思想带回苏格兰。经过一段时间的宗教痉挛和政治斗争，改革分子在 1560 年成功废除了天主教，组建苏格兰长老制教会，并立为国教。苏格兰国会议决采用《苏格兰信义》(*Scots Confession*)，同时出版《纪律手册》(*First Books of Discipline*)，并把全国分成 10 个教区，委任主管人（日后称长老）。

长老制在英国的活动是从 1588 年（伊丽莎白时代）开始。那时，被血腥玛丽流放的新教徒重返英国。他们想在英国国教之内发起改革，采行长老制度，但受到迫害。到 1607 年，英国的长老制分子才正式将其定名为"长老制英国国教"。

3. 异议者（Dissenters）、分离者（Separatists）、独立者（Independents）

他们的派别繁多，总的来说，以公理制分子居多。他们反对国家干预宗教，主张信众们建立自己的教堂，不用国家的教堂；自己办教育，不上公办的学校；自己有自己的社区，与别人的社区分开。有些人移民到美洲。他们曾经试图改革英国国教，在克伦威尔的共和时期取得过短暂的成功。

早在伊丽莎白一世时期，英国就已有反清教（见下）的法律（1593年的《反清教法案》，但没有被认真执行）。詹姆斯一世就不同了。他从苏格兰入主英国，坚持君权神授并接受英国主教制的国教。他的宗教与政治原则是"没有主教就没有国王"，意思是如果你不归属主教制度的国教，你的国王不会保护你，即是说如果你需要你的国王保护你，你一定要归属主教制度。当时，苏格兰教会是长老制度，英国教会是主教制度。詹姆斯虽然同时是苏格兰国王和英国国王，他为讨好英国，就把苏格兰也改为主教制度（见上文，国教）。这在英国内部也引起了分裂。正统国教是主教制度，但也有人想行长老制度，更有人认为主教制度其实是模仿腐化和腐败的天主教会，绝对难以接受，甚至认为长老制仍是不够民主，他们要公理制。既然没有主教就没有国王，他们就索性两样都不要，不要主教也不要国王，而要共和。

在内战与共和期间这些"异议""分离"与"独立"分子形形色色，主要有以下几类。

（1）倡议公理制度，强调自主的教派。这些教派主张教会改革应来自教会，无须国家的批准；认为正统国教太像天主教，主张政教分开。

a）巴洛派（Barrowists）。创始人巴洛（John Barrowe，1550—1593）因发表和印行鼓吹叛乱的书籍被处死。他的意见很像罗伯特·布朗（见下）。两个人都提倡公理制，但布朗的理想是宗教内部绝对民主，而巴洛则对民主没有这样的信心，认为应保留一定的长老制形式。

b）布朗派（Brownists）。创始人布朗（Robert Browne，1550—1633）属清教。他第一个脱离国教，自建教会，采纳公理制度，被认为是英语世界公理制教会之父。他同时被认为是美国开国的"五月花朝圣者"之父，因为五月花号的旅客属他的派别。

约翰·布朗本人则在英国因创立公理制被捕，释放后在 1581 年移居荷兰。1585 年他决定回归国教。为此，他跟过去的支持者和信徒们发生冲突，被视为叛徒。他一生入狱 32 次。

（2）有浓厚的路德宗对人性悲观倾向（有别于对人性比较乐观的加尔文宗）的教派。

a）伯麦派（Behmenists）。德国人伯麦（Jacob Böhme，1575—1624，路德宗的神秘主义者）声称受神指示，成立教派，强调原罪、宽恕和神恩。17 世纪 40 年代传入英国，部分信徒与贵格派（见下）合并。

b）贵格派。这名字来自一个法官对他们的评语"我要他们在神前发抖"（quake 是发抖）。此派对工业革命影响至大，尤其在财经方面（见正文）。

c）费拉德尔菲亚派（Philadelphians 也称费拉德尔菲亚会）。有国教教士受伯麦（见上）的影响创立此派。他们相信神不会对罪人处罚，而会净化他。

d）爱之家（Familists 或称 Family of Love）。此派是 16 世纪荷兰人尼克拉斯（Hendrik Niclaes，1501—1580）所创，传往德、英、法。信徒认为只有尼克拉斯才是真正完人。此派非常神秘，对外人不谈宗教，怕被别人识破。他们相信在亚当、夏娃之前，天堂与地狱都存在人间；大自然自有法规，不是由神所指挥。他们很多信徒同属正统教派，但恐被识破，就假装虔敬。到 17 世纪中叶，被贵格派（见上）吸纳。

e）寻找派（Seekers）。他们不是个教派，更多像宗教社团，认为国教太接近天主教传统，同样腐化。他们相信所有教会、教派都有错误，必须要基督重返世间，重创教会，才会有神恩。他们只"开会"，不做礼拜，也没有神职人员；强调"静默"，等待神的光照才开口；否定任何仪式、圣事、洗礼、经书。

（3）强调经济和社会平等的教派。

a）掘土派（Diggers）。温斯坦利（Gerrard Winstanley，1609—1676）在 1649 所创，有极浓清教思想。相信经济平等（以《圣经》的《使徒行传》

为依据)。他们要铲平资产私有制以改革社会制度,创造以小农公社为核心的农耕生活模式。

b)平均派(Levellers,也有译"平等派")。这是内战期间的一个政治运动,强调直接民主、扩大选举权、法律面前人人平等、宗教容忍。他们认为内战中保王派破坏了人的"天赋权利",又不满国会中有人想与保王分子妥协。他们在"模范新军"中举足轻重。

(4)带神秘气息,有狂热情绪的教派。

a)喧嚣派(Ranters,见下 Muggletonians)。共和期间的一派,因传道唱答中语调高昂夸张而得名,被国教分子视为异端。有泛神倾向(Pantheistic),认为神存在于万物之中,因此否定教会、圣经、礼拜的权威;呼吁人从内心找寻基督;否定灵魂不灭,也否定一个关心人类的神;否定道德和任何形式的"服从"。为此,他们往往被视为政治安定的威胁。

b)马格莱顿派(Muggletonians)。由喧嚣派(见上)延伸出来的一个小规模宗教运动,是两个伦敦裁缝在1651年所创。他们声称是《圣经·启示录》预言的最后先知。他们敌视哲学的理性,相信宇宙可以按《圣经》解释;相信基督是神在世上的直接显身。此派避开任何的礼拜或宣道,只有会员间的开会和交往;实行平等,不问政治;和平主义,绝不传教。

c)安息日派(Sabbatarians,见下"索齐尼派")。从荷兰传过来,反对基督徒把安息日放在星期日,而应该像早期的基督徒一样把安息日放在星期六(根据犹太人《古经》所定,这点跟索齐尼派相像)。清教徒也有此倾向。

d)索齐尼派(Socianians,见上 Sabbatarians)。源自意大利神学家索齐尼(1539—1604),经波兰传入英国,否认圣三一,是影响英国国教的长老制派、英国的"唯一神派"(Unitarian)和爱尔兰长老制派。

e)兴奋派(Enthusiasts)。对宗教几近狂热,他们辩称他们的信仰是"心灵的宗教"(religion of the heart)。

f)第五帝国(Fifth Monarchists)。这派的名字来自古经《但以理书》

(*Book of Daniel*)。他们相信四个古王国是巴比伦、波斯、马其顿和罗马；1666 年符合《圣经》中"兽之数"（Number of the Beast），会是世界末日。那时基督会再度来临，是为第五帝国。

（5）清教（Puritans）。有净化（purify）的意思。本身不是个教派，是个宗教理想。在伊丽莎白登基后不久（1588），因反对国教中对圣母马利亚的崇敬而被流放。"清教"可以指反对享乐主义，也可以指极端分子，也有指区区计较者（precisian）。

他们主张一个较纯朴的敬神模式和生活模式，别名"纯朴者"（Puritans，也就是"清教"）。有人甚至说，英国从天主教转成"真正"的新教（有别于接近天主教的英国国教），是因为有清教。清教思想（强调《圣经》为本、信仰和理性自由）开拓了美洲殖民地的新教，并把英语、英式宗教、英式制度扩于全球。克伦威尔（一个非贵族的地主）即是典型。

美国历史学家菲斯克（John Fiske，1842—1901）说："人类的政治命运完全取决于 17 世纪的英国历史，并不为过。如果没有清教徒，世界也许不会有政治自由。如果说有些人曾经为全人类的未来牺牲了自己的生命，那肯定是指那些'以《圣经》为口号，以圣咏为战歌的钢铁兵'。"[2] 菲斯克认为克伦威尔三次被举为王，三次拒绝，证明了清教徒是加尔文真正的、直接的后人；只有他们保存了英国自由的火光。"人类欠加尔文偿不完的债。"

清教徒坚信"救赎前定"，也就是只有一部分人会得救，而清教教徒就是前定得救的一群，所以他坚信他们的所作所为是神的旨意，所以勇往直前，攻坚犯难，无论在战场、农场、商场，都毫不退缩。在内战期间，他们大多属于"独立者"。

4. 内战期间的主流教派

内战前期的英国是长老制的天下。1646 年制定的《西敏寺共同信仰》是当时英国国教（主教制）和苏格兰国教（长老制）的共同信条。内战期间的国会在 1643 年已承认了苏格兰长老制国教，作为苏格兰支持英国国会派去对抗国王派的条件。

内战后期是公理制的天下。国会军（模范新军）大部分是公理制派（或"独立者"）。1648年，他们扫清长老制分子，控制了国会。1649年，国会处死查理一世，宣布共和。1658年，公理制派订立自己的萨沃伊宣言（Savoy Declaration）[3]。他们主张各地会众自立教会，没有等级（无论是神职、政治和地域上的等级）。国会军（模范新军）是他们主要的拥护者和捍卫者，以对抗保王派的国教和天主教；以及国会派的长老制，并主张宗教自由（天主教除外）。

注：

1. 新教教派的组织分主教制（教义上相对保守）、长老制（比较激烈）、公理制（最极端，主张民主）。见正文。
2. "钢铁兵"（Ironside），模范新军的别名，指战斗力极强、攻无不克的军队。
3. 这份文件深受美洲殖民者在1648年订立的《（麻省）剑桥纲领》（Cambridge Platform）所影响。

5. 大英帝国（18 世纪）

亨利七世（都铎王朝开国之君）看见西、葡海外扩张，就在 1497 年（也就是西班牙的哥伦布发现美洲后 5 年）派意大利的卡博托（John Cabot）从大西洋北面寻找一条去亚洲的海路。他沿纽芬兰航行，以为到了亚洲，但没有建立殖民地，第二年再去他就失踪了。此后英国就再没有派船去美洲，一直到伊丽莎白一世。那时，英国与西班牙为敌。她鼓励私人舰船去拦截西班牙与葡萄牙在非洲西岸的运奴船，企图在利润极高的贩奴贸易中分一杯羹。西、葡叫这些船舰为"海盗"，而伊丽莎白则给他们嘉奖、封爵。但因为这些都是"私人舰船"，所以西班牙也得不到跟英国公开开战的口实。那时，已经有人喊出"大不列颠帝国"的口号，但其实当时的英国跟其他国家是没法比的。西班牙雄踞南北美洲，并窥探太平洋；葡萄牙的贸易港口和城堡由非洲延伸到巴西和中国；法国则开始在北美圣劳伦斯河流域建立殖民区。那时，英国的"殖民地"只有爱尔兰。大批英格兰和苏格兰新教徒移民到那里，建立大庄园（这批人日后会在北美建立庄园）。[1]

1578 年，伊丽莎白女王授权吉尔伯特（Humphrey Gilbert, 1539—1583，他在 1567—1570 年间镇压爱尔兰立了功）去探险，开启了最初的海外殖民尝试。他首先想到加勒比海地区去抢夺和殖民，但没有成行。八年过去，他终在 1583 年去了当年卡博托曾经到过的纽芬兰，正式"占领"了它，但没有留下殖民，而且他在回程的路上就死了。第二年，他同母异父的雷利（Walter Raleigh, 1552—1618）又经女王授权，在美洲东岸建立了殖民地，[2]但因为后援不继，也未能植根。

真真正正的帝国是由奴隶和清教徒开启的。1603 年，伊丽莎白去世，无嗣，来自苏格兰的斯图亚特王朝开始统治英国，首先坐上去的是詹姆斯一世。第二年他就跟西班牙签订了和约，不再抢人家的，而要自己"创业"。整个 17 世纪上半期，英国在北美和加勒比海建立殖民地，又设立股份公司去管治殖民地和拓展海外贸易。最著名的是东印度公司（East India

Company，1600年成立，开发印度、东南亚和与中国贸易），此外还有弗吉尼亚公司（Virginia Comapany，1606年成立，开发北美东岸）、伦敦与布里斯托尔公司（London and Bristol Company，1610年成立，开发纽芬兰）等。

当初，加勒比海的殖民地最重要、最赚钱，但英国也不是一开始就取得成功。英国人在圭亚那（Guiana，1604）、格林纳达（Grenada，1609）等的殖民地都撑不了几年，稍后才建立起比较成功的殖民地：圣基茨岛（St. Kitts，1624）、巴巴多斯（Barbados，1627）、尼维斯岛（Nevis，1628）。英国人主要从事甘蔗种植园活动，学习葡萄牙人在巴西的样板，大量使用奴隶。最早，荷兰船舰运来奴隶，运走蔗糖。英国人赚了钱，但荷兰人也赚不少。到1651年，英国来了一个《航运法案》（Navigation Act），只准英国船在英国殖民地做生意。荷兰人生气，就跟英国打了好几场仗，最后却失败了，英国人最大的收获是1664年把新阿姆斯特丹（New Amsterdam）拿过来，改名"新约克"，也就是纽约。1655年又从西班牙手里拿下牙买加，1666年则在巴哈马建立殖民区。

但真真正正的美洲帝国是由被国教排斥的教派，尤其是有清教倾向的教派建成的。

在1607年，弗吉尼亚公司建立詹姆斯敦（Jamestown，今美国弗吉尼亚州东部），开始真正的殖民。[3]1620年，第一批清教移民乘坐"五月花"号船抵达马萨诸塞的普利茅斯（也在弗吉尼亚公司的"领地"内）。他们自称是朝圣者（Pilgrims，因宗教迫害而离开英国的人），都是逃避宗教迫害的移民[4]，几年间，与宗教有关的殖民区相继建立：天主教徒在1634年建马里兰；大批"不顺从国教者"在1636年建罗得岛；公理制教派在1639年建康涅狄格。这是英国内战之前的事。

内战结束后，宗教迫害卷土重来。在英国被迫害的贵格派[5]想找栖身之地，贵格派财主佩恩（William Penn，1644—1718）在1681年建立宾夕法尼亚（Pennsylvania）殖民区。这些真正的殖民地（也就是英国人去那边的植根之所）不是帝国最赚钱的地方，但那里有大片土地，气候温和、适宜农耕，移民是去开垦的，而赚大钱的加勒比地区则是使用大批奴隶的大庄园。

此时，帝国又来一次大扩充。1670 年，查理二世授权哈德逊湾公司（Hudson's Bay Company）去开发美洲东北部（叫鲁珀特地，今加拿大东面大部分土地），垄断皮革贸易。但法国人比英国人先到，在旁边建立了新法兰西殖民区（今加拿大的魁北克省），经常侵扰英国的殖民区。1672 年，查理二世又授权王家非洲公司（Royal African Company）去垄断加勒比地区英国殖民地的奴隶贸易。一开始，奴隶就是大英帝国在西印度群岛地区的经济基础，到 18 世纪已从非洲输入近 300 万奴隶。在西非，大英帝国沿詹姆斯岛（James Island，今冈比亚西岸）、阿克拉（Accra，今加纳首都）、邦斯岛（Bounce Island，今塞拉利昂首都弗里敦附近）建立一系列的城堡。在加勒比那边，非洲血统的人口比例在 1650 年是 25%，到 18 世纪末差不多达到 80%。在北美殖民区的比例从 10% 增至 40%（大部分在南方，如弗吉尼亚、卡罗来纳）。贩奴是极赚钱的，英国西岸的城市，如布里斯托尔和利物浦是贩奴三角贸易路线（西非到英国，然后到加勒比）的中转站，都发了大财。

当年，苏格兰还未属帝国（斯图亚特王朝来自苏格兰，但英、苏仍是两个国家，只不过是同一国王），也想学英国海外扩张，1695 年成立了苏格兰公司（Company of Scotland），想在巴拿马建立殖民区（1698），但受到旁边西班牙格拉纳达殖民区的不断干扰（正如在北美，新法兰西殖民不断干扰英国的哈德逊湾殖民区），更兼疟疾病流行，就被迫放弃。这次失败害苦了苏格兰，全国 1/4 的财富化为乌有，海外殖民帝国的美梦成空，引发英国与苏格兰两国政府的重大反思，终于在 1707 年正式合并，成立大不列颠王国。

大英帝国成型不简单，要先后打败两个极狠辣的对手：荷兰和法国。

16 世纪末，英国与荷兰开始挑战葡萄牙在亚洲的贸易垄断，分别组成东印度公司和荷兰东印度公司，主要是抢葡萄牙的香料贸易。争夺的地区一个是东印度群岛（香料产地），一个是印度（贸易网中枢）。一方面，英、荷共同抢葡萄牙；另一方面，英、荷互抢。当时，荷兰的金融制度比英国先进，三次英荷战事⁶的结果是荷兰在亚洲的势力大于英国。但是光荣革命迎入了荷兰的威廉，坐上英国的王座，英、荷不再打了。磋商后，大家划分地盘，荷兰拿走东印度群岛的香料贸易，英国拿走印度的纺织业。英国运气好，不久以后纺织的利润就超越了香料。到 1720 年，英国东印度公司的贸易额就超过荷兰东印度公司的了。

法国是个更棘手的对手，从古如是。

1688 年光荣革命，英、荷和解。跟着的 9 年战争是英、荷联手去打法国与西班牙（其实这就是威廉要坐上英国王位最主要的原因）。荷兰地处欧陆，要打陆战，军费颇大；英国是岛国，主要是海外战，省钱多了。结果英国的海外殖民地大大扩张，成为真真正正的殖民帝国。相比之下，荷兰被战事所拖，在欧陆和在海外的势力都下滑，到 18 世纪就是英国跟法国对峙的局面了。

1700 年，西班牙的查理二世驾崩。按当年法国路易十四与西班牙定下的协议，西班牙的王位及海外帝国都要转移给路易的孙子，这岂不是要把法国与西班牙以及它们的海外帝国连起来？这个庞大的联合帝国将会主宰欧洲。于是，英国连同荷兰、葡萄牙和神圣罗马帝国去对付法、西，打了一场"西班牙继位之战"。1714 年，战事结束，英国从法国手里拿到纽芬兰和阿卡迪亚（Acadia，今加拿大东部），从西班牙手里拿到直布罗陀和地中海的梅诺卡岛（Menorca）。直布罗陀至为重要，它扼住地中海出大西洋的咽喉，同时西班牙更要放弃美洲殖民地奴隶贸易的垄断。

18 世纪中叶，英、法在印度次大陆更打了几场（七年战争的海外战场之一）大战，称为卡纳蒂克战争（Carnatic Wars，因为战场是在印度南部的卡纳蒂克地区）。实质是英国的东印度公司和法国的东印度公司争地盘。那个年代，印度的莫卧儿帝国中落，出现政治真空，各地"土皇帝"争权。1757 年普拉西一役（Battle of Plassey）英军打败了法国支持的孟加拉的土王（Nawab of Bengal），控制了整个孟加拉地区（印度次大陆的东部），主宰整个印度次大陆的军事与政治局面。法国仍有些据点，但条约规定他们只准守，不准攻，并要在必要时支援英国的附庸国。不管法国怎样不愿，英国才是次大陆实实在在的主人。

这场七年战争，英国除了拿到印度之外，还有其他战利品。在北美，法国被迫承认英国在哈德逊湾的主权，并得割让新法兰西（魁北克）给英国。还有一笔三角账：法国把美洲的路易斯安那地区让给西班牙，西班牙把佛罗里达地区（Florida）让给英国。

这是美国脱离英国之前的局面，也称"第一帝国"（First Empire）。

注：

1. 他们叫"西部乡下人"（West Country Man），主要来自英国西南的德文郡和普利茅斯，原都是"海盗"，包括有名的罗利、德雷克（Francis Drake，1540—1596，伊丽莎白宠臣，第一个环球冒险的英国人，击退无敌舰队的主将）、霍金斯（John Hawkins，1532—1595，他协助击退了西班牙的无敌舰队，原本是奴隶贩子）。

2. 即罗阿诺克（Roanoke），今美国北卡罗来纳州。

3. 1624年，公司失败，被政府接管。但根据政府与公司的合约，公司"领地"内的殖民区保持自治，这也是美式民主的滥觞。

4. 带领"五月花"号船的叫布鲁斯特（William Brewster，1566—1644），出身剑桥。1584年，他随同使节团前往荷兰，见到荷兰的宗教改革，这促使他脱离国教，走上布朗派路线。他在1606年创立一个分离派的教堂，被国教的教会法庭提讯。压力和约制使他有移居荷兰的打算，但未获批准而出国是属违法行为，他被人告发下狱。1608年被释后来到荷兰。当初，他与其他"朝圣者"住在阿姆斯特丹，在一个叫古教堂（Ancient Church）处做礼拜。但教堂内讧，他与一些教徒移居莱顿（Leiden，荷兰西部城市）。1609年，他被朝圣者们选为长老。他一面教英语，一面印刊宗教书籍，偷运入英国。1619年，英国驻荷兰大使施压，当地政府没收印刷机，并要捉人，他有幸逃脱。那时，他准备去美洲，因为他觉得在荷兰的生活很困难，孩子长大越来越像荷兰人，而且荷兰和西班牙正准备开战（30年战争在1618年开始），一旦天主教的西班牙打赢，新教，特别是清教会更受苦。于是经在英国的朋友替他说情，他获批准带信众殖民美洲（批准他们的是弗吉尼亚公司，他们被授权开发美洲东岸）。"五月花"号在1620年8月5日启航，旅客中只有35名是清教徒，其他66人并非宗教殖民者。布鲁斯特那时54岁，是其中最老的一个，唯一受过大学教育。由于教堂的正式牧师未能随行，布鲁斯特的长老地位使他成为领导人。"五月花"号上的清教徒属布朗派，是最早的"公理制教会"。他们在现今麻省的普利茅斯登岸。

5. 这派是最受迫害的，1662年的《贵格法案》就是特别为禁制他们而订的。该法案要到光荣革命之后才被废止（1689）。

6. 从1652年打到1674年，也就是从英国的共和期打到恢复期。